2025

물류관리사

보관하역론

Since 2006 누적판매 1위

최신기출 개정법령 완벽반영

물류관리사 분야의 바이블!

- 2024년 28회 기출문제 + 상세한 해설 수록
- '기초개념 → 전문 내용 → 신유형'의 3단계 구성

시험안내

물류관리사 개요

1 물류관리사란?

물류 관련 업무의 전문가로서, 물류의 전반적인 과정을 기획하고 관리하는 역할을 수행합니다. 물류관리사의 주된 업무는 물품의 수송, 보관, 하역, 포장, 유통, 국제물류 등을 체계적으로 관리하여 비용을 절감하고 효율성을 극대화하는 것입니다.

물류관리사 자격증은 국가공인 자격증으로, 한국산업인력공단이 주관하는 시험에 합격해야 취득할 수 있습니다. 물류 전문가로서의 전문성을 인정받기 위한 필수 자격증이라고 할 수 있습니다.

2 물류관리사 자격증이 필요한 사람들

① 물류 분야 취업을 원하는 취업 준비생

② 물류 실무자로서 자격증과 이론에 대한 지식이 필요한 직장인

③ 인사고과 및 승진을 위한 직장인 등

3 물류관리사의 수행업무

물류관리사는 물류관리에 대한 전문적인 지식을 가지고 원자재의 조달에서부터 물품의 생산, 보관, 포장, 가공, 유통에 이르기까지 물류가 이동되는 전체영역의 업무를 수행합니다.

4 물류관리사의 진로 및 전망

물류관리사는 물류관련 정부투자기관이나 공사, 운송・유통・보관 전문회사, 대기업 또는 중소기업의 물류 관련 부서(물류, 구매, 자재, 수송 등), 물류연구기관에 취업이 가능하다. 물류는 대부분의 주요 기업 활동을 포함하고 있으므로 대기업, 중소기업 및 공기업 모두 물류관리사를 요구하고 있다.

또한, 각계 전문기관에서 물류부문을 전자상거래와 함께 유망직종 중의 하나로 분류하고 있으며, 정부 차원에서는 국가물류기본계획을 수립하여 우리나라가 지향하는 물류미래상을 제시하고 세계 속에서 경쟁할 수 있는 물류전문인력을 양성・보급한다는 장기 비전을 제시하고 있다. 이러한 현 상황과 기업에서의 물류비용의 증가가 국제경쟁력 약화의 중요 원인임을 인식하고 물류 전담부서를 마련하고 있는 추세에서 물류전문가는 부족한 실정이어서 고용 전망이 매우 밝다.

시험정보

1 시험과목 및 배정

교시	시험과목	세부사항	문항수	시험시간	시험방법
1	물류관리론	물류관리론 내의 「화물운송론」, 「보관하역론」 및 「국제물류론」은 제외	과목당 40문항 (총 120문항)	120분 (09:30~11:30)	객관식 5지선택형
	화물운송론	–			
	국제물류론	–			
2	보관하역론	–	과목당 40문항 (총 80문항)	80분 (12:00~13:20)	
	물류관련법규	「물류정책기본법」, 「물류시설의 개발 및 운영에 관한 법률」, 「화물자동차운수사업법」, 「항만운송사업법」, 「농수산물유통 및 가격안정에 관한 법률」 중 물류 관련 규정			

※ 물류관련법규는 시험 시행일 현재 시행 중인 법령을 기준으로 출제함
(단, 공포만 되고 시행되지 않은 법령은 제외)

2 합격기준

매 과목 100점을 만점으로 하여 매 과목 40점 이상, 전 과목 평균 60점 이상 득점한 자

3 응시정보

- 응시자격 : 제한없음
- 주무부서 : 국토교통부
- 시행처 : 한국산업인력공단
- 응시수수료 : 20,000원
- 과목면제 : 물류관리론(화물운송론 · 보관하역론 및 국제물류론은 제외) · 화물운송론 · 보관하역론 및 국제물류론에 관한 과목이 개설되어 있는 대학원에서 해당 과목을 모두 이수(학점을 취득한 경우로 한정한다)하고 석사학위 이상의 학위를 받은 자는 시험과목 중 물류관련법규를 제외한 과목의 시험을 면제

※ 정확한 내용은 국가자격시험 물류관리사 (www.q-net.or.kr) 에서 확인

시험안내

물류관리사 시험 통계

1 최근 5개년 응시율 및 합격률

구분	접수자	응시자	응시율	합격자	합격률
제24회(2020년)	8,028명	5,879명	73.23%	2,582명	43.92%
제25회(2021년)	9,122명	6,401명	70.17%	3,284명	51.30%
제26회(2022년)	9,803명	6,053명	61.74%	2,474명	40.87%
제27회(2023년)	11,164명	6,816명	61.05%	3,304명	48.47%
제28회(2024년)	12,435명	7,186명	57.78%	3,448명	47.98%
총계	50,552명	32,335명	63.9%	15,092명	46.6%

2 과목별 채점결과(2024년 제28회)

(단위 : 명, 점, %)

구분	응시자수	평균점수	과락자수	과락률
물류관리론	7,142명	63.12점	438명	6.13%
화물운송론	7,142명	67.01점	491명	6.87%
국제물류론	7,142명	53.74점	1,049명	14.69%
보관하역론	7,094명	71.35점	219명	3.09%
물류관련법규	7,138명	43.60점	2,816명	39.45%

※ '과락자'는 40점미만 득점자를 뜻함

3 2025년 물류관리사 시험일정

회차	자격명	원서접수	추가접수	시험 시행일	합격자 발표일
29회	물류관리사	6.16 ~ 6.20	7.17 ~ 7.18	7.26(토)	8.27(수)

합격 수기

노베이스라도 단기 합격 가능!

합격생 우O영

비전공자로서, 물류와 무역에 대한 기초 지식이 전혀 없는 상태에서 시작했지만, 신지원에듀의 단기완성으로 단기간에 합격할 수 있었습니다.
평균 82점, 비전공자임에도 불구하고 짧은 시간 안에 합격할 수 있었던 건 신지원에듀의 체계적인 교재와 강의 덕분이라고 생각합니다.
강사님들이 중요한 부분을 깔끔하게 정리해 주셔서 단기간에 핵심 이론을 파악할 수 있었어요.

비전공자 직장인, 합격은 누구에게나 열려있습니다.

합격생 정O운

부서 내 물류관리사 시험에 준비하는 분을 통해 EBS물류관리사를 추천받았고 구매 전 오랜시간 고민하고 검색해본 결과 신지원에듀를 믿고 가도 되겠다는 확신이 생겼습니다. (확신의 근거 : 개정법령 강의, 합격생 요점노트 공유, 5개년 기출문제 해설, 체계적으로 구성된 단기완성 교재, 세세한 설명과 문제풀이) 신지원에듀를 선택한 저의 확신은 스스로에게 동기부여가 되었고,
그 결과를 합격으로 증명했습니다.

합격! 신지원에듀와 함께라면 가능합니다.

합격생 임O준

타사의 책과 OT강의를 비교하다가 신지원에듀로 결정하게 되었습니다. 세세한 설명의 교재와 꼼꼼한 강의 덕분에 다른 곳에 눈돌리지 않고 시험 직전까지 공부를 잘 마무리할 수 있었습니다.
중요도와 빈출표기가 명확하여 공부방향을 잘 잡을 수 있었고 시험 직전 제공하는 신지원에듀의 양질의 핵심노트와 개정법령 제공은 합격에 확신을 주었습니다.
평균 78점으로 여유있게 합격했습니다.

더 많은
합격수기 보기

미리보기

쉬운 이해와 간편한 정리_이론 구성

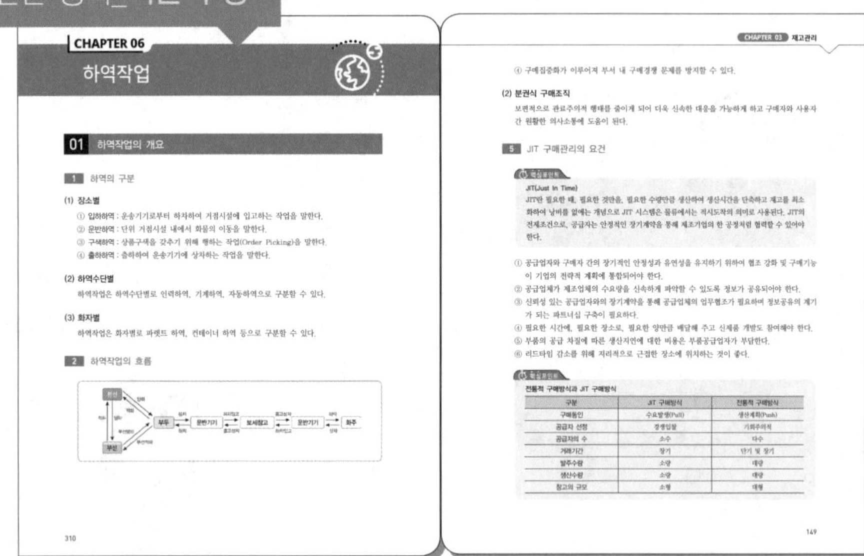

CHAPTER 06

하역작업

01 하역작업의 개요

1 하역의 구분

(1) 장소별

① 입하하역 : 운송기기로부터 하차하여 거점시설에 입고하는 작업을 말한다.
② 운반하역 : 단위 거점시설 내에서 화물의 이동을 말한다.
③ 구색하역 : 상품구색을 갖추기 위해 행하는 작업(Order Picking)을 말한다.
④ 출하하역 : 출하하여 운송기기에 상차하는 작업을 말한다.

(2) 하역수단별

하역작업은 하역수단별로 인력하역, 기계하역, 자동하역으로 구분할 수 있다.

(3) 화자별

하역작업은 화자별로 파렛트 하역, 컨테이너 하역 등으로 구분할 수 있다.

2 하역작업의 흐름

310

CHAPTER 03 재고관리

④ 구매집중화가 이루어져 부서 내 구매경쟁 문제를 방지할 수 있다.

(2) 분권식 구매조직

보편적으로 관료주의적 행태를 줄이게 되어 더욱 신속한 대응을 가능하게 하고 구매자와 사용자 간 원활한 의사소통에 도움이 된다.

5 JIT 구매관리의 요건

핵심포인트

JIT(Just In Time)

JIT란 필요한 때, 필요한 것만을, 필요한 수량만큼 생산하여 생산시간을 단축하고 재고를 최소화하여 낭비를 없애는 개념으로 JIT 시스템은 물류에서는 적시도착의 의미로 사용된다. JIT의 전제조건으로, 공급자는 안정적인 장기계약을 통해 제조기업의 한 공정처럼 협력할 수 있어야 한다.

① 공급업자와 구매자 간의 장기적인 안정성과 유연성을 유지하기 위하여 협조 강화 및 구매기능이 기업의 전략적 계획에 통합되어야 한다.
② 공급업체가 제조업체의 수요량을 신속하게 파악할 수 있도록 정보가 공유되어야 한다.
③ 신뢰성 있는 공급업자와의 장기계약을 통해 공급업체의 업무협조가 필요하며 정보공유의 계기가 되는 파트너십 구축이 필요하다.
④ 필요한 시간에, 필요한 장소로, 필요한 양만큼 배달해 주고 신제품 개발도 참여해야 한다.
⑤ 부품의 공급 차질에 따른 생산지연에 대한 비용은 부품공급업자가 부담한다.
⑥ 리드타임 감소를 위해 지리적으로 근접한 장소에 위치하는 것이 좋다.

핵심포인트

전통적 구매방식과 JIT 구매방식

구분	JIT 구매방식	전통적 구매방식
구매동인	수요발생(Pull)	생산계획(Push)
공급자 선정	경쟁입찰	기회주의적
공급자의 수	소수	다수
거래기간	장기	단기 및 장기
발주수량	소량	대량
생산수량	소량	대량
창고의 규모	소형	대형

149

주요 내용은 다시 한번_핵심포인트 및 TIP

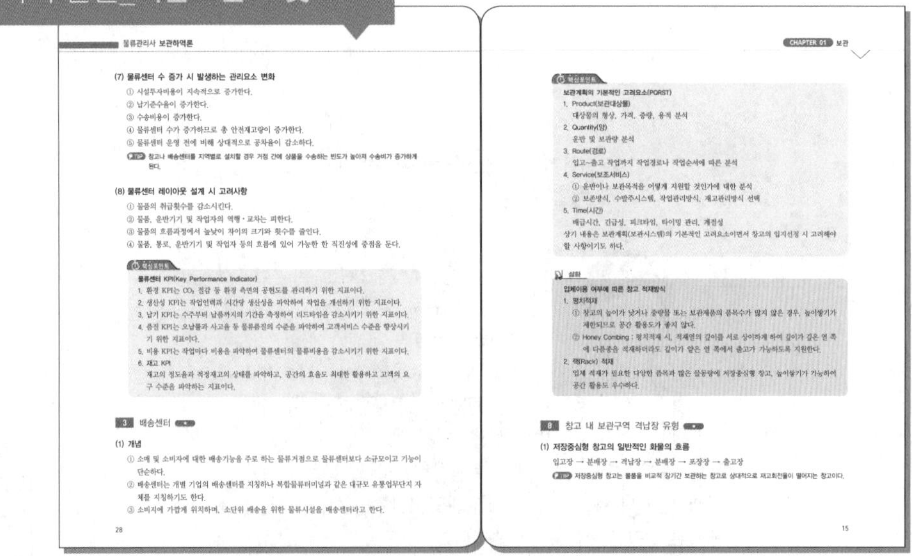

물류관리사 보관하역론

(7) 물류센터 수 증가 시 발생하는 관리요소 변화

① 시설투자비용이 지속적으로 증가한다.
② 납기준수율이 증가한다.
③ 수송비용이 증가한다.
④ 물류센터 수가 증가하므로 총 안전재고량이 증가한다.
⑤ 물류센터 운영 전에 비해 상대적으로 공차율이 감소하다.

TIP 창고나 배송센터를 지역별로 설치할 경우 거점 간에 상품을 수송하는 빈도가 높아져 수송비가 증가하게 된다.

(8) 물류센터 레이아웃 설계 시 고려사항

① 물품의 취급횟수를 감소시킨다.
② 물품, 운반기기 및 작업자의 역행·교차는 피한다.
③ 물품의 흐름과정에서 높낮이 차이의 크기와 횟수를 줄인다.
④ 물품, 통로, 운반기기 및 작업자 등의 흐름에 있어 가능한 한 직진성에 중점을 둔다.

핵심포인트

물류센터 KPI(Key Performance Indicator)

1. 환경 KPI는 CO_2 절감 등 환경 측면의 공헌도를 관리하기 위한 지표이다.
2. 생산성 KPI는 작업인력과 시간당 생산성을 파악하여 작업을 개선하기 위한 지표이다.
3. 납기 KPI는 수주부터 납품까지의 기간을 측정하여 리드타임을 감소시키기 위한 지표이다.
4. 품질 KPI는 오납률과 사고율 등 물류품질의 수준을 파악하여 고객서비스 수준을 향상시키기 위한 지표이다.
5. 비용 KPI는 작업마다 비용을 파악하여 물류센터의 물류비용을 감소시키기 위한 지표이다.
6. 재고 KPI
재고의 정도율과 적정재고의 상태를 파악하고, 공간의 효율도 최대한 활용하고 고객의 요구 수준을 파악하는 지표이다.

3 배송센터

(1) 개념

① 소매 및 소비자에 대한 배송기능을 주로 하는 물류거점으로 물류센터보다 소규모이고 기능이 단순하다.
② 배송센터는 개별 기업의 배송센터를 지칭하나 복합물류터미널과 같은 대규모 유통업무단지 자체를 지칭하기도 한다.
③ 소비지에 가깝게 위치하며, 소단위 배송을 위한 물류시설을 배송센터라고 한다.

28

CHAPTER 01 보관

핵심포인트

보관계획의 기본적인 고려요소(PQRST)

1. Product(보관대상물)
대상물의 형상, 가격, 중량, 용적 분석
2. Quantity(양)
운반 및 보관량 분석
3. Route(경로)
입고~출고 작업까지 작업경로나 작업순서에 따른 분석
4. Service(보조서비스)
① 운반이나 보관목적을 어떻게 지원할 것인가에 대한 분석
② 보존방식, 수발주시스템, 작업관리방식, 재고관리방식 선택
5. Time(시간)
배급시간, 긴급성, 피크타임, 타이밍 관리, 계절성

상기 내용은 보관계획(보관시스템)의 기본적인 고려요소이면서 창고의 입지선정 시 고려해야 할 사항이기도 하다.

심화

입체이용 여부에 따른 창고 적재방식

1. 평치적재
① 창고의 높이가 낮거나 중량물 또는 보관제품의 품목수가 많지 않은 경우, 높이쌓기가 제한되므로 공간 활용도가 좋지 않다.
② Honey Combing : 평치적재 시, 적재열의 깊이를 서로 상이하게 하여 깊이가 깊은 열 쪽에 다품종을 적재하더라도 깊이가 얕은 열 쪽에서 출고가 가능하도록 지원한다.
2. 랙(Rack) 적재
입체 적재가 필요한 다양한 품목과 많은 물동량에 저장중심형 창고, 높이쌓기가 가능하여 공간 활용도 우수하다.

8 창고 내 보관구역 격납장 유형

(1) 저장중심형 창고의 일반적인 화물의 흐름

입고장 → 분배장 → 격납장 → 분배장 → 포장장 → 출고장

TIP 저장중심형 창고는 물품을 비교적 장기간 보관하는 창고로 상대적으로 재고회전율이 떨어지는 창고이다.

15

[기출&실력 다잡기]로 마무리

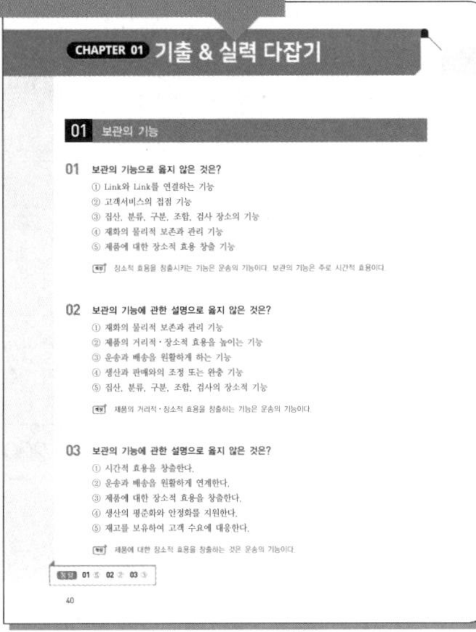

CHAPTER 01 기출 & 실력 다잡기

01 보관의 기능

01 보관의 기능으로 옳지 않은 것은?

① Link와 Link를 연결하는 기능
② 고객서비스의 접점 기능
③ 집산, 분류, 구분, 조합, 검사 장소의 기능
④ 재화의 물리적 보존과 관리 기능
⑤ 제품에 대한 장소적 효용 창출 기능

해설 장소적 효용을 창출시키는 기능은 운송의 기능이다. 보관의 기능은 주로 시간적 효용이다.

02 보관의 기능에 관한 설명으로 옳지 않은 것은?

① 재화의 물리적 보존과 관리 기능
② 제품의 거리적·장소적 효용을 높이는 기능
③ 운송과 배송을 원활하게 하는 기능
④ 생산과 판매와의 조정 또는 완충 기능
⑤ 집산, 분류, 구분, 조합, 검사의 장소적 기능

해설 제품의 거리적·장소적 효용을 창출하는 기능은 운송의 기능이다.

03 보관의 기능에 관한 설명으로 옳지 않은 것은?

① 시간적 효용을 창출한다.
② 운송과 배송을 원활하게 연계한다.
③ 제품에 대한 장소적 효용을 창출한다.
④ 생산의 평준화와 안정화를 지원한다.
⑤ 재고를 보유하여 고객 수요에 대응한다.

해설 제품에 대한 장소적 효용을 창출하는 것은 운송의 기능이다.

정답 01 ⑤ 02 ② 03 ③

40

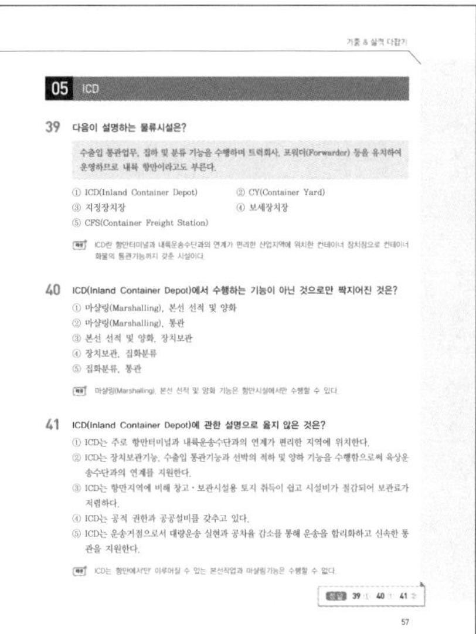

기출 & 실력 다잡기

05 ICD

39 다음이 설명하는 물류시설은?

수출입 통관업무, 집하 및 분류 기능을 수행하며 트럭회사, 포워더(Forwarder) 등을 유치하여 운영하므로 내륙 항만이라고도 부른다.

① ICD(Inland Container Depot) ② CY(Container Yard)
③ 지정장치장 ④ 보세장치장
⑤ CFS(Container Freight Station)

해설 ICD란 항만터미널과 내륙운송수단과의 연계가 편리한 산업지역에 위치한 컨테이너 장치장으로 컨테이너 화물의 통관기능까지 갖춘 시설이다.

40 ICD(Inland Container Depot)에서 수행하는 기능이 아닌 것으로만 짝지어진 것은?

① 마샬링(Marshalling), 본선 선적 및 양화
② 마샬링(Marshalling), 통관
③ 본선 선적 및 양화, 장치보관
④ 장치보관, 집화분류
⑤ 집화분류, 통관

해설 마샬링(Marshalling), 본선 선적 및 양화 기능은 항만시설에서만 수행할 수 있다.

41 ICD(Inland Container Depot)에 관한 설명으로 옳지 않은 것은?

① ICD는 주로 항만터미널과 내륙운송수단과의 연계가 편리한 지역에 위치한다.
② ICD는 장치보관기능, 수출입 통관기능과 선박의 적하 및 양하 기능을 수행함으로써 육상운송수단과의 연계를 지원한다.
③ ICD는 항만지역에 비해 창고·보관시설용 토지 취득이 쉽고 시설비가 절감되어 보관료가 저렴하다.
④ ICD는 공적 권한과 공공설비를 갖추고 있다.
⑤ ICD는 운송거점으로서 대량운송 실현과 공차율 감소를 통해 운송을 합리화하고 신속한 통관을 지원한다.

해설 ICD는 항만에서만 이루어질 수 있는 본선작업과 마샬링기능은 수행할 수 없다.

정답 39 ① 40 ① 41 ②

57

최신 기출문제_부록

제 28회 보관하역론

01 보관의 원칙에 관한 설명으로 옳지 않은 것은?

① 네트워크 보관의 원칙 : 입출고 빈도에 따라 보관할 물품의 위치를 달리하는 원칙으로 빈도가 높은 물품은 출입구 가까운 위치에 보관한다.
② 중량특성 보관의 원칙 : 물품의 중량에 따라 보관 위치를 결정하는 원칙으로 중량이 무거울수록 하층부에 보관한다.
③ 위치표시 보관의 원칙 : 보관된 물품의 장소와 선반 번호의 위치를 표시하여 작업 효율성을 높이는 원칙으로 입출고 시 불필요한 작업이나 실수를 줄일 수 있다.
④ 유사성 보관의 원칙 : 유사품은 가까운 장소에 모아서 보관하는 원칙으로 관리효율 향상을 기대할 수 있다.
⑤ 통로대면 보관의 원칙 : 입출고 용이성 및 보관의 효율성을 위해 물품을 가능한 통로에 접하여 보관하는 것으로 화물의 원활한 흐름과 활성화를 위한 원칙이다.

해설 입출고 빈도에 따라 보관할 물품의 위치를 달리하는 원칙으로 빈도가 높은 물품은 출입구 가까운 위치에 보관하는 원칙은 회전대응 보관의 원칙이다. 네트워크 보관의 원칙은 연대출고가 예상되는 관련 품목을 출하기 용이하도록 모아서 보관하는 원칙이다.

02 보관품목수, 보관수량, 회전율에 따른 보관유형을 올바르게 표시한 것은?

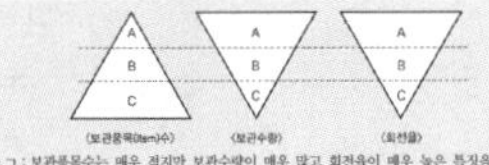

• ㄱ : 보관품목수는 매우 적지만 보관수량이 매우 많고 회전율이 매우 높은 특징을 갖는다.
• ㄴ : 보관품목수와 보관수량이 매우 많고, 회전율이 매우 높으며, 관리가 복잡하여 자동화 방식이 적합하다.

정답 01 ① 02 ②

395

부록 제28회 기출문제

09 다음은 각 수요지의 수요량과 위치좌표를 나타낸 것이다. 무게중심법에 의한 신규 배송센터의 최적의 입지좌표는? (단, 배송센터로의 공급은 고려하지 않음)

구분	X좌표	Y좌표	수요량(톤/월)
수요지 1	20	40	200
수요지 2	60	20	100
수요지 3	80	50	200
수요지 4	120	100	500

① X : 52, Y : 40 ② X : 72, Y : 52
③ X : 80, Y : 72 ④ X : 86, Y : 70
⑤ X : 92, Y : 86

해설 X = (200×20 + 100×60 + 200×80 + 500×120)/200 + 100 + 200 + 500
= (4,000 + 6,000 + 16,000 + 60,000)/1,000 = 86
Y = (200×40 + 100×20 + 200×50 + 500×100)/200 + 100 + 200 + 500
= (8,000 + 2,000 + 10,000 + 50,000)/1,000 = 70
※ 배송센터로의 공급은 고려하지 않으므로 공장의 공급량 및 좌표는 고려하지 않는다.

10 자동창고시스템(AS/RS)에서 단위화물을 처리하는 S/R(Storage/Retrieval) 장비의 단일명령(single command) 수행시간(cycle time)은 3분, 이중명령(dual command) 수행시간은 5분이다. 이 AS/RS에서 1시간 동안 처리해야 할 저장(storage)과 반출(retrieval) 지시가 각각 10건씩 발생하며, 그중에서 이중명령으로 60%가 우선 수행되고 나머지는 단일명령으로 수행된다고 할 때, S/R 장비의 평균가동률은?

① 84% ② 86%
③ 88% ④ 90%
⑤ 92%

해설 1. 주어진 정보를 정리해 보면, 단일명령 3분, 이중명령 5분이 소요되며, 처리해야 할 지시는 저장 10건, 반출 10건(총 20건)이다.
2. 이중명령 60%, 단일명령 40% 수행된다.
3. 총 20건×60% = 12건이며, 이중명령 수행 시 6회 수행된다. → 6회×5분 = 30분
4. 총 20건×40% = 8건이며, 단일명령 수행 시 8회 수행된다. → 8회×3분 = 24분
5. S/R 장비의 평균가동률 = (30분 + 24분)/60분 = 90%
※ 이중명령은 1회 수행 시 저장(1건)과 반출(1건)을 한 번에 처리한다라는 것을 알고 있어야 풀 수 있다.

정답 09 ④ 10 ④

399

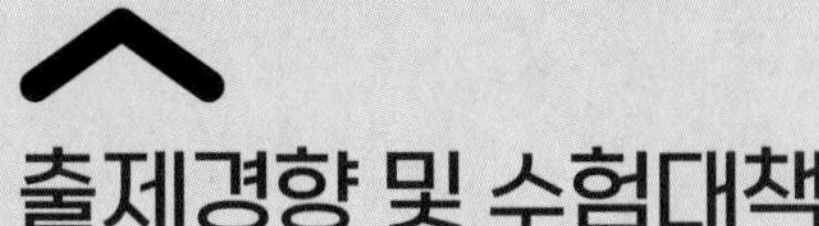

출제경향 및 수험대책

기출 분석

보관하역론 주요 영역별 출제문항 수

(단위 : 문항수)

주요 영역 \ 연도	2020	2021	2022	2023	2024	합계	비율(%)
보관론	14	10	15	8	12	59	29.5
물류시설	2	6	4	7	8	27	13.5
보관 및 하역기기	7	6	6	9	8	36	18
하역론	6	11	7	9	8	41	20.5
재고관리	11	7	8	7	4	37	18.5
총계(문항수)	40	40	40	40	40	200(문항)	100(%)

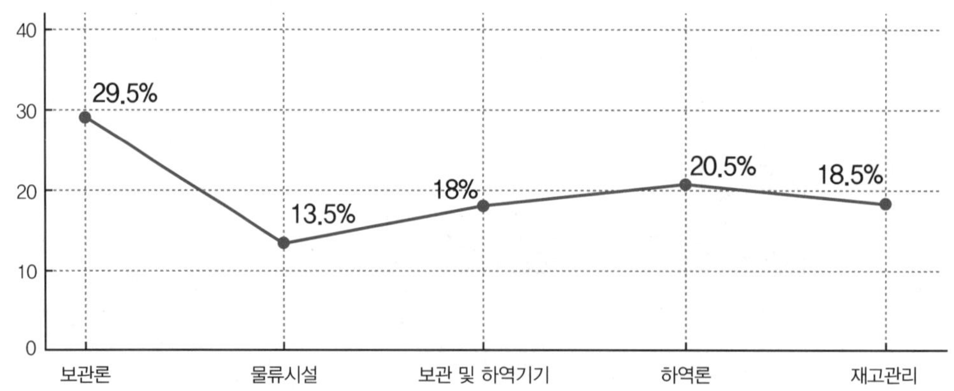

수험대책

보관하역론은 물류관리사 시험에서 고득점을 목표로 할 수 있는 중요한 과목입니다. 이에 따라 아래와 같은 학습 전략을 제안드립니다.

- 기본 용어의 정확한 이해

  보관, 하역, EOQ, 재고관리 등 핵심 용어를 확실히 숙지하는 것이 중요합니다. 시험에서는 이러한 기본 개념을 묻는 문제가 자주 출제되며, 응용문제 역시 기본 개념을 바탕으로 해결할 수 있습니다.

- 이론과 실무의 연결

  이론뿐 아니라 실무와의 연계도 필수적입니다. 특히 하역기기와 하역방식이 물류 현장에서 어떻게 적용되는지 이해하면 문제 해결이 더 쉬워집니다. 유튜브 등의 매체를 통해 실제 작업 방식을 참조하는 것도 도움이 됩니다.

- 계산 문제 연습

  자주 출제되는 계산 문제는 공식에 맞춰 해결하는 정형화된 형태가 많습니다. 여러 문제를 반복해서 풀어보며 유형을 파악하는 것이 중요하며, 기출문제 풀이가 효과적인 대비 방법입니다.

- 전체적인 개념

  세부 사항에 너무 집중하기보다는 보관과 하역의 큰 틀을 이해하는 것이 효율적입니다. 큰 주제와 개념을 중심으로 공부하는 것이 합격으로 가는 길입니다.

저자 변달수

차례

보관하역론

PART 01 보관론

PART 02 하역론

부록

물류관리사

PART 01

보관론

CHAPTER 01 보관

CHAPTER 02 물류센터

CHAPTER 03 재고관리

CHAPTER 04 자재관리

물류관리사

CHAPTER 01

보관

01 개요

1 개념

보관은 재화를 물리적으로 보존하고 관리하는 것으로 물품의 생산과 소비의 시간적 거리를 조정하는 활동이다.

2 보관의 특징 ★

① 과거 보관은 단순 저장기능 중심이었으나 현대에서는 라벨링, 재포장 등 유통지원기능이 강화되고 있다.
② 보관 물품 중 수요변동의 폭이 **큰** 물품에 대해 안전재고 수준을 높이고 있다.
③ 보관활동에 있어 운영효율성을 향상시키기 위해 물류정보시스템의 사용이 증가하고 있다.
④ 다품종 소량화, 소량 다빈도화, 리드타임 단축 등 시장환경 변화에 신속하게 대응해야 한다.

3 보관의 기능 ★★

① 재화의 물리적 보존과 관리 기능
② 생산과 소비의 시간적 거리 조정
③ 생산과 판매의 물량 조정 및 완충 기능
④ 세금 지불 연기 등의 금융 역할
⑤ 구매와 생산의 완충
⑥ 운송과 배송을 원활하게 하는 기능
⑦ 고객서비스의 접점 기능
⑧ 제품의 집산, 구분, 조합, **혼재**, **분류**, **혼합**, 검사 장소의 기능
⑨ 생산의 평준화와 안정화를 지원
⑩ 재고를 보유하여 고객 수요에 대응
⑪ 수송과 배송의 연계

TIP '제품에 대한 장소적 효용 창출 기능'은 운송의 기능으로, 보관의 기능으로 둔갑하여 자주 빈출되는 선지이다. 빈출

TIP 용어의 정의(혼재, 분류, 혼합)

1. 혼재(Consolidation) : 한 단위를 채우지 못하는 소량화물을 혼합 적재하여 하나의 큰 화물로 통합하는 것
2. 분류(Break Bulk) : 혼재활동의 반대 개념으로 대량의 낮은 운송요율로 공급지로부터 창고로 운송한 후에 고객의 주문에 따라 화주별, 목적지별로 소량단위로 나누는 것
3. 혼합(Mixing) : 다양한 상품을 다수의 공급업체로부터 구입하는 기업이 구입한 부품을 각 수요처(공장 등)로 공급하기 위해 거점에서 제품을 혼합하는 것

핵심포인트

보관의 기능과 대응항목

보관의 기능	항목
고객서비스	고객의 물품 필요시 신속히 공급(결품 방지)
수급조정	시간, 장소, 가격
물류거점	물류센터, 배송센터
구매와 생산	조달된 원·부자재를 생산계획에 따라 공급조정
생산과 판매	물품을 판매시점에 따라 완충하여 공급
유통가공	상품을 가공함으로써 부가가치를 증대하고 고객요구에 신속히 응대

4 보관의 원칙 ★★★

(1) 선입선출(FIFO, First In First Out)의 원칙

먼저 입고한 물품을 먼저 출고하는 것으로 제품수명주기(Product Life Cycle)가 짧은 경우에 많이 적용된다.

(2) 통로대면 보관의 원칙

제품의 입출고를 용이하게 하고 효율적으로 보관하기 위해 통로에 직각으로 대면하여 보관함으로써 작업의 접근성을 강조하는 원칙을 말한다.

(3) 높이쌓기의 원칙

물품을 고층으로 적재하는 것으로 용적효율을 향상시키는 것이다.

(4) 회전대응 보관의 원칙

① 보관할 물품의 장소를 회전 정도에 따라 정하는 원칙이다.
② 입출고 빈도의 정도에 따라 물품의 보관장소를 결정하는 것으로 입출고 빈도가 높은 물품은 출입구로부터 가까운 장소에 보관한다.

(5) 위치표시의 원칙

물품의 보관장소에 특정한 기호(장소, 선반 번호)를 사용하여 위치를 표시하는 것으로 입출고 작업의 효율성을 높일 수 있다.

(6) 동일성 · 유사성의 원칙

동일(관리 특성이 같은) 품종은 동일 장소에 보관하고, 유사품은 근처 가까운 장소에 보관해야 한다는 원칙이다.

(7) 명료성의 원칙

시각에 따라 보관품을 용이하게 식별할 수 있도록 보관하는 원칙으로, 창고 내 작업자의 시각에 의하여 보관품 장소나 보관품 자체를 용이하게 찾아낼 수 있도록 하는 것이다.

(8) 네트워크 보관의 원칙

① 연대출고가 예상되는 관련 품목을 모아서 보관한다.
② 출고 품목의 다양화에 따른 보관상의 곤란을 예상하여 물품정리가 용이하도록 하는 원칙이다.
③ 관련 품목을 한 장소에 모아서 계통적으로 분리하고 보관하여 출하의 효율성을 증대시키는 원칙을 말한다.

(9) 형상특성의 원칙

형상의 특성에 따라 보관 방법을 변경하는 것으로 보관 시 파손이나 분실이 생기기 쉬운 제품에 적용되는 원칙을 말한다.

(10) 중량특성의 원칙

① 물품의 중량에 따라 보관장소의 높이를 결정하는 원칙이다. 즉, 중량에 따라 보관장소의 출입구를 기준으로 한 거리와 높낮이를 결정하는 것이다.
② 중량에 따라 보관장소를 하층부와 상층부로 나누어 보관한다(무거울수록 하층부 보관).
③ 무거울수록 출입구에서 가깝게, 랙에서 허리 높이로 보관한다.

TIP 제품의 물리적 성질에 근거한 보관 원칙은 형상특성의 원칙과 중량특성의 원칙이다.

TIP 1. '작업자 안전의 원칙'은 보관의 기본원칙이 아니다. 빈출
2. '운반활성화 지수 최대화'는 보관의 기본원칙이 아닌 하역의 원칙과 관련되는 것이다. 빈출

02 창고

1 창고 업무

(1) 수탁 및 입고(영업창고)

① 입고절차

㉠ 기탁청약서의 필요사항을 기재한 후 기탁을 신청한다.

㉡ 창고업자는 입고지시서에 의해 입고일시와 창고를 지정한다.

㉢ 기탁자는 입고지시서에 따라 화물을 창고에 반입한다.

㉣ 창고에서 화물을 점검 인수 후 입고전표를 보낸다.

㉤ 기탁자에게 입고통지서를 교부한다.

② 창고증권의 기능 : 창고증권이란 보관 중인 화물을 대표하는 유가증권으로 화주의 청구에 의해 창고업자가 발행한다.

㉠ 현품이동의 불편을 덜어준다.

㉡ 운반에 따르는 분실, 훼손 등을 방지한다.

㉢ 거래를 신속하게 처리한다.

㉣ 창고증권은 유가증권이므로 자금융통을 용이하게 한다.

(2) 보관 및 출고 업무

① 보관 방법

㉠ **분치보관**(개별보관) : 화물을 임차인별로 보관하는 방법(출고 용이, 개별보관 용이)

㉡ **혼합보관** : 화물을 종류별, 등급별로 분류하여 보관하는 방법으로 보관 면적이 절약되고 작업능률이 좋다. 단점으로는 입고 후 임차인별로 구분이 불가하다.

② 보관화물의 책임

㉠ **보관하는 화물** : 무게, 부피 등이 특수하게 큰 것과 포장이 불완전한 것 이외의 각종 화물

㉡ **보관치 않는 화물** : 부패성 식료품, 폭발위험이 있는 화약류, 귀중품, 유가증권

㉢ **창고업자의 책임** : 부주의로 인해 생긴 손해는 배상해야 할 책임이다.

㉣ **창고업자의 의무** : 창고증권 교부의무, 창고증권 교부 시 보험부보의무

㉤ **창고업자의 권리** : 출고 시 보관료 청구권, 보관료 미납 시 유치권 행사

㉥ **면책조항** : 천재지변, 전쟁, 불가항력인 손해에 대해서는 면책

③ 출고절차

㉠ 기탁자는 창고증권 또는 출고청구서를 제시하고 보관료와 하역료를 지급한다.

㉡ 창고회사에서 출고지시서를 교부한다.

㉢ 출고지시서를 현장창고에 제출한다.

㉣ 보관화물을 반출한다.
㉤ 출고전표를 발급한다.

2 창고의 기능 ★★★

(1) 저장기능

물품을 안전하게 보관하거나 현상 유지하는 기능을 수행한다.

(2) 부가가치기능

창고는 단순한 저장기능뿐만 아니라 분류, 유통가공, 재포장 등의 역할도 수행한다.

(3) 수급조정기능

생산과 소비의 시간적 간격(Time Gap)을 조정하여 수급조정기능을 수행한다. 스톡 포인트, 데포, 집배송센터 등에서 일정량의 흐름이 체류하는 기능을 한다.

(4) 가격조정기능

물품의 수급을 조정하여 가격안정을 도모하는 기능을 수행한다.

(5) 신용기관적 기능

물건을 보관하여 재고를 확보함으로써 품절을 방지하고 신용을 증대시키는 기능을 수행한다.

(6) 판매기지적 기능

직접 물품을 판매하거나 판매를 위한 기지로서의 기능을 수행하기도 한다.

(7) 연결기능

물류활동(물류의 각 요인)을 연결시키는 터미널로서의 기능을 수행한다.

TIP 생산과 소비의 공간적 거리의 격차를 해소하는 것은 창고의 기능이 아닌 운송의 기능에 해당한다.

TIP 창고의 형태로는 단층창고, 다층창고, 입체자동창고 등이 있다.

3 창고수와 물류비의 관계

① 운송 총비용은 수송비와 배송비의 합이다.
② 수송비 요율보다 배송비 요율이 높기 때문에 총 운송비는 배송의 횟수 증감에 영향을 크게 받는다.
③ 수송비와 배송비, 보관비와 배송비는 상충관계에 있다.

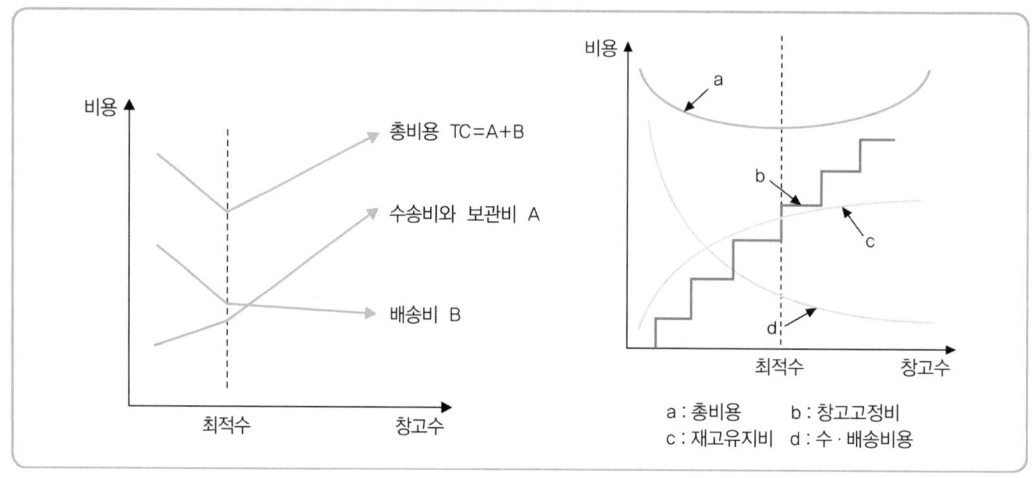

《 창고수와 물류비의 관계 》

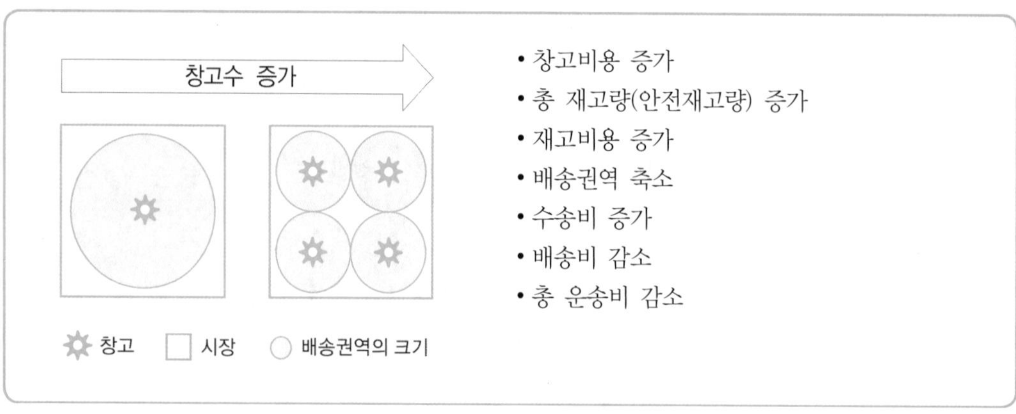

《 창고수 증감에 따른 상관관계 》

핵심포인트

물류창고의 수 증감에 따른 영향

1. 물류창고의 개념

   물류창고란 화물의 저장·관리, 집화·배송 및 수급조정 등을 위한 보관시설·보관장소 또는 이와 관련된 하역·분류·포장·상표부착 등에 필요한 기능을 갖춘 시설이다.

2. 물류창고 수 증감에 따른 영향

   ① 물류창고의 수가 증가할수록 재고유지 및 관리비용이 증가한다.

   ② 물류창고의 수가 증가할수록 고객접근성은 증가한다.

   ③ 물류창고의 수가 증가할수록 창고고정비는 증가한다.

   ④ 물류창고의 수가 감소할수록 안전재고의 합은 감소한다.

4 기능에 따른 분류 ★★

(1) **보관창고**(저장창고, 저장중심형 창고, 전통적 창고)

① 개념 : 판매지원형 창고로서 유통경로 단축, 판매 확대, 서비스 향상, 물류비 절감을 목적으로 한다.

② 특징

㉠ 장기적인 저장, 보관활동으로 수급조정기능이 주된 기능이다.

㉡ 곡물, 사료, 철광석, 유류 등 원자재와 중간재가 주요 대상 화물이다.

㉢ 부가가치 물류활동 및 자동화 설비투자의 가능성이 낮다.

㉣ 입고, 보관, 출고의 단조로운 프로세스를 가지고 있다.

(2) **유통창고**(유통중심형, 흐름중심형, 판매지향형 창고)

① 개념

㉠ 순수한 저장중심형 창고가 아니라 공장에서 출하한 상품의 원활한 시장 유통을 위한 유통중심, 흐름중심형 창고이다(현대적 유통센터, 물류센터).

㉡ 유통창고는 생산된 제품의 집하 및 배송 기능을 갖춘 창고로 화물의 보관, 가공, 재포장 등의 활동을 수행한다.

㉢ 교통편의성, 고객의 지역적 분포, 경쟁사의 물류거점 위치, 관계법규, 투자비용 및 운영비용의 종합적 고려가 요구된다.

② 특징

㉠ 유통창고는 상품을 원활하게 배급하기 위해 소비지역에 두는 저장창고이며, 원자재보다는 **최종재**・소비재가 주요 대상 화물이다.

㉡ 유통창고는 자가창고에서 시작하여 공동창고나 배송센터로 발전하고 있다.

㉢ 수송 면에서 정형적 계획수송이 가능하다.

㉣ 신속한 배송과 대량생산체제에 대응할 수 있다.

㉤ 저장중심형 기존 창고보다 재고회전율이 높다.

㉥ 고도의 정보처리시스템을 수반한다(Cross Docking).

㉦ 과잉재고를 방지하고 수・배송의 간소화로 총비용을 감소시킨다.

TIP 유통창고는 도매업 및 대중 양판점의 창고가 대표적이다.

심화

유통창고의 입지조건

1. 운송비와의 관계
   ① 운송비는 1회 운송량의 규모에 따라 달라짐을 고려한다.
   ② 운송수단별로 각각의 상대적 운송비(수송비 + 배송비)를 비교함으로써 배송비를 최소화하는 위치에 입지를 선정한다.
2. 시장과의 관계
   시장의 크기에 따라 창고의 입지를 선정하는 방법의 하나로, 대상으로 하는 고객의 범위를 어떻게 규정하느냐에 따라 구분할 수 있다.
3. 업종 및 업태와의 관계
   ① 창고의 입지는 업종 및 업태에 따라 정보와 화물의 유통경로의 분리가 요구된다.
   ② 창고의 시장접근성이 큰 의미를 가진다(고객에게 시간적 효용 창출).
   ③ 도매는 소매에 비해 창고 위치에 영향을 덜 받는다.
4. 지가와의 관계
   ① 지가에 대한 입지 경제성은 주로 상업성, 도시 중심지와의 거리 및 시간에 의해 결정된다.
   ② 값이 저렴한 독립입지를 선택하면 수송비는 감소할지 몰라도 소비지로부터 거리가 멀어 수요의 대응성이 감소하고 배송비가 증가하게 된다.

(3) 보세창고

관세법에 근거하여 세관장으로부터 특허를 받아 수출입화물을 취급하는 창고를 말하며, 대상 화물은 관세가 유보된 화물이 된다.

5 운영형태에 따른 분류 ★★

(1) 자가창고

① **개념** : 직접 소유하면서 자사의 물품을 보관하기 위한 창고로, 제조업자 또는 유통업자에 의해 소유, 운영된다.

② **장점**
   ㉠ 자사에 적합한 최적의 창고 설계 및 운영이 가능하다.
   ㉡ 운영시간에 대한 탄력성이 높다.
   ㉢ 시설변경의 탄력성이 **높다**.
   ㉣ 영업창고에 비해 자사의 특수 물품에 적합한 구조와 하역설비를 갖출 수 있다.
   ㉤ 영업창고에 비해 낮은 고정비를 갖기 때문에 재무유동성이 향상된다.

③ **단점**
   ㉠ 막대한 창고 건설자금이 소요되며 설비투자를 위한 자본이 필요하다. 또한 자본이자 등 높

은 고정비용이 발생한다.

ⓛ 종업원의 고정적 배치에 의한 인건비, 관리비의 부담이 있다.

ⓒ 한번 구축되면 증설과 감소가 용이하지 않아 보관능력의 확장성이 부족하다.

ⓔ 보관량 증가에 따라 로스도 증가한다.

ⓜ 재고품의 관리가 소홀해질 우려가 있다.

ⓑ 입지변경이 용이하지 않다.

ⓢ 상품의 수요변동(계절변동 등)에 대해 탄력적인 대응이 어렵다.

(2) 영업창고

① **개념** : 물류업자가 소유, 운영하며 타인이 기탁한 물품을 보관하고 그 대가로 보관료와 기타 수수료를 받는 창고이다.

② **장점**

㉠ 자가창고에 비해 계절적 수요(보관량)변동에 탄력적으로 대응할 수 있어 비수기에도 효율적인 운영이 가능하다.

㉡ 시장환경의 변화에 따라 입지장소를 수시로 변경할 수 있다.

㉢ 보관이나 하역에 따른 비용지출을 명확히 알 수 있다(코스트 관리).

㉣ 창고공간을 필요한 만큼 탄력적으로 사용하는 것이 가능하다.

㉤ 보관품목 특성에 맞는 하역기기를 갖춘 창고선택으로 신속한 창고 내 작업을 기대할 수 있다.

㉥ 화주의 측면에서 설비투자, 고정투자가 불필요하다.

㉦ 전문가에 의한 수불관리가 이루어지기 때문에 관리가 안전하다.

㉧ 창고의 건설자금이 불필요하여 재무유동성이 향상된다.

③ **단점**

㉠ 작업시간에 대한 탄력성이 적다는 것이 단점이다.

㉡ 자사품목에만 적합한 창고설계는 어렵다.

㉢ 시설변경의 탄력성이 적다.

㉣ 공간이나 운영을 임대하는 형식으로 자기 자산이 되지 않는다.

㉤ 성수기에 여유공간이 적다.

㉥ 화주의 상품기밀이 유지되지 않는다.

핵심포인트

트렁크 룸(Trunk Room)

1. 개념

개인이나 기업을 대상으로 의류, 골동품, 서류, 자기테이프 등을 주로 보관하는 영업창고이다.

2. 특징

① 창고의 공간을 세분하여 소단위의 화물을 위탁보관한다.

② 물품을 해충, 곰팡이, 습기 등으로부터 지키기 위해 항온, 항습 서비스를 부가하여 보관한다.

③ 물품을 적시에 간편하고도 신속하게 배송하기 위해 대체로 도심과 인접한 곳에 입지한다.

(3) 임대(리스)창고

① 개념

㉠ 자가형이나 영업형 또는 공공창고의 일부 공간 또는 전부를 임대료를 받고 타인에게 제공하는 창고이다.

㉡ 임대창고는 특정 보관시설을 임대하거나 리스(Lease)하여 물품을 보관하는 창고형태이다.

TIP 리스창고는 국가 및 지방자치단체가 공익을 목적으로 건설한 창고가 아님에 유의한다.

② **특징** : 리스창고는 기업이 보관공간을 리스하는 것으로 영업창고의 단기적 임대와 자가창고의 장기적 계약 사이의 중간적인 성격을 가지고 있다.

③ 장점

㉠ 낮은 임대요금으로 보관공간을 확보할 수 있다.

㉡ 임대기간에 따라 사용자가 보관공간이나 그와 관련된 제반운영을 직접 통제할 수 있다.

④ **단점** : 시장환경 변화에 따라 보관장소를 탄력적으로 운영하기 어렵다.

(4) 공공창고

관공서 또는 공공단체가 공익을 목적으로 소유, 운영하는 창고를 의미한다.

(5) 자가자동화 창고

① 개념

㉠ 자가창고의 기본 특성에 컴퓨터에 의한 정보처리시스템과 입출고시스템(AS/RS, Auto Storage & Retrieval System)이 짝을 이루어 운영되는 창고이다.

㉡ 일반적으로 랙의 높이에 따라 저층 랙(5m 이하), 중층 랙(5m 초과 15m 미만), 고층 랙(15m 이상)을 활용한다.

② 기업의 자동창고 도입 배경

㉠ 인력 절감의 효과가 기대된다.

㉡ 토지사용 효율성의 증대를 기대할 수 있다.

㉢ 지가 상승으로 인한 고층의 입체 자동화 창고가 필요하다.

㉣ 제조부문의 자동화와 균형을 맞출 수 있다.

심화

운영형태별 창고의 총비용곡선

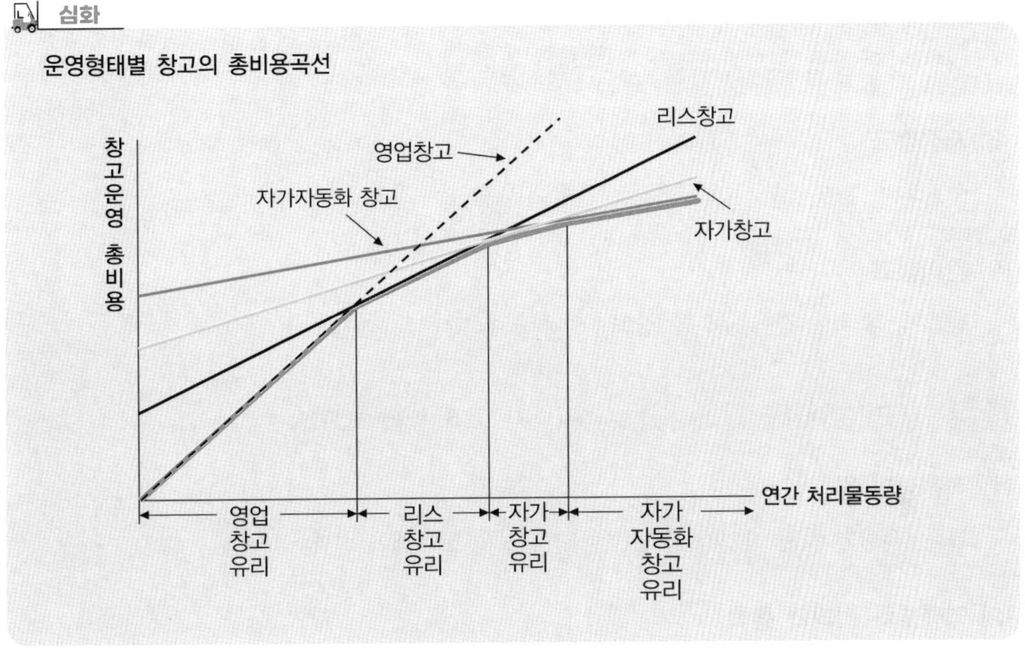

6 이용형태별 창고

(1) 보통창고

온도나 습도 등에 특별한 제어가 필요하지 않는 창고

(2) 냉동·냉장창고

냉동·냉장장치를 필요로 하는 물건을 보관하는 창고

(3) 정온창고

10~20℃의 온도 및 65~70% 정도의 습도를 유지할 수 있는 창고

(4) 저온창고

3~5℃ 정도의 저온을 유지하여야 할 물건을 보관하는 창고

(5) 야적창고

노천에 물건을 보관하는 옥외창고

(6) 수면창고

하천이나 해면을 이용하여 저수지를 만들고, 이것을 이용하여 목재 등을 보관하는 창고

(7) 위험물창고

위험물, 독극물, 고압가스 등을 보관하는 창고

(8) 저장창고

사일로와 같이 곡물, 비료 등을 분립체로 보관하는 창고

(9) 간이창고

텐트 등에 의한 간이 구조물 창고

7 창고 설계 및 레이아웃(Layout) 시 고려사항 ★★

(1) 직진성의 원칙

화물, 운반기기 및 작업자 등의 흐름 직진성을 고려해야 한다.

(2) 역행교차 회피의 원칙

물품, 운반기기 및 사람의 흐름배치는 서로 교차하거나 역주행이 되지 않도록 하는 것을 말한다.

(3) 취급횟수 최소화의 원칙

보관효율을 높이기 위하여 임시보관 취급과 같은 동작이나 업무를 줄여서 화물 취급횟수가 **줄어들도록** 해야 한다.

(4) 중력이용의 원칙

자체 중력을 이용하여 위에서 아래로 움직이도록 하고 무거운 것은 하단에 배치하는 것을 말한다.

(5) 모듈화의 원칙

물류동선의 패턴, 복도 및 랙 방향 등의 설계를 통해 작업 및 보관효율을 높이는 것을 말한다(설비간 배수관계).

(6) 물품이동 간 고저간격 최소화의 원칙

화물의 흐름과정에서 높낮이 차이의 크기를 줄여야 한다.

(7) 통로면적을 가급적 줄이는 것이 원칙이나 통로가 좁으면 작업능률이 떨어지므로 이를 고려해야 한다.

핵심포인트

보관계획의 기본적인 고려요소(PQRST)

1. Product(보관대상물)
   대상물의 형상, 가격, 중량, 용적 분석
2. Quantity(양)
   운반 및 보관량 분석
3. Route(경로)
   입고~출고 작업까지 작업경로나 작업순서에 따른 분석
4. Service(보조서비스)
   ① 운반이나 보관목적을 어떻게 지원할 것인가에 대한 분석
   ② 보존방식, 수발주시스템, 작업관리방식, 재고관리방식 선택
5. Time(시간)
   배급시간, 긴급성, 피크타임, 타이밍 관리, 계절성

상기 내용은 보관계획(보관시스템)의 기본적인 고려요소이면서 창고의 입지선정 시 고려해야 할 사항이기도 하다.

심화

입체이용 여부에 따른 창고 적재방식

1. 평치적재
   ① 창고의 높이가 낮거나 중량물 또는 보관제품의 품목수가 많지 않은 경우, 높이쌓기가 제한되므로 공간 활용도가 좋지 않다.
   ② Honey Combing : 평치적재 시, 적재열의 깊이를 서로 상이하게 하여 깊이가 깊은 열 쪽에 다품종을 적재하더라도 깊이가 얕은 열 쪽에서 출고가 가능하도록 지원한다.
2. 랙(Rack) 적재
   입체 적재가 필요한 다양한 품목과 많은 물동량에 저장중심형 창고, 높이쌓기가 가능하여 공간 활용도 우수하다.

8 창고 내 보관구역 격납장 유형 ★

(1) 저장중심형 창고의 일반적인 화물의 흐름

입고장 → 분배장 → 격납장 → 분배장 → 포장장 → 출고장

TIP 저장중심형 창고는 물품을 비교적 장기간 보관하는 창고로 상대적으로 재고회전율이 떨어지는 창고이다.

(2) 격납장 내의 화물의 흐름 유형

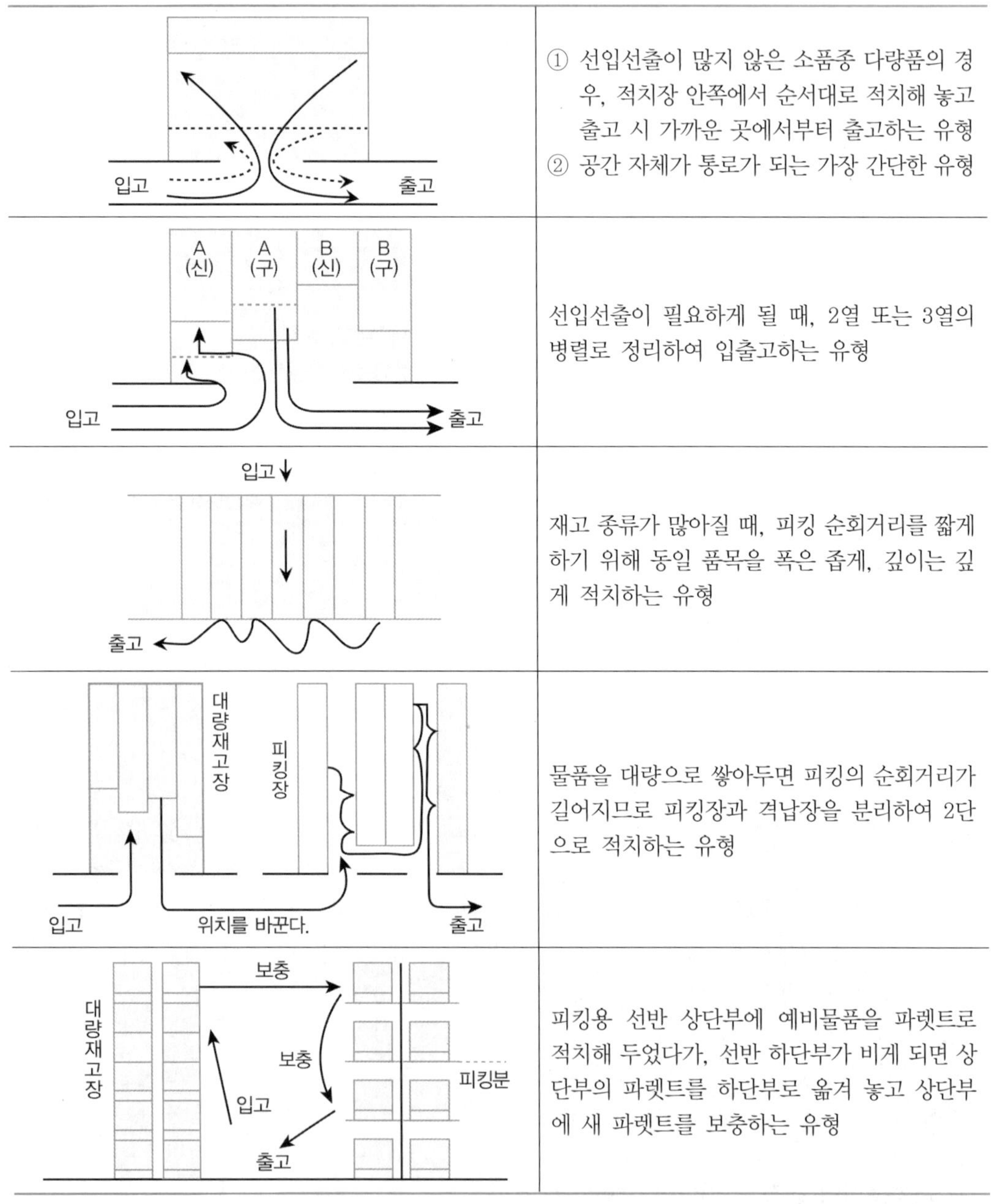

① 선입선출이 많지 않은 소품종 다량품의 경우, 적치장 안쪽에서 순서대로 적치해 놓고 출고 시 가까운 곳에서부터 출고하는 유형
② 공간 자체가 통로가 되는 가장 간단한 유형

선입선출이 필요하게 될 때, 2열 또는 3열의 병렬로 정리하여 입출고하는 유형

재고 종류가 많아질 때, 피킹 순회거리를 짧게 하기 위해 동일 품목을 폭은 좁게, 깊이는 깊게 적치하는 유형

물품을 대량으로 쌓아두면 피킹의 순회거리가 길어지므로 피킹장과 격납장을 분리하여 2단으로 적치하는 유형

피킹용 선반 상단부에 예비물품을 파렛트로 적치해 두었다가, 선반 하단부가 비게 되면 상단부의 파렛트를 하단부로 옮겨 놓고 상단부에 새 파렛트를 보충하는 유형

9 창고설비

(1) Mobile Dock / Platform Dock

① 지게차가 지면과 플랫폼(Platform) 상부에서 협조하여 작업하는 형태로 물동량이 많은 곳에 적합한 설비이다.

② Ramp와 유사하지만 차체하중을 지지하는 지지대를 가지고 있다.

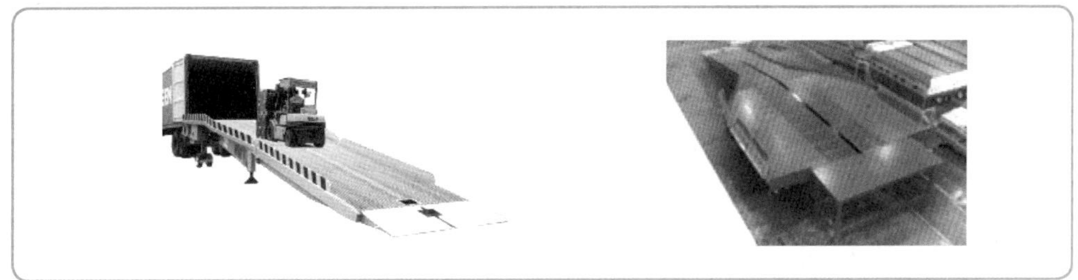

《 Dock 》

(2) Dock Leveler

창고건설 시공 시 Dock상에 고정으로 설치되어 차량적재함 바닥의 높이와 Dock의 높이를 맞추어 운반구(지게차, 대차 등) 이용을 도모하는 설비이다.

(3) Dock Board

콘크리트 바닥 도크를 사용 중인 창고에 설치하여 기존의 시설물을 그대로 사용함과 동시에 Dock와 차량적재함 바닥과의 높이 차이를 해결하는 설비이다.

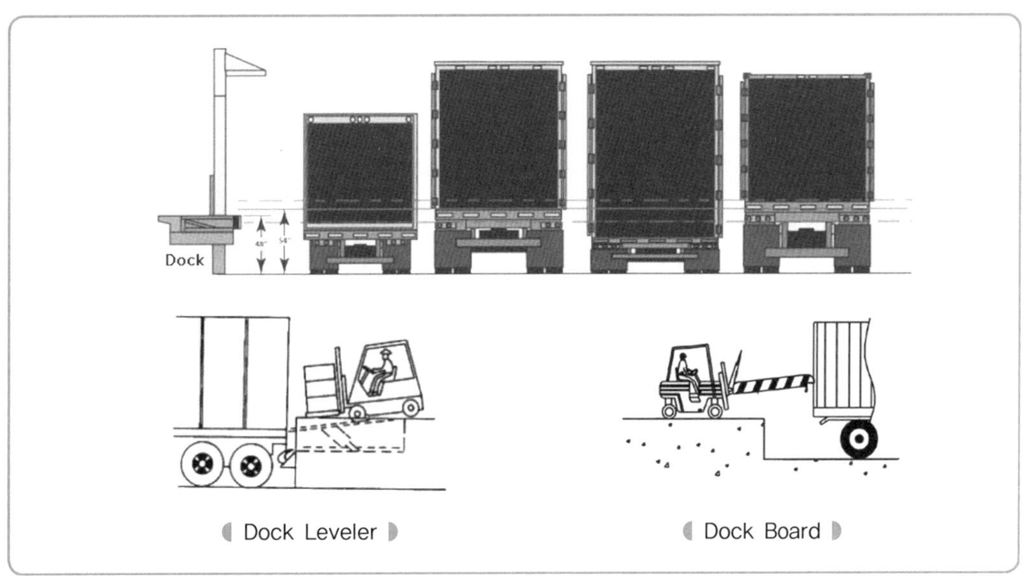

《 Dock Leveler 》 《 Dock Board 》

(4) Ramp

작업의 형태는 Mobile Dock와 유사하나 Ramp 끝이 컨테이너 입구나 Dock 바닥에 거치하여 작업하중을 전가하는 방식으로 경량물 하역작업에 적합하다.

10 창고 내 레이아웃

(1) 수입(입하)작업장 레이아웃

① 입하작업장의 특성

㉠ 기본작업으로는 하역, 검량, 검품, 해포, 운반, 분류, 사무처리가 있다.

㉡ 화물을 창고에 적입하는 작업으로 많은 시간이 소요된다.

㉢ 사무처리 작업의 능률화를 위해 온라인방식의 도입이 필요하다.

② 입하작업장의 기본 작업형태

㉠ 흐름형 : "컨베이어" 이용(다종 다량, 소종 다량)

㉡ 체류형 : "선반", Bin, Rack(다종 소량, 소종 소량)

(2) 보관 레이아웃

① 보관 레이아웃의 기본형태

㉠ 화물의 형태와 품종수에 따라 레이아웃이 달라진다.

㉡ 블록단위로 구분하는 블록 레이아웃이 기본형태가 된다.

② 보관 레이아웃의 고려사항 : 공간 활용률(보관)과 작업효율을 고려해야 하며, 이 둘의 관계는 이율배반적인 관계에 있다.

㉠ 목적별 레이아웃

ⓐ 보관효율 우선(재고회전율⬇) : 파렛트 랙, 드라이브 인 랙, 중량 랙을 주로 활용한다.

ⓑ 작업효율 우선(재고회전율⬆) : 플로 랙, 드라이브 스루 랙을 주로 활용한다.

㉡ 재고회전율별 레이아웃

ⓐ 고회전율 화물 : 고정 로케이션(Fixed Location) 활용

ⓑ 저회전율 화물 : 프리 로케이션(Free Location) 활용

핵심포인트

보관 레이아웃 기타 고려사항

- 화물과 저장공간의 모듈화
- 대로트 화물처리와 공간효율을 높이기 위한 통로속성 및 운반기기 결정
- 선입선출 요구 상품에 대한 랙 연구
- 고층 적재에 대한 랙 연구
- 랙의 해체, 이동 및 조립의 용이성

(3) 출하(출고)작업장, 불출 레이아웃

① 기본작업으로는 화물검량, 취급, 운반, 분류, 집화, 짐 꾸리기, 검품 및 입회 등의 작업이 있다.

② 서비스타임을 일단위로 처리하면 계획적인 공간 활용이 가능하다.

㉠ **원자재 출하 레이아웃** : 분류, 검품 및 운반이 일관되게(유기적 Process 연계) 하는 레이아웃이 필요하다.

㉡ **완제품 출하 레이아웃** : 출고단위의 크기에 따라 레이아웃에 미치는 영향이 크다.

ⓐ **대규모 창고**(대로트 출하) : 대규모 컨베이어 시스템 활용

ⓑ **소규모 창고**(소로트 출하) : 공간 활용을 고려하여 컨베이어와 포크리프트 병용

03 창고 내 저장공간의 기능설계

1 창고 내 각부의 기능설계 프로세스

(1) 창고 내 필요공간 분석

① **화자** : 낱개화물인지 유닛화물인지 파악한다.

② **화물의 성격** : 무게, 부피, 강도, 부패성 등을 고려한다.

③ **입출고 경향** : 입출고가 연속적인지 간헐적인지를 파악하고, 이동로트의 크기를 고려한다.

④ 재고의 품종 및 물동량의 증감

⑤ **입출하 물동량** : 입출하의 총 최대 처리물동량 및 최대 처리시간

(2) 레이아웃 결정을 통한 공간결정

총 가용예상면적 및 공간과 화자 형태별 운용계획을 고려한다.

(3) 선정된 설비의 점유 및 작업소요면적 산정

(4) 저장공간의 형태 및 통로의 배분

TIP 창고 업무 프로세스

입하 > 격납 > 보관, 보충 > 피킹 > 유통가공 > 검품 > 포장 > 방향별 분류 > 상차 및 출하

2 입하작업장

(1) 운송수단 도착(대기구역 기능)

(2) 화물하역

① **개별화물 및 액체, 분립체 화물** : 전용 언로더, 컨베이어, 덤프설비, 파이프라인 활용
② **유닛화물** : 포크리프트, 경사판(램프), 파렛트 리프터, 트롤리 활용
③ **항만 · 선박 하역** : 갠트리 크레인, 컨베이어, 스트래들 캐리어, 트랜스테이너, 리치 스태커 등 활용
④ **항공기 하역** : 포크리프트, Lifter(이글루 화물, 파렛트 네트 화물) 등 활용
⑤ **크레인**(Crane), **언로더**(Unloader) : 부피화물, 중량화물 하역

(3) 검수

① **단순검수**
컨베이어 : 검수와 동시에 보관작업장으로 이동한다.
② **해포 · 검수**
Depalletizer, 포크리프트, 자주식 크레인(Mobile Crane) : 소형화물 입 · 출하의 기계화, 대형 파렛트 화물포장 해체 및 검수의 자동화

(4) 화자 변경 : 유닛화물(파렛트, 컨테이너) ↔ 개별화물

① 생산부분과 연결되는 입하라면 필연적으로 화자가 변경되는 경우가 발생하게 된다.
② 화자 변경이 없는 것이 가장 좋다. 즉, 입고화자가 보관화자가 되는 형태가 가장 좋다.

3 보관작업장

(1) 격납 : 화물을 집어넣는 작업

① **낱개화물의 격납** : 낮은 선반, 슬라이딩 선반, 플로 랙 선반 활용
② **유닛화물의 격납**
㉠ 파렛트 랙, 하이스택 랙(고층 자동화 창고) 활용
㉡ 일반 포크리프트(저층, 3m 이하), 스태커 크레인(고층, 5m 이상) 활용
③ **통로가 좁을 경우 격납** : 아웃리거형 포크리프트, 사이드형 포크리프트 활용

(2) 보관

① **원료화물** : 탱크(액체)나 사일로(분립체) 이용
② **일반선반** : 깊이 1m, 높이 1.5m가 적당

③ 파렛트 랙, 인테이너 랙 : 랙의 조립과 기계화 용이

④ 적층 랙(메자닌 랙), 드라이브 인·스루 랙, 모빌 랙, 자동화 창고용 중·고층 랙(AS/RS, Auto Storage & Retrieval System 연계) : 창고 내 공간을 최대한 효율적으로 활용

⑤ 유동 랙(수직이동 랙, 수평이동 랙 ≒ 캐러셀 랙), 플로 랙 ≒ 흐름 랙 ≒ 슬라이딩 랙 : 작업자의 이동거리를 줄여준다.

⑥ 장척물 랙 ≒ 캔틸레버 랙 ≒ 암 랙 : 화물의 형상특성을 고려하여 적재 가능

(3) 품질보전과 기록

① 스프링클러, 공조기, 방범시스템 : 방화 및 화재, 공기순환(공조), 도난 방지 및 보안

② Barcode/RFID System, Scanner/Reader, LAN, AP, Computer : 재고검색, 입출고 표시, 출고·입고 가능 수량 파악

(4) 피킹

① 대차, 카트 : 작업자가 걸어 다니면서 피킹

② 포크리프트 : 작업자가 장비를 이용하여 피킹

③ AS/RS, 컨베이어, 무인운반차(AGV, RGV) : 부분·완전 자동 피킹

④ 중량 랙 : 중량특성의 원칙에 따라 중량물을 출고구에 가깝게, 랙 하단에 저장하다 보면 화물의 수량이 증가하게 되면 출고구에서 적재 위치가 멀어지는 한계점을 극복해 준다.

⑤ DPS(Digital Picking System)

㉠ 개념 : 물류센터의 랙(Rack)이나 보관장소에 점등장치를 설치하여 출고할 물품의 보관구역과 출고수량을 알려주고, 출고가 완료되면 신호가 꺼져 작업이 완료되었음을 자동으로 알려주는 시스템이다.

㉡ 기능 : 작업자가 아무런 사전 지식 없이도 불 켜진 구역에 불 켜진 선반에 표시된 수량만큼만 피킹하면 최단거리로 오류 없이 피킹이 가능하다. 다품종, 소량, 다빈도 피킹현장에 적합한 설비이다.

㉢ 도입 효과 : 피킹오류의 감소, 생산성 향상, 시간 단축, 작업인원 감소

㉣ APS(Auto Picking System) : 창고자동화시스템(AS/RS)과 연계하여 피킹 – 분류 – 출하 – 상차까지 자동화하는 시스템

(5) 출하작업장 이동

컨베이어, 포크리프트

4 출하작업장

(1) 임시 쌓기

① 분류 전 임시적재 및 설비의 점유공간
② 분류 후 출하대기용 임시적재
③ 송장 작성 간 임시적재

(2) 재분류

① **수작업 분류** : 격납장에서 일괄 피킹해 온 화물을 수작업 분류 – 씨뿌리기 방식 대응
② **컨베이어 사용**
㉠ 컨베이어로 운반되어진 화물을 수작업 분류
㉡ Tilting, 저개형, Push형, Diverter형 컨베이어 활용(컨베이어 자동분류기의 조합)
③ **DAS**(Digital Assort System) : 출고시킬 상품 전체를 일정한 장소에 피킹해 놓고 출고처별 박스에 다수의 상품을 투입할 때 상품의 종류와 수량을 정보시스템에 의해서 지시해 주고 정확한 수량이 투입될 수 있도록 도와주는 시스템이다.

TIP DPS와의 비교

- DPS는 보관 랙에서 물건을 표시된 수량만큼 빼면서 감소 버튼을 누르고 피킹작업이 끝나면 작업완료 버튼을 눌러 다음 피킹을 진행한다.
- DAS는 랙에 분류하여 넣거나 출고처별로 분류하여 상차시키기 위하여 피킹되어 오거나 입고된 출고 총량을 불 켜진 선반에 표시된 수량만큼 분류해 넣고 증가 버튼을 누르고 분류작업이 끝나면 작업완료 버튼을 눌러 다음 분류를 진행한다.

(3) 송장 작성

(4) 짐 부리기 · 수취인 이름 붙이기

① **제함기**(박스제작), **랩핑기, 밴딩기, 라벨기, 파렛타이저, 쉬링크 터널** : 포장기기
② 화인 표시

(5) 운송수단의 접안 및 대기

(6) 짐 쌓기

대차, 포크리프트, 차량승강기(Leveler), 날개로 쌓기

04 물류시설

1 물류단지 및 물류단지시설 ★

(1) 개념

① 물류단지는 물류터미널 – 공동집배송단지 – 도소매단지 – 농수산물도매시장 등의 '물류시설'과 정보 – 금융 – 입주자편의시설 등의 '지원시설'을 집단적으로 설치하기 위한 일단의 토지(건물)이다.

② 수송, 보관, 포장, 하역, 가공, 통관, 도소매, 정보처리 등을 위한 유통시설과 지원시설을 통합 설치・육성하기 위해 개발한 일단의 토지를 물류단지라고 하며 물류터미널을 비롯해 모든 물류시설을 포괄하는 개념이다.

③ 물류단지시설이란 물류센터를 포함하여 물류단지 안에 설치되는 시설을 말한다.

핵심포인트

물류시설법상 물류단지의 정의

1. 물류단지

"물류단지"란 물류단지시설과 지원시설을 집단적으로 설치・육성하기 위하여 지정・개발하는 일단의 토지 및 시설로서 도시첨단물류단지와 일반물류단지를 말한다.

2. 일반물류단지시설

"일반물류단지시설"이란 화물의 운송・집화・하역・분류・포장・가공・조립・통관・보관・판매・정보처리 등을 위하여 일반물류단지 안에 설치되는 다음 각 목의 시설을 말한다.

가. 물류터미널 및 창고

나. 「유통산업발전법」의 대규모점포・전문상가단지・공동집배송센터 및 중소유통공동도매물류센터

다. 「농수산물유통 및 가격안정에 관한 법률」의 농수산물도매시장・농수산물공판장 및 농수산물종합유통센터

라. 「궤도운송법」에 따른 궤도사업을 경영하는 자가 그 사업에 사용하는 화물의 운송・하역 및 보관 시설

마. 「축산물위생관리법」의 작업장

바. 「농업협동조합법」・「수산업협동조합법」・「산림조합법」・「중소기업협동조합법」 또는 「협동조합 기본법」에 따른 조합 또는 그 중앙회(연합회를 포함한다)가 설치하는 구매사업 또는 판매사업 관련 시설

사. 「화물자동차 운수사업법」의 화물자동차운수사업에 이용되는 차고, 화물취급소, 그 밖에 화물의 처리를 위한 시설

아. 「약사법」의 의약품 도매상의 창고 및 영업소시설

자. 그 밖에 물류기능을 가진 시설로서 대통령령으로 정하는 시설
차. 가목부터 자목까지의 시설에 딸린 시설

3. 지원시설

"지원시설"이란 물류단지시설의 운영을 효율적으로 지원하기 위하여 물류단지 안에 설치되는 다음 각 목의 시설을 말한다.

가. 대통령령으로 정하는 가공·제조 시설
나. 정보처리시설
다. 금융·보험·의료·교육·연구·업무 시설
라. 물류단지의 종사자 및 이용자의 생활과 편의를 위한 시설
마. 그 밖에 물류단지의 기능 증진을 위한 시설로서 대통령령으로 정하는 시설

(2) 특징

① 물류단지는 유통구조의 개선과 물류비 절감 효과의 저하 및 교통량 증가 문제를 해소하기 위해 도입되었다.

② 물류단지의 입지는 항만 – 공단 – 대도시 주변 등 물동량이나 물류시설의 이용 수요가 많은 지역을 대상으로 한다.

(3) 기능

① 물류단지는 환적, 집배송, 보관, 조립·가공, 컨테이너처리, 통관 등 물류기능을 수행한다.

② 물류단지는 판매, 전시, 포장, 기획 등 **상류기능도 수행**한다.

③ 물류단지시설 중 중계센터는 제품의 보관보다는 단순중계가 주요한 기능으로 크로스도킹(Cross Docking) 등의 기능을 수행할 수 있다.

핵심포인트

물류시설 민간투자사업 방식

1. BTO(Build Transfer Operate, 이전 후 운영방식)

① 민간 사업자가 도로, 철도, 항만 등의 공공 물류시설 건설 후, 소유권을 먼저 국가 또는 지방자치단체에 이전하고 일정 기간 그 시설물을 운영한 수익으로 투자비를 회수하는 투자방식이다.

② 어느 정도 직접수익이 가능한 도로, 철도, 항만 등 물류기반시설에 대해 준공과 동시에 해당 시설의 소유권이 국가 또는 지방자치단체에 귀속되며, 사업시행자에게 일정 기간의 시설관리운영권을 인정하는 방식이다.

2. BTL(Build Transfer Lease)

민간 사업자가 도로, 철도, 항만 등의 공공 물류시설 건설 후, 소유권을 먼저 국가 또는 지방자치단체에 이전하고 일정 기간 국가 또는 지방자치단체로부터 임대료를 받아 투자비를 회수하는 투자방식이다.

3. BOO(Build Own Operate)
   준공과 동시, 소유권 및 관리운영권이 사업시행자에게 귀속된다.
4. BLT(Build Lease Transfer)
   ① 준공 후, 일정 기간 동안 정부 또는 제3자에게 시설을 임대해 관리・운영하고, 기간 만료 후 국가 또는 지방자치단체에 소유권이 귀속된다.
   ② 민간 사업자가 건설 후, 일정 기간 동안 국가 또는 지방자치단체에 임대하여 투자비를 회수하고 임대기간 종료 후에 소유권을 국가 또는 지방자치단체에 양도하는 방식
5. BOT(Build Own Transfer)
   ① 준공 후, 일정 기간 동안 사업시행자 소유권 인정, 기간 만료 후 국가 또는 지방자치단체에 소유권이 귀속된다.
   ② 민간 사업자가 건설 후, 투자비용을 회수할 때까지 관리・운영한 후 계약기간 종료 시 국가에 양도하는 방식이다.

핵심포인트

물류시설 투자 타당성 분석 관련 용어

1. 편익
   운송비용 절감, 보관・하역비용 절감 등이며, 비용은 토지 구입비, 건설비, 운영 및 유지관리비 등으로 볼 수 있다.
2. 순현재가치(NPV, Net Present Value)
   사업의 경제성을 평가하는 척도 중 하나로 현재가치로 환산된 장래의 연차별 기대현금유입의 합계에서 현재가치로 환산된 장래의 연차별 기대현금유출의 합계를 뺀 값을 의미한다.

심화

현재가치법(NPV, Net Present Value Method)

1. 사업의 경제성을 평가하는 척도 중 하나로, 현재가치로 환산된 미래의 연차별 편익의 합계에서 비용의 합계를 뺀 값을 의미하며 계산된 값만큼 감소효과가 있는 것으로 본다(NPV>0).
2. 투자이익률(ROI, Return On Investment)
   순이익을 투자액으로 나눈 것으로 투자이익률이 클수록 높은 투자 타당성을 갖는다.
3. 비용편익비(B/C, Benefit/Cost ratio)
   편익을 비용으로 나눈 비율을 뜻하며 비용편익비가 클수록 높은 투자 타당성을 갖는다.
4. 내부수익률(IRR, Internal Rate of Return)
   ① 보유기간 중 투자량에 의해 산출되는 또는 산출될 수 있는 자본의 연 환산수익률
   ② 물류센터 투자 타당성을 분석할 때 편익의 현재가치 합계와 비용의 현재가치 합계가 동일하게 되는 수준의 할인율을 활용하는 기법

심화

내부수익률법

편익과 비용의 현재가치 합계가 동일하게 되는 수준의 할인율(K)을 바탕으로, 순현재가치(NPV)를 '0'으로 만드는 할인율을 의미하며 사회적 할인율보다 내부수익률이 높으면 경제성이 있는 것으로 판단한다(IRR > K).

2 물류센터 ★

(1) 개념

① 수요자와 공급자가 존재하는 물품의 유통과정에서 이를 계획화하고 효율적인 흐름을 도모하기 위하여 공급자와 수요자의 중간에 설치하여 배송의 효율화를 적극 추진하는 물류시설을 뜻한다.

② 대규모의 물류단지에 복합터미널과 같이 자동화된 시설을 갖추고 운영되는 거대하고 방대한 단지로 다품종 대량의 물품을 공급받아 분류, 보관, 포장, 유통가공, 정보처리 등을 수행하여 다수의 수요자에게 적기에 배송하기 위한 시설이다.

(2) 역할

① 고객의 다양한 요구에 부응하기 위하여 각종 유통가공 기능 또는 조립업무를 수행하고 물품의 품질이나 수량을 확인하는 검품장소의 역할을 한다.

② 적기에 납품할 수 있도록 집하배송을 위한 배송기지의 역할을 한다.

③ 운송비 절감을 도모할 수 있는 중계기지의 역할을 한다.

④ 시장점유율을 높이기 위해 수주 시의 재고품절이 발생하지 않도록 제품확보의 역할을 한다.

(3) 특징

① 공급자와 수요자의 중간에 위치하여 수요와 공급을 통합하고 계획하여 효율화를 높인다.

② 판매정보를 조기파악하여 조달 및 생산계획에 반영한다.

③ 상물분리에 의한 물류효율화를 실현할 수 있다.

(4) 기능

① 물류센터는 운송비와 생산비의 절충점을 찾아 총비용을 절감할 수 있다.

② 적정한 수준의 재고를 유지할 수 있다.

③ 신속, 정확한 배송으로 고객서비스를 향상시킨다.

④ 상물분리를 통해 교차 및 중복수송을 **방지**한다.

⑤ 종래의 창고나 배송센터보다는 규모가 크므로 충분한 취급량을 확보하지 못할 경우 채산성이 악화될 수 있다.

⑥ 일시적 또는 장기적 물품보관을 통하여 공급과 수요의 완충적인 기능을 한다.
⑦ 입출고를 원활하게 하기 위한 오더피킹의 기능을 한다.
⑧ 단순한 보관기능 외에도 입고품의 검품, 검수, **유통가공**, 조립, 분류 및 **포장** 작업을 수행한다.

TIP 물류센터에서는 제품의 제조기능을 수행하지 않는다는 점에 유의한다.

(5) 물류센터의 유형

① 항만 입지형은 부두창고, 임항창고, 보세창고 등이 있다.
② 단지 입지형은 유통업무단지 등의 유통거점에 집중적으로 입지를 정하고 있는 물류센터 및 창고로 공동창고, 집배송단지 및 복합물류터미널 등이 있다.
③ 도시 근교 입지형은 백화점, 슈퍼마켓, 대형 할인 매장 및 인터넷 쇼핑몰 등을 지원하는 창고이다.

(6) 물류센터의 배치형태

① **집중배치형태** : 배송센터를 집중적으로 배치하여 공동구입과 관리의 일원화 및 계획배송을 실시하는 거점형태
② **분산배치형태** : 각 생산회사에서 생산된 물품을 인근 영업창고에 적재한 후, 고객이 주문할 경우 상호 간 데이터 전송 등의 방법에 따라 정보시스템을 결합하여 이를 배송하는 형태
③ **중앙배치형태** : 중앙에 대형배송센터를 건립하여 보급거점으로서의 역할을 하게 하고 소형배송센터를 주변에 분산하여 설치한 후, 고객의 주문에 따라 활용하는 배치형태
④ **기능별 구분형** : 재고를 ABC로 구분하여 AB품목은 제1선의 물류센터에 보관하고 C품목은 지역 블록 담당의 전략창고에 보관하는 형태로서 다품종 제조업자 등이 주로 활용하는 배치형태
⑤ **전략창고** : 지역 블록마다 1개소에 배송센터 4~5개를 배치하는 형태

핵심포인트

1. 물류센터 규모결정 시 영향요인
   ① 자재취급시스템의 형태
   ② 통로요구조건
   ③ 재고배치
   ④ 현재 및 미래의 제품 출하량
   ⑤ 사무실 공간
2. 물류센터 규모계획 시 순서
   서비스 수준의 결정 → 제품별 재고량 결정 → 보관량 및 보관용적의 산정 → 하역작업 방식과 설비의 결정 → 총면적의 산출

(7) 물류센터 수 증가 시 발생하는 관리요소 변화

① 시설투자비용이 지속적으로 증가한다.

② 납기준수율이 증가한다.

③ 수송비용이 증가한다.

④ 물류센터 수가 증가하므로 총 안전재고량이 증가한다.

⑤ 물류센터 운영 전에 비해 상대적으로 공차율이 감소하다.

TIP 창고나 배송센터를 지역별로 설치할 경우 거점 간에 상품을 수송하는 빈도가 높아져 수송비가 증가하게 된다.

(8) 물류센터 레이아웃 설계 시 고려사항

① 물품의 취급횟수를 감소시킨다.

② 물품, 운반기기 및 작업자의 역행·교차는 피한다.

③ 물품의 흐름과정에서 높낮이 차이의 크기와 횟수를 줄인다.

④ 물품, 통로, 운반기기 및 작업자 등의 흐름에 있어 가능한 한 직진성에 중점을 둔다.

핵심포인트

물류센터 KPI(Key Performance Indicator)

1. 환경 KPI는 CO_2 절감 등 환경 측면의 공헌도를 관리하기 위한 지표이다.
2. 생산성 KPI는 작업인력과 시간당 생산성을 파악하여 작업을 개선하기 위한 지표이다.
3. 납기 KPI는 수주부터 납품까지의 기간을 측정하여 리드타임을 감소시키기 위한 지표이다.
4. 품질 KPI는 오납률과 사고율 등 물류품질의 수준을 파악하여 고객서비스 수준을 향상시키기 위한 지표이다.
5. 비용 KPI는 작업마다 비용을 파악하여 물류센터의 물류비용을 감소시키기 위한 지표이다.
6. 재고 KPI
   재고의 정도율과 적정재고의 상태를 파악하고, 공간의 효율도 최대한 활용하고 고객의 요구 수준을 파악하는 지표이다.

3 배송센터 ★

(1) 개념

① 소매 및 소비자에 대한 배송기능을 주로 하는 물류거점으로 물류센터보다 소규모이고 기능이 단순하다.

② 배송센터는 개별 기업의 배송센터를 지칭하나 복합물류터미널과 같은 대규모 유통업무단지 자체를 지칭하기도 한다.

③ 소비지에 가깝게 위치하며, 소단위 배송을 위한 물류시설을 배송센터라고 한다.

(2) 배송센터 구축의 이점

① 교차수송의 **감소**

② **납품작업의 합리화**(효율화) : 백화점이나 양판점은 배송센터를 통해 납품작업을 합리화시킨다.

③ **수송비 절감** : 수요지에 가까운 배송센터까지 대형차로 수송하고 고객에게는 소형차로 배송하므로 비용이 절감된다.

④ **배송서비스율의 향상** : 배송센터에서 고객에게 배송하는 것이 공장에서 고객에게 배송하는 것보다 리드타임이 단축된다.

⑤ **상물분리의 실시** : 배송센터를 활용함으로써 각 영업지점은 상류활동에 전념할 수 있다.

⑥ 고객서비스의 향상

(3) 배송센터 수 증가 시 효과

① 전체 배송센터의 재고수준은 **증가**한다.

② 배송센터에서 배송처까지의 수송비용은 **감소**한다.

③ 전체 배송센터의 운영비용은 **증가**한다.

④ 납기준수율은 **증가**한다.

⑤ 고객 대응시간은 **감소**한다.

4 공동집배송센터 ★

(1) 집배송센터의 개념

① 물류센터보다 소규모로 소매점 소비자에 대한 배송, 택배 기능에 개별 기업의 유통, 배송센터 기능을 수행하는 곳을 말한다.

② 배송, 보관, 검증, 유통가공, 분류, 포장 기능을 수행하며, 유통센터라고도 한다.

③ 협의로서는 개별 기업의 집배송센터, 광의로서는 복합물류터미널 같은 대규모 물류단지시설 자체를 의미한다.

(2) 공동집배송센터의 개념

① 공동집배송센터는 여러 유통사업자 또는 제조업자가 공동으로 사용할 수 있도록 집배송시설 및 부대업무시설이 설치되어 있는 시설이다.

② 동종 및 이종업체 유통업체들이 대규모 유통업무단지를 조성하여 도매거래, 유통가공, 공동수·배송, 공동재고관리 등의 기능을 수행하는 물류단지이다.

(3) 공동집배송센터의 운영효과

① 공동집배송단지는 참여업체들의 공동구매 및 보관을 가능하게 한다.

② 토지효율 및 투자효율을 높일 수 있다.

③ 권역별, 지역별, 상품별로 배송물량을 통합하여 계획 배송이 가능하다.
④ 배송물량의 혼합배송에 의해 차량 적재율의 증가, 횟수의 감소 및 운송거리의 단축을 통하여 **공차율이 감소**한다.
⑤ 공동집배송단지를 사용하는 업체들의 공동 참여를 통해 대량 구매 및 계획 매입이 가능하여 매입가격 인하가 가능하다.
⑥ 보관 수요를 통합 관리함으로써 업체별 보관공간 및 관리비용의 **절감**이 가능하다.
⑦ 물류작업의 공동화를 통해 물류비 절감 효과가 있다.
⑧ 참여기업의 영업비밀이 어느 정도 유지 가능한 면이 있다(경우에 따라서는 영업비밀이 유출될 우려 또한 있을 수 있다).

핵심포인트

공동배송센터(Joint Distribution Center)

1. 개념
제조업체, 유통업체, 물류업체 등이 공동출자해 설립한 물류거점으로서 이해당사자들이 다이어그램(시간표) 배송과 분류작업 등을 공동으로 수행하는 곳이다.

2. 특징
① 상품의 가격안정에 기여한다.
② 공동배송기능 및 공동가공처리기능이 있다.
③ 물류정보를 종합관리 및 활용하는 물류정보센터의 역할을 한다.

5 물류터미널과 복합물류터미널 ★

(1) 물류터미널

① 개념
㉠ 물류터미널은 화물의 집하(집화)・하역 및 이와 관련된 분류・포장・보관・가공・조립 또는 통관 등에 필요한 기능을 갖춘 시설(시설물)이다.
㉡ ICD와 복합물류터미널을 포함하여 물류터미널이라고 부르기도 한다.
㉢ 일반물류터미널에는 화물취급장, 보관시설, 관리용건물, 주차장 등의 시설이 입지한다.

② 기능
㉠ 집화기능
㉡ 혼재기능
㉢ 유통가공기능
㉣ 화물보관기능
㉤ **도매**시장기능
㉥ 운송수단 간 연계기능

ⓢ 화물운송의 중계기지기능

TIP 전시기능과 소매시장기능을 하지 않는다.

(2) 복합물류터미널

① 개념

㉠ 복합물류터미널은 화물의 집화·하역 및 이와 관련된 분류·포장·보관·가공·조립 또는 통관 등에 필요한 기능을 갖춘 물류시설물을 의미한다.

㉡ 복합물류터미널은 두 종류 이상(복수)의 운송수단 간의 연계운송을 수행할 수 있는 규모와 시설을 갖춘 물류터미널이다.

㉢ 장치보관, 수출입 통관, 선박의 적하 및 양하 기능을 수행하는 육상운송수단과의 연계 지원 시설이다.

㉣ 국내 복합물류터미널은 군포, 양산 등에서 운영하고 있다.

② 주요 시설

㉠ 수송기능 중심의 물류시설로서 화물취급장 또는 집배송시설 등을 보유하고 있다.

㉡ 복합물류터미널은 이외에도 물류터미널, 창고, 배송센터, 물류정보센터, 수송수단 간 연계 시설 및 각종 공공 편의시설, ICD시설이 한곳에 모여 있다.

③ 기능

㉠ **연계기능** : 해당 지역 운송망의 중심에 위치하여 다른 교통수단과 연계가 용이하다.

㉡ **터미널기능** : 환적기능을 구비하여 출발지에서 도착지까지 수송, 하역, 보관, 포장 활동을 통하여 단위화 및 규격화를 실현, 환적기능을 위한 기계화 및 자동화 등을 실현한다.

㉢ **혼재기능** : 복합물류터미널은 소규모 화물의 로트화를 통해 혼재기능을 수행한다.

㉣ **정보센터기능** : 물자의 집화·배달의 공간과 동시에 화물정보센터로서 기능을 강화, 수송수단의 예약탁송, 화물의 운행 및 도착, 재고관리정보 등을 제공한다.

㉤ **트랜스폼(Transform)기능** : 물류터미널에 있어서 상품의 가공, 포장, 판매단위의 소량 다품종 상품을 수요단위에 적합하게 세트상품으로 재포장한다.

㉥ **유통보관 및 유통가공 기능** : 대량생산체제를 바탕으로 한 생산자와 다품종, 소량, 다빈도 수주특성을 갖는 소비자를 수송채널을 통해 연결하는 역할을 한다.

6 스톡 포인트(SP, Stock Point) ★

(1) 개념

① 대도시, 지방 중소도시에 합리적인 배송을 실시할 목적으로 설립된 유통의 중계기지이다.

② 유통업체인 경우 배송시키기 위한 전 단계로 재고품을 비축하거나 배송센터로 상품을 이전시키기 위해 일시 보관하는 유통창고를 의미한다.

(2) 특징

① 일종의 하치장으로 제조업체들은 원료, 완성품, 폐기물들을 쌓아두는 경우가 많다.
② 재고품의 임시보관거점으로 상품의 배송거점인 동시에 예상 수요에 대한 보관거점이다.

7 데포(DP, Depot) ★

(1) 개념

① SP(스톡 포인트)보다 작은 국내용 2차 창고 또는 수출상품을 집화・분류・수송하기 위한 내륙 CFS를 데포라고 하며, 공급처에서 수요처로 대량으로 통합운송된 화물을 일시적으로 보관하는 창고 역할을 하며 단말배송소라고도 한다.
② 효율적인 수송을 위해 갖추어진 집배중계 및 배송처에 컨테이너가 CY(Container Yard)에 반입되기 전 야적된 상태에서 컨테이너를 적재시키는 장소이다.

(2) 특징

① 화물체류시간이 짧다.
② 생산지에서 소비지까지 배송할 때 각지의 데포까지는 하나로 통합하여 수송한다.
③ 수송비의 절감과 고객서비스의 향상에 기여한다.

8 ICD(Inland Container Depot) ★★★

(1) 개념

① ICD란 수출입컨테이너를 취급하는 내륙컨테이너기지로서 컨테이너의 보관, 철도연계운송 및 포장 등 항만터미널과 유사한 기능을 수행하는 물류거점이다.
② 항만과 거의 유사한 장치, 보관, 집화, 분류, 혼재 등의 기능을 수행하며 선사, 하역회사, 트럭회사, 관세사, 포장회사, 포워더(Forwarder) 등을 유치하여 운영하므로 내륙 항만이라고도 부른다.
③ 산업단지와 항만 사이를 연결하여 컨테이너 화물의 유통을 원활히 하기 위한 대규모 물류단지로서 복합물류터미널의 역할을 수행한다.
④ 본래는 내륙통관기지(Inland Clearance Depot)를 의미하였으나 컨테이너화의 확산으로 내륙 컨테이너기지로 성장하였다.

(2) 특징

① 내륙컨테이너기지는 두 가지 의미로 사용되고 있는데 하나는 주로 항만터미널과 내륙운송수단과의 연계가 편리한 산업지역에 위치한 컨테이너 장치장을 말하며, 다른 하나는 이들 컨테이너

화물에 **통관기능**까지 부여된 컨테이너 통관기지를 말한다.

② 내륙운송 연계시설과 컨테이너 야드(CY), 컨테이너 화물조작장(CFS) 등의 고정설비를 갖추고 있다.

③ 노동력의 안정적 확보와 자동화를 통한 생산성 향상이 필요하다.

(3) 기능

① 수출입 통관업무, 집하 및 분류 기능을 수행한다.

② 수출입화물의 수송거점일 뿐만 아니라 화주의 유통센터 또는 창고 기능까지 담당하고 있으며, 장치보관기능을 수행한다.

③ 육상운송수단과의 연계할 수 있는 기능이 있다.

④ 항만 또는 공항이 아닌 내륙시설로서 **공적 권한과 공공설비**를 갖추고 있다.

⑤ 공컨테이너 장치장으로도 활용되고 있다.

⑥ 항만과 동일하게 CY 및 CFS의 기능을 수행하며 입주업체가 보세창고를 직접 운영한다.

⑦ LCL 화물의 혼재 및 배분 기능도 수행한다.

TIP ICD에 선박 적하, 양하, 마샬링, 제조 기능은 없다.

(4) 장점

① ICD는 항만지역에 비해 창고·보관시설용 토지 취득(토지 매입)이 쉽고 시설비가 절감되어 보관료가 저렴하다.

② 내륙에 도착한 공컨테이너를 항만터미널까지 운송할 필요가 없어 교통량 감소 및 운송경비의 절감 효과를 얻을 수 있다.

③ ICD는 운송거점으로서 대량운송 실현과 공차율 감소를 통해 운송을 합리화하고 신속한 통관을 지원한다.

④ 화물의 대단위화에 따른 운송효율 향상과 교통혼잡 완화로 운송비가 절감된다.

⑤ 컨테이너 운송과 관련된 선사, 복합운송인, 화주 등 관련 업체들 간 정보시스템 구축이 용이하여 신속·정확·안전한 서비스가 제공될 수 있다.

⑥ 철도와 도로의 연계, 환적 등 운송수단 및 운송장비의 효율적 활용으로 연계운송체계를 통한 일관운송(연계운송체계)이 **가능**하게 된다.

⑦ 항만구역 및 항만 주변의 도로체증을 완화하고, 철도수송에 의한 CO_2 배출 저감 효과가 있다.

9 ODCY(Off Dock Container Yard)

(1) 개념

부두 밖 컨테이너 장치장, 부두 밖 보세장치장, 부두 밖 도심 컨테이너 야드장이라 불리며 통관기능을 갖추고 있다.

(2) 장점

① 부두 내보다 상대적으로 낮은 임대료
② 낮은 조업혼잡도
③ 컨테이너 장치보관기능이 증가

(3) 단점

① 물류비의 추가 발생
② 도심 교통난 가중
③ 토지이용과 도시개발의 제약
④ 항만의 통제기능의 약화(CY 기능 분산)

10 CY/CFS ★

(1) CY(Container Yard)

① 항만 내의 컨테이너 야적장을 의미한다.
② 공컨테이너 또는 풀컨테이너를 보관할 수 있는 넓은 장소를 말하며 넓게는 CFS, Marshalling Yard, Apron까지도 포함한다.
③ 포괄적 의미의 CY는 항만 내 Gateway, 보세장치장, Control Tower, 섀시/트랙터 장치장(주차장), CFS, Marshalling Yard, Apron까지 포함하기도 한다.

(2) CFS(Container Freight Station)

① FCL(Full Container Load)을 만들지 못하는 소형 화주들의 소규모 화물, LCL(Less than Container Load)화물들을 혼재하여 FCL을 만드는 소규모 작업장 또는 창고를 의미한다.
② 수출 시에는 LCL화물을 특정 장소에 집적하였다가 목적지별로 선별하여 하나의 컨테이너에 적입한다.
③ 수입 시에는 혼재화물을 컨테이너로부터 인출하고 목적지별로 선별하여 수화인에게 인도한다.

(3) 특징

CY에는 FCL화물이 보관되어 있으며, CFS에서는 LCL화물이 혼재작업 후 FCL화물로 만들어져 CFS로 보내진다.

핵심포인트

컨테이너 화물의 특징 및 운송형태

1. 개요

컨테이너 화물은 컨테이너 1개의 만재 여부에 따라 FCL(Full Container Load)과 LCL(Less than Container Load) 화물로 대별할 수 있다.

2. 만재 여부에 따른 화물 구분

① FCL(Full Container Load) Cargo

㉠ FCL은 하나의 컨테이너에 만재되어 운송되는 화물을 의미한다.

㉡ 한 명의 송하인 화물만으로 1개의 컨테이너를 채우는 화물을 의미한다.

㉢ 운송과정에서 거래당사자는 일반적으로 1명의 송하인(Shipper)과 1명의 수하인(Consignee)을 기본으로 한다.

㉣ FCL Cargo는 수출상의 공장의 문전에서 수입업자의 창고의 문전까지 화물을 운송해 주는 Door-to-Door Service가 가능하다.

㉤ FCL은 화주의 공장에서 수출통관 후 보세운송형태로 육상운송되는 경우가 대부분이며 필요시 철도운송 또는 연안운송도 이용된다.

② LCL(Less Than Container Load) Cargo

㉠ 여러 명의 송하인 화물로 1개의 컨테이너를 채우는 혼재화물이다.

㉡ LCL은 여러 화주의 화물을 하나의 컨테이너에 적입해야 하므로 수출화물을 컨테이너화물집하장(CFS)으로 운반하여 화물을 혼적한다.

㉢ LCL은 Door-to-Door Service가 불가능하며, 평균운임 및 취급비용이 FCL Cargo보다 고가이다.

3. 컨테이너 화물 운송형태

① CY to CY(FCL/FCL)

㉠ CY/CY 운송은 수출자의 공장에서 컨테이너를 만재한 상태에서 수입자의 창고까지 운송하는 형태를 말하며, Door-to-Door 운송이라고도 한다.

㉡ 수출업자의 창고에서 수입업자의 창고까지 컨테이너에 의한 일관수송형태로 운송된다.

㉢ 수출지 CY에서 수입지 CY까지 FCL형태로 운송되며, 컨테이너운송의 장점을 최대한 살릴 수 있는 방식이다.

② CFS to CFS(LCL/LCL)

㉠ CFS/CFS 운송은 주로 다수의 수출자와 다수의 수입자 간에 이용된다.

㉡ Pier to Pier 또는 LCL/LCL운송이라고도 부르며 운송인이 여러 화주로부터 컨테이너에 운송하여 목적항의 컨테이너 화물장치장(CFS)에서 여러 수하인에게 화물을 인도하는 방법이다.

㉢ 혼재업무를 포워더들이 행하기 때문에 이를 Forwarder's Consolidation이라 한다.

③ CFS to CY(LCL/FCL)

㉠ CFS/CY 운송은 수입업자가 여러 송하인으로부터 물품을 수입할 때 주로 이용된다.

㉡ 운송인이 여러 송하인들로부터 화물을 CFS에서 집하하여 목적지의 수입업자 창고 또는 공장까지 운송하는 것으로 Buyer's Consolidation이라 한다.

㉢ 운송인이 지정한 선적항의 CFS로부터 목적지의 CY까지 컨테이너에 의해 운송되는 형태이다.

㉣ 운송인이 다수의 송화인으로부터 화물을 모아 수출지 CFS에서 혼재하여 FCL로 만들고, 수입지 CY에서 분류하지 않고 그대로 수화인에게 인도하는 형태이다.

㉤ 대규모 수입업자가 여러 송하인들의 각 LCL화물들을 인수하여 일시에 자기 지정창고까지 운송하고자 하는 경우에 이용한다.

④ CY to CFS(FCL/LCL)

㉠ 선적항의 CY에서 목적항의 CFS까지 컨테이너에 의해서 운송되는 방법이다.

㉡ CY/CFS 운송은 하나의 수출자가 둘 이상의 수입자의 화물을 한 컨테이너에 적입한 경우에 이용된다.

㉢ 선적지에서 수출업자가 FCL화물로 선적하고 목적지의 CFS에서 컨테이너를 개봉하여 화물을 분류한 후 여러 수입업자에게 인도한다.

⑤ 활용 예시

㉠ 미국에 소재하고 있는 대형백화점인 A회사는 한국에서 백화점 자체 브랜드의 의류를 여러 봉제업자들로부터 OEM방식으로 가공하여 취합한 후 일괄하여 컨테이너로 수입한다. 한국의 국제물류주선업체인 B회사가 위 물품의 운송을 위탁받았다고 할 때 B회사가 취할 수 있는 적합한 운송형태는 CFS to CY이다.

㉡ 한국 부산의 A 마트는 베트남 호치민의 B, C, D 업체로부터 매월 식품 및 식자재 약 30 CBM을 컨테이너로 수입하고 있다. 이때 혼재방식은 Buyer's Consolidation, 운송형태는 CFS to CY가 적절하다.

㉢ A사는 중국의 명절을 맞이하여 특수가 기대되는 상품을 중국 내 여러 바이어에게 수출하기로 계약을 체결하였다. A사가 선택할 수 있는 가장 적합한 컨테이너운송 방법은 CY to CFS이다.

핵심포인트

혼재서비스(Consolidation Service) 형태

1. Consolidation의 개념
   ① 국제물류주선업자가 소량의 LCL화물을 집화하여 FCL화물로 만드는 과정을 뜻하는 용어이다.
   ② 혼재운송은 소량화물의 선적 용이, 비용 절감, 물량의 단위화로 취급상 용이하다.
   ③ 혼재운송에서 운송주선인은 선박회사가 제공하지 않는 문전운송 서비스를 제공한다.
2. Buyer's Consolidation
   ① 다수의 송하인의 화물을 단일의 수하인에게 운송해 주는 형태이다.
   ② 수입자는 한 사람이지만 같은 국가에 상품의 공급자(수출자)가 다수인 경우 수출국에 있는 포워더(Forwarder)를 지정하여 운송 업무를 전담하도록 하는 것이다.
   ③ 한 사람의 포워더(Forwarder)가 수입자로부터 위탁을 받아 다수의 수출자로부터 화물을 집하하여 컨테이너에 혼재한 후 이를 수입자에게 운송하는 형태이다.
   ④ 수입화물이 소량(LCL)이고 여러 수출자로부터 수입이 이루어지는 경우에 활용한다.
   ⑤ 운송인이 여러 송하인(수출업자)들로부터 화물을 CFS에서 집하하여 목적지의 수입업자 창고 또는 공장까지 운송하는 것이다.
3. Shipper's Consolidation
   수출업자가 한 사람이고 수입업자가 다수일 때 수출업자가 주체가 되어 집하, 혼재하여 운송하는 방법이다.
4. Forwarder's Consolidation
   여러 화주(송화인)의 소량 컨테이너 화물(LCL)을 수출지의 CFS에서 혼재하여 FCL 단위화물로 선적 운송하고, 수입지에 도착한 후 CFS에서 컨테이너 화물을 분류하여 다수의 수입자들에게 인도해 주는 서비스이다.

11 기타 보관장소

(1) 공공창고(Public Warehouse)

국가 또는 지방자치단체가 공공의 이익을 목적으로 건설한 창고이다.

(2) 고층 랙(High Stowage/Storage Rack Warehouse)

스태커 크레인 등을 사용하여 입출고 작업을 하는 창고를 말한다.

12 보세구역 ★

(1) 개념

① 보세는 관세가 유보된 상태로 수입신고수리 전 상태를 의미한다.
② 보세구역은 지정보세구역, 특허보세구역, 종합보세구역으로 구분한다.
③ 지정보세구역은 지정장치장, 세관검사장으로 분류하고, 특허보세구역은 보세창고, 보세공장, 보세건설장, 보세전시장, 보세판매장으로 구분할 수 있으며 종합보세구역은 특허보세구역의 기능을 2 이상 수행하는 구역이다.

(2) 지정보세구역

① **지정장치장** : 지정장치장은 통관을 하려는 물품을 일시 장치하기 위한 장소로서 세관장이 지정하는 구역으로 한다.

활용 예시

A물품의 최초 선적지는 미국 뉴욕이고 최종 목적지는 중국 상해이다. X선사가 해당 물품을 선적하여 부산항에 입항하였는데, 부산항에 양륙하여 보세구역에 잠시 보관하다 다른 선박에 환적하여 중국으로 운송할 예정이다. 해당 물품은 컨테이너에 적재되어 있고 FCL화물이다. 이 경우 활용할 수 있는 보세구역은 지정장치장이다.

② **세관검사장** : 통관을 하고자 하는 물품을 검사하기 위한 장소로서 세관장이 지정하는 지역을 말한다.

(3) 특허보세구역

① **보세창고**

㉠ 통관을 하고자 하는 물품을 일시 장치하기 위한 장소로서 세관장의 특허를 받아 운영하는 장소를 말한다.
㉡ 보세창고의 운영인은 미리 세관장에게 신고를 하고 외국물품의 장치에 방해되지 아니하는 범위에서 보세창고에 내국물품을 장치할 수 있다.
㉢ 보세창고의 경우 장치기간이 지난 내국물품은 그 기간이 지난 후 **10일 내에 그 운영인의 책임으로 반출**하여야 한다.

② **보세공장** : 외국물품을 원료 또는 재료로 하거나 외국물품과 **내국물품을 원료** 또는 재료로 하여 수출하는 물품을 제조・가공하거나 수리・조립・검사・포장 기타 이와 유사한 작업을 하는 것을 목적으로 한다.
③ **보세전시장** : 박람회・전람회・견본품 전시회 등의 운영을 위하여 외국물품을 장치・전시하거나 사용할 수 있다.

④ 보세건설장
  ㉠ 산업시설의 건설에 소요되는 외국물품인 기계류 설비품 또는 공사용 장비를 장치·사용하여 해당 건설공사를 할 수 있다.
  ㉡ 운영인은 보세건설장에서 건설된 시설을 수입신고가 **수리되기 전에 가동**하여서는 아니 된다.

⑤ 보세판매장
  ㉠ 세관장은 보세판매장에서 판매할 수 있는 물품의 수량, 장치 장소 등을 제한할 수 있다.
  ㉡ 보세판매장에서 판매할 수 있는 물품의 종류, 판매한도는 **기획재정부령**으로 정한다.

(4) 종합보세구역

관세청장은 직권으로 또는 관계 중앙행정기관의 장이나 지방자치단체의 장, 그 밖에 종합보세구역을 운영하려는 자의 요청에 따라 무역진흥에의 기여 정도, 외국물품의 반입·반출 물량 등을 고려하여 일정한 지역을 종합보세구역으로 지정할 수 있다.

(5) 보세운송

① 국제항에 입항한 선박에서 하역한 외국물품을 관세법의 규정에 따라 내륙지에 있는 보세창고로 운송하는 절차이다.

② 보세운송의 신고는 화주의 명의로 할 수 있다.

③ 세관장은 보세운송물품의 감시·단속을 위하여 필요하다고 인정될 때에는 관세청장이 정하는 바에 따라 운송통로를 제한할 수 있다.

④ 보세운송 신고를 한 자는 해당 물품이 운송목적지에 도착하였을 때 도착지의 세관장에게 보고하여야 한다.

⑤ 수출신고가 수리된 물품은 관세청장이 따로 정하는 것을 제외하고는 보세운송절차를 생략한다.

CHAPTER 01 기출 & 실력 다잡기

01 보관의 기능

01 보관의 기능으로 옳지 않은 것은?

① Link와 Link를 연결하는 기능
② 고객서비스의 접점 기능
③ 집산, 분류, 구분, 조합, 검사 장소의 기능
④ 재화의 물리적 보존과 관리 기능
⑤ 제품에 대한 장소적 효용 창출 기능

해설 장소적 효용을 창출시키는 기능은 운송의 기능이다. 보관의 기능은 주로 시간적 효용이다.

02 보관의 기능에 관한 설명으로 옳지 않은 것은?

① 재화의 물리적 보존과 관리 기능
② 제품의 거리적·장소적 효용을 높이는 기능
③ 운송과 배송을 원활하게 하는 기능
④ 생산과 판매와의 조정 또는 완충 기능
⑤ 집산, 분류, 구분, 조합, 검사의 장소적 기능

해설 제품의 거리적·장소적 효용을 창출하는 기능은 운송의 기능이다.

03 보관의 기능에 관한 설명으로 옳지 않은 것은?

① 시간적 효용을 창출한다.
② 운송과 배송을 원활하게 연계한다.
③ 제품에 대한 장소적 효용을 창출한다.
④ 생산의 평준화와 안정화를 지원한다.
⑤ 재고를 보유하여 고객 수요에 대응한다.

해설 제품에 대한 장소적 효용을 창출하는 것은 운송의 기능이다.

정답 01 ⑤ 02 ② 03 ③

04 **보관의 기능이 아닌 것은?**

① 생산과 소비의 시간적 거리 조정
② 운반활성화 지수의 최소화
③ 제품의 집산, 분류, 조합
④ 세금 지불 연기 등의 금융 역할
⑤ 구매와 생산의 완충

해설 운반활성화 지수를 최대화해야 한다.

05 **보관의 기능으로 옳지 않은 것은?**

① 물품의 거리적·장소적 효용 창출 기능
② 물품의 분류와 혼재 기능
③ 물품의 보존과 관리 기능
④ 수송과 배송의 연계 기능
⑤ 고객서비스 신속 대응 기능

해설 제품에 대한 거리적·장소적 효용 창출 기능은 물적유통기능(운송)이다. 보관은 시간적 효용을 창출한다.

06 **보관기능에 관한 설명으로 옳지 않은 것은?**

① 고객서비스 측면에서 고객의 물품 필요시 신속히 공급할 수 있다.
② 구매와 생산 측면에서 조달된 원·부자재를 생산계획에 따라 공급조정할 수 있다.
③ 생산과 판매 측면에서 물품을 판매시점에 따라 완충하여 공급할 수 있다.
④ 마케팅 측면에서 상품의 담보기능을 제공할 수 있다.
⑤ 유통가공 측면에서 상품을 가공함으로써 부가가치를 증대하고 고객요구에 신속히 응대할 수 있다.

해설 ④ 마케팅 측면에서 상품의 담보기능을 제공한다고 보긴 어렵다. (보관기능은 상품 담보기능을 한다고 볼 수는 있다.)

정답 04 ② 05 ① 06 ④

07 **보관의 기능에 해당하는 것을 모두 고른 것은?**

ㄱ. 제품의 시간적 효용 창출
ㄴ. 제품의 공간적 효용 창출
ㄷ. 생산과 판매와의 물량 조정 및 완충
ㄹ. 재고를 보유하여 고객 수요 니즈에 대응
ㅁ. 수송과 배송의 연계

① ㄱ, ㄴ, ㄹ
② ㄴ, ㄷ, ㅁ
③ ㄱ, ㄴ, ㄷ, ㄹ
④ ㄱ, ㄷ, ㄹ, ㅁ
⑤ ㄴ, ㄷ, ㄹ, ㅁ

해설 ㄴ. 운송의 기능이다.

08 **물류 과정에서 보관은 입고와 출고, 자재와 생산, 생산과 판매의 유동적이고 일시적인 완충재 역할과 링크(Link)와 링크를 이어주는 노드(Node)의 역할을 한다. 다음 중 보관의 기능이 아닌 것은?**

① 포장의 표준화를 통한 포장비 절감 기능
② 수송비와 생산비의 절감 기능
③ 수요와 공급의 조절 기능
④ 판매시점의 조절 기능
⑤ 마케팅과 연계한 상품의 시장 출시일 조절 기능

해설 ①은 보관의 기능이 아니라 물류의 기능 중 포장의 기능에 대한 설명이다.

정답 07 ④ 08 ①

02 보관의 원칙

09 **다음에서 설명하는 보관의 원칙은?**

- 물품의 입출고 빈도에 따라 보관장소를 결정한다.
- 출입구가 동일한 창고의 경우 입출고 빈도가 높은 물품을 출입구 근처에 보관하며, 낮은 물품은 출입구로부터 먼 장소에 보관한다.

① 회전대응의 원칙
② 선입선출의 원칙
③ 통로대면의 원칙
④ 보관 위치 명확화의 원칙
⑤ 유사자재 관리의 원칙

해설 회전대응의 원칙에 대한 설명이다.
② **선입선출의 원칙** : 먼저 입고한 물품을 먼저 출고하는 것으로 제품수명주기(Product Life Cycle)가 짧은 경우에 많이 적용
③ **통로대면의 원칙** : 제품의 입출고를 용이하게 하고 효율적으로 보관하기 위해 통로면에 보관하여 작업의 접근성을 강조하는 원칙

10 **다음은 어떤 보관 원칙에 대한 설명인가?**

물품의 정리와 출고가 용이하도록 관련 품목의 연대적 출고를 예상하여 품목을 정리하고 계통적으로 보관함으로써 출하할 때 피킹효율의 향상을 도모하기 위한 보관 원칙이다.

① 회전대응의 원칙
② 선입선출의 원칙
③ 통로대면 보관의 원칙
④ 위치표시의 원칙
⑤ 네트워크 보관의 원칙

해설 '연대적 출고'라는 표현을 통해 네트워크 보관의 원칙에 대한 설명임을 알 수 있다. 네트워크 보관 원칙은 연대출고가 예정된 제품을 한곳에 모아 피킹효율을 증대시키는 보관 원칙이다.

정답 **09** ① **10** ⑤

11 제품의 물리적 성질에 근거한 보관 원칙으로 옳은 것을 모두 고른 것은?

ㄱ. 통로대면의 원칙
ㄴ. 회전대응의 원칙
ㄷ. 높이쌓기의 원칙
ㄹ. 형상특성의 원칙
ㅁ. 중량특성의 원칙
ㅂ. 위치표시의 원칙

① ㄱ, ㄴ
② ㄴ, ㄷ
③ ㄷ, ㄹ
④ ㄹ, ㅁ
⑤ ㅁ, ㅂ

해설 ㄹ. **형상특성의 원칙** : 제품의 형상에 따라 보관 방법을 변경하여 형상특성에 부응하여 보관하는 원칙이다.
ㅁ. **중량특성의 원칙** : 제품의 중량에 따라 보관장소나 높낮이를 결정해야 한다는 원칙이다.

12 보관의 원칙에 관한 내용이다. (   )에 들어갈 알맞은 내용은?

• (ㄱ) : 보관 및 적재된 제품의 장소, 선반 번호의 위치를 표시하여 입출고와 재고 작업의 효율화를 높이는 원칙
• (ㄴ) : 입출고 빈도가 높은 화물은 출입구 가까운 장소에, 낮은 화물은 출입구로부터 먼 장소에 보관하는 원칙
• (ㄷ) : 관련 품목을 한 장소에 모아서 계통적으로 분리하여 보관하는 원칙

① ㄱ : 위치표시의 원칙, ㄴ : 형상특성의 원칙, ㄷ : 네트워크 보관의 원칙
② ㄱ : 선입선출의 원칙, ㄴ : 동일성 · 유사성의 원칙, ㄷ : 형상특성의 원칙
③ ㄱ : 위치표시의 원칙, ㄴ : 회전대응 보관의 원칙, ㄷ : 네트워크 보관의 원칙
④ ㄱ : 선입선출의 원칙, ㄴ : 중량특성의 원칙, ㄷ : 위치표시의 원칙
⑤ ㄱ : 회전대응 보관의 원칙, ㄴ : 중량특성의 원칙, ㄷ : 선입선출의 원칙

해설
• **형상특성의 원칙** : 형상의 특성에 따라 보관 방법을 변경하는 것으로 보관 시 파손이나 분실이 생기기 쉬운 제품에 적용되는 원칙을 말한다.
• **동일성 · 유사성의 원칙** : 동일 품종은 동일 장소에 보관하고, 유사품은 근처 가까운 장소에 보관해야 한다는 원칙이다.

정답 11 ④ 12 ③

13 보관의 원칙으로 옳지 않은 것을 모두 고른 것은?

ㄱ. 중량특성의 원칙은 물품의 중량에 따라 보관장소의 높이를 결정하는 원칙이다.
ㄴ. 회전대응의 원칙은 보관할 물품의 장소를 입출고 빈도에 따라 달리하는 원칙이다.
ㄷ. 통로대면의 원칙은 창고 내의 원활한 화물의 흐름과 활성화를 위해 동일한 종류의 물품을 동일한 장소에 보관하는 원칙이다.
ㄹ. 네트워크 보관의 원칙은 시각적으로 보관물품을 용이하게 식별할 수 있도록 보관하는 원칙이다.
ㅁ. 선입선출의 원칙은 수요가 많은 제품을 먼저 출고한다는 원칙이다.

① ㄱ, ㄴ, ㄹ
② ㄱ, ㄷ, ㅁ
③ ㄴ, ㄷ, ㄹ
④ ㄴ, ㄷ, ㅁ
⑤ ㄷ, ㄹ, ㅁ

해설 ㄷ. 동일성 및 유사성의 원칙은 창고 내의 원활한 화물의 흐름과 활성화를 위해 동일한 종류의 물품을 동일한 장소에 보관하는 원칙이다.
통로대면의 원칙은 물품의 입출고를 용이하게 하고 효율적으로 보관하기 위해서는 통로면에 보관하는 것이다.
ㄹ. 명료성의 원칙은 시각적으로 보관물품을 용이하게 식별할 수 있도록 보관하는 원칙이다.
네트워크 보관의 원칙은 관련 품목을 한 장소에 모아서 보관하고 출고 시 연대출고하는 것이다.
ㅁ. 회전대응의 원칙은 수요가 많은 제품을 먼저 출고한다는 원칙이다.
선입선출의 원칙은 먼저 보관한 물품을 먼저 출고하는 것이다

14 보관의 원칙에 관한 설명으로 옳은 것을 모두 고른 것은?

ㄱ. 회전대응의 원칙 : 보관할 물품의 위치를 입출고 빈도에 따라 달리하며 빈도가 높은 물품은 출입구 가까이에 보관한다.
ㄴ. 중량특성의 원칙 : 중량에 따라 보관장소를 하층부와 상층부로 나누어 보관한다.
ㄷ. 형상특성의 원칙 : 동일 품목은 동일 장소에, 유사품은 인접장소에 보관한다.
ㄹ. 통로대면의 원칙 : 작업의 효율성을 위하여 보관물품의 장소와 선반 번호 등 위치를 표시하여 보관한다.
ㅁ. 네트워크 보관의 원칙 : 연대출고가 예상되는 관련 품목을 출하가 용이하도록 모아서 보관한다.

① ㄱ, ㄴ, ㄷ
② ㄱ, ㄴ, ㄹ
③ ㄱ, ㄴ, ㅁ
④ ㄴ, ㄷ, ㅁ
⑤ ㄷ, ㄹ, ㅁ

정답 13 ⑤ 14 ③

해설 ㄷ. 동일성 및 유사성의 원칙 : 동일 품목은 동일 장소에, 유사품은 인접장소에 보관한다.
ㄹ. 위치표시의 원칙 : 작업의 효율성을 위하여 보관물품의 장소와 선반 번호 등 위치를 표시하여 보관한다.

15 보관의 원칙에 관한 설명으로 옳지 않은 것을 모두 고른 것은?

ㄱ. 네트워크 보관의 원칙 : 관련 품목을 한 장소에 모아서 계통적으로 분리하고 보관하여 출하의 효율성을 증대시키는 원칙을 말한다.
ㄴ. 회전대응 보관의 원칙 : 입출고 빈도의 정도에 따라 제품의 보관장소를 결정하는 것으로 입출고 빈도가 낮은 제품을 출입구에서 가까운 장소에 보관하는 원칙을 말한다.
ㄷ. 동일성·유사성의 원칙 : 제품의 입출고를 용이하게 하고 효율적으로 보관하기 위해 통로면에 보관하여 작업의 접근성을 강조하는 원칙을 말한다.
ㄹ. 위치표시의 원칙 : 보관품의 장소, 선반 번호 등의 위치를 표시하여 입출고 업무를 효율화시키는 원칙을 말한다.
ㅁ. 선입선출의 원칙 : 형상의 특성에 따라 보관 방법을 변경하는 것으로 보관 시 파손이나 분실이 생기기 쉬운 제품에 적용되는 원칙을 말한다.

① ㄱ, ㄴ, ㄹ
② ㄱ, ㄴ, ㅁ
③ ㄱ, ㄷ, ㄹ
④ ㄴ, ㄷ, ㅁ
⑤ ㄴ, ㄹ, ㅁ

해설 ㄴ. 회전대응 보관의 원칙은 입출고 빈도의 정도에 따라 제품의 보관장소를 결정하는 것으로 입출고 빈도가 높은 제품을 출입구에서 가까운 장소에 보관하는 원칙을 말한다.
ㄷ. 통로대면 보관의 원칙에 대한 설명이다.
동일성·유사성의 원칙은 동일 품종은 동일 장소에 보관하고, 유사품은 근처 가까운 장소에 보관해야 한다는 것이다.
ㅁ. 형상특성의 원칙에 대한 설명이다.
선입선출의 원칙은 먼저 보관한 물품을 먼저 출고하는 것이다.(상품형식변경이 잦은 것, 상품수명주기가 짧은 것, 파손·감모가 생기기 쉬운 것)

정답 15 ④

16 **보관의 원칙에 관한 설명으로 옳지 않은 것은?**

① 선입선출의 원칙이란 먼저 입고한 물품을 먼저 출고하는 것으로 제품수명주기(Product Life Cycle)가 짧은 경우에 많이 적용된다.
② 위치표시의 원칙이란 물품의 보관장소에 특정한 기호를 사용하여 위치를 표시하는 것으로 입출고 작업의 효율성을 높일 수 있다.
③ 회전대응 보관의 원칙이란 입출고 빈도의 정도에 따라 물품의 보관장소를 결정하는 것으로 입출고 빈도가 높은 물품은 출입구로부터 가까운 장소에 보관한다.
④ 중량특성의 원칙이란 물품의 중량에 따라 보관장소의 출입구를 기준으로 한 거리와 높낮이를 결정하는 것이다.
⑤ 형상특성의 원칙이란 표준화된 물품은 형상에 따라 보관하고 표준화되지 않은 물품은 랙(Rack)에 보관하는 것이다.

해설 형상특성의 원칙이란 표준화되지 않은 물품은 형상에 따라 보관하고 표준화된 물품은 랙(Rack)에 보관하는 것이다.

17 **보관에서 선입선출(FIFO)의 원칙이 필요한 상품은?**

① 상품수명주기가 길어 상품가치에 큰 영향이 없는 상품
② 상품의 파손이 발생하지 않는 상품
③ 진부화 속도가 느린 상품
④ 형식변경이 잦은 상품
⑤ 저가이면서 부피가 작은 상품

해설 형식변경이 잦은 상품의 경우 형식변경이 이루어지기 전에 먼저 들어온 물품부터 판매(선입선출)되어야 하므로 FIFO 원칙이 필요하다.

정답 16 ⑤ 17 ④

03 물류시설

18 **다음의 설명에 해당되는 물류시설은?**

- 재고품의 임시보관거점으로 상품의 배송거점인 동시에 예상 수요에 대한 보관거점이다.
- 대도시, 지방 중소도시에 합리적인 배송을 실시할 목적으로 운영되는 유통의 중계기지이다.
- 일종의 하치장으로 제조업체들은 원료, 완성품, 폐기물들을 쌓아두는 경우가 많다.

① 데포(Depot)
② 물류센터
③ 복합화물터미널
④ 스톡 포인트(Stock Point)
⑤ CFS(Container Freight Station)

해설 '임시보관거점'이면서 대상물품이 '원료, 완성품, 폐기물'인 것은 스톡 포인트이다.
① **데포**(Depot) : 스톡 포인트와 마찬가지로 '임시보관거점'이나 목적이 수출상품을 집화, 분류, 수송하기 위한 내륙 CFS이다.
⑤ **CFS**(Container Freight Station) : LCL화물을 모아 FCL화물로 혼재하는 장소이다.

19 **물류센터의 종류에 관한 설명으로 옳지 않은 것은?**

① 항만 입지형은 부두창고, 임항창고, 보세창고 등이 있다.
② 단지 입지형은 유통업무단지 등의 유통거점에 집중적으로 입지를 정하고 있는 물류센터 및 창고로 공동창고, 집배송단지 및 복합물류터미널 등이 있다.
③ 임대 시설은 화차로 출하하기 위하여 일시 대기하는 화물의 보관을 위한 물류센터이다.
④ 자가 시설은 제조 및 유통 업체가 자기 책임하에 운영하는 물류센터이다.
⑤ 도시 근교 입지형은 백화점, 슈퍼마켓, 대형 할인 매장 및 인터넷 쇼핑몰 등을 지원하는 창고이다.

해설 ③ 스톡 포인트(Stock Point)에 적절한 설명이다.

정답 18 ④ 19 ③

20 물류단지시설에 관한 설명으로 옳지 않은 것은?

① 데포(Depot)는 제조업체가 원료나 완성품을 쌓아두거나 유통업체가 배송 전 단계로 재고품을 비축 또는 다음 단계의 배송센터로 제품을 이전시키기 전에 일시 보관하는 시설이다.
② 물류터미널은 화물의 집하, 하역 및 이와 관련된 분류, 포장, 보관, 가공, 조립 또는 통관 등에 필요한 기능을 갖춘 시설이다.
③ 복합화물터미널은 두 종류 이상의 운송수단 간의 연계운송을 수행할 수 있는 시설이다.
④ 공동집배송센터는 여러 유통사업자 또는 제조업자가 공동으로 사용할 수 있도록 집배송시설 및 부대업무시설이 설치되어 있는 시설이다.
⑤ 내륙컨테이너기지(ICD)는 주로 항만터미널과 내륙운송수단과의 연계가 편리한 산업지역에 위치한 컨테이너 장치장으로 컨테이너 화물의 통관기능까지 갖춘 시설이다.

해설 '원료', '완성품', '재고품'을 일시 보관하는 시설로 대도시, 지방 중소도시에 합리적인 배송을 실시할 목적으로 설립된 유통의 중계기지는 Stock Point이다.
Depot는 수출입 상품의 임시보관거점으로 활용되며, 주로 내륙 CFS를 의미한다.

21 다음이 설명하는 물류시설은?

- 수출 시, LCL(Less than Container Load)화물을 특정 장소에 집적하였다가 목적지별로 선별하여 하나의 컨테이너에 적입함
- 수입 시, 혼재화물을 컨테이너로부터 인출하고 목적지별로 선별하여 수화인에게 인도함

① CFS(Container Freight Station)
② 스톡 포인트(Stock Point)
③ 보세구역
④ 데포(Depot)
⑤ ICD(Inland Container Depot)

해설 'LCL', '혼재화물'이라는 표현으로 CFS(화물조작장)에 대한 설명임을 알 수 있다. CFS에서는 LCL화물을 FCL화물로 만드는 작업을 한다.

정답 20 ① 21 ①

22 **물류단지시설에 관한 설명으로 옳지 않은 것은?**

① 물류터미널은 화물의 집하, 하역, 분류, 포장, 보관, 가공, 조립 등의 기능을 갖춘 시설이다.
② 공동집배송센터는 참여업체들이 공동으로 사용할 수 있도록 집배송시설 및 부대업무시설이 설치되어 있다.
③ 지정보세구역은 지정장치장 및 세관검사장이 있다.
④ 특허보세구역은 보세창고, 보세공장, 보세건설장, 보세판매장, 보세전시장이 있다.
⑤ 배송센터는 장치보관, 수출입 통관, 선박의 적하 및 양하 기능을 수행하는 육상운송수단과의 연계 지원시설이다.

해설 배송센터(Distribution Center)란 개별 기업 또는 협의체에서 유통창고의 집배송기능을 강조하는 것으로 유통업체에서 매일 상품의 집화와 배송을 실시하는 장소이다.
장치보관, 수출입 통관, 선박의 적하 및 양하 기능을 수행하는 육상운송수단과의 연계 지원시설은 복합물류터미널이다.

23 **다음에서 설명하는 물류시설은?**

ㄱ. LCL(Less than Container Load)화물을 특정 장소에 집적하였다가 목적지별로 선별하여 하나의 컨테이너에 적입하는 장소
ㄴ. 복수의 운송수단 간 연계를 할 수 있는 규모 및 시설을 갖춘 장소
ㄷ. 재고품의 임시보관거점으로 상품의 배송거점인 동시에 예상 수요에 대한 보관장소

① ㄱ : CY(Container Yard), ㄴ : 복합물류터미널, ㄷ : 스톡 포인트(Stock Point)
② ㄱ : CY(Container Yard), ㄴ : 복합물류터미널, ㄷ : 데포(Depot)
③ ㄱ : CFS(Container Freight Station), ㄴ : 복합물류터미널, ㄷ : 스톡 포인트(Stock Point)
④ ㄱ : CFS(Container Freight Station), ㄴ : 공동집배송단지, ㄷ : 스톡 포인트(Stock Point)
⑤ ㄱ : CFS(Container Freight Station), ㄴ : 공동집배송단지, ㄷ : 데포(Depot)

해설
- **CFS** : LCL(Less than Container Load)화물을 특정 장소에 집적하였다가 목적지별로 선별하여 하나의 컨테이너에 적입하는 장소
- **복합물류터미널** : 복수의 운송수단 간 연계를 할 수 있는 규모 및 시설을 갖춘 장소

정답 **22** ⑤ **23** ③

- **스톡 포인트**(Stock Point) : 재고품의 임시보관거점으로 상품의 배송거점인 동시에 예상 수요에 대한 보관장소이며 대도시, 지방 중소도시에 합리적인 배송을 실시할 목적으로 설립된 유통의 중계기지이다.
- **CY** : 공컨테이너 또는 풀컨테이너를 보관할 수 있는 넓은 장소를 말하며 넓게는 CFS, Marshalling Yard, Apron까지도 포함
- **Depot, 데포** : SP(스톡 포인트)보다 작은 국내용 2차 창고 또는 수출상품을 집화・분류・수송하기 위한 내륙 CFS를 데포라고 하며 단말배송소라고도 한다. 효율적인 수송을 위해 갖추어진 집배중계 및 배송처에 컨테이너가 CY(Container Yard)에 반입되기 전 야적된 상태에서 컨테이너를 적재시키는 장소이다.
- **공동집배송단지** : 공동집배송센터는 여러 유통사업자 또는 제조업자가 공동으로 사용할 수 있도록 집배송시설 및 부대업무시설이 설치되어 있는 시설이다.

24 **물류단지에 관한 설명으로 옳지 않은 것은?**

① 물류단지에서 사용하는 자동인식 시스템의 대표적인 사례는 바코드, 무선 태그, RFID, 머신비전(Machine Vision) 등이다.

② 창고관리시스템(WMS)은 물류단지 내의 업무와 정보를 총괄하며 설비제어 시스템을 통제하는 물류단지의 핵심기능이다.

③ 물류단지에 필요한 기본설비는 입출고장, 입출고 설비 및 기계, 보관 관련 설비, 하역용기기 및 비품, 사무실, 후생시설 등이다.

④ 물류단지의 입지선정 방법은 총비용 비교법, 손익분기 도표법, EOQ 모형 등이다.

⑤ 물류단지 시스템 기본설계항목은 입지선정, 시설배치, 격납구분, 시스템흐름(Flow)과 매뉴얼 작성 등이다.

해설 ④ EOQ 모형은 입지선정 방법이 아닌 경제적 주문량 모델이다.

25 **컨테이너 터미널의 시설에 관한 설명으로 옳지 않은 것은?**

① CFS(Container Freight Station) : LCL화물의 적입(Stuffing)과 FCL화물의 분리(Stripping) 작업을 할 수 있는 시설이다.

② 선석(Berth) : 컨테이너 선박이 접안할 수 있는 시설이다.

③ 에이프런(Apron) : 야드트럭이 하역작업을 하거나 컨테이너 크레인이 주행할 수 있도록 안벽을 따라 일정한 폭으로 포장된 공간이다.

④ 마샬링 야드(Marshalling Yard) : 컨테이너의 자체검사, 보수, 사용 전후 청소 등을 수행하는 공간이다.

⑤ 컨트롤센터(Control Center) : 본선 하역작업이나 야드의 컨테이너 배치를 계획하고 통제 감독하는 시설이다.

정답 24 ④ 25 ④

해설 Marshalling Yard는 바로 선적해야 할 컨테이너를 하역순서대로 정렬하여 두거나 양륙된 컨테이너를 배치해 놓은 장소이다. 또한 접안선박이 입항하기 전에 접안선박의 적부계획에 따라 작업순서대로 컨테이너를 쌓아두는 장치장 역할을 한다. 그리고 양하된 컨테이너를 일시적으로 보관한 후 화주의 인도요구에 즉시 응할 수 있도록 임시 장치해 두는 일정한 공간이다.

26 복합물류터미널에 관한 설명으로 옳지 않은 것은?

① 화물의 혼재기능을 수행한다.
② 환적기능을 구비하여 터미널 기능을 실현한다.
③ 장기보관 위주의 보관기능을 강화한 시설이다.
④ 수요단위에 적합하게 재포장하는 기능을 수행한다.
⑤ 화물정보센터의 기능을 강화하여 화물 운송 및 재고 정보 등을 제공한다.

해설 장기보관 위주의 보관기능을 하는 물류창고에 적절한 설명이다.

27 다음의 설명에 해당하는 물류시설은?

- 화물의 집화·하역 및 이와 관련된 분류·포장·보관·가공·조립 또는 통관 등에 필요한 기능을 갖춘 물류시설물을 의미한다.
- 복수의 운송수단 간 연계를 할 수 있는 규모 및 시설을 갖춘 장소를 의미한다.
- 터미널, 화물혼재, 정보센터, 환적, 유통보관의 기능을 수행한다.

① 물류센터
② CFS(Container Freight Station)
③ 복합물류터미널
④ 공동집배송단지
⑤ 데포(Depot)

해설 '통관'을 수행하며, '복수의 운송수단 간 연계'를 할 수 있는 곳은 복합물류터미널이다.

28 복합화물터미널에 관한 설명으로 옳지 않은 것은?

① 마샬링(Marshalling) 기능과 선박의 양하 작업을 수행한다.
② 운송화물을 발송지 및 화주별로 혼재 처리하여 운송 효율을 높인다.
③ 두 종류 이상의 운송수단을 연계하여 화물을 운송한다.
④ 창고, 유통가공시설 등의 다양한 물류기능을 수행하는 시설이 있다.
⑤ 운송수단 예약, 화물의 운행 및 도착 정보를 제공하는 화물정보센터로서의 역할을 한다.

정답 26 ③ 27 ③ 28 ①

해설 ① 복합화물터미널은 내륙에 위치하고 있으므로 마샬링(Marshalling) 기능과 선박의 양하 작업을 수행할 수는 없다.

29 복합화물터미널에 관한 설명으로 옳은 것을 모두 고른 것은?

ㄱ. 창고단지, 유통가공시설, 물류사업자의 업무용 시설 등을 결합하여 종합물류기지 역할을 수행한다.
ㄴ. 두 종류 이상의 운송수단을 연계하여 운송할 수 있는 규모 및 시설을 갖춘 화물터미널이다.
ㄷ. 최종 소비자에 대한 배송, 개별 기업의 배송센터 기능도 수행하지만, 정보센터 기능은 수행하지 않는다.
ㄹ. 환적기능보다는 보관기능 위주로 운영되는 물류시설이다.
ㅁ. 협의로는 운송수단 간의 연계시설, 화물취급장, 창고시설 및 관련 편의시설 등을 의미한다.

① ㄱ, ㄴ, ㄹ
② ㄱ, ㄴ, ㅁ
③ ㄱ, ㄷ, ㅁ
④ ㄴ, ㄷ, ㄹ
⑤ ㄷ, ㄹ, ㅁ

해설 ㄷ. 최종 소비자에 대한 배송, 개별 기업의 배송센터 기능도 수행하며 정보센터 기능도 수행한다.
ㄹ. 보관기능보다는 환적기능 위주로 운영되는 물류시설이다.

30 물류시설 및 물류단지에 관한 설명으로 옳지 않은 것은?

① CY(Container Yard)는 수출입용 컨테이너를 보관·취급하는 장소이다.
② CFS(Container Freight Station)는 컨테이너에 LCL(Less than Container Load)화물을 넣고 꺼내는 작업을 하는 시설과 장소이다.
③ 지정장치장은 통관하고자 하는 물품을 일시 장치하기 위해 세관장이 지정하는 구역이다.
④ 통관을 하지 않은 내국물품을 보세창고에 장치하기 위해서는 항만법에 근거하여 해당 지방자치단체장의 허가를 받아야 한다.
⑤ CFS(Container Freight Station)와 CY(Container Yard)는 부두 외부에도 위치할 수 있다.

해설 통관을 하지 않은 내국물품을 보세창고에 장치하기 위해서는 관세법에 근거하여 해당 세관장의 허가를 받아야 한다.

정답 29 ② 30 ④

31 **보세구역에 관한 설명으로 옳지 않은 것은?**

① 보세구역은 '세금이 보류된 구역'으로 수출입화물의 관세를 지불하지 않고 운영되는 특별지역이다.
② 보세장치장은 '항만법'에 근거하며, 외국화물을 취급하는 장소이다.
③ 보세창고는 외국물품을 장치하기 위한 구역으로 세관장의 허가를 받은 경우에는 통관되지 않은 내국물품도 장치가 가능하다.
④ 보세장치장에서는 특정 무역상을 위해 외국화물을 양륙하여 반출, 반입, 장치할 수 있다.
⑤ 보세구역은 수출입화물의 집화, 분류, 보관, 운송을 위해 세관장이 지정하거나 특허한 장소이다.

해설 보세장치장은 관세법에 근거한다.

04 물류센터

32 **물류센터에 관한 설명으로 옳지 않은 것은?**

① 적정한 수준의 재고를 유지할 수 있다.
② 신속, 정확한 배송으로 고객서비스를 향상시킨다.
③ 교차 및 중복수송이 증가한다.
④ 상물분리에 의한 물류효율화를 실현할 수 있다.
⑤ 유통가공이 가능하다.

해설 중간에 물류센터를 교차하는 수송(교차수송)이 늘어나는 것은 맞으나 중복수송이 늘어나지는 않는다.

33 **물류센터 입지선정 단계에서 우선적으로 고려해야 할 사항이 아닌 것은?**

① 지가
② 운송비
③ 시장 규모
④ 각종 법적 규제 사항
⑤ 제품의 보관 위치 할당

정답 31 ② 32 ③ 33 ⑤

해설 물류센터 입지결정 시 고려사항
- 토지 구입가격(지가)
- 해당 지역의 세금정책 및 유틸리티(전기, 상하수도, 가스 등) 비용
- 해당 지역의 가용노동인구 및 평균 임금수준
- 각종 법적 규제 사항
- 운송비, 시장 규모

34 물류센터의 설립을 위한 입지결정 단계에서 우선적으로 고려해야 할 사항이 아닌 것은?

① 토지 구입가격
② 해당 지역의 세금정책 및 유틸리티(전기, 상하수도, 가스 등) 비용
③ 해당 지역의 가용노동인구 및 평균 임금수준
④ 물류센터 내부 레이아웃
⑤ 각종 법적 규제 사항

해설 물류센터 내부 레이아웃은 설립을 위한 입지결정 이후에 고려해야 할 사항이다.

35 물류센터를 설계할 때 고려해야 할 기본방침을 모두 고른 것은?

ㄱ. 입하 능력의 평준화
ㄴ. 입하 시간의 규제
ㄷ. 출하 시간의 단축
ㄹ. 물품의 취급횟수 최대화

① ㄱ, ㄴ
② ㄷ, ㄹ
③ ㄱ, ㄴ, ㄷ
④ ㄴ, ㄷ, ㄹ
⑤ ㄱ, ㄴ, ㄷ, ㄹ

해설 ㄹ. 물품의 취급횟수는 최소화하는 것이 적절하다.

정답 34 ④ 35 ③

36 물류센터의 기능을 모두 고른 것은?

ㄱ. 조립 및 유통 가공
ㄴ. 상품의 보호를 위한 포장
ㄷ. 입출고를 원활하게 하기 위한 오더피킹

① ㄱ
② ㄴ
③ ㄱ, ㄴ
④ ㄴ, ㄷ
⑤ ㄱ, ㄴ, ㄷ

해설 모두 물류센터의 기능이다.

37 물류센터의 기능 및 역할에 관한 설명으로 옳지 않은 것은?

① 공급자와 수요자의 중간에 위치하여 수요와 공급을 통합하고 계획하여 효율화를 높이는 시설이다.
② 물류센터의 규모는 목표 재고량을 우선 산정한 후 서비스 수준에 따라서 결정된다.
③ 물류센터의 설계 시 제품의 특성, 주문 특성, 설비 특성 등이 고려되어야 한다.
④ 물류센터의 입지선정 시 경제적, 자연적, 입지적 요인 등을 고려해야 한다.
⑤ 물류센터 입지의 결정에 있어서 관련 비용의 최소화를 고려해야 한다.

해설 물류센터의 규모는 서비스 수준을 결정하고 목표 재고량을 결정한다.
※ **물류센터의 규모 산정** : 서비스 수준 결정 → 제품별 재고량 결정 → 보관량 및 보관용적의 산정 → 하역작업 방식과 설비 결정 → 총면적 산출

38 물류센터 수가 증가함에 따라 발생하는 관리 요소의 변화로 옳지 않은 것은?

① 시설투자비용은 지속적으로 증가한다.
② 납기준수율이 증가한다.
③ 수송비용은 증가한다.
④ 배송의 횟수가 증가하므로 배송비용은 증가한다.
⑤ 물류센터 수가 증가하므로 총 안전재고량은 증가한다.

해설 물류센터 수가 증가하면(물류거점이 늘어나면) 배송기지가 많아지는 것이므로 수송횟수는 늘어나나 배송횟수는 감소하여 배송비가 감소한다.

정답 36 ⑤ 37 ② 38 ④

05 ICD

39 다음이 설명하는 물류시설은?

수출입 통관업무, 집하 및 분류 기능을 수행하며 트럭회사, 포워더(Forwarder) 등을 유치하여 운영하므로 내륙 항만이라고도 부른다.

① ICD(Inland Container Depot)
② CY(Container Yard)
③ 지정장치장
④ 보세장치장
⑤ CFS(Container Freight Station)

해설 ICD란 항만터미널과 내륙운송수단과의 연계가 편리한 산업지역에 위치한 컨테이너 장치장으로 컨테이너 화물의 통관기능까지 갖춘 시설이다.

40 ICD(Inland Container Depot)에서 수행하는 기능이 아닌 것으로만 짝지어진 것은?

① 마샬링(Marshalling), 본선 선적 및 양화
② 마샬링(Marshalling), 통관
③ 본선 선적 및 양화, 장치보관
④ 장치보관, 집화분류
⑤ 집화분류, 통관

해설 마샬링(Marshalling), 본선 선적 및 양화 기능은 항만시설에서만 수행할 수 있다.

41 ICD(Inland Container Depot)에 관한 설명으로 옳지 않은 것은?

① ICD는 주로 항만터미널과 내륙운송수단과의 연계가 편리한 지역에 위치한다.
② ICD는 장치보관기능, 수출입 통관기능과 선박의 적하 및 양하 기능을 수행함으로써 육상운송수단과의 연계를 지원한다.
③ ICD는 항만지역에 비해 창고·보관시설용 토지 취득이 쉽고 시설비가 절감되어 보관료가 저렴하다.
④ ICD는 공적 권한과 공공설비를 갖추고 있다.
⑤ ICD는 운송거점으로서 대량운송 실현과 공차율 감소를 통해 운송을 합리화하고 신속한 통관을 지원한다.

해설 ICD는 항만에서'만' 이루어질 수 있는 본선작업과 마샬링기능은 수행할 수 없다.

정답 39 ① 40 ① 41 ②

42 **내륙컨테이너기지(ICD : Inland Container Depot)에 관한 내용으로 옳은 것을 모두 고른 것은?**

ㄱ. 수출입 통관업무, 집하 및 분류 기능을 수행한다.
ㄴ. 마샬링(Marshalling)기능, 본선 선적 및 양화 작업을 수행한다.
ㄷ. 선사, 트럭회사, 관세사, 포장회사, 포워더(Forwarder) 등을 유치하여 운영하므로 내륙 항만이라고 부른다.
ㄹ. 노동력의 안정적 확보와 자동화를 통한 생산성 향상이 필요하다.
ㅁ. 항만 또는 공항이 아닌 내륙시설이라 공적 권한을 가지지 못한다.

① ㄱ, ㄴ, ㄹ
② ㄱ, ㄴ, ㅁ
③ ㄱ, ㄷ, ㄹ
④ ㄴ, ㄷ, ㅁ
⑤ ㄴ, ㄹ, ㅁ

해설 ㄴ. ICD는 내륙에 있으므로 본선작업과 마샬링(Marshalling)기능은 수행할 수 없다.
ㅁ. 항만 또는 공항이 아닌 내륙시설로서 공적 권한(통관기능)을 가지고 있다.

43 **ICD(Inland Container Depot)에 관한 설명으로 옳은 것을 모두 고른 것은?**

ㄱ. 항만지역과 비교하여 창고·보관시설용 토지 매입이 어렵다.
ㄴ. 화물의 소단위화로 운송의 비효율이 발생한다.
ㄷ. 다양한 교통수단의 높은 연계성이 입지조건의 하나이다.
ㄹ. 통관의 신속화로 통관비가 절감된다.
ㅁ. 통관검사 후 재포장이 필요한 경우 ICD 자체 보유 포장시설을 이용할 수 있다.

① ㄱ, ㄴ, ㄷ
② ㄱ, ㄷ, ㄹ
③ ㄴ, ㄷ, ㄹ
④ ㄴ, ㄹ, ㅁ
⑤ ㄷ, ㄹ, ㅁ

해설 ㄱ. 항만지역과 비교하였을 때 창고·보관시설용 토지 매입이 용이하다.
ㄴ. 화물의 대단위화에 따른 운송효율 향상과 교통혼잡 완화로 운송비가 절감된다.

정답 42 ③ 43 ⑤

06 공동집배송

44 공동집배송단지의 운영효과에 관한 설명으로 옳지 않은 것은?

① 배송물량을 통합하여 계획 배송하므로 차량의 적재효율을 높일 수 있다.
② 공동집배송단지를 사용하는 업체들의 공동 참여를 통해 대량 구매 및 계획 매입이 가능하다.
③ 보관 수요를 통합 관리함으로써 업체별 보관공간 및 관리비용의 절감이 가능하다.
④ 혼합배송이 가능하여 차량의 공차율이 증가한다.
⑤ 물류작업의 공동화를 통해 물류비 절감 효과가 있다.

해설 혼재를 하여 혼합배송이 가능하여 차량의 영차율이 증가하고 물류비를 절감시키는 효과가 있다.

45 공동집배송의 개념과 도입 효과에 관한 설명으로 옳지 않은 것은?

① 공동집배송을 통하여 차량 적재율을 높이고 운송거리의 단축을 통하여 물류비의 절감을 기대할 수 있다.
② 공동집배송은 작업을 공동으로 수행하므로 화물흐름의 원활화, 인력 절감, 공간 활용의 극대화를 기대할 수 있다.
③ 공동집배송센터는 화주 및 물류업자가 공동으로 사용할 수 있도록 집배송시설 및 부대업무시설이 설치되어 있는 지역 및 시설물이다.
④ 공동집배송단지는 관련법상의 제약과 높은 지가로 개별업체 차원에서 개발이 곤란한 경우에 유용하다.
⑤ 공동집배송단지로 개발하는 것은 토지효율 및 투자효율을 낮출 수 있다.

해설 공동집배송단지는 한정된 토지 및 자본을 공동으로 나누어 쓰기 때문에 공동집배송단지로 개발하는 것은 토지효율 및 투자효율이 높다.

정답 44 ④ 45 ⑤

46 **공동집배송단지의 도입 효과에 관한 설명으로 옳은 것을 모두 고른 것은?**

ㄱ. 배송물량을 통합하여 계획 배송함으로써 차량의 적재효율을 높일 수 있다.
ㄴ. 혼합배송이 가능하여 차량의 공차율이 증가한다.
ㄷ. 공동집배송단지를 사용하는 업체들의 공동 참여를 통해 대량 구매 및 계획 매입이 가능하다.
ㄹ. 보관 수요를 통합 관리함으로써 업체별 보관공간 및 관리비용이 증가한다.
ㅁ. 물류작업의 공동화를 통해 물류비 절감 효과가 있다.

① ㄱ, ㄴ, ㄹ
② ㄱ, ㄴ, ㅁ
③ ㄱ, ㄷ, ㅁ
④ ㄴ, ㄷ, ㄹ
⑤ ㄷ, ㄹ, ㅁ

해설 ㄴ. 배송물량의 혼합배송에 의해 차량 적재율의 증가, 횟수의 감소 및 운송거리의 단축을 통하여 공차율이 감소한다.
ㄹ. 보관 수요를 통합 관리함으로써 업체별 보관공간 및 관리비용의 절감이 가능하다.

07 창고

47 **다음에서 설명하는 창고의 기능은?**

ㄱ. 물품 생산과 소비의 시간적 간격을 조정하여 일정량의 화물이 체류하도록 한다.
ㄴ. 물품의 수급을 조정하여 가격안정을 도모한다.
ㄷ. 물류활동을 연결시키는 터미널로서의 기능을 수행한다.
ㄹ. 창고에 물품을 보관하여 재고를 확보함으로써 품절을 방지하여 신용을 증대시키는 역할을 수행한다.

① ㄱ : 가격조정기능, ㄴ : 수급조정기능, ㄷ : 연결기능, ㄹ : 매매기관적 기능
② ㄱ : 수급조정기능, ㄴ : 가격조정기능, ㄷ : 매매기관적 기능, ㄹ : 신용기관적 기능
③ ㄱ : 연결기능, ㄴ : 가격조정기능, ㄷ : 수급조정기능, ㄹ : 판매전진기지적 기능
④ ㄱ : 수급조정기능, ㄴ : 가격조정기능, ㄷ : 연결기능, ㄹ : 신용기관적 기능
⑤ ㄱ : 연결기능, ㄴ : 판매전진기지적 기능, ㄷ : 가격조정기능, ㄹ : 수급조정기능

정답 46 ③ 47 ④

해설 • **수급조정기능** : 물품 생산과 소비의 시간적 간격을 조정하여 일정량의 화물이 체류하도록 한다.
• **가격조정기능** : 물품의 수급을 조정하여 가격안정을 도모한다.
• **연결기능** : 물류활동을 연결시키는 터미널로서의 기능을 수행한다.
• **신용기관적 기능** : 창고에 물품을 보관하여 재고를 확보함으로써 품절을 방지하여 신용을 증대시키는 역할을 수행한다.

48 창고의 형태 및 기능에 관한 설명으로 옳지 않은 것은?

① 생산과 소비의 거리 조정을 통해 거리적 효용을 창출한다.
② 창고의 형태로는 단층창고, 다층창고, 입체자동창고 등이 있다.
③ 소비지에 가깝게 위치하며, 소단위 배송을 위한 물류시설을 배송센터라고 한다.
④ 물건을 보관하여 재고를 확보함으로써 품절을 방지하고 신용을 증대시키는 기능을 수행한다.
⑤ 물품의 수급을 조정하여 가격안정을 도모하는 기능을 수행한다.

해설 생산과 소비의 거리 조정을 통해 거리적 효용을 창출하는 것은 운송의 기능에 해당한다.

49 창고의 기능에 관한 설명으로 옳지 않은 것은?

① 생산과 소비의 거리 조정을 통해 거리적 효용을 창출한다.
② 생산과 소비의 시간적 간격을 조정하여 수급조정기능을 수행한다.
③ 물품의 수급을 조정하여 가격안정을 도모하는 기능을 수행한다.
④ 물건을 보관하여 재고를 확보함으로써 품절을 방지하고 신용을 증대시키는 기능을 수행한다.
⑤ 직접 물품을 판매하거나 판매를 위한 기지로서의 기능을 수행하기도 한다.

해설 ① 운송의 기능에 대한 설명이다.

50 창고설계의 기본원칙이 아닌 것은?

① 직진성의 원칙
② 모듈화의 원칙
③ 역행교차 회피의 원칙
④ 물품 취급횟수 최소화의 원칙
⑤ 물품이동 간 고저간격 최대화의 원칙

해설 '물품이동 간 고저간격 최소화의 원칙'이 올바른 표현이다.

정답 48 ① 49 ① 50 ⑤

51 **창고의 입지선정 시 고려해야 할 사항으로 옳지 않은 것은?**

① 물품(Product)
② 품질(Quality)
③ 경로(Route)
④ 서비스(Service)
⑤ 시간(Time)

해설 창고의 입지결정 사항에는 화물, 수량, 경로, 서비스, 시간 등이 있다.
② 품질보다는 수량이 적절한 고려사항이다.

52 **창고 내 시설 및 물류동선 배치 레이아웃의 기본원칙에 관한 설명으로 옳지 않은 것은?**

① 회전성의 원칙 : 물품, 통로, 운반기기 및 사람 등의 흐름방향을 곧바로 흐르도록 하는 것을 말한다.
② 역행교차 없애기 원칙 : 물품, 운반기기 및 사람의 흐름배치는 서로 교차하거나 역주행이 되지 않도록 하는 것을 말한다.
③ 취급횟수 최소화의 원칙 : 보관효율을 높이기 위하여 임시보관 취급과 같은 동작이나 업무를 줄이는 것을 말한다.
④ 중력이용의 원칙 : 자체 중력을 이용하여 위에서 아래로 움직이도록 하고 무거운 것은 하단에 배치하는 것을 말한다.
⑤ 모듈화의 원칙 : 물류동선의 패턴, 복도 및 랙 방향 등의 설계를 통해 작업 및 보관효율을 높이는 것을 말한다.

해설 ① 직진성의 원칙에 대한 설명이다.

53 **창고 운영형태에 관한 설명으로 옳지 않은 것은?**

① 자가창고 : 수요변동에 탄력적으로 대응하기 용이하다.
② 영업창고 : 비용지출을 명확하게 관리할 수 있다.
③ 임대창고 : 시장환경 변화에 따라 보관장소를 탄력적으로 운영하기 어렵다.
④ 공공창고 : 사용목적에 따라 사용자의 제한이 있다.
⑤ 보세창고 : 보관기간에 대한 제한이 있다.

해설 ① 영업창고가 수요변동에 탄력적으로 대응하기 용이하다. 자가창고는 탄력적 대응이 어렵다.

정답 51 ② 52 ① 53 ①

54 **창고에 관한 설명으로 옳은 것은?**

① 보세창고는 지방자치단체장의 허가를 받은 경우에는 통관되지 않은 내국물품도 장치할 수 있다.
② 영업창고는 임대료를 획득하기 위해 건립되므로 자가창고에 비해 화주 입장의 창고설계 최적화가 가능하다.
③ 자가창고는 영업창고에 비해 창고 확보와 운영에 소요되는 비용 및 인력문제와 화물량 변동에 탄력적으로 대응할 수 있다.
④ 임대창고는 특정 보관시설을 임대하거나 리스(Lease)하여 물품을 보관하는 창고형태이다.
⑤ 공공창고는 특정 보관시설을 임대하여 물품을 보관하는 창고형태로 민간이 설치 및 운영한다.

해설 ① 보세창고의 운영인은 미리 세관장에게 신고를 하고 외국물품의 장치에 방해되지 아니하는 범위에서 보세창고에 내국물품을 장치할 수 있다.
② 자가창고는 영업창고에 비해 자사의 특수 물품에 적합한 구조와 하역설비를 갖추는 등 창고설계 최적화가 가능하다.
③ 영업창고는 자가창고에 비해 창고 확보와 운영에 소요되는 비용 및 인력문제와 화물량 변동에 탄력적으로 대응할 수 있다.
⑤ 임대창고에 대한 설명이다.

55 **창고에 관한 설명으로 옳지 않은 것은?**

① 자가창고의 장점은 최적의 창고설계가 가능하다는 것이다.
② 영업창고는 작업시간에 대한 탄력성이 적다는 것이 단점이다.
③ 리스창고는 국가 및 지방자치단체가 공익을 목적으로 건설한 창고이다.
④ 정온창고는 공조기 등으로 온도와 습도를 일정하게 조정 가능한 창고이다.
⑤ 기계화창고는 입하에서 출하까지 자동화되고, 유닛로드로 처리되는 창고이다.

해설 공공창고는 국가 및 지방자치단체가 공익을 목적으로 건설한 창고이다.
리스창고는 기업이 보관공간을 리스하는 것으로 영업창고의 단기적 임대와 자가창고의 장기적 계약 사이의 중간적인 형태의 창고이다.

정답 54 ④ 55 ③

56 창고 유형과 특징에 관한 설명으로 옳지 않은 것은?

① 자가창고는 창고의 입지, 시설, 장비를 자사의 물류시스템에 적합하도록 설계, 운영할 수 있다.
② 영업창고 이용자는 초기에 창고건설 및 설비투자와 관련하여 고정비용이 발생한다.
③ 임대창고는 시장환경의 변화에 따라 보관장소를 탄력적으로 운영하기 어렵다.
④ 유통창고는 생산된 제품의 집하 및 배송 기능을 갖춘 창고로 화물의 보관, 가공, 재포장 등의 활동을 수행한다.
⑤ 보세창고는 관세법에 근거하여 세관장의 허가를 얻어 수출입화물을 취급하는 창고를 의미한다.

해설 영업창고 이용자(화주)는 자가창고가 아니기 때문에 초기에 창고건설 및 설비투자와 관련하여 고정비용이 필요치 않다. 영업창고는 화주의 측면에서 설비투자, 고정투자가 불필요한 장점이 있는 반면 자사품목에만 적합한 창고설계는 어렵다.

57 다음은 창고에 관한 설명이다. 해당되는 내용이 올바르게 설명된 것은?

ㄱ. 영업창고는 물류 및 정보 시스템의 관점에서 통합물류시스템과의 연결성이 자가창고에 비해 강하다.
ㄴ. 관세법에 근거하여 창고업자가 국세청의 허가를 받아 세관의 감독하에 수입화물을 보관하는 창고를 보세창고라고 한다.
ㄷ. 리스창고는 시장환경 변화에 따라 보관장소를 탄력적으로 옮기는 데 제약요건이 있다.
ㄹ. 자가창고는 계절적 요소에 따라 탄력적으로 이용하는 것이 어려워서 인력, 하역장비에 따르는 고정비 요소를 고려하여야 한다.
ㅁ. 창고의 위치 결정은 화물의 흐름을 고려하여 결정하는데 창고입지의 다섯 가지 요인은 P(Product), Q(Quantity), R(Reliability), S(Service), T(Time)이다.

① ㄷ, ㄹ, ㅁ
② ㄷ, ㄹ
③ ㄱ, ㄴ
④ ㄱ, ㄷ
⑤ ㄴ, ㄷ

해설 ㄱ. 영업창고는 물류 및 정보 시스템의 관점에서 통합물류시스템과의 연결성이 자가창고에 비해 약하다.
ㄴ. 관세법에 근거하여 창고업자가 세관장의 특허를 받아 세관의 감독하에 수입화물을 보관하는 창고를 보세창고라고 한다.
ㅁ. 창고의 위치 결정은 화물의 흐름을 고려하여 결정하는데 창고입지의 다섯 가지 요인은 P(Product), Q(Quantity), R(Route), S(Service), T(Time)이다.

정답 56 ② 57 ②

58 **자가창고와 비교할 때 영업창고의 장점으로 옳지 않은 것은?**

① 창고의 건설자금이 불필요하여 재무유동성이 향상된다.
② 보관 관련 비용에 대한 지출을 명확히 알 수 있다.
③ 전문가에 의한 수불관리가 이루어지기 때문에 관리가 안전하다.
④ 시설변경의 탄력성이 높다.
⑤ 입지선정이 용이하다.

해설 영업창고는 자가가 아니므로 시설변경이 어렵다. (시설변경 탄력성이 낮다.)

59 **유통창고에 관한 설명으로 옳지 않은 것은?**

① 유통창고는 원자재와 중간재가 주요 대상 화물이다.
② 유통창고는 자가창고에서 시작하여 공동창고나 배송센터로 발전하고 있다.
③ 유통창고는 수송 면에서 정형적 계획수송이 가능하다.
④ 유통창고는 도매업 및 대중 양판점의 창고가 대표적이다.
⑤ 유통창고는 신속한 배송과 대량생산체제에 대응할 수 있다.

해설 유통창고는 다 만들어진 제품을 시장(소비지)에 배급하기 위한 저장창고이므로 완제품(최종재)이 주요 대상 화물이다. 원자재와 중간재가 주요 대상 화물이 되는 창고는 물류창고이다.

60 **다음의 자동화 창고에 대한 설명 중 올바르지 않은 것은?**

① 피킹설비 및 운반기기를 자동화하고 컴퓨터 제어방식을 통해 입출고 작업의 효율성 제고 효과와 인력 절감 효과를 거둘 수 있다.
② 물품의 보관에 있어서는 Free Location 방식을 채택하여 보관능력을 향상시킨다.
③ 자동화 창고는 물품의 흐름보다는 보관에 중점을 두어 설계되어야 한다.
④ 자동화 창고에서 처리할 물품들은 치수와 포장, 중량 등을 기준으로 단위화가 선행되어야 한다.
⑤ 적은 투자로 기존 건물을 개조하고 랙을 설치하여 제한적인 자동창고의 효과를 볼 수도 있다.

해설 자동화 창고는 보관보다는 물품의 흐름에 중점을 두어 설계되어야 한다.

정답 58 ④ 59 ① 60 ③

61 **트렁크 룸(Trunk Room)에 관한 설명으로 옳지 않은 것은?**

① 개인이나 기업을 대상으로 의류, 골동품, 서류, 자기테이프 등을 주로 보관하는 영업창고이다.
② 창고의 공간을 세분하여 소단위의 화물을 위탁보관한다.
③ 물품을 해충, 곰팡이, 습기 등으로부터 지키기 위해 항온, 항습 서비스를 부가하여 보관한다.
④ 물품을 적시에 간편하고도 신속하게 배송하기 위해 대체로 도심과 인접한 곳에 입지한다.
⑤ 화물의 입출고, 저장, 물품선별 및 분류작업 등이 기계화, 전산화를 통해 자동화되어 있다.

해설 "트렁크 룸"은 보통 의류, 골동품 등 고급 잡화품을 보관하기 위한 영업창고로 상대적으로 대량보관의 필요성이 적어 기계화, 전산화를 통한 자동화가 될 필요성이 적다.

62 **수・배송 네트워크에서 물류거점(Node)수의 증가로 나타나는 현상이 아닌 것은?**

① 재고비용은 증가한다.
② 배송리드타임은 증가한다.
③ 시설투자비용은 증가한다.
④ 관리비용은 증가한다.
⑤ 총비용은 낮아지다가 일정 수 이상이 넘으면 점차 증가한다.

해설 물류거점 수가 증가하면 배송리드타임은 감소한다.

정답 61 ⑤ 62 ②

63 **다음 그림에 해당하는 저장중심형 창고 내 흐름유형에 관한 설명으로 옳은 것은?**

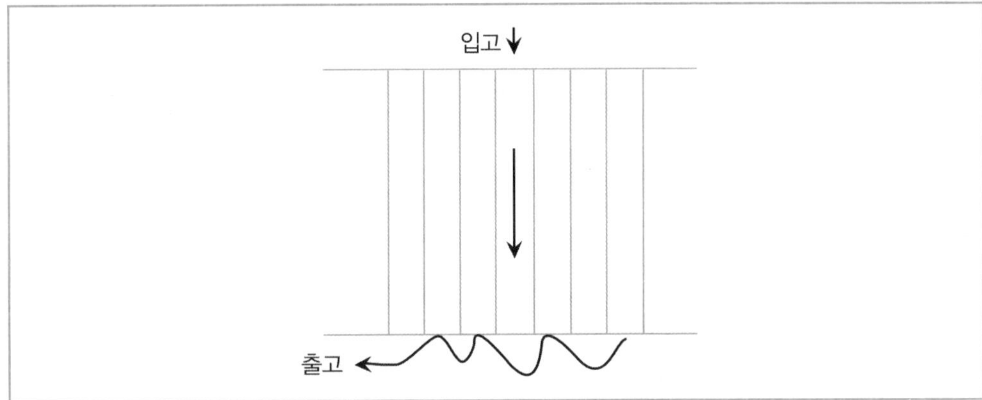

① 재고 종류가 많아질 때, 피킹 순회거리를 짧게 하기 위해 동일 품목을 폭은 좁게, 깊이는 깊게 적치하는 유형
② 선입선출이 많지 않은 소품종 다량품의 경우, 적치장 안쪽에서 순서대로 적치해 놓고 출고 시 가까운 곳에서부터 출고하는 유형
③ 선입선출이 필요하게 될 때, 2열 또는 3열의 병렬로 정리하여 입출고하는 유형
④ 물품을 대량으로 쌓아두면 피킹의 순회거리가 길어지므로 피킹장과 격납장을 분리하여 2단으로 적치하는 유형
⑤ 피킹용 선반 상단부에 예비물품을 파렛트로 적치해 두었다가, 선반 하단부가 비게 되면 상단부의 파렛트를 하단부로 옮겨 놓고 상단부에 새 파렛트를 보충하는 유형

해설 문제상 그림유형(제4유형)은 대량재고 및 대량출고에 해당한다. 재고 종류가 많아질 때, 피킹 순회거리를 짧게 하기 위해 동일 품목을 폭은 좁게, 깊이는 깊게 적치하는 유형으로 빼내기가 어려워지는 것을 고려하여 플로 랙을 사용할 수 있다.

정답 63 ①

08 민간투자사업 방식

64 **다음이 설명하는 물류시설의 민간투자사업 방식이 올바르게 연결된 것은?**

ㄱ. 민간 사업자가 도로, 철도, 항만 등의 공공 물류시설 건설 후, 소유권을 먼저 국가 또는 지방자치단체에 이전하고 일정 기간 그 시설물을 운영한 수익으로 투자비를 회수하는 투자방식
ㄴ. 민간 사업자가 도로, 철도, 항만 등의 공공 물류시설 건설 후, 소유권을 먼저 국가 또는 지방자치단체에 이전하고 일정 기간 국가 또는 지방자치단체로부터 임대료를 받아 투자비를 회수하는 투자방식

① ㄱ : BTL(Build Transfer Lease), ㄴ : BTO(Build Transfer Operate)
② ㄱ : BTO(Build Transfer Operate), ㄴ : BOO(Build Own Operate)
③ ㄱ : BOT(Build Operate Transfer), ㄴ : BTL(Build Transfer Lease)
④ ㄱ : BOO(Build Own Operate), ㄴ : BTL(Build Transfer Lease)
⑤ ㄱ : BTO(Build Transfer Operate), ㄴ : BTL(Build Transfer Lease)

해설 ㄱ. BTO(Build Transfer Operate)는 수익형 민간투자사업 방식을 의미하며 건설(Build) → 이전(Transfer) → 운영(Operate) 방식으로 진행된다. 민간 사업자가 직접 시설을 건설해 정부, 지방자치단체 등에 기부채납하는 대신 일정 기간 사업을 위탁경영해 투자금을 회수하는 방식으로 민간자본은 일정 기간 사회기반시설의 운영권을 갖고, 소유권은 정부나 지방자치단체가 갖는 것이다. 해당 문제에서는 '건설 후(Build)', '소유권을 먼저 국가 등에 이전(Transfer)', '운영한 수익(Operate)'의 표현을 통해 BTO임을 알 수 있다.

ㄴ. BTL(Build Transfer Lease)은 임대형 민간투자사업 방식을 의미하며 사회기반시설의 준공(Build)과 동시에 당해 시설의 소유권은 국가 또는 지방자치단체에 이전(Transfer)되지만 사업시행자에게 시설사용권을 인정하여 국가 또는 지방자치단체 등이 협약에서 정한 기간 동안 다시 임차(Lease)하여 사용, 수익하는 방식이다. 해당 문제에서는 해당 문제에서는 '건설 후(Build)', '소유권을 먼저 국가 등에 이전(Transfer)', '임대료를 받아(Lease)'의 표현을 통해 BTL임을 알 수 있다.

- BOT(Build Operate Transfer)는 사업자가 자금을 조달하고 건설한 후 일정 기간 운영까지 맡는 수주 방식을 말한다. 초기 투자가 필요하지만 직접 사업을 기획하기 때문에 수익성이 높고 오랜 기간 고정적으로 수입을 올릴 수 있다.

※ 민자유치방식

BOO	BOT	BTO	BLT	BTL
Build(민간건설)	Build(민간건설)	Build(민간건설)	Build(민간건설)	Build(민간건설)
Own(민간소유)	Operate (민간운영)	Transfer (소유권이전)	Lease (정부운영)	Transfer (소유권이전)
Operate (민간운영)	Transfer (소유권이전)	Operate (민간운영)	Transfer (소유권이전)	Lease (정부운영)

정답 64 ⑤

65 다음에서 설명하는 공공 물류시설의 민간투자사업 방식은?

ㄱ. 민간 사업자가 건설 후, 소유권을 국가 또는 지방자치단체에 양도하고 일정 기간 그 시설물을 운영한 수익으로 투자비를 회수하는 방식

ㄴ. 민간 사업자가 건설 후, 투자비용을 회수할 때까지 관리·운영한 후 계약기간 종료 시 국가에 양도하는 방식

ㄷ. 민간 사업자가 건설 후, 일정 기간 동안 국가 또는 지방자치단체에 임대하여 투자비를 회수하고 임대기간 종료 후에 소유권을 국가 또는 지방자치단체에 양도하는 방식

① ㄱ : BTO(Build Transfer Operate), ㄴ : BOO(Build Own Operate), ㄷ : BLT(Build Lease Transfer)

② ㄱ : BTO(Build Transfer Operate), ㄴ : BOT(Build Operate Transfer), ㄷ : BLT(Build Lease Transfer)

③ ㄱ : BOT(Build Operate Transfer), ㄴ : BTO(Build Transfer Operate), ㄷ : BLT(Build Lease Transfer)

④ ㄱ : BOT(Build Operate Transfer), ㄴ : BOO(Build Own Operate), ㄷ : BTO(Build Transfer Operate)

⑤ ㄱ : BOO(Build Own Operate), ㄴ : BOT(Build Operate Transfer), ㄷ : BTO(Build Transfer Operate)

해설

- BTO : 민간 사업자가 도로, 철도, 항만 등의 공공 물류시설 건설 후, 소유권을 먼저 국가 또는 지방자치단체에 이전하고 일정 기간 그 시설물을 운영한 수익으로 투자비를 회수하는 투자방식
- BOT : 민간 사업자가 건설 후, 투자비용을 회수할 때까지 관리·운영한 후 계약기간 종료 시 국가에 양도하는 방식이다. 즉, 준공 후, 일정 기간 동안 사업시행자 소유권을 인정하고 기간 만료 후 국가 또는 지자체에 소유권이 귀속되는 방식이다.
- BLT : 민간 사업자가 건설 후, 일정 기간 동안 국가 또는 지방자치단체에 임대하여 투자비를 회수하고 임대기간 종료 후에 소유권을 국가 또는 지방자치단체에 양도하는 방식. 즉, 준공 후, 일정 기간 동안 정부 또는 제3자에게 시설을 임대해 관리·운영하고, 기간 만료 후 국가 또는 지자체에 소유권이 귀속되는 방식이다.
- BOO(Build Own Operate) : 준공과 동시, 소유권 및 관리운영권이 사업시행자에게 귀속된다.

정답 65 ②

09 기타

66 **물류센터 KPI(Key Performance Indicator)에 관한 설명으로 옳지 않은 것은?**

① 환경 KPI는 CO_2 절감 등 환경 측면의 공헌도를 관리하기 위한 지표이다.
② 생산성 KPI는 작업인력과 시간당 생산성을 파악하여 작업을 개선하기 위한 지표이다.
③ 납기 KPI는 수주부터 납품까지의 기간을 측정하여 리드타임을 증가시키기 위한 지표이다.
④ 품질 KPI는 오납률과 사고율 등 물류품질의 수준을 파악하여 고객서비스 수준을 향상시키기 위한 지표이다.
⑤ 비용 KPI는 작업마다 비용을 파악하여 물류센터의 물류비용을 감소시키기 위한 지표이다.

해설 ③ 납기 KPI는 수주부터 납품까지의 기간을 측정하여 리드타임을 감소시키기 위한 지표이다.

67 **각 품목의 입출고 비용은 입출고 횟수에만 비례하고 1회당 입출고량과는 상관없다. 창고의 입구와 출구는 동일한 곳에 위치하며, 품목별로 보관 위치를 지정하여(dedicated) 사용한다. 단위시간당 전체 입출고에 필요한 총 이동거리를 최소화하기 위해 입출구에서 가장 가까운 위치에 배치하여야 할 품목은?**

품목	보관 소요공간	단위시간당 평균 입출고 횟수
ㄱ	200	20
ㄴ	60	5
ㄷ	80	10
ㄹ	140	7
ㅁ	90	6

① ㄱ
② ㄴ
③ ㄷ
④ ㄹ
⑤ ㅁ

해설 특정 상품의 입출고 횟수당 품목의 소요공간을 계산하여 해당 값이 작을수록 재고회전율이 높은 것을 의미한다. ㄷ이 가장 값이 작아 재고회전율이 높으므로 입출구에서 가장 가까운 위치에 배치하여야 한다.
(ㄱ=200/20=10, ㄴ=60/5=12, ㄷ=80/10=8, 140/7=20, ㅁ=90/6=15)

정답 66 ③ 67 ③

CHAPTER 02
물류센터

01 물류센터

1 물류센터 계획

(1) 물류센터의 정의

① 고객의 주문에 대응한 서비스를 제공하기 위하여 재고를 보관, 하역, 출고, 배송의 기능을 수행하는 물류거점 및 시설을 의미한다.

② 기업 내에서 자사의 배송을 위한 거점 및 시설을 물류센터, 배송센터, 유통센터라고 통칭한다.

(2) 물류센터의 역할

① 수송비와 생산비의 절충의 순수 물류기능을 주로 수행하기에 설계 및 제조, 판매 등의 기능은 수행하지 않는다.

② 생산 및 수요량이 계절적 요인에 따라 크게 변동하는 제품, 원・부자재의 가격변동이 큰 경우 수요와 공급을 조절하는 역할을 한다.

③ 숙성이 요구되는 상품에 대해 제조공정의 일부로서의 역할을 한다.

④ 마케팅 지원의 역할을 한다.

핵심포인트

물류센터의 유형

1. 배송센터(Distribution Center)
   개별 기업 또는 협의체에서 유통창고의 집배송기능을 강조하는 것으로 유통업체에서 매일 상품의 집화와 배송을 실시하는 장소이다.
2. 유통센터(Commercial Distribution Center)
   협의로는 배송센터와 유사한 의미로 사용되지만 광의로는 복합화물터미널과 같은 대규모 유통업무단지 자체를 지칭한다.
3. 스톡 포인트(Stock Point)
   유통업체인 경우 배송시키기 위한 전 단계로 재고품을 비축하거나 배송센터로 상품을 이전시키기 위해 일시 보관하는 유통창고를 의미한다.

2 물류센터의 업무 ★

(1) 물류센터 내 작업 흐름

입차 및 입하 → 격납 → 보관, 보충 → 피킹 → 유통가공 → 검품 → 포장 → 방향별 분류 → 상차 및 출하

(2) 물류센터 내 업무

① **입하**(Receiving) **및 인입**(Putaway), **입고**

㉠ 입하는 화물을 받아들이는 것을 의미한다. 공장이나 구입처로부터 배송센터 또는 공장 안으로 부품, 재료, 부자재나 완제품 등 상품을 받아들이는 것을 말한다. 화물의 도착, 검수, 파렛타이즈 작업도 입하작업에 포함된다.

㉡ 인입은 운송수단으로부터 물자를 내려놓는 활동이다.

㉢ 입고는 입고제품의 수량 및 상태이상 유무에 대한 검수 등을 포함한다.

② **보관**(Storage)

㉠ 보관은 주문을 대기하는 동안 물자를 물리적으로 저장해 두는 활동이다.

㉡ 보관은 검수된 제품을 랙에 저장하는 것이며, 보관 위치는 품목과 상품 특성에 따라 정한다.

㉢ 입출고 빈도가 높은 상품일수록 출고구와 가까운 곳에 보관하는 것이 좋다.

㉣ 상품별로 보관하는 것보다 포장형태별로 보관하는 것이 입고나 집품작업에 더 효율적이다.

③ **피킹**(Picking)

㉠ 피킹은 특정 주문에 대하여 보관된 품목을 선별하여 출하를 위한 공정으로 넘기는 활동이다.

㉡ 피킹은 출고지시에 따라 파렛트, 박스, 낱개 단위별로 이루어지며 일괄피킹, 순차피킹 등의 방법이 있다. ★

④ **유통가공**

㉠ 유통가공은 냉장, 냉동, 조립, 가격표 부착, 바코드 부착, 포장 등의 작업을 수행한다.

㉡ 유통가공은 출하시기를 기준으로 작업계획을 수립하고 시간대별로 작업량이 불규칙하지 않도록 평준화한다.

⑤ **포장**(Package) : 포장은 화물 취급단위에 의한 표준화된 화물형태로 결합하는 활동이다.

⑥ **방향별 분류 및 출하**(Shipping) : 분류는 파렛트, 박스, 낱개 단위별로 피킹된 제품을 배송처별로 구분하는 활동으로 자동컨베이어, DPS(Digital Picking System), 분류자동화 기기 등의 설비를 이용한다.

3 물류센터 개발 프로세스

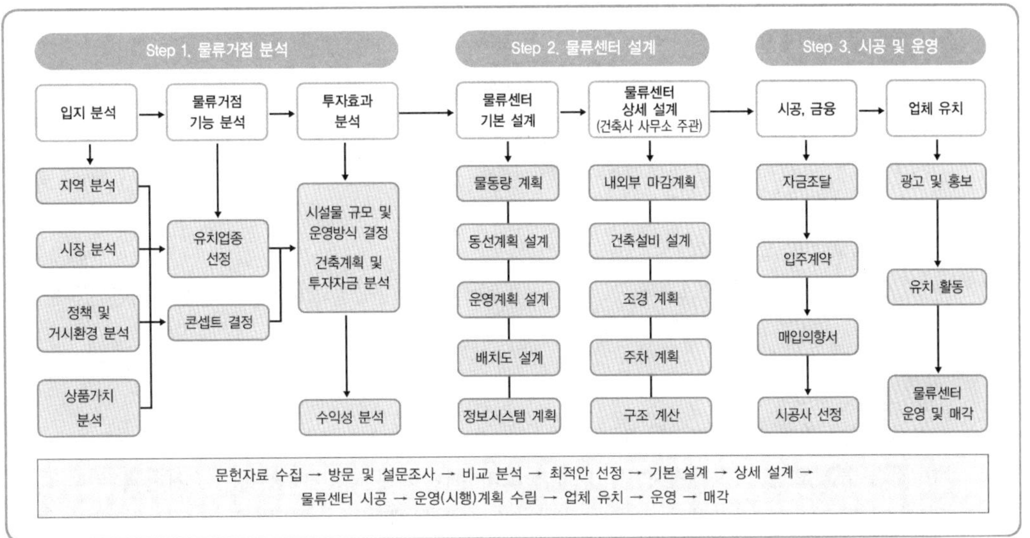

4 물류거점 분석 ★

(1) 물류센터 입지결정 시 고려사항

① 개요

㉠ 물류센터의 입지선정 시 경제적, 자연적, 입지적 요인 등을 고려해야 한다.

㉡ 물류센터 입지의 결정에 있어서 관련 비용의 최소화를 고려해야 한다.

② 입지결정 고려사항

㉠ 토지 구입가격(지가)

㉡ 각종 법적 규제 사항

㉢ 운송비, 시장 규모

㉣ 운송수단의 연계가 용이한지 여부

㉤ 해당 지역의 세금정책 및 유틸리티(전기, 상하수도, 가스 등) 비용

㉥ 해당 지역의 가용노동인구(노동력) 및 평균 임금수준

㉦ 수요와 공급을 효율적으로 연계할 수 있는지 여부

TIP 물류센터 내부 레이아웃, 제품의 보관 위치 할당은 센터 입지결정 이후의 고려사항이다.

핵심포인트

유통·조달물류센터 입지선정 고려사항

1. 유통물류센터 입지선정
   ① 각 운송수단에 대한 운송비를 고려하여야 한다.
   ② 고객의 지역적 분포, 시장의 크기 등을 고려하여 물류센터의 입지를 선정하여야 한다.
   ③ 교통의 편리성, 경쟁사 물류거점의 위치, 관계법규, 투자 및 운영 비용 등의 요소를 종합적으로 고려하여야 한다.
2. 조달물류센터 입지선정
   물자의 흐름을 중심으로 공장 전체의 합리적 레이아웃을 기준으로 결정되어야 한다.

핵심포인트

지가와 입지 간의 상관관계(반비례)

1. 지가가 낮으면 소비지에서 먼 곳에 창고가 위치하게 되고 배송비가 증가하게 된다.
2. 지가가 높으면 소비지에서 가깝게 창고가 위치하게 되고 배송비가 감소하게 된다.
3. 지가와 운송비 간의 상충관계를 고려하여 총비용이 최소가 되도록 해주는 대안입지를 선택해야 한다.

심화

물류입지 분석의 요구자료

대상	내용
고객	거래처 유형, 지역, 거래품목
제품	제품군, 포장형태, 중량, 부피, 생산공장의 위치
거점	제품별 생산 및 보관능력, 출하능력(시간당 출하가능 수량), 공급처별 조달비율
수송수단	경로별 수송수단, 운송거리 및 시간, 적재용량, 운송비
물동량	거래처별, 제품별, 포장형태별 출하량, 운송차종, 운송방법(직송·배송)
단위비용	경로별·수송수단별 수송비, 제품별 하역비, 재고유지비

③ 물류거점 입지조건 분석방법 : PQRST(Product 화물, Quantity 수량, Route 경로, Service 서비스, Time 시간)
   ㉠ P-Q분석 : 어떤 상품이 어떤 양으로 흐르고 있는가에 대한 물류 유형의 분석기법
   ㉡ R분석 : 어떠한 물량이 어떠한 경로로 흐르고 있는가를 과거에서부터 현재까지 파악하는 기법
   ㉢ S-T분석 : 제조와 판매부문의 효율성 있는 연계를 위해 보조부문(보조서비스)이 어떠한 기능을 갖추어야 하는지를 과거와 현재의 실상을 면밀히 분석 후 결정하는 기법. 창고가 "언제"(Time), "어떤 형태"(Service)로 입출고에 대응해야 할지 명확화한다.

핵심포인트

물류거점계획을 위한 기본조건

수요조건	고객의 분포, 잠재고객의 예측, 매출 증감, 배송가능지역 등을 고려한다.
운송조건	각종 터미널(트럭, 항만, 공항, 역)의 운송거점과 근접 영업용 운송업자와의 근접도 등을 고려한다.
배송서비스 조건	고객에 대한 도착시간, 배송빈도, 리드타임, 거리 등을 고려한다.
용지조건	토지의 이용문제(기존 토지와 신규 취득), 지가, 소요자금 내 가능한 용지 취득의 범위 등을 고려한다.
법 규제	정부의 용지지역 지정 가능지역의 검토 등을 고려한다.
관리 및 정보기능 조건	본사 영업부와 중앙전산실과의 거리 등을 고려한다.
유통가능 조건	상류와 물류와의 구분, 유통가공시설의 필요성, 작업원의 확보와 통근가능 여부 등을 고려한다.
기타 조건	품질유지를 위한 특수시설(냉동물, 보온물, 위험물)과 공해방지시설의 설치 여부 등을 고려한다.

④ **물류센터의 규모 산정 순서** : 물류센터의 규모 산정 시에는 목표 재고량과 서비스 수준을 통합하여 고려한다.

㉠ 서비스 수준의 결정
㉡ 제품별 재고량 결정
㉢ 보관량 및 보관용적의 산정
㉣ 하역작업 방식과 설비의 결정
㉤ 총면적의 산출

⑤ **물류센터 규모 결정 고려요인**

㉠ 현재 및 미래의 제품 출하량
㉡ 통로요구조건
㉢ 재고배치
㉣ 자재취급시스템의 형태(설비와 장비)
㉤ 사무실 공간

5 물류센터 설계 ★★

(1) 물류센터 설계 시 고려사항

① 제품의 특성, 주문 특성, 설비 특성, 보관 면적
② 입하 능력의 평준화
③ 입하 시간의 규제
④ 출하 시간의 단축

⑤ 물품의 취급횟수 **최소화**
⑥ 입고 방법, 보관 방법, 피킹 방법, 배송 방법 등 운영 특성
⑦ 설비종류, 운영방안, 자동화 수준 등

(2) 물류센터의 설계 특성별 고려사항

① **주문 특성** : 주문건수, 주문빈도, 주문량, 처리속도, 주문의 크기 등
② **제품 특성** : 크기, 무게, 가격, 용량, 포장 등
③ **설비 특성** : 운영방안, 자동화 수준, 설비 종류 등
④ **환경 특성** : 지리적 위치, 입지 제약, 환경 제약, 인구 등
⑤ **운영 특성** : 입출고 방법, 보관 방법, 피킹 방법, 분류 방법, 배송 방법 등
⑥ **관리 특성** : 재고정책, 고객서비스 목표, 투자 및 운영 비용

핵심포인트

물류센터 공정관리(Line Balancing)

1. Line Balancing
   ① 라인을 구성하는 각 공정 간의 균형, 공정 역할을 고르게 나누어 주어 최대의 생산효율을 이끌어내는 것을 의미한다.
   ② 2공정 이상으로 사람이나 설비가 연결되어 작업을 할 경우 각 공정별 작업량 분배 효율성을 의미한다.
2. 특징
   ① 완성품의 납기 지연의 원인을, 조립공정을 구성하는 세부공정 또는 어느 작업장에서 일어났는가를 파악하여 중점 관리를 가능하게 한다.
   ② 책임소재가 밝혀진 작업공정을 위하여 일정계획에 차질이 생길 경우를 대비하여 대비책을 미리 강구해 두게 하는 기능이 있다.
   ③ 공정효율 100%의 상황은 모든 개별 공정 활동이 균일하게 이루어지는 상황이다. 즉, 각 공정의 리드타임이 모두 같은 상황을 말한다.
3. 물류센터 라인 밸런싱 목적
   ① 작업공정 내의 재공품 감소
   ② 가동률 향상
   ③ 리드타임(Lead Time) 감축
   ④ 제약공정, 애로공정 개선으로 생산성 향상
4. LOB(Line of Balancing) 산정식

$$\text{공정효율(LOB)} = \frac{\sum \text{ 각 공정시간}}{\text{애로공정 작업시간} \times \text{공정수}} \times 100\%$$

핵심포인트

공정재고, 재공재고, 재공품(Work In Process)

1. 개념
   ① 생산과정 중에 있는 물품으로 저장 또는 판매 가능한 상태의 반제품과는 다름. 즉, 재공품은 앞으로 더 가공해야만 제품이나 부분품이 될 수 있다.
   ② 일반적인 공장은 연속적으로 물품을 생산하고 있으므로 공정마다 존재한다.
2. 공정재고량 산정식

$$공정재고량 = \frac{생산량 \times 사이클타임}{작업시간}$$

핵심포인트

공정효율 개선 관리지표

1. 가동률

$$운행한\ 비율 = \frac{가동일수}{영업일수} \times 100\% = \frac{생산실적}{생산능력} \times 100\% = \frac{실제\ 작업시간}{총\ 작업시간}$$

2. 작업공수, 유실공수, 표준공수
   ① **작업공수** : 작업수행의 양, 일의 범위를 말한다.
      ㉠ 특정 작업에 소요된 인원(Man) × 소요된 시간(Hour)
      ㉡ $공수비율 = \frac{특정\ 작업에\ 소요한\ 시간}{총\ 작업시간}$
   ② **유실공수(비가동률)** : 기계고장, 원·부자재 결품, 결근, 휴가자 휴업공수, 품질불량으로 인한 재작업, 교육훈련, 정전 등으로 인한 유실된 작업수행의 양, 일의 범위를 말한다.
   ③ **표준공수** : 특정 작업을 하는 데 소요되는 표준시간을 말한다.

$$작업효율 = \frac{표준공수}{작업공수} = \frac{표준작업시간 \times 일일\ 생산량}{일\ 작업인원 \times 일\ 작업시간} \times 100\%$$

3. 공정효율 개선 관리지표를 이용한 관리과정
   ① 공정별, 작업자별, 설비단위별 표준작업시간 측정
   ② 애로공정 선정 및 개선
   ③ 작업방법 개선
   ④ 작업자 재배치

02 배송센터

1 개념

배송센터(Distribution Center)란 개별 기업 또는 협의체에서 유통창고의 집배송기능을 강조하는 것으로 유통업체에서 매일 상품의 집화와 배송을 실시하는 장소이다. (⊂ 물류센터)

2 배송센터의 기본계획

① 부지, 규모, 작업 흐름 등을 결정하고 가장 효율적인 시설과 적합한 기기를 선택하여야 한다.
② 차량 크기와 대수, 주차공간, 부대작업 공간과 이용기기의 선정, 작업과 시설배치의 적합성을 위한 레이아웃 등을 결정한다.
③ 법적 규제와 주변 여건 조사 후 서비스 수준, 소요자금 등에 대한 종합적인 평가를 수행하여 최종결정한다.

3 배송센터 건설의 기본요건

① 배송창고로 배송하는 것이 보다 경제적일 때(비용 절감 효과가 있을 때)
② 소량 보관도 창고시스템 유지비용을 충당할 수 있을 때
③ 1인 이상의 인력작업량이 될 때
④ 연중 변동폭이 1 이하일 때(수요의 변동폭이 크면 배송센터 효용이 감소된다.)
⑤ 배송창고가 포장 간이화에 공헌할 때
⑥ 취급상품의 시장 확대를 갖고 있을 때
⑦ 협업화의 이점이 적을 때
⑧ 물류비 중 운송비의 비중이 클 때
⑨ 부패, 마모가 적은 상품일 때(보관성이 높은 화물일 때)

4 배송센터 거점 선정의 고려요소

① 배송 타이밍 수준
② 배송권역과 센터의 수 결정
③ 배송센터와 영업소의 입지관계
④ 교통사정
⑤ 공동시설에 대한 입주 검토
⑥ 물리적 토지 특성

⑦ 사회적 환경
⑧ 확장대상과 예비창고
⑨ 종업원 모집조건
⑩ 정보입지조건(통신)

5 배송센터 구축효과

다수의 배송창고들이 1개의 배송센터로 집약됨을 가정할 때,

① 총 운송비는 증가한다.
 ㉠ 수송횟수 감소, 배송횟수 증가(배송창고 집약으로 배송커버리지 증가)
 ㉡ 수송비⬇+ 배송비⬆= 총 운송비⬆
② 재고 서비스율이 향상된다.
③ 상물분리가 실현된다.
④ 중복교차수송이 배제된다. (거래수 감소)
⑤ 납품작업이 합리화된다.
 ㉠ 백화점, 양판점으로 공동배송을 통해 상품 공급활동의 효율화
 ㉡ 배송센터 건설을 통해 각 도매상과 소매점 사이의 중복교차운송 배제
 ㉢ 부차적으로 배송센터의 자동분류장치를 설치하여 생산성 향상 도모

6 크로스도킹(Cross Docking)에 의한 관리 ★★

(1) 크로스도킹의 개념

① 제조업자와 유통업자 간 협업과 정보공유를 통하여 거점에 입고된 상품을 저장하지 않고 분류하여 고객에게 바로 배송할 수 있도록 하는 물류시스템이다. 즉, 창고나 물류센터로 입고되는 상품을 보관하지 않고 곧바로 소매점포에 배송하는 물류시스템이다.
② 크로스도킹은 공급처에서 수령한 물품을 물류센터에서 재고로 두지 않고 바로 배송할 수 있도록 한다.
③ 물류센터 도착 즉시 점포별로 구분하여 출하하는 시스템으로 적재시간과 비용을 절감할 수 있다.
④ 미국 월마트에서 도입하여 실행한 공급망관리시스템으로 보관거점 탈출시스템이다.
⑤ 크로스도킹의 목적은 유통업체에서 발생할 수 있는 불필요한 재고를 제거하는 것이다.
⑥ 수요가 일정하고 안정적이며, 재고품절비용이 낮을 경우 효율적으로 운영될 수 있다.

(2) 크로스도킹의 효과

① 크로스도킹 시스템이 도입되면 물류센터는 보관거점의 기능에서 탈피할 수 있다.
② 크로스도킹을 통해 물류센터에서 제품이 머무르는 시간을 감소시킬 수 있는 장점이 있다.

③ 물류센터를 화물의 흐름 중심으로 운영할 수 있다.
④ 보관 및 피킹작업 등을 생략하여 물류비용을 절감한다.
⑤ 보관, 하역, 수·배송, 창고관리 프로세스의 단축과 개선을 도모할 수 있다.
⑥ 배송리드타임을 줄일 수 있어서 공급사슬 효율성을 높일 수 있다.
⑦ 그 밖의 효과로는 물류센터의 평방미터당 회전율 **증가**, 공급사슬 전체 내의 저장공간(저장로케이션 수) 감소, 상품공급의 용이성 증대, 재고수준의 **감소**가 있다.
⑧ 물류센터가 상품의 유통을 위한 경유지로만 사용되므로 물류센터의 물리적 공간이 감소한다.

(3) 크로스도킹의 특징

① 크로스도킹은 창고관리시스템 영역 중 입출고 관련 기능에 해당한다.
② 공급업체가 미리 분류·포장하는 기포장방식과 물류센터에서 분류·출고하는 중간처리방식으로 운영한다.
③ EDI, 바코드, RFID 등과 같은 정보기술의 활용을 통해 크로스도킹 시스템은 보다 효과적으로 실현될 수 있다.
④ 크로스도킹은 주문한 제품이 물류센터에서 재분류되어서 각각의 점포로 즉시 배송되어야 하는 신선식품의 경우에 보다 적합하다.
⑤ 효율적인 크로스도킹을 위해서는 공급처와 수요처의 정보공유가 필요하다.
⑥ 수요가 일정하고 안정적이며, 재고품절비용이 낮을 경우 효율적으로 운영될 수 있다.
⑦ POS(Point Of Sale) 시스템 등 다양한 정보시스템, 대규모 물류센터, 자체 트럭수송단을 운영한다.
⑧ 입고된 물품을 창고에서 바로 목적지별로 분류만 하여 배송하기 위해서는 ASN(Advanced Shipping Notice)과 JIT(Just In Time) 환경이 필요하며, 이 경우 크로스도킹이 효과적으로 실현될 수 있는 것이다.

TIP ASN(Advanced Shipping Notification, 사전출하정보)

- 공급자가 어떤 운송수단을 통해 어떤 상품을 운반하고 있으며 물류센터, 창고에는 몇 시에 도착하는지와 관련된 정보로, 물류센터 입고 상품의 수량과 내역이 사전에 물류센터로 송달되어 오는 정보를 말한다.
- 물류센터에서는 이 정보를 활용하여 신속하고 정확하게 검품 및 적재 업무를 수행할 수 있다.

(4) 크로스도킹의 유형

① **파렛트 크로스도킹**(Pallet Cross Docking)
㉠ 한 종류의 상품이 적재된 파렛트별로 입고되고 소매점포로 직송되는 형태로 **1일 처리량이 아주 많은 상품**에 적합하다.
㉡ 가장 단순한 형태의 크로스도킹이다.
㉢ **기계설비와 정보기술**의 도입이 필요하다.

② **케이스 크로스도킹**(Case Cross Docking) : 한 종류의 상품이 적재된 파렛트 단위로 소매업체의 물류센터로 입고되고, 입고된 상품은 각각의 소매점포별로 주문수량에 따라 피킹, 파렛트에 남은 상품은 다음 납품을 위해 잠시 보관하게 된다.

③ **사전 분류된 파렛트 크로스도킹**

㉠ 사전에 제조업체가 상품을 피킹 및 분류하여 납품할 각각의 점포별로 파렛트에 적재해 배송하는 형태이다.

㉡ 제조업체가 각각의 점포별로 주문사항에 대한 정보를 사전에 알고 있어야 하므로 제조업체에 추가적인 비용을 발생시킨다.

7 POS(Point Of Sales, 판매시점정보관리시스템) ★

(1) 개념

① 판매와 관련한 데이터 관리, 고객정보 수집 등 판매와 관련된 업무의 부가가치를 향상시키는 판매시점관리시스템으로 배송센터에서도 주로 활용된다.

② 대표적인 소매점 관리시스템 중 하나로서 판매시점에 발생하는 정보를 수집하여 컴퓨터로 자동 처리하는 시스템이다.

③ POS는 계산원의 생산성 향상, 입력 오류의 방지, 점포 사무작업의 간소화, 가격표 부착작업의 감소효과가 있으나 **생산정보는 파악하기 어렵다.**

④ 실시간으로 매출을 등록하고, 매출 자료의 자동정산 및 집계가 가능하며, 상품의 발주, 구매, 배송, 재고관리와 연계가 가능한 종합정보관리시스템이다.

(2) 장점

① 상품을 제조회사별, 상표별, 규격별로 구분하여, 상품마다의 정보를 처리하는 과정에서 단품관리가 가능하다.

② POS(Point Of Sales) 시스템의 강점은 바코드를 사용하여 상품의 정보를 간단하게 읽을 수 있고 오류가 감소하므로 인건비가 감소된다.

③ POS 시스템으로부터 품목별·제조사별 판매실적, 판매실적 구성비, 단품별 판매동향, 기간별 매출액의 정보를 얻을 수 있다.

④ POS(Point Of Sales)는 소비동향이 반영된 판매정보를 실시간으로 파악하여 판매, 재고, 고객관리의 효율성을 향상시킨다.

(3) POS 시스템의 구성

① POS 단말기

② 바코드 스캐너(Bar Cord Scanner)

③ 스토어 컨트롤러(Store Controller, 메인서버)

(4) POS도입 기대효과

구분		노동력 감소효과	데이터 활용효과
운영 면	계산 및 판매업무 생력화	• 계산시간의 단축 • 피크타임 처리시간 단축 • 등록오류 감소 • 판매원 교육시간 단축 • 정산시간의 단축 • 매출전표 삭감 • 현금관리의 합리화	• 상품정보관리 –매출관리 –상품구색계획 –진열관리 –판촉계획 –발주·재고관리
점포 운영 면	데이터 수집능력 향상	• 정보발생시점에서 수집 • 정보의 신뢰성 향상 • 입력작업의 노동력 감소 • 데이터수집 노동력 감소	• 종업원정보관리 –판매원 관리 –임금계산 자동화
	점포운영 합리화	• 판매대관리 생산성 향상 • 가격변환 작업의 신속화 • 현금보유고 수시파악 • 검수데이터 입력작업 노동력 감소 • 전표 삭감	• 고객정보관리 –적절한 DM관리 –카운트서비스와 A/S

03 입지선정기법

1 개요

(1) 물류거점의 입지분석 구분

정성적 기법	정량적 기법	정성·정량 혼합기법
• 단순서열법 • 요인평정법	• 총비용 비교법 • 손익분기점기법 • 부하·거리법(ton·km법) • 무게중심법 • 의사결정나무	• Brown & Gibson법 • 체크리스트법

(2) 물류거점의 입지선정기법

단일창고입지	복수창고입지
• 총비용 접근법(Total Cost Approach) • 가중점수법(Factor Rating Method) • 손익분기점 분석법(BEP Analysis) • 부하 · 거리법(Load – Distance Method)	• P – Median 기법 • 수송계획법(Transportation Model) • 시뮬레이션 기법(Simulation Model)

2 요소분석법(Factor Rating Method, 요인평정법, 가중점수법)

① 얽히고 얽힌 n개의 요인들을 측정 · 분석하여 요인들 간의 관계나 공통적인 요인들에 대해 "경향"을 파악하고 그 타당성을 수치화하여 입지요인별로 가중치가 부여된 요인평정표를 가지고 각 대안별로 점수를 내어 가장 점수가 높은 대안을 선택하는 방법이다.

② 요소분석법은 고려하고 있는 입지요인(접근성, 지역 환경, 노동력, 환경성 등)에 주관적으로 가중치를 설정하여 각 요인의 평가점수를 합산하는 방법이다.

3 총비용 비교법 ★

(1) 개념

대안별 물류센터 투자금액과 물류비용, 관리비용을 산출하고 총비용이 최소가 되는 대안을 선정하는 기법이다.

(2) 특징

① 총비용 = 구조적 비용 + 추상적 비용 + 기회비용

② 추상적 비용과 기회비용은 파악이 어려워 대체적으로 배제한다.

③ 재료비, 수송비, 노무비 등의 구조적 비용을 통하여 입지별로 비용 산출 후 최소비용이 산출되는 대안을 선택한다.

예시

아래 A, B, C, D Zone 중 총비용이 최소가 되는 C Zone이 창고 위치로 결정된다.

지역별 / 비용	A Zone	B Zone	C Zone	D Zone
창고건설비	5500	2500	4000	4700
하역비	300	800	400	300
수송비	900	2500	1200	700

재고유지비	200	250	300	210
세금	30	100	20	50
합계	6,930	6,150	5,920	5,960

4 손익분기점기법(손익분기 도표법) ★

(1) 개념

일정한 물동량(입고량 또는 출고량)의 고정비와 변동비를 산출하고 그 합을 비교하여 물동량에 따른 총비용이 최소가 되는 대안을 선택하는 방법이다.

(2) 특징

① 연간 예상물동량에 대한 최소비용을 발생시킬 것으로 기대되는 대안입지를 손익분기점을 기준으로 선택한다.

② 입고량 혹은 출고량을 기준으로 고정비와 변동비의 합을 비교하여 총비용이 최소가 되는 대안을 선택한다.

예제

다음은 연간 처리물동량 1만 톤 기준, 물류시설 A, B, C 세 곳의 연간 고정비와 변동비의 소요 예산이다. 가장 경제적인 물류시설은?

구분		A	B	C
고정비	연간 자본비	5,000,000원	4,800,000원	4,900,000원
	연간 연료비	250,000원	270,000원	300,000원
	연간 용수비	50,000원	60,000원	55,000원
	연간 세금	250,000원	400,000원	400,000원
변동비	단위당 하역비	520,000원	500,000원	500,000원
	단위당 재고비	850,000원	900,000원	800,000원
	단위당 운송비	420,000원	350,000원	400,000원

해설

구분		A	B	C
고정비	연간 자본비	5,000,000원	4,800,000원	4,900,000원
	연간 연료비	250,000원	270,000원	300,000원
	연간 용수비	50,000원	60,000원	55,000원
	연간 세금	250,000원	400,000원	400,000원
	소계	**5,550,000**	**5,530,000원**	**5,655,000원**
변동비	단위당 하역비	520,000원	500,000원	500,000원
	단위당 재고비	850,000원	900,000원	800,000원
	단위당 운송비	420,000원	350,000원	400,000원
	소계	**1,790,000원**	**1,750,000원**	**1,700,000원**

- A의 총비용은 5,550,000원+1,790,000원=7,340,000원
- B의 총비용은 5,530,000원+1,750,000원=7,280,000원
- C의 총비용은 5,655,000원+1,700,000원=7,355,000원

즉, 연간 처리물동량 1만 톤일 때, 총비용 면에서 가장 경제적인 물류시설은 B이다.

5 부하 · 거리법(부하요소 × 거리, 톤 · 킬로(ton · km)법)

- **완전 그리드 탐색법**

① 각 수요지에서 배송센터까지의 거리와 각 수요지까지의 운송량에 대해 평가하고 총계가 최소가 되는 입지를 선정하는 기법이다.

② 다양한 입지대안 중에 총 ld 점수가 가장 낮은 대안거점을 선정하는 방법이다.

예시

1차 : "거점 A"가 ➡ 최적이라 가정

센세스 구역	좌표		인구 (l)	직교각 거리 (d)	$l \cdot d$
	X	Y			
A	5	3	4	0+0=0	0
B	8	5	6	3+2=5	30
C	7	2	9	2+1=3	27
				총 ld	57

2차 : "거점 B"가 ➡ 최적이라 가정

센세스 구역	좌표		인구 (l)	직교각 거리 (d)	$l \cdot d$
	X	Y			
A	5	3	4	3+2=5	20
B	8	5	6	0+0=0	0
C	7	2	9	1+3=4	36
				총 ld	56

3차 : "거점 C"가 ➡ 최적이라 가정

센세스 구역	좌표		인구 (l)	직교각 거리 (d)	$l \cdot d$
	X	Y			
A	5	3	4	2+1=3	12
B	8	5	6	1+3=4	24
C	7	2	9	0+0=0	0
				총 ld	36

총 ld가 36으로 가장 작은 거점 C(7, 2)가 입지로 선택된다.

6 무게중심법 ★★★

(1) 개념

① 무게중심법은 물류센터를 기준으로 고정된 공급지(공장 등)에서 물류센터까지의 수송비와 물류센터에서 수요지(각 지점, 배송처 등)까지의 수송비를 구하여 그 합이 최소가 되는 장소를 입지로 선택하는 방법이다.

② 수요지와 공급지 간의 거리와 물동량을 고려하여 물류센터 입지를 결정하는 기법이다.

③ 공급지 및 수요지가 고정되어 있고, 각 공급지로부터 단일 배송센터로 반입되는 물량과 배송센터로부터 각 수요지로 반출되는 물량이 정해져 있을 때 활용하는 기법이다.

(2) 계산

① 물류센터로 반입 및 반출되는 각 지점과 물류센터와의 거리에 거리당 운임과 물동량을 곱하면, 각 지점과 물류센터 간의 수송비를 산출할 수 있다.

② 상기의 계산을 모든 지점들에 대해서 적용하여 합산하면 총 수송비가 결정되고 그 합이 최소가 되는 지점을 구한다.

③ 두 지점 간의 물자 이동이 직선거리를 따라 이루어진다면, 단일 물류센터의 최적입지는 입지를 나타내는 좌표에 대한 두 개의 방정식을 통해서 구할 수 있는데 이것을 최적 무게중심법이라고 한다.

예제

다음 표는 A회사의 공장과 수요지의 위치를 나타낸 것이다. 수요량은 수요지 1이 4,000 Box/월, 수요지 2는 2,000 Box/월, 수요지 3은 3,000 Box/월이다. 무게중심법을 이용한 신규 물류센터의 최적 입지좌표(X, Y)는? (단, 소수점 둘째 자리에서 반올림한다.)

구분	X(km)	Y(km)
수요지 1	30	20
수요지 2	10	50
수요지 3	20	40
공장	40	70

해설 X=31.1=(4,000 × 30+2,000 × 10+3,000 × 20+9,000 × 40)/4,000+2,000+3,000+9,000
Y=51.7=(4,000 × 20+2,000 × 50+3,000 × 40+9,000 × 70)/4,000+2,000+3,000+9,000
TIP 공장의 가중치를 놓치지 않아야 함에 유의한다.

예제

A회사의 공장과 수요지의 수요량과 좌표가 다음과 같을 때, 무게중심법에 의한 최적 신규 물류센터 입지는? (단, 계산한 값은 소수점 첫째 자리에서 반올림함)

1) 수요량
- 수요지 1 : 35톤/월
- 수요지 2 : 15톤/월
- 수요지 3 : 20톤/월

2) X, Y 좌표

구분	X좌표	Y좌표
수요지 1	6	4
수요지 2	3	5
수요지 3	2	3
공장	4	6

해설

$$X = \frac{(35\times6)+(15\times3)+(20\times2)+(70\times4)}{35+15+20+70} = \frac{575}{140} = 4.1(4)$$

$$Y = \frac{(35\times4)+(15\times5)+(20\times3)+(70\times6)}{35+15+20+70} = \frac{695}{140} = 4.9(5)$$

정답 X : 4, Y : 5

7 브라운 & 깁슨법(Brown & Gibson Model) ★

(1) 개념

① 입지결정에서 양적 요인과 질적 요인을 함께 고려할 수 있도록 고안된 모형이다.
② 평가기준을 필수적 기준(요인), 객관적 기준(요인), 주관적 기준(요인)으로 구분하여 입지평가지표를 계산 후 평가하는 복수공장 입지분석모형이다.
③ 입지에 영향을 주는 인자들에 대해 각각 평가하고 점수가 가장 높은 것을 채택한다.

(2) 요인평가기준

① **필수적 요인**(Critical Criteria)
㉠ 특정 시스템의 입지요소로서 필수불가결한 장소적 적합성을 판정하는 기준이다.
㉡ 음료공장에서 취수원, 수질과 수량 등이 필수적 요인에 해당한다.
② **객관적 요인**(Objective Criteria) : 임금, 운송비, 전력요금 등 화폐가치로 평가될 수 있는 경제적 기준이다.
③ **주관적 요인**(Subjective Criteria)
㉠ 평가자의 주관에 의해 가늠되는 기준이다.
㉡ 수송수단의 이용가능성, 노동조합의 태도, 미래수요의 확장에 대한 공간, 시장접근성, 적절한 장소의 이용가능성 등이 주관적 요인에 해당한다.

8 체크리스트법

입지에 관련된 양적 요인과 질적 요인을 동시에 고려하여 중요도에 따라 가장 평가점수가 높은 입지를 선정하는 기법이다.

9 복수거점(창고)의 입지선정기법

(1) P-Median 기법

P개의 거점(창고)을 건설하려 할 때, 수송비와 건설비의 합이 최소가 되도록 만드는 P개의 거점입지를 결정하는 기법이다.

$$\text{총비용} = \sum(\text{단위수송비} \times \text{수송량}) + \sum \text{건설비}$$

(2) 수송계획법

특정 제품의 시장과 공장을 분산되어 보유하고 있는 기업이 복수공장의 입지나 창고를 선정하는 복수거점의 입지선정기법이다.

(3) 시뮬레이션 기법

외부에서 만든 입지분석 시뮬레이션 모형을 이용하여 각각의 입지대안들의 입지요인들을 입력하고 개별적으로 혹은 복수의 거점요인들의 변화를 동시에 주어 각각의 결괏값을 산정하고 다양한 변화상황에서도 기대수준을 유지하는 입지를 선정하는 기법이다.

04 랙(Rack)

1 개요

(1) 개념

① 창고 등에서 물품을 보관하기 위해 사용하는 기둥과 선반으로 구성된 구조물을 말한다.
② 랙은 자동화 창고에서 화물 보관을 위한 구조물로 빌딩 랙(Building Rack)과 유닛 랙(Unit Rack) 등이 있다. ★
③ 보관 랙(Rack)은 모듈화된 화물의 보관을 위한 장치로 사용된다.

(2) 적재하중기준

물류센터 설계 시에는 랙(Rack)의 1개 선반당 적재하중기준을 고려해야 한다.
① **중량 랙** : 한 선반당 적재하중이 **500kg**을 초과하는 랙
② **중간 랙** : 한 선반당 적재하중이 **500kg** 이하인 랙
③ **경량 랙** : 한 선반당 적재하중이 **150kg** 이하인 랙

2 랙의 종류(선반고정형) ★★

(1) 파렛트 랙(Pallet Rack), 셀렉티브 랙(Selective Rack)

① **개념** : 포크리프트를 사용하여 파렛트 단위 혹은 선반 단위로 셀마다 격납 보관하는 설비를 말한다.
② **특징**
㉠ 주로 파렛트에 쌓아 올린 물품의 보관에 이용한다.
㉡ 쌓아 올린 물품들의 파렛트 화자 형태 보관을 지원하는 랙을 의미한다.
③ **장단점**
㉠ **장점** : 조립식 구조로 자유로운 랙의 이동과 설치 및 단수조정이 가능하여 범용성이 높다. 즉, 화물의 종류가 여러 가지라도 유연하게 보관이 가능하다.

㉡ 단점 : 바닥면적의 비효율적으로 활용될 수 있고, 구조물로 인해 평치보관보다 공간효율이 낮아질 수 있다.

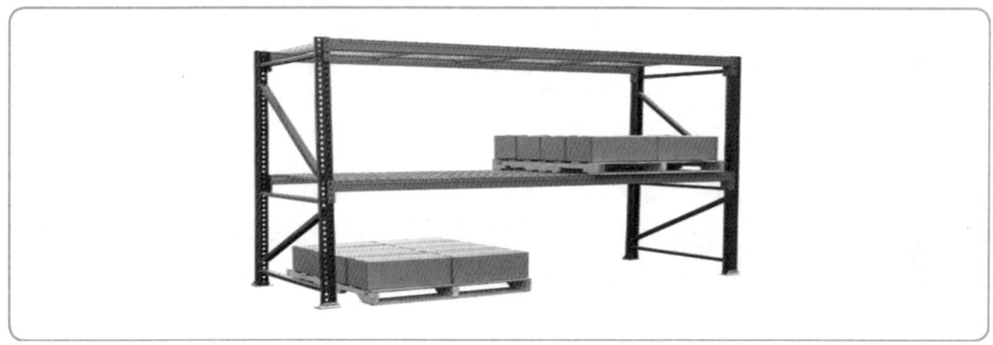

《 파렛트 랙 》

(2) 적층 랙(Mezzanine Rack)

① **개념** : 천장이 높은 단층창고의 경우 선반을 다층식으로 겹쳐 쌓고 현재 사용하고 있는 높이에서 천장까지의 사이를 이용하는 보관설비이다.

② **특징**

㉠ 천장이 높은 창고에서 복층구조로 겹쳐 쌓는 방식으로 물품의 보관효율과 공간효용도가 높다.

㉡ 입출고 작업과 재고관리가 용이하다.

㉢ 최소의 통로로 최대로 높게 쌓을 수 있어 경제적이다.

㉣ 분해이동이 가능하다.

㉤ 창고 상부의 효율이 향상된다.

TIP 메자닌이란 천장이 높은 단층창고의 상부 공간을 사용하기 위해 설치한 보관장소를 의미한다.

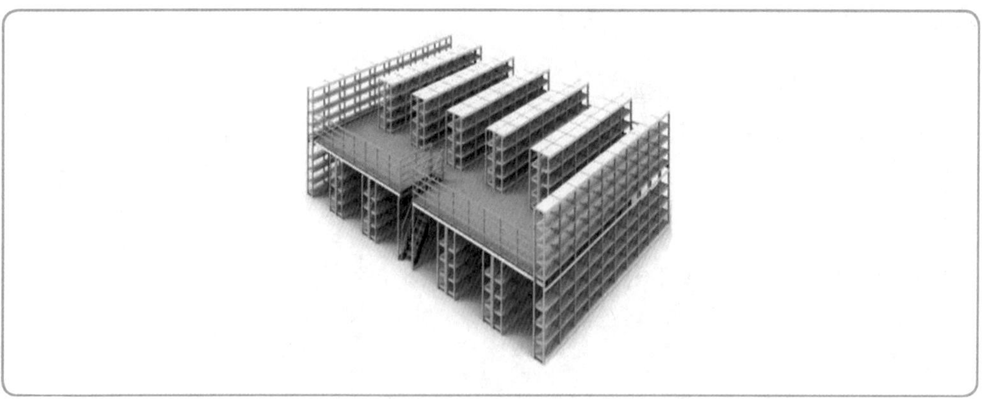

《 적층 랙 》

(3) 인테이너

① **개념** : 파렛트의 이동성과 랙의 구조물의 성격을 모두 갖춘 기기

② **특징**

㉠ 공간에 맞추어 랙을 이동배치 가능

㉡ 미사용 시 적은 공간으로 다수 인테이너 보관 가능

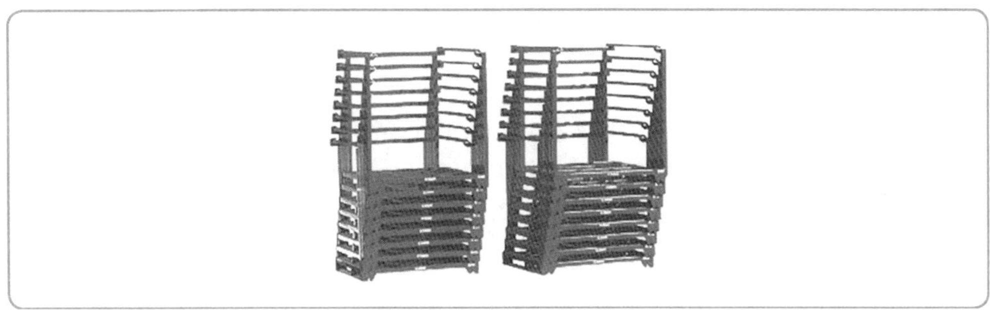

《 인테이너 》

(4) 암 랙(Arm Rack)

① **개념** : 외팔지주걸이 구조로 기본 프레임에 암(Arm)을 결착하여 물품을 보관하는 랙으로 파이프, 가구, 목재 등의 장척(길이가 긴)화물 보관을 지원하는 랙이다.

② **특징**

㉠ 외팔걸이 랙, 장척물 랙, 캔틸레버 랙(Cantilever Rack)이라고도 한다.

㉡ 긴 철재나 목재, 파이프 등과 같이 보관이 어려운 장척물의 보관에 효율적인 랙이다.

㉢ 전면에 기둥이 없으므로 공간 낭비 없이 화물을 보관할 수 있다.

㉣ 구르기 쉬운 장척화물의 유실을 방지하기 위해 Arm 끝에 "Stopper"를 부착하는 경우도 있다.

TIP 암 랙은 원통형 화물, 파이프류가 대상이고, 외팔걸이 랙, 캔틸레버 랙은 각목과 같이 각이 진 장척물이 대상이다.

《 암 랙 》

3 랙의 종류(선반이동형 및 화물이동지원형) ★★★

(1) 이동 랙(Mobile Rack, 모빌 랙)

① 개념 : 레일을 이용하여 직선적으로 수평 이동되는 랙으로 통로를 대폭 절약할 수 있다.

② 특징

㉠ 수동식 및 자동식이 있으며 다품종 소량 물품 보관에 적합하고 통로 공간을 활용하므로 보관효율이 높다.

㉡ 필요한 통로만을 열어 사용하고 불필요한 통로를 최대한 제거하기 때문에 면적효율이 높다.

㉢ 한정된 공간을 최대로 사용하므로 바닥면의 효과적인 사용과 용적효율이 높다.

㉣ 공간효율이 높기 때문에 작업공간이 넓어지고 물품보관이 용이하다.

㉤ 동시작업을 위한 복수통로의 설정이 가능하여 작업효율이 증대된다.

(2) 회전 랙(Carousel Rack)

① 개념

㉠ 랙이 수평 또는 수직으로 회전하며, 중량이 가벼운 다품종 소량의 물품 입출고에 적합하다.

㉡ 피킹 시 피커는 고정되어 있고 랙 자체가 회전하는 형태이다.

㉢ 랙이 작업자의 위치로 이동하므로 작업자의 이동을 최소화하는 방법이다.

② 특징

㉠ 회전 랙은 수평형 회전 랙(Horizontal Carousel)과 수직형 회전 랙(Vertical Carousel)으로 구분할 수 있다.

㉡ 일반적으로 수직형 회전 랙은 수평형 회전 랙보다 높은 천장이 필요하다.

㉢ 수직형 회전 랙은 주차타워처럼 입출고구가 하나로 제한되어 수평형보다 보안성이 높다.

㉣ 자동창고와 비교할 때 도입 비용이 저렴하여 소화물 자동창고(AS/RS)의 대안으로 사용된다.

(3) 유동 랙(Flow Rack, 플로 랙)

① 개념

㉠ 화물을 한쪽 방향에서 넣으면 중력을 이용하여 순서대로 쌓이며, 인출할 때는 반대방향에서 화물을 출고하는 랙이다.

㉡ 파렛트가 랙 내에서 경사면을 이용하여 이동하는 방식으로 선입선출이 요구되는 제품에 적합하다.

② 특징

㉠ 플로 랙, 중력식 랙, 흐름 랙, 슬라이딩 랙이라고도 한다.

㉡ 보관용 랙 중 물품의 선입선출(FIFO)이 가장 용이하다.

㉢ 격납 부분에 레일을 달아 전체가 비스듬히 기울어지게 만든 설비이다.

㉣ 입고와 출고가 완전히 분리되어 작업효율이 향상된다(입·출하 작업장 분리).
㉤ 재고관리가 쉽고 화물의 파손을 방지할 수 있으며 다품종 소량 물품보관에 적합하다.

《 중력식 랙 》

핵심포인트

슬라이딩 랙(Sliding Rack)

1. 개념
   선반이 앞 방향 또는 앞뒤 방향으로 꺼내지는 기구를 가진 랙이다.
2. 특징
   ① 한쪽에서 입고하고 다른 한쪽에서 출고되어 선입선출이 가능하고, 오더피킹의 효율성이 높은 방식이다.
   ② 상면 면적효율, 용적효율이 양호하다.
   ③ 다품종 소량에는 부적합하며 랙 설치비용이 고가이다.

4 랙의 종류(랙 내 포크리프트 진·출입형) ★★

(1) 드라이브 인 랙(Drive-in Rack)

① 개념
㉠ 랙의 선반 대신에 기둥에 살짝 튀어나온 가드 및 레일, 걸이 구조물을 부착한 형태로 포크리프트 포크에 파렛트 화물을 삽입한 상태로 랙 내부로 진입하여 각 층의 걸이 구조물에 화물이 적재된 파렛트를 내려놓고 나오는 형태의 랙이다.
㉡ 지게차를 가지고 직접 격납 출고를 행하는 설비이다.
㉢ 한쪽에 출입구를 두며 포크리프트를 이용하여 실어 나르는 데 사용하는 랙이다.

② 특징

㉠ 지게차가 한쪽 방향에서 2개 이상의 깊이로 된 랙으로 들어가 화물을 보관 및 반출할 수 있다.

㉡ 회전율이 낮은 제품이나 계절적 수요변동이 큰 화물 보관에 적합하다.

㉢ 구조상 특징은 랙 내부에 가드레일을 설치하여 지게차와 랙 충돌을 방지하도록 하고 있다.

㉣ 소품종 다량 또는 로트(Lot) 단위로 입출고될 수 있는 화물 보관에 최적인 랙이다.

③ 장단점

㉠ 장점

ⓐ 로드빔(Load-beam)을 제거하여 포크리프트가 랙 안으로 진입이 가능하고 포크리프트 통로면적이 절감되어 보관효율이 높은 편이다.

ⓑ 랙을 중심으로 앞쪽에 입·출하 병용 작업장, 뒤쪽은 창고 벽으로 하여 적재효율이 향상된다.

㉡ **단점** : 적재공간이 지게차 통로로 활용되어 선입선출이 어렵다(선입후출만 가능).

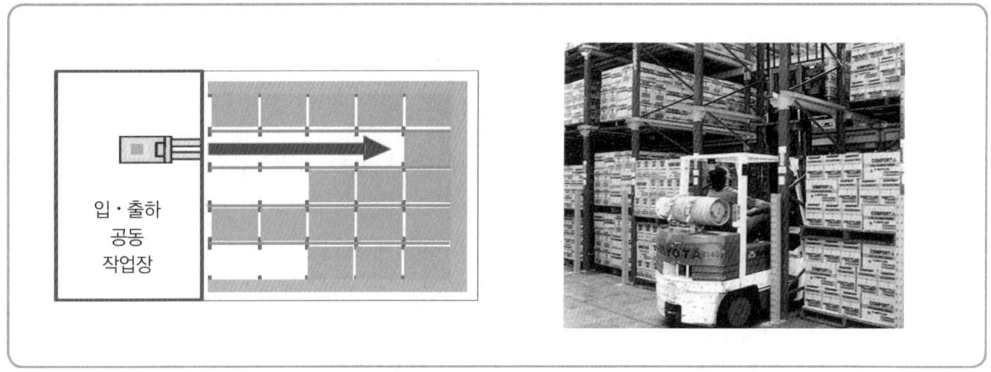

◀ 드라이브 인 랙 ▶

(2) 드라이브 스루 랙(Drive Through Rack)

① 개념

㉠ 드라이브 인 랙 형태에서 양쪽에 출입구를 두면 드라이브 스루 랙(Drive Through Rack)이다.

㉡ 앞쪽에는 입하전용 작업장이 뒤쪽은 출하전용 작업장이 별도로 존재하는 형태이다.

② **특징** : 드라이브 스루 랙은 지게차가 랙의 한 방향으로 진입해서 반대방향으로 퇴출할 수 있는 랙이다.

③ 장단점

㉠ **장점** : 입·출하 작업장 분리로 작업효율이 향상되며, 화물흐름이 효율화되고, 선입선출(FIFO)을 지원할 수 있다.

㉡ **단점** : 별도 출하전용작업장 공간으로 적재효율이 감소한다.

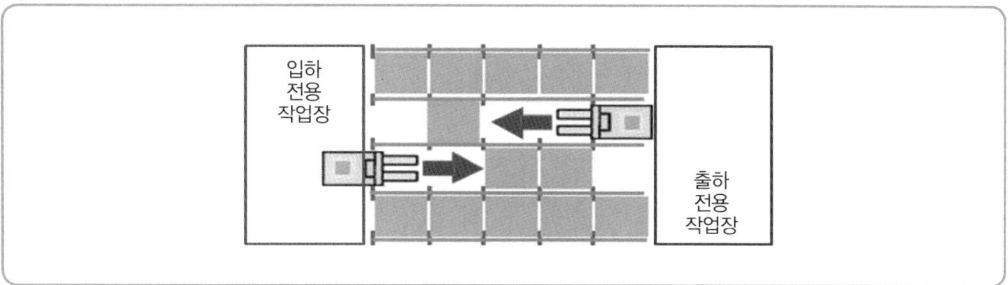

◀ 드라이브 스루 랙 ▶

핵심포인트

하이스택 랙(High Stack Rack)

1. 개념

   좁은 통로에 높게 적재했기 때문에 바닥면의 효과적인 사용과 공간 활용이 좋고 입출고도 임의적으로 할 수 있으며, 재고관리도 용이한 편이다.

2. 특징

   ① 최소의 통로를 최대로 높게 쌓을 수 있어 경제적이나 안전성의 문제가 발생할 수 있다.

   ② AS/RS(자동화 창고)에서 사용되는 랙이다.

핵심포인트

Single deep Rack, Double deep Rack

1. Single deep Rack

   스태커 크레인 좌우로 하나씩 랙이 존재하는 형태로 입출하 속도는 빠르지만 하나씩 존재하기 때문에 보관효율이 떨어진다.

2. Double deep Rack

   ① 스태커 크레인 좌우로 두 개씩 랙이 존재하는 형태로 입출하 속도는 느리지만 보관효율이 높다는 장점이 있다.

   ② 일반 지게차를 이용하여 파렛트를 보관할 때 어태치먼트(Attachment)가 필요한 랙 시설이다.

5 창고 내 로케이션(Location) 관리 ★

(1) 개념

로케이션(Location)이란 배치된 지역 및 위치에 주소를 부여하는 것을 말한다.

(2) 고정 로케이션(Fixed Location)

① 개념

㉠ 특정 구역에 특정 화물만 보관하는 방식을 말한다(≒ Dedicated Storage).

㉡ 선반 번호별로 보관하는 품목의 위치를 고정하여 보관하는 방법이다.

② 특징

㉠ 미리 입고될 제품의 Location을 지정해 놓고 입출고하는 방식. 주로 회전율이 높은 상품의 보관에 활용한다.

㉡ 수작업으로 관리하는 경우가 많고, 선반 꼬리표 방식과 병행해서 사용하는 경우도 있다.

(3) 프리 로케이션(Free Location)

① 개념

㉠ 특정 화물이 보관되는 특정 구역 없이 형상특성이 허락하는 한도 내에서 순차적으로 보관하는 방식을 말한다(≒ Randomized Storage). (근거리 우선보관)

㉡ 품목과 보관하는 랙 상호 간에 특별한 연관관계를 정하지 않는 보관 방법이다.

② 특징

㉠ 보관장소가 정해져 있지 않고 자동창고시스템에 많이 이용한다.

㉡ 공간효율 및 크레인 가동률이 향상된다.

㉢ 작업자의 개입이 전혀 필요 없다.

㉣ 로케이션 제어가 핵심이 된다.

㉤ 수동으로 피킹 및 출고작업을 수행하는 방식에는 적합하지 않다.

③ Free Location 방식의 활용

㉠ 온라인 자동화 설비 구축이 전제된다. 이때 높은 초기투자비용 및 고정비가 발생하게 된다.

㉡ 전용보관(Fixed Location) 방식은 특정 위치에 특정 품목만을 관리하기 때문에 관리가 용이한 장점이 있지만 해당 지역에 다른 품목을 보관할 수 없기에 공간효율은 떨어진다.

㉢ 온라인 자동화 설비의 발전과 확대로 화물과 보관 위치(Cell)를 매칭하여 사람이 일일이 위치를 기억할 필요 없이 컴퓨터시스템이 기억하고 관리하며 자동화 설비와의 연동으로 자동제어하므로 품목과 상관없이 빈 창고공간에 순차적으로 적재하여 공간을 최대한 활용하게 된다.

(4) 구역 로케이션(Zone Location)

① 개념

㉠ 일정 품목군에 대하여 일정한 보관구역을 설정하고 그 범위 내에서는 Free Location을 채택하는 방법으로 일반적으로 이용되고 있다.

㉡ 입고 시 Free Location을 사용하고 출고된 제품을 재입고할 경우에는 Fixed Location을 사용한다.

㉢ 자동화 창고가 어려운 상태에서 공간과 작업효율을 동시에 감안한 방식이다.

② 특징

㉠ 절충식 로케이션(Zoned Free Location, Narrow Free Location)이라고도 한다.

㉡ 최초 입고된 화물의 회전율이 검증(ABC 재고분류)되면 재입고 시에 A, B 제품은 A, B 전용 Fixed Location 구역으로, 회전율이 떨어지는 C제품은 좁게 설정된 Free Location을 그대로 이용하는 방식이 많이 사용된다.

핵심포인트

랙의 구역 구분

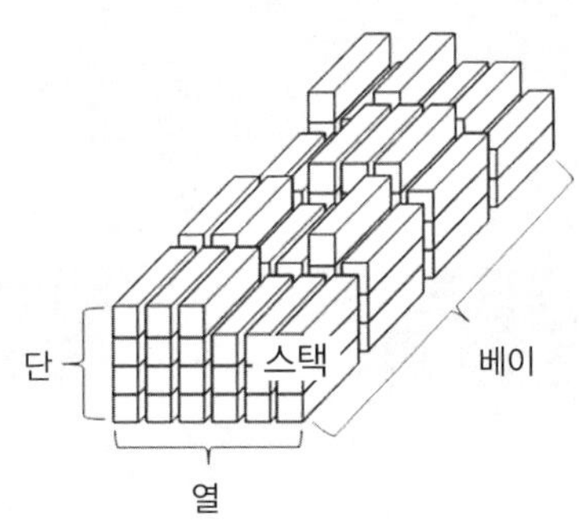

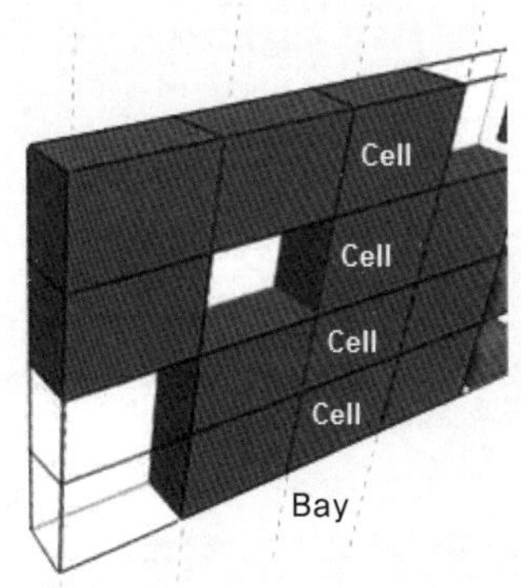

1. Cell
   화물이 저장되는 단위공간이다.
2. Bay
   창고 전면으로 통로의 진입방향으로 바라본 열의 개수를 열이라고 하며, 창고 측면에서 바라본 열의 개수는 Bay라고 한다.

핵심포인트

보관용기(Container)

1. 개념
   제조기업의 지연생산을 위탁받는 물류기업의 유통가공기능의 확대로 용기를 비롯한 합포장, 단위상품화 등을 위해 창고 내의 부자재 소요량 산정능력이 요구되고 있다.
2. 필요용기수량 산정방법

① 필요용기수량 $= \dfrac{\text{부품소요량} \times \text{순회시간} \times \text{안전계수}}{\text{용기당 부품 보관수량}}$

② 최대 재고수준 = 부품소요량 × 순회시간

3. 문제 예시

JIT를 도입하여 운영 중인 공장 내부의 A작업장에서 가공된 M부품은 B작업장으로 보내져 여기서 또 다른 공정을 거친다. B작업장은 시간당 300개의 M부품을 필요로 한다. 용기 하나에는 10개의 M부품을 담을 수 있다. 용기의 1회 순회시간은 0.7시간이다. 물류담당자는 시스템 내의 불확실성으로 인해 20%의 안전재고가 필요하다고 판단하였다. 작업장 A와 B 간에 필요한 부품용기의 수는 최소 몇 개인가?

※ 필요용기수량= $\dfrac{\text{부품소요량} \times \text{순회시간} \times \text{안전계수}}{\text{용기당 부품 보관수량}}$

→ $\dfrac{300\text{개} \times 0.7 \times 1.2}{10\text{개}} = 25.2\text{개}(26\text{개})$

05 자동화 창고

핵심포인트

창고의 구조에 의한 분류

1. 보통창고

일반 창고로서 물건을 보관하여 재고를 확보함으로써 품절을 방지하고 신용을 증대시키는 기능을 수행한다.

2. 기계화 창고

① 기계화 창고는 입하에서 출하까지 자동화되고, 유닛로드로 처리되는 창고이다.

② 랙(Rack) 시설을 갖추고 포크리프트트럭, 크레인, 컨베이어 등에 의해 운영되는 창고이다.

3. 자동화 창고

① 입체적으로 배치된 다수의 랙에 파렛트 등을 스태커 크레인에 의해 자동적으로 입출고하는 기능을 가진 창고를 말한다.

② 시설 규모에 따라 간이자동화 창고와 자동창고로 구분하기도 하며 간이자동화 창고는 기존 건물을 개조하고 적은 투자로 랙을 설치하여 제한적인 자동창고의 효과를 볼 수 있다.

③ 기계화 창고와 차이점은 해당 시스템이 정보처리시스템과 일체화되어 있는지 여부이다.

④ 피킹 및 반송기기의 자동화와 컴퓨터 제어를 통하여 입출고 기능의 효율화·생력화가 가능하고 인원의 절감 효과가 있다.

⑤ Free Location의 보관 방식을 통하여 보관능력의 향상은 물론 시스템의 유연성을 제공한다.

1 자동화 창고(Automated Warehouse) 개요 ★

(1) 개념

정보시스템과 창고의 시설 및 장비가 온라인으로 일체화되어 운영되는 창고이다.

(2) 도입 배경

① 인건비 상승과 창고인력 구인난
② 유통환경의 변화(다품종 소량주문, 배송의 신속화, 다빈도주문 대응)
③ 제조부문의 자동화에 의한 흐름속도 향상에 대한 물류 측 균형을 맞추기 위하여 도입
④ 토지의 효율적 이용과 지가 상승으로 인한 고층입체 자동화 창고 착안
⑤ 화물이동의 양적 증대 수용의 필요성

(3) 특징

① 생산라인과의 동기성, 적정재고, 작업준비를 위한 부품 공급기능을 갖는다.
② 보관보다는 물품의 **흐름(Flow)에 중점을 두고** 설계해야 한다.
③ 자동창고에서 처리할 물품의 치수와 포장, 중량 등을 고려하여 설계한다.

(4) 장점

① 다품종 소량주문에 대응이 용이하다.
② 단위화 및 규격화된 물품 보관으로 효율적인 재고관리가 가능하다.
③ 재고관리 및 선입선출에 의한 입출고 관리가 용이하다.
④ 컴퓨터 제어방식을 통해 작업의 효율성 향상 효과를 얻을 수 있다.
⑤ 보관능력 및 유연성 측면에서 효율성을 향상시킨다.
⑥ 하이스택 랙을 이용한 고층화를 통해 좁은 공간에서 수직으로 높게 보관할 수 있어 많은 보관물을 효과적으로 보관할 수 있다.
⑦ 생산라인과의 동기성 확보가 용이하며 적정재고를 유지할 수 있게 한다.
⑧ 고단적재가 가능하여 단위면적당 보관효율이 좋다.
⑨ 온라인 작업방식으로 운용되고, 노동집약적인 보관활동을 기계화하여 창고 생산성과 효율성을 개선할 수 있다.
⑩ 화물 손상 우려가 감소되고 작업의 안전성이 증대된다.
⑪ 위치관리가 신속, 정확하여 물적 흐름을 즉시 파악할 수 있다.
⑫ Free Location 방식을 통해 공간 활용을 극대화할 수 있다.

(5) 단점

① 자동화 창고는 설비투자에 초기에 자금이 많이 소요되므로 신중한 준비와 계획이 필요하다.

② 자동창고시스템은 자동보관을 위해 물품의 차수, 포장, 중량을 단위화해야 하므로 다양한 규격의 화물을 취급하는 데에는 불리할 수 있다.

(6) 자동화 창고 도입 시 유의사항

① 자동화 목적 파악
② 물품의 치수, 포장, 중량을 단위화 가능 여부
③ 장기적 관점에서의 적합성 검토
④ 시설자금 조달 가능 여부
⑤ 타 자동화 창고의 무조건 모방 **지양**
⑥ 수작업 최소화

2 자동화 창고의 종류

(1) 제어방식에 따른 분류

① **반자동식** : 스태커 크레인 작업자가 조작패널에 정보카드를 입력함으로써 작동되는 방식이다. (오프라인)
② **자동식** : 스태커 크레인과 주변기기가 원격조작에 의해 작동되는 방식이다.
③ **완전자동식** : 중앙컴퓨터에 의하여 완전 제어되는 방식이다. (온라인)

(2) 랙의 설치구조에 따른 분류

① **빌딩 랙** : 랙을 구조물로 하여 지붕과 외벽을 만든 빌딩을 의미하며, 랙의 기둥이 창고의 벽면이 된다(대형 자동화 창고).
② **고정 랙**(유닛 랙, Unit Rack) : 기존 건축물 내부에 고정식으로 랙을 설치하여 자동화 창고로 이용한다(중소형 자동화 창고).

3 자동창고시스템(AS/RS : Automated Storage & Retrieval System) 구성요소 ★

(1) 필수설비

보관 랙(하이스택 랙), 입출기(스태커 크레인, S/R Machine), 입출고장, 보관용기 혹은 파렛트, 멀티스토리지 등이 필수설비이다.

① 하이스택 랙
② **스태커 크레인** : 스태커를 수직 이동시키는 장치로 승강장치, 주행장치, 포크장치로 구분된다.
③ **트래버서**(Traverser) : 스태커를 수평 이동시키는 부속장치로 스태커 크레인을 횡의 방향으로 이동시키는 장치이다.
④ 파렛트(Pallet)

⑤ 컨베이어(Conveyor)

(2) 일반 구성요소(Hardware)

① **버킷**(Bucket) : 화물의 입출고 및 보관에 사용되는 상자
② **호스트**(Computer) : 창고용 컴퓨터
③ 무인반송차(AGV, RGV)
④ 분류기(Sorter)
⑤ 원격제어기
⑥ DPS/DAS(Digital Picking/Assorting System) • 바코드, RFID와 스캐너, 기타 주변기기 등
⑦ **셀**(Cell) : 랙 속에 화물이 저장되는 단위공간
⑧ **대기점**(Home Position) : 스태커 크레인의 대기장소

핵심포인트

AS/RS(자동창고, Automated Storage/Retrieval System)

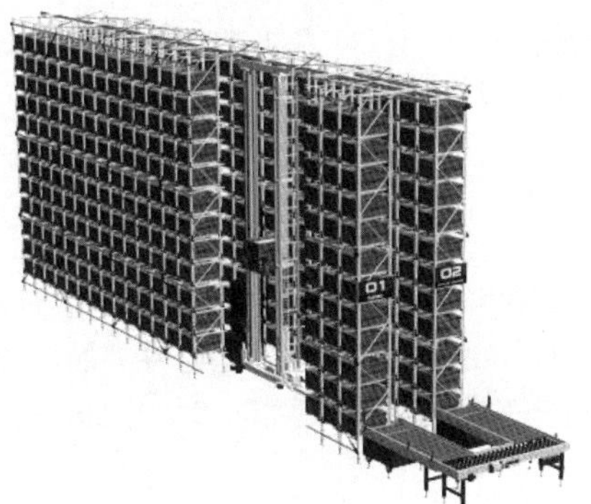

참조

스태커 크레인 ★

1. 개념
① 고층 랙 창고 선반에 화물을 넣고 꺼내는 크레인의 총칭이다.
② 랙과 랙 사이를 왕복하며 보관품을 입출고시키는 기기이다.
③ 랙에 화물을 입출고시키는 주행장치, 승강장치, 포크장치로 구분된 창고 입출고기기이다.

2. 특징
① 수동, 반자동, 자동식으로 입출고 작업을 수행한다.
② 아래에 주행 레일이 있고 위에 가이드레일이 있는 통로 안에서 주행장치로 주행하며, 승강 및 포크장치를 이용한다.
③ 보관제품의 특성에 있어서 종류가 많고 회전수가 높은 경우 주로 사용된다.

④ 자동화 창고에서 이중명령(Dual Command) 시 스태커 크레인은 입고작업과 출고작업을 동시에 실행한다.

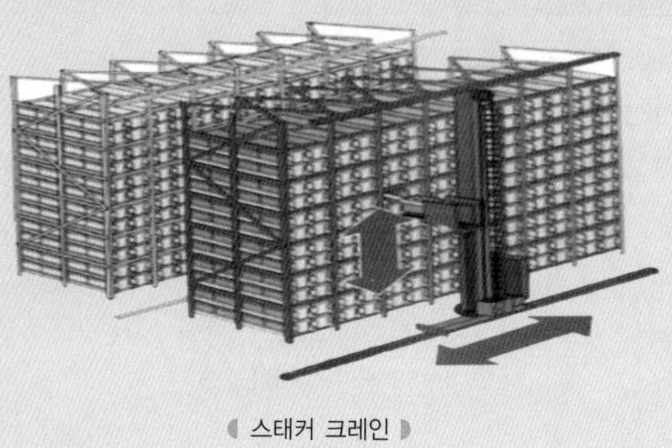

《 스태커 크레인 》

TIP 단일명령처리와 이중명령처리

1. 단일명령처리 : 1회 작업 명령에 입고나 출고 작업 1 Pallet를 처리하는 작업 방식이다.
2. 이중명령처리 : 1회 작업 명령에 입고 및 출고 작업을 연이어 2 Pallet를 처리하는 작업 방식이다.

예제

자동창고시스템이 시간당 300번의 저장 및 출고 작업을 수행할 수 있다. 10개의 통로와 각 통로에는 한 대씩의 S/R(Storage and Retrieval)기계가 작업을 수행한다. 수행작업 40%는 단일명령에 의해서 수행되며 나머지는 이중명령에 의해서 수행된다. S/R기계의 평균이용률은? (단, 단일명령수행 주기시간 : 2분, 이중명령수행 주기시간 : 3분)

해설

1. 단위시간당 S/R기계의 작업수 : $n=\frac{ST}{N}$ (ST : 시스템처리량, N : S/R기계수)

   $n=\frac{300}{10}=30$

2. S/R기계의 부하

   $L=anT_{sc}+b(n/2)T_{dc}$

   (a : 단일명령 작업비율, b : 이중명령 작업비율, T_{sc} : 2분, T_{dc} : 3분)

   $L=(0.4\times 30\times 2)+(0.6\times \frac{30}{2}\times 3)=51\text{min/h}$

3. S/R기계 평균이용률

   $\frac{L}{60}\times 100=\frac{51}{60}\times 100=85\%$

예제

자동창고시스템에서 수직과 수평 방향으로 동시에 이동 가능하고, 수평으로 초당 2m, 수직으로 초당 1m의 속도로 움직이는 스태커 크레인(Stacker Crane)을 활용한다. 이 스태커 크레인이 지점 A(60, 15)에서 지점 B(20, 25)로 이동할 때 소요되는 시간은? (단, (X, Y)는 원점으로부터의 거리(m)를 나타낸다.)

해설
1. 지점 A(60, 15)에서 지점 B(20, 25)까지 수평으로는 60－20＝40(m), 수직으로는 25－15＝10(m) 이동하였다.
2. 수평으로 40/2＝20(초), 수직으로 10/1＝10(초)가 걸린다. 수직과 수평 방향으로 동시에 이동 가능하므로 20초가 소요된다.

예제

K사 단일명령수행 자동창고시스템에서는 시간당 180건의 주문을 처리한다. S/R(Storage and Retrieval)기계의 운행당 평균 주기시간은 1분이며 한 개의 통로만 담당하고, 각 통로는 2개의 랙을 가진다. 자동창고의 저장용량이 6,000단위이고, 랙의 단(Tier) 수가 20일 때 저장 랙의 베이(Bay) 수는?

해설
1. 시간당 180건 → 1분당 3건 처리
2. $\frac{6,000\text{단위}}{20\text{층} \times 3\text{건}}$ ＝100단위
3. $\frac{100\text{단위}}{2\text{단위}}$ ＝50Bay

정답 50Bay

4 물품의 보관 위치 결정방식 ★★

(1) 지정위치보관(Dedicated Storage)

① 일반적으로 품목별 보관소요공간과 단위시간당 평균 입출고 횟수를 고려하여 보관 위치를 사전 지정하여 운영한다.

② 일반적으로 전체 보관소요공간을 많이 차지한다.

(2) 임의위치보관(Randomized Storage)

① 물품의 입출고 빈도에 상관없이 저장위치를 임의로 결정하는 방식이다.
② 근거리 우선보관(Closest Open Location Storage)은 **임의**위치보관 방식의 대표적 유형이다.
③ 일반적으로 전체 보관소요공간을 적게 차지한다.

(3) 등급별보관(Class-based Storage)

보관품목의 **입출고 빈도** 등을 기준으로 등급을 설정하고, 동일 등급 내에서는 임의보관하는 방식으로 보관 위치를 결정한다.

예제

4가지 제품(A~D)을 보관하는 창고의 기간별 파렛트 저장소요공간이 다음 표와 같다. 현재 지정위치저장(Dedicated Storage) 방식으로 창고의 저장소요공간을 산정하였다. 만약, 임의위치저장(Randomized Storage) 방식으로 산정한다면 창고의 저장소요공간은 지정위치저장 방식의 산정값에 비해 어떻게 변하는가? (단, 소수점 셋째 자리에서 반올림한다.)

기간	제품별 파렛트 수(개)			
	A	B	C	D
1월	16	18	17	22
2월	15	15	20	18
3월	19	13	15	23
4월	17	20	16	21
5월	18	22	18	19

해설
1. 임의위치저장 방식은 임의로 저장 위치를 정하며 기간별 저장소요공간 중 5월에 최대 77이다. (18+22+18+19)
2. 지정위치저장 방식은 특정 위치에 할당되므로 기간별 최대 저장소요공간을 계산하면 84이다. [19(3월)+22(5월)+20(2월)+23(3월)]
3. 임의위치저장 방식과 지정위치저장 방식의 차이는 7이다. (84-77)
4. $\frac{77}{84} \times 100 =$ 약 92%

정답 8% 감소

06 창고관리시스템(WMS, Warehouse Management System)

1 개요

(1) 개념

① 창고관리시스템이란 창고 내에서 자재 및 재고를 관리하면서 발생하는 모든 활동들을 유기적으로 통합 관리하여 고객 기업의 물류관리 및 운영 능력을 향상시키고 경영자원의 효율적 활용과 고객서비스 향상을 지원하는 솔루션이다.
② 물품의 입하, 격납, 피킹, 출하 및 재고사이클카운트의 창고활동을 효율적으로 관리하는 시스템이다.

(2) 도입 배경 및 목적

① 최저비용으로 창고의 공간, 작업자, 하역설비 등을 유효하게 활용하여 서비스 수준을 제고시키는 데 목적이 있으며, 입출고정보, 재고관리, 재고 이동정보 등을 포함하고 있는 시스템이다.
② 물류단지의 대형화, 중앙집중화, 부가가치기능 강화의 추세에 따라 WMS가 유통중심형 물류단지를 위한 차별화 전략의 핵심요인으로 등장했다.

2 주요 기능

WMS는 입고관리, 위치관리, 재고관리, 출고관리 등의 기능을 수행한다.
① **재고 관련 기능** : 입고관리, 보관관리, 재고관리
② **주문 관련 기능** : 피킹관리, 주문진척관리
③ **출고 관련 기능** : 수·배송관리, 배차 스케줄 운영, 출고관리 등
④ **관리 관련 기능** : 인력관리, 물류센터 지표관리
⑤ **Interface 기능** : 무선통신, 자동인식, 자동화 설비 제어

3 효과 ★★

(1) 업무편의성

① 창고관리, 출고관리, 재고관리 등의 업무를 효율적으로 지원한다.
② 창고에 관한 업무 프로세스를 전산화·정보화하여 일반적으로 적은 인원으로 쉽고 편리하게 업무를 수행할 수 있다.
③ 자동발주, 주문진척관리, 창고 물류장비의 생산성 분석 등에 효과적이다.

④ 물류센터의 시설운영 기기 등의 제어가 가능하다.
⑤ 입고 후 창고에 재고를 보관할 때, 보관의 원칙에 따라 최적의 장소를 선정하여 저장할 수 있다.
⑥ 소품종 대량생산 품목보다 **다품종 소량생산** 품목의 창고관리에 더 효과적이다.

(2) 입출고 측면

① 피킹, 패킹의 오류를 감소시키고, 입고 검품시간을 단축시킨다.
② 입하, 피킹, 출하 등의 창고 업무 프로세스를 효율적으로 관리하는 데 사용되는 시스템이다.

(3) 재고 측면

① 창고 내의 랙(Rack)과 셀(Cell)별 재고를 실시간으로 관리할 수 있다.
② 재고 투명성을 높여 공급사슬의 효율을 높여준다.
③ 재고 측면에서는 재고를 감축시키고, 재고파악의 정확성을 높인다.
④ 재고 정확도, 공간·설비 활용도, 제품처리능력, 재고회전율, 고객서비스, 노동·설비 생산성 등이 향상된다.
⑤ 재고 망실을 감소시키고, 안전재고량을 유지하게 만들어주며, 보관 위치 오류를 감소시킨다.

(4) 비용 측면

① 노무비용, 클레임비용 및 사무비용을 감소시킨다.
② 장기적인 관점에서 설비비용, 직·간접 비용을 감소시킨다.

(5) 작업 측면

① 수작업으로 수행되는 입출고 업무를 시스템화하여 작업시간과 인력이 절감된다.
② 작업 측면에서는 생산성이 증가된다.
③ 창고 내 물동량의 증감에 따라 작업자의 인력계획을 수립하며 모니터링 기능도 지원한다.
④ 정확한 위치정보를 기반으로 창고 내 피킹, 포장작업 등을 지원하여 효율적인 물류작업이 가능하다.

(6) 정보관리 측면

① 다른 시스템과의 원활한 인터페이스가 가능해 실시간 정보관리가 가능하다.
② 전사적 자원관리시스템(ERP, Enterprise Resource Planning)과 연계하여 정보화의 범위를 확대할 수 있다.
③ RFID/Barcode 등과 같은 자동인식 장치, 무선통신, 자동제어 방식 등의 기술을 활용한다.
④ 무선자동인식시스템을 통해 물품취급을 최소화한다.

4 WMS의 구축단계

(1) 1단계(추진팀 구성)

관련 부서와의 통합 TFT팀을 구성한다.

(2) 2단계(요구분석)

향후 물류환경을 감안한 WMS의 도입 목표와 요구되는 기능을 정의한다.

(3) 3단계(효과분석)

WMS 도입 시 활용방안과 투자효과를 분석한다.

(4) 4단계(사양정의)

실물, 업무, 정보의 흐름을 분석하고 세부사양을 정의한다. 주요 고려요소로 정보량, 사용자 수, 반응시간, 통신망, 관련 시스템과의 Interface 등이 있다.

(5) 5단계(대안평가)

자체개발, 외부개발, 패키지 도입 여부를 결정한다.

(6) 6단계(업체선정)

제안설명회 개최를 통해 업체를 선정한다.

(7) 7단계(개발설치)

WMS 개발 및 관련 설비를 도입하고 설치한다. 담당자를 선정하고 참여, 교육, 현장 준비 등을 병행한다.

(8) 8단계(운영)

검사사양을 사전 확인하고, 기록을 작성, 유지하며, 보수 계획을 수립한다.

핵심포인트

WMS 자체개발이 아닌 기성제품(패키지) 구매 시 고려사항

- 커스터마이징(Customizing) 용이성
- 초기투자비용
- 기존 자사 물류정보시스템과의 연계성
- 유지 · 보수비용

5 ERP(Enterprise Resource Planning, 전사적 자원관리)

① ERP는 생산, 판매, 구매, 인사, 재무, 물류 등 기업업무 전반을 통합 관리하는 경영관리시스템의 일종이다. 이는 기업이 보유하고 있는 모든 자원에 대해서 효과적인 사용 계획과 관리를 위한 시스템이다.

② ERP시스템은 기업의 모든 활동에 소요되는 인적·물적 자원을 효율적으로 관리하는 역할을 한다.

6 출고관리시스템 ★★

(1) DPS(Digital Picking System, 디지털 피킹시스템)

① 개념

㉠ 랙 또는 보관구역에 신호장치가 설치되어 출고시킬 화물이 보관된 지역을 알려주면서 출고화물이 몇 개인지 알려주는 시스템이다.

㉡ DPS는 피킹 대상 품목수를 디지털 기기로 표시하여 피킹하도록 지원하는 시스템이다.

㉢ DPS는 주문별로 피킹하는 채취식이며, DAS는 물품을 주문별로 분배하는 파종식으로 볼 수 있다.

② 특징

㉠ 피킹 물품을 전표 없이 피킹 가능한 시스템으로 다품종 소량, 다빈도 피킹 및 분배 작업에 사용된다.

㉡ 피킹의 신속성과 정확성을 향상시킬 수 있다.

㉢ 품목 증가 및 변경에도 오류의 발생 없이 피킹할 수 있다.

③ 구분

㉠ DPS는 작동방식에 따라 대차식, 구동 컨베이어식, 무구동 컨베이어식으로 구분할 수 있다.

㉡ 대차식 DPS의 초기 설치비가 가장 **적게** 소요된다.

(2) DAS(Digital Assort System, 디지털 어소팅시스템)

① 개념

㉠ 출고시킬 상품 전체를 일정한 장소에 피킹해 놓고, 수하인별 박스에 다수의 상품을 투입할 때 상품의 종류(품목)와 수량을 정보시스템에 의하여 지시해 주고 정확한 수량이 투입될 수 있도록 도와주는 시스템을 말한다.

㉡ DAS는 분배된 물품의 순서에 따라 작업자에게 분류정보를 제공하여 신속한 분배를 지원하는 시스템이다.

㉢ 동일한 제품을 토털피킹(Total Picking)한 후 거래처별로 분배하는 형태의 시스템이다.

② 특징

㉠ 보관장소와 주문별 분배장소가 별도로 필요하다.

㉡ 소품종 대량출하에 더 적합하다.

㉢ 고객별 주문 상품을 합포장하기에 적합한 분배시스템이다.

㉣ 적은 인원으로 빠른 분배작업이 가능하여 물류비용을 절감할 수 있다.

③ DAS의 유형

㉠ 멀티+릴레이 분배방식 DAS

ⓐ 냉장 및 신선식품의 통과형 또는 생산형 물류센터(물류단지)의 입고수량을 1차 통로별 중분류와 2차 점포별로 분배하는 방식이다. 도시락을 가공생산하는 물류센터에도 적합하다.

ⓑ 짧은 시간 내에 많은 아이템을 분배하므로 동시에 여러 종류 이상의 아이템을 분배할 수 있도록 하여 단품 분배보다 생산성을 향상시킬 수 있다.

㉡ 멀티 분배방식 DAS

ⓐ 멀티 분배 DAS방식은 고객별 주문상품을 합포장하기에 적합한 분배시스템이다.

ⓑ 아이템과 고객 수가 많고 히트율이 낮은 인터넷 서적판매와 카탈로그 등에 적합하다.

ⓒ 통과형의 물류단지와 배송처가 많고 오더 단위당 히트건수가 적은 인터넷, 카탈로그, 홈쇼핑, 방문판매 등의 무점포 물류단지에 적합하다.

㉢ 멀티 다품종 분배방식 DAS

ⓐ 멀티 다품종 DAS는 많은 고객에게 배송하기 위한 분배 과정을 지원하는 방식으로 합포장을 할 때 적합하다.

ⓑ 멀티 다품종 분배 DAS방식은 아이템 수가 많은 의류업 품목에 적합한 시스템으로 동시에 4가지 이상의 상품을 분배할 수 있도록 하고 남은 잔량을 표시하여 박스 수를 줄일 수 있다.

ⓒ 박스명세서를 출력하여 상품리스트로 매장에서 검품하는 데에 도움을 준다.

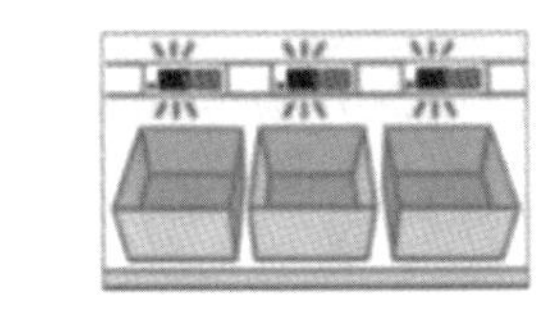
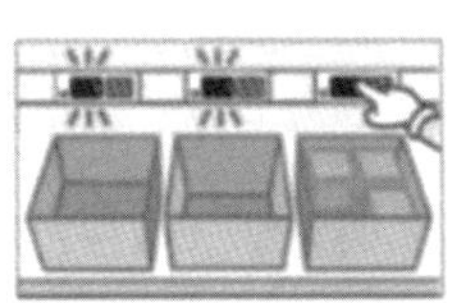

《 DAS 》

(3) Auto Picking System

① 랙에 보관될 상품을 스태커를 이용하여 자동적으로 보관하거나 출고시키는 시스템으로서 자동창고에 적용하는 시스템이다.

② 통상 프리 로케이션 관리를 한다.

CHAPTER 02 기출 & 실력 다잡기

01 물류센터 일반

01 일반적인 물류센터의 작업공정 순서는?

① 입하 → 피킹 → 검품 → 보관 → 격납 → 포장 → 출하
② 입하 → 피킹 → 보관 → 격납 → 검품 → 포장 → 출하
③ 입하 → 격납 → 보관 → 피킹 → 검품 → 포장 → 출하
④ 입하 → 격납 → 포장 → 보관 → 피킹 → 검품 → 출하
⑤ 입하 → 포장 → 격납 → 보관 → 피킹 → 검품 → 출하

해설 물류센터 내의 작업 흐름
입차 및 입하 → 격납(보관공간에 밀어넣는 행위) → 보관 및 보충 → 피킹 → 유통가공 → 검수(검품) → 포장 → 방향별 분류 → 상차 및 출하

02 입화 시스템에 대한 설명 중 가장 적합하지 않은 것은?

① 입화란 화물을 창고 내 적입하는 작업이다.
② 작업시간의 경우 입화와 오더피킹이 출하작업보다 높은 비중을 차지하고 있다.
③ 입화 시 입화설비 외에도 트럭에 입화설비를 갖추어야 하므로 영업용보다는 자가용이나 전용트럭이 훨씬 효율적이다.
④ 입화 시스템에는 입화 화물의 임시보관, 검품 및 보관장소에 대한 사무능률화가 요구된다.
⑤ 입화와 동시 출고청구서와 출고지시서가 교부되는 유기적인 동시공학이 요구된다.

해설 출고청구서는 출화를 위하여 화주가 작성하여 제출하는 서류이고, 출고지시서는 그 이후 화주가 창고비용을 모두 처리하면 창고회사가 내주는 서류이다. 즉, 입화와 출고청구서 및 출고지시서 교부는 동시에 발생하지 않는다.

정답 01 ③ 02 ⑤

03 **물류센터 건설의 업무 절차를 물류거점 분석, 물류센터 설계 그리고 시공 및 운영 등 단계별로 시행하려고 한다. 물류거점 분석 단계에서 수행하는 활동이 아닌 것은?**

① 지역 분석
② 하역장비 설치
③ 수익성 분석
④ 투자효과 분석
⑤ 거시환경 분석

해설 ② 시공 및 운영 등 단계에서 수행하는 활동이다.

04 **물류센터의 규모 결정에 영향을 미치는 요인을 모두 고른 것은?**

ㄱ. 자재취급시스템의 형태
ㄴ. 통로요구조건
ㄷ. 재고배치
ㄹ. 현재 및 미래의 제품 출하량
ㅁ. 사무실 공간

① ㄱ, ㄹ
② ㄷ, ㄹ, ㅁ
③ ㄱ, ㄴ, ㄷ, ㄹ
④ ㄱ, ㄴ, ㄷ, ㅁ
⑤ ㄱ, ㄴ, ㄷ, ㄹ, ㅁ

해설 모두 물류센터 규모 결정에 영향을 미치는 요인이다. 자재취급시스템의 형태는 고정된 설비와 이동되는 장비를 포함한다.

05 **물류센터의 설계 시 고려사항에 관한 설명으로 옳지 않은 것은?**

① 물류센터의 규모 산정 시 목표 재고량은 고려하나 서비스 수준은 고려대상이 아니다.
② 제품의 크기, 무게, 가격 등을 고려한다.
③ 입고 방법, 보관 방법, 피킹 방법, 배송 방법 등 운영 특성을 고려한다.
④ 설비 종류, 운영방안, 자동화 수준 등을 고려한다.
⑤ 물류센터 입지의 결정 시 관련 비용의 최소화를 고려한다.

해설 물류센터의 규모 산정 시 목표 재고량과 서비스 수준은 모두 고려대상이다.

정답 03 ② 04 ⑤ 05 ①

06 물류센터의 설계 특성별 고려사항으로 옳은 것을 모두 고른 것은?

ㄱ. 운영 특성 : 지리적 위치, 입지 제약, 인구 등
ㄴ. 주문 특성 : 주문건수, 주문빈도, 주문의 크기 등
ㄷ. 제품 특성 : 크기, 무게, 가격 등
ㄹ. 환경 특성 : 입고 방법, 보관 방법, 피킹 방법 등
ㅁ. 설비 특성 : 자동화 수준, 설비 종류 등

① ㄱ, ㄴ, ㄹ
② ㄱ, ㄴ, ㅁ
③ ㄱ, ㄷ, ㄹ
④ ㄴ, ㄷ, ㅁ
⑤ ㄴ, ㄹ, ㅁ

해설 ㄱ. **운영 특성** : 입고 방법, 보관 방법, 피킹 방법 등
ㄹ. **환경 특성** : 지리적 위치, 입지 제약, 인구 등

07 물류센터를 설계할 때 고려할 요인을 모두 고른 것은?

ㄱ. 입하 능력
ㄴ. 출하 시간
ㄷ. 물품 취급횟수
ㄹ. 보관 면적

① ㄱ, ㄴ
② ㄱ, ㄷ
③ ㄷ, ㄹ
④ ㄴ, ㄷ, ㄹ
⑤ ㄱ, ㄴ, ㄷ, ㄹ

해설 물류센터 설계 시 고려사항
- 제품의 특성, 주문 특성, 설비 특성, 보관 면적
- 입하 능력의 평준화
- 입하 시간의 규제
- 출하 시간의 단축
- 물품의 취급횟수 최소화

정답 **06** ④ **07** ⑤

08 물류센터 건립 단계에 관한 설명으로 옳지 않은 것은?

① 입지분석단계 : 지역분석, 시장분석, 정책 및 환경 분석, SWOT 분석을 수행한다.
② 기능분석단계 : 취급 물품의 특성을 감안하여 물류센터기능을 분석한다.
③ 투자효과분석단계 : 시설 규모 및 운영 방식, 경제적 측면의 투자 타당성을 분석한다.
④ 기본설계단계 : 구체적인 레이아웃과 작업방식, 물류비용 정산방법을 설계한다.
⑤ 시공운영단계 : 토목과 건축 시공이 이루어지고 테스트와 보완 후 운영한다.

해설 기본설계단계에서는 구체적인 레이아웃을 설계하는 것은 부적절하며, 구체적인 레이아웃은 물류센터 입주 업체가 정하는 것이 적절하다.

09 물류센터(창고)를 설계하기 위하여 천장의 높이를 결정해야 한다. 아래와 같은 조건으로 물류센터의 천장 높이를 올바르게 산출한 것은?

- 파렛트 포장화물 높이(파렛트 높이 포함) : 2.0m
- 파렛트 포장화물 적재단수(랙 사용 안 함) : 4단
- 지게차 포크가 파렛트 포장화물을 들어 올리는 데 필요한 높이 : 0.3m
- 파렛트 화물의 최대 높이와 천장의 여유치수 : 0.5m

① 2.8m
② 3.7m
③ 4.3m
④ 8.0m
⑤ 8.8m

해설 1. 천장 높이 = (포장화물 높이 × 적재단수) + 지게차 포크의 최소 승강 높이 + 화물의 최대 높이와 천장 간의 여유치수
2. 1.의 식에 대입해 보면 (2.0m × 4단) + 0.3m + 0.5m = 8.8m이다.

10 물류센터 구조와 설비 결정 요소에 관한 설명으로 옳지 않은 것은?

① 운영 특성은 입고, 보관, 피킹, 배송 방법을 반영한다.
② 물품 특성은 제품의 크기, 무게, 가격을 반영한다.
③ 주문 특성은 재고정책, 고객서비스 목표, 투자 및 운영 비용을 반영한다.
④ 환경 특성은 지리적 위치, 입지 제약, 환경 제약을 반영한다.
⑤ 설비 특성은 설비 종류, 자동화 수준을 반영한다.

해설 주문 특성은 주문건수, 주문빈도, 주문의 크기 등을 반영한다. ③은 관리 특성에 해당한다.

정답 08 ④ 09 ⑤ 10 ③

11 물류센터의 작업 계획 수립 시 세부 고려사항으로 옳지 않은 것은?

① 출하 차량 동선 – 평치, 선반 및 특수 시설의 사용 여부
② 화물 형태 – 화물의 포장 여부, 포장 방법 및 소요 설비
③ 하역 방식 – 하역자동화 수준, 하역 설비의 종류 및 규격
④ 검수 방식 – 검수 기준, 검수 작업 방법 및 소요 설비
⑤ 피킹 및 분류 – 피킹 기준, 피킹 방법 및 소팅 설비

해설 ① 창고 내부 보관 방식에 대한 고려사항이다.

12 배송센터 구축의 이점으로 옳지 않은 것은?

① 수송비 절감 : 수요지에 가까운 배송센터까지 대형차로 수송하고 고객에게는 소형차로 배송하므로 비용이 절감된다.
② 배송 서비스율 향상 : 배송센터에서 고객에게 배송하는 것이 공장에서 고객에게 배송하는 것보다 리드타임이 단축된다.
③ 납품작업의 합리화 : 백화점이나 양판점은 배송센터를 통해 납품작업을 합리화시킨다.
④ 교차수송의 발생 : 각각의 공장에서 제품을 소비지까지 개별 수송하므로 손상, 분실, 오배송이 감소한다.
⑤ 상물분리의 실시 : 배송센터를 활용함으로써 각 영업지점은 상류활동에 전념할 수 있다.

해설 각각의 공장에서 제품을 소비지까지 개별 수송하는 것이 아닌 개별 공장에서 배송센터로 이동한 후 배송센터에서 한데 모아 배송한다.

13 다음이 설명하는 물류 관련 용어는?

- 물류센터 입고 상품의 수량과 내역이 사전에 물류센터로 송달되어 오는 정보를 말한다.
- 물류센터에서는 이 정보를 활용하여 신속하고 정확하게 검품 및 적재 업무를 수행할 수 있다.

① ASN(Advanced Shipping Notification)
② ATP(Available To Promise)
③ EOQ(Economic Order Quantity)
④ BOM(Bill Of Material)
⑤ POS(Point Of Sale)

정답 11 ① 12 ④ 13 ①

해설 '사전에 물류센터로 송달되어 오는 정보' 표현으로 ASN(Advanced Shipping Notification)에 대한 설명임을 알 수 있다.
④ BOM(Bill Of Material)은 원자재명세서를 의미한다.

14 물류센터 투자 타당성을 분석할 때 편익의 현재가치 합계와 비용의 현재가치 합계가 동일하게 되는 수준의 할인율을 활용하는 기법은?

① 순현재가치법
② 내부수익률법
③ 브라운깁슨법
④ 손익분기점법
⑤ 자본회수기간법

해설 투자 시 기대수익과 투자비용을 같게 만드는 할인율을 활용하는 기법은 내부수익률법(IRR : Internal Rate of Return)이다.

02 크로스도킹

15 크로스도킹(Cross Docking)에 관한 설명으로 옳지 않은 것은?

① 물류센터를 화물의 흐름 중심으로 운영할 수 있다.
② 물류센터의 재고관리비용은 낮추면서 재고수준을 증가시킬 수 있다.
③ 배송리드타임을 줄일 수 있어서 공급사슬 효율성을 높일 수 있다.
④ 기본적으로 즉시 출고될 물량을 입고하여 보관하지 않고 출고하는 방식으로 운영한다.
⑤ 공급업체가 미리 분류·포장하는 기포장방식과 물류센터에서 분류·출고하는 중간처리방식으로 운영한다.

해설 물류센터의 재고관리비용은 낮추면서 재고수준을 감소시킬 수 있다.

정답 14 ② 15 ②

16 크로스도킹(Cross Docking)에 관한 내용으로 옳은 것을 모두 고른 것은?

ㄱ. 수요가 일정하고 안정적이며, 재고품절비용이 낮을 경우 효율적으로 운영될 수 있다.
ㄴ. 대량고객화(Mass Customization) 전략과 연계하여 서비스 차별화를 도모한다.
ㄷ. 물류센터로 입고되는 상품을 보관 대신 즉시 배송할 준비를 목적으로 하는 시스템이다.
ㄹ. POS(Point of Sale) 시스템 등 다양한 정보시스템, 대규모 물류센터, 자체 트럭수송단을 운영한다.
ㅁ. 물류센터의 회전율 감소, 재고수준 증대, 리드타임 감소 등의 효과가 있다.

① ㄱ, ㄴ, ㄹ
② ㄱ, ㄴ, ㅁ
③ ㄱ, ㄷ, ㄹ
④ ㄴ, ㄷ, ㅁ
⑤ ㄴ, ㄹ, ㅁ

해설 ㄴ. 대량생산과 고객화가 합쳐진 대량고객화는 재고수준을 최소한으로 하면서 상품회전율을 증가시키는 데 목적이 있는 크로스도킹과 연계하기 어렵다.
ㅁ. 물류센터의 회전율 증가, 재고수준 감소, 리드타임 감소 등의 효과가 있다.

17 크로스도킹(Cross Docking)에 관한 설명으로 옳지 않은 것은?

① 파렛트 크로스도킹은 일일 처리량이 적을 때 적합한 방식이다.
② 파렛트 크로스도킹은 기계설비와 정보기술의 도입이 필요하다.
③ 효율적인 크로스도킹을 위해서는 공급처와 수요처의 정보공유가 필요하다.
④ 크로스도킹은 창고관리시스템 영역 중 입출고 관련 기능에 해당한다.
⑤ 크로스도킹의 목적은 유통업체에서 발생할 수 있는 불필요한 재고를 제거하는 것이다.

해설 파렛트 크로스도킹은 창고의 보관기능보다는 흐름기능을 중시하는 것으로 적재된 파렛트별로 입고되어 사전에 분류된 소매점포로 바로 배송되는 형태를 가지고 있다. 주로 물동량이 많고 꾸준히 있어야 적합한 방식이다. (처리량이 적으면 크로스도킹이 불필요하다.)

정답 16 ③ 17 ①

03 물류시설 입지선정

18 물류센터의 일반적인 입지선정에 관한 설명으로 옳지 않은 것은?

① 수요와 공급을 효율적으로 연계할 수 있는 지역을 선정한다.
② 노동력 확보가 가능한 지역을 선정한다.
③ 경제적, 자연적, 지리적 요인 등을 고려해야 한다.
④ 운송수단의 연계가 용이한 지역에 입지한다.
⑤ 토지 가격이 저렴한 지역을 최우선 선정조건으로 고려한다.

해설 지가는 입지선정 시 고려사항 중 하나일 뿐 지가뿐만 아니라 고객목표서비스 수준, 리드타임, 입지인프라 등을 종합적으로 고려해야 한다.

19 다음에서 설명한 물류센터 입지결정의 방법은?

양적 요인과 질적 요인을 모두 고려할 수 있도록 평가기준을 필수적 기준, 객관적 기준, 주관적 기준으로 구분하여 입지평가 지표를 계산 후 평가하는 방법이다.

① 총비용 비교법
② 톤-킬로법
③ 브라운 & 깁슨법
④ 무게중심법
⑤ 요소분석법

해설 양적 요인과 질적 요인을 모두 고려하는 방법은 체크리스트법과 브라운 & 깁슨법이다. 이 중 필수적 기준, 객관적 기준, 주관적 기준으로 구분하는 방법은 브라운 & 깁슨법이다.

※ **브라운 & 깁슨법 요인 평가기준**

- **필수적 기준** : 특정 시스템의 장소적 적합성 판정 시의 필수적 기준
- **객관적 기준** : 화폐가치로 평가될 수 있는 경제적 기준
- **주관적 기준** : 평가자의 주관에 의해 가늠되는 기준

정답 18 ⑤ 19 ③

20 물류단지의 입지결정 방법에 관한 설명으로 옳지 않은 것은?

① 총비용 비교법 : 각 대안별로 관리비용을 산출하고, 총비용이 최소가 되는 대안을 선택하는 방법이다.

② 무게중심법 : 물류센터를 기준으로 고정된 공급지(공장 등)에서 물류센터까지의 수송비와 물류센터에서 수요지(배송처 등)까지의 수송비를 구하여 그 합이 최소가 되는 입지를 선택하는 방법이다.

③ 톤－킬로법 : 입지에 관련된 요인(접근성, 지역환경, 노동력 등)에 주관적으로 가중치를 설정하여 각 요인의 평가점수를 합산하는 방법이다.

④ 브라운깁슨법 : 입지에 영향을 주는 인자들을 필수적 요인, 객관적 요인, 주관적 요인으로 구분하여 평가하는 방법이다.

⑤ 손익분기 도표법 : 일정한 물동량(입고량 또는 출고량)의 고정비와 변동비를 산출하고 그 합을 비교하여 물동량에 따른 총비용이 최소가 되는 대안을 선택하는 방법이다.

해설 ③은 요인평정법에 대한 설명이다.
톤－킬로법은 개별 수요처와 배송센터까지의 거리와 수요처까지의 운송량에 대하여 운송수량(톤) × 거리(km)에 의해 평가하고 그 총계가 가장 적은 곳에 배송센터를 설치하는 방법이다.

21 다음에서 설명한 물류단지의 입지결정 방법은?

• 일정한 물동량(입고량 또는 출고량)의 고정비와 변동비를 산출한다.
• 물동량에 따른 총비용을 비교하여 대안을 선택하는 방법이다.

① 체크리스트법
② 톤－킬로법
③ 무게중심법
④ 손익분기 도표법
⑤ 브라운 & 깁슨법

해설 고정비와 변동비를 바탕으로 입지결정하는 방법은 손익분기 도표법이다.

① **체크리스트법** : 입지에 관련된 양적 요인과 질적 요인을 동시에 고려하여 중요도에 따라 가장 평가점수가 높은 입지를 선정하는 기법이다.

② **톤－킬로법** : 각 수요지에서 배송센터까지의 거리와 각 수요지까지의 운송량에 대해 평가하고 총계가 최소가 되는 입지를 선정하는 기법이다.

③ **무게중심법** : 공급지 및 수요지가 고정되어 있고, 각 공급지로부터 단일 배송센터로 반입되는 물량과 배송센터로부터 각 수요지로 반출되는 물동량이 정해져 있을 때 활용하는 기법이다.

⑤ **브라운 & 깁슨법** : 양적 요인과 질적 요인을 모두 고려할 수 있도록 평가기준을 필수적 기준(요인), 객관적 기준(요인), 주관적 기준(요인)으로 구분하여 입지평가 지표를 계산 후 평가하는 복수공장 입지분석 모형이다.

정답 **20** ③ **21** ④

22 A사는 현재 2곳의 공장에서 다른 제품을 생산하여 3곳의 수요처에 각각 제품을 공급하고 있다. 물류센터 한 곳을 신축하여 각 공장에서는 물류센터로 운송을 하고, 물류센터에서 3곳의 수요처로 운송할 계획이다. 물류센터와 기존시설과의 예상되는 1일 운송빈도는 아래 표와 같으며, 거리는 직각거리(Rectilinear Distance)로 가정한다. 총 이동거리 ($\sum_{i=1}^{n} W_i \times |x-a_i|+|y-b_i|$)를 최소화시키는 신규 물류센터의 최적 위치는?

물류센터의 위치	기존시설			
	i	시설명	위치(a_i, b_i)	물류센터와의 1일 운송빈도(W_i)
(x, y)	1	공장 1	(2, 1)	6
	2	공장 2	(12, 7)	5
	3	수요처 1	(4, 5)	2
	4	수요처 2	(7, 8)	4
	5	수요처 3	(10, 2)	6

① $(x, y) = (6.0,\ 4.0)$
② $(x, y) = (6.2,\ 3.6)$
③ $(x, y) = (7.0,\ 2.0)$
④ $(x, y) = (7.0,\ 5.0)$
⑤ $(x, y) = (7.8,\ 3.7)$

해설 각각의 $(x,\ y)$ 값을 주어진 식에 대입한다.
① $(x,\ y)$ =(6.0, 4.0)=149
② $(x,\ y)$ =(6.2, 3.6)=147.2
③ $(x,\ y)$ =(7.0, 2.0)=140
④ $(x,\ y)$ =(7.0, 5.0)=143
⑤ $(x,\ y)$ =(7.8, 3.7)=142.5
이동거리를 최소화시키는 최적 위치는 ③이다.

정답 22 ③

23 **수요지에 제품을 공급하기 위한 물류센터와 각 수요지의 위치좌표(X, Y), 그리고 일별 배송횟수가 다음의 표와 같이 주어져 있다. 물류센터와 수요지 간 일별 총 이동거리를 계산한 결과는? (단, 이동거리는 직각거리(Rectilinear Distance)로 계산한다.)**

구분	위치좌표(단위 : km)		배송횟수(회/일)
	X	Y	
물류센터	6	4	
수요지 1	3	8	2
수요지 2	8	2	3
수요지 3	2	5	2

① 28km
② 36km
③ 38km
④ 42km
⑤ 46km

해설

구분	위치좌표(단위 : km)		배송횟수(회/일)	직교각의 거리 합	총 이동거리
	X	Y			
물류센터	6	4			
수요지 1	3	8	2	(6−3)+(8−4)=7	14
수요지 2	8	2	3	(8−6)+(4−2)=4	12
수요지 3	2	5	2	(6−2)+(5−4)=5	10

일별 총 이동거리=36km(14+12+10)

04 무게중심법

24 **다음이 설명하는 물류센터 입지결정 방법은?**

> 수요지와 공급지 간의 거리와 물동량을 고려하여 물류센터 입지를 결정하는 기법이다.

① 총비용 비교법
② 무게중심법
③ 비용편익분석법
④ 브라운깁슨법
⑤ 손익분기 도표법

해설 무게중심법이란 공급지 및 수요지가 고정되어 있고, 각 공급지로부터 단일 배송센터로 반입되는 물량과 배송센터로부터 각 수요지로 반출되는 물동량이 정해져 있을 때 활용하는 기법이다.

정답 23 ② 24 ②

25 A공장에서 신설 물류센터를 경유하여 B, C, D 수요지에 제품을 공급하고자 한다. 공장과 수요지의 위치, 수요량, 수송단가가 다음 표와 같다면 총 수송비를 최소로 하는 신설 물류센터의 입지를 무게중심법을 이용하여 구한 좌표는? (단, 소수점 첫째 자리에서 반올림하시오.)

구분	위치좌표(X, Y) (km)	수요량(Box)	Box당 운송단가 (원/km)
A공장	(90, 70)	7,000	30
B수요지	(10, 80)	1,000	10
C수요지	(20, 20)	2,000	20
D수요지	(40, 50)	4,000	20

① (68, 60)
② (68, 49)
③ (77, 60)
④ (77, 49)
⑤ (52, 64)

해설

구분	위치좌표(X, Y) (km)	수요량(Box)	Box당 운송단가 (원/km)	수송비	가중치
A공장	(90, 70)	7,000	30	210,000	210,000/340,000
B수요지	(10, 80)	1,000	10	10,000	1/34
C수요지	(20, 20)	2,000	20	40,000	4/34
D수요지	(40, 50)	4,000	20	80,000	8/34
			총 수송비	340,000	

- X좌표 = $\sum$(각 지역의 가중치 × 각 지역의 X좌표)
- Y좌표 = $\sum$(각 지역의 가중치 × 각 지역의 Y좌표)

$$X = \left(\frac{21}{34}\times 90\right) + \left(\frac{1}{34}\times 10\right) + \left(\frac{4}{34}\times 20\right) + \left(\frac{8}{34}\times 40\right)$$

$$= \frac{(21\times 90)+(1\times 10)+(4\times 20)+(8\times 40)}{34} = \frac{1{,}890+10+80+320}{34} = 68$$

$$Y = \frac{(21\times 70)+(1\times 80)+(4\times 20)+(8\times 50)}{34} = \frac{1{,}470+80+80+400}{34} = 60$$

정답 25 ①

26 다음 표는 A회사의 공장들과 주요 수요지들의 위치좌표를 나타낸 것이다. 수요지 1의 월별 수요는 200톤이며 수요지 2의 월별 수요는 300톤, 수요지 3의 월별 수요는 200톤이다. 공장 1의 월별 공급량은 200톤이며 공장 2의 월별 공급량은 500톤이다. 새롭게 건설할 A회사 물류센터의 최적 입지좌표를 무게중심법으로 구하라. (단, 소수점 둘째 자리에서 반올림함)

구분	X좌표	Y좌표
공장 1	10	70
공장 2	40	40
수요지 1	20	50
수요지 2	30	20
수요지 3	50	30

① X : 24.2, Y : 32.1
② X : 28.6, Y : 40.0
③ X : 28.6, Y : 40.7
④ X : 32.1, Y : 40.0
⑤ X : 32.1, Y : 42.6

해설

구분	X좌표	Y좌표	상대적 가중치
공장 1	10	70	$\frac{200}{200+300+200+200+500}=\frac{200}{1400}=\frac{2}{14}$
공장 2	40	40	$\frac{500}{200+300+200+200+500}=\frac{500}{1400}=\frac{5}{14}$
수요지 1	20	50	$\frac{200}{200+300+200+200+500}=\frac{200}{1400}=\frac{2}{14}$
수요지 2	30	20	$\frac{300}{200+300+200+200+500}=\frac{300}{1400}=\frac{3}{14}$
수요지 3	50	30	$\frac{200}{200+300+200+200+500}=\frac{200}{1400}=\frac{2}{14}$

$$X=\frac{(10\times 2)+(40\times 5)+(20\times 2)+(30\times 3)+(50\times 2)}{14}=32.14$$

$$Y=\frac{(70\times 2)+(40\times 5)+(50\times 2)+(20\times 3)+(30\times 2)}{14}=40.0$$

정답 26 ④

27 시장 및 생산공장의 위치와 수요량이 아래 표와 같다. 무게중심법에 따라 산출된 유통센터의 입지좌표(X, Y)는?

구분	위치좌표(X, Y) (km)	수요량(톤/월)
시장 1	(50, 10)	100
시장 2	(20, 50)	200
시장 3	(10, 10)	200
생산공장	(100, 150)	

① X : 35, Y : 55
② X : 35, Y : 61
③ X : 61, Y : 88
④ X : 75, Y : 85
⑤ X : 75, Y : 88

해설 생산공장의 수요량을 500이라고 하면,

$$X = \left(50 \times \frac{100}{1000}\right) + \left(20 \times \frac{200}{1000}\right) + \left(10 \times \frac{200}{1000}\right) + \left(100 \times \frac{500}{1000}\right) = 61$$

$$Y = \left(10 \times \frac{100}{1000}\right) + \left(50 \times \frac{200}{1000}\right) + \left(10 \times \frac{200}{1000}\right) + \left(150 \times \frac{500}{1000}\right) = 88$$

28 K기업이 수요지에 제품 공급을 원활하게 하기 위한 신규 물류창고를 운영하고자 한다. 수요량은 수요지 A가 50 ton/월, 수요지 B가 40 ton/월, 수요지 C가 100 ton/월이라고 할 때, 무게중심법을 이용한 최적 입지좌표(X, Y)는? (단, 소수점 둘째 자리에서 반올림한다.)

구분	X좌표	Y좌표
수요지 A	10	20
수요지 B	20	30
수요지 C	30	40
공장	50	50

① X = 21.5, Y = 32.1
② X = 25.3, Y = 39.1
③ X = 36.3, Y = 41.3
④ X = 39.7, Y = 53.3
⑤ X = 43.2, Y = 61.5

해설 $X = (10 \times 50 + 20 \times 40 + 30 \times 100 + 50 \times 190)/(50 + 40 + 100 + 190) = 36.3$
$Y = (20 \times 50 + 30 \times 40 + 40 \times 100 + 50 \times 190)/(50 + 40 + 100 + 190) = 41.3$

정답 27 ③ 28 ③

05 자동화 창고

29 자동화 창고에 관한 설명으로 옳지 않은 것은?

① 좁은 공간에서 수직으로 높게 보관할 수 있어 많은 보관물을 효과적으로 보관할 수 있다.
② 재고관리 및 입출고 관리가 용이하다.
③ 물품의 흐름보다는 보관에 중점을 두고 설계되어야 한다.
④ 다품종 소량주문 대응에 용이하다.
⑤ 노동집약적인 보관활동을 기계화하여 창고 생산성과 효율성을 개선할 수 있다.

해설 자동화 창고 도입 시 유의할 점은 보관보다는 흐름에 중점을 두고 설계해야 한다.

30 자동화 창고에 관한 설명으로 옳지 않은 것은?

① 규격화되지 않은 벌크화물의 재고관리에 가장 적합한 창고이다.
② 물류의 보관보다는 흐름에 중점을 두고 설계해야 한다.
③ 고단적재가 가능하여 단위면적당 보관효율이 좋다.
④ 자동화시스템으로 운영되므로 생산성과 효율성을 개선할 수 있다.
⑤ 설비투자에 자금이 소요되므로 신중한 준비와 계획이 필요하다.

해설 단위화 및 규격화된 물품 보관으로 효율적인 재고관리가 가능하다.

31 자동창고시스템에 관한 설명으로 옳지 않은 것은?

① 컴퓨터 제어방식을 통해 작업의 효율성 향상 효과를 얻을 수 있다.
② 재고관리 및 선입선출에 의한 입출고 관리가 용이하다.
③ 보관능력 및 유연성 측면에서 효율성을 향상시킨다.
④ 자동창고에서 처리할 물품의 치수와 포장, 중량 등을 고려하여 설계한다.
⑤ 다양한 규격의 화물을 취급하는 영업용 창고에 적합하다.

해설 자동창고시스템은 포장, 치수, 중량의 단위화가 필요하므로 다양한 규격화물보다는 표준화된 화물을 취급하는 것이 유리하다.

정답 29 ③ 30 ① 31 ⑤

32 자동화 창고의 구성요소에 관한 설명으로 옳지 않은 것은?

① 버킷(Bucket)은 화물의 입출고 및 보관에 사용되는 상자이다.
② 셀(Cell)은 랙 속에 화물이 저장되는 단위공간을 의미한다.
③ 스태커 크레인(Stacker Crane)은 승강장치, 주행장치, 포크장치로 구분된다.
④ 이중명령(Dual Command) 시 스태커 크레인은 입고작업과 출고작업을 동시에 실행한다.
⑤ 트래버서(Traverser)는 화물을 지정된 입출고 지점까지 수직으로 이동시키는 자동주행장치이다.

해설 트래버서(Traverser)는 화물을 지정된 입출고 지점까지 수평으로 이동시키는 자동주행장치이다.

33 자동화 창고의 구성요소에 관한 설명으로 옳지 않은 것은?

① 랙은 자동화 창고에서 화물 보관을 위한 구조물로 빌딩 랙(Building Rack)과 유닛 랙(Unit Rack) 등이 있다.
② 스태커 크레인(Stacker Crane)은 창고 천장에 매달려 화물을 이동시키는 장치이다.
③ 트래버서(Traverser)는 스태커 크레인을 횡(수평 이동)으로 이동시키는 장치이다.
④ 무인반송차(AGV : Automative Guided Vehicle)는 무인으로 물품을 운반 및 이동하는 장비이다.
⑤ 보관단위(Unit)는 파렛트형, 버킷형, 레인형, 셀형 등이 있다.

해설 스태커 크레인(Stacker Crane)은 랙과 랙 사이를 왕복하며 보관품을 입출고시키는 기기이다.

34 다음의 내용에 맞는 물류기기는?

- 랙에 화물을 입출고시키는 주행장치, 승강장치, 포크장치로 구분된 창고 입출고기기이다.
- 수동, 반자동, 자동식으로 입출고 작업을 수행한다.
- 아래에 주행 레일이 있고 위에 가이드레일이 있는 통로 안에서 주행장치로 주행하며, 승강 및 포크 장치를 이용한다.

① 오버헤드 크레인(Overhead Crane)
② 트래버서(Traverser)
③ 스태커 크레인(Stacker Crane)
④ 데릭(Derrick)
⑤ 갠트리 크레인(Gantry Crane)

정답 32 ⑤ 33 ② 34 ③

해설 '아래에 주행 레일이 있고 위에 가이드레일이 있는 통로 안에서 주행장치로 주행'하는 물류기기는 스태커 크레인뿐이다.

① **오버헤드 크레인**(Overhead Crane) : 야드에 교량형식의 구조물에 Crane을 설치하여 컨테이너를 적·양하하는 장비이다.
② **트래버서**(Traverser) : 스태커 크레인의 부속품이다. (스태커 크레인은 스태커와 트래버서로 이루어져 있다.)
④ **데릭**(Derrick) : 부선이라고 부르는 선박에 장착되어 있으며, 상단이 지지된 마스트를 가지며 마스트 또는 붐(Boom) 위 끝에서 화물을 달아 올리는 지브붙이 크레인

06 자동창고작업

35 자동창고(AS/RS)에 관한 설명으로 옳은 것은?

① 스태커 크레인(Stacker Crane) : 창고의 통로 공간을 수평 방향으로만 움직이는 저장/반출 기기이다.
② 단일명령(Single Command) 방식 : 1회 운행으로 저장과 반출 작업을 동시에 수행하는 방식이다.
③ 이중명령(Dual Command) 방식 : 2회 운행으로 저장과 반출 작업을 순차적으로 모두 수행하는 방식이다.
④ 임의위치저장(Randomized Storage) 방식 : 물품의 입출고 빈도에 상관없이 저장위치를 임의로 결정하는 방식이다.
⑤ 지정위치저장(Dedicated Storage) 방식 : 물품의 입출고 빈도를 기준으로 저장위치를 등급(Class)으로 나누고 등급별로 저장위치를 결정하는 방식이다.

해설 ① **스태커 크레인**(Stacker Crane) : 창고의 통로 공간을 수평 방향(트래버서) 및 수직 방향(스태커)으로 움직일 수 있는 저장/반출 기기이다.
② **단일명령**(Single Command) **방식** : 1회 운행으로 저장이나 반출 작업을 1회 수행하는 방식이다.
③ **이중명령**(Dual Command) **방식** : 1회 운행으로 저장과 반출 작업을 동시에 순차적으로 모두 수행하는 방식이다.
⑤ **지정위치저장 방식** : 일반적으로 품목별 보관소요공간과 단위시간당 평균 입출고 횟수를 고려하여 보관위치를 사전 지정하여 운영하며, 일반적으로 전체 보관소요공간을 많이 차지한다.

• 보관 품목의 입출고 빈도 등을 기준으로 등급을 설정하고, 동일 등급 내에서는 임의보관하는 방식으로 보관 위치를 결정하는 방식은 등급별저장(Class-based Storage) 방식이다.

정답 35 ④

36 **자동창고시스템(AS/RS : Automated Storage and Retrieval System)의 S/R(Storage and Retrieval)장비는 단일명령(Single Command)과 이중명령(Dual Command) 처리방식으로 수행된다. 다음의 운영조건에서 S/R장비의 이중명령 횟수(A) 및 평균가동률(B)은?**

- 시간당 처리해야 할 반입명령건수와 반출명령건수는 각각 15건
- 단일명령은 1회당 수행시간이 2분으로 전체 작업건수의 60% 처리
- 이중명령은 1회당 수행시간이 3분으로 나머지 작업건수 처리

① A : 3회, B : 60%
② A : 6회, B : 60%
③ A : 6회, B : 90%
④ A : 12회, B : 60%
⑤ A : 12회, B : 90%

해설 1. 시간당 처리해야 할 반입명령건수와 반출명령건수는 각각 15건 → 입고, 출고 총 30건
2. 단일명령은 1회당 수행시간이 2분으로 전체 작업건수의 60% 처리 → 30건 × 0.6 = 18건/(1건/1회) = 18회
3. 이중명령은 1회당 수행시간이 3분으로 나머지 작업건수(40%) 처리 → 30건 × 0.4 = 12건/(2건/1회) = <u>6회</u>
4. 평균가동률
   - 단일명령 : 18회 × 2분 = 36분
   - 이중명령 : 6회 × 3분 = 18분
   - 평균가동률 : $\frac{36분 + 18분}{60분} = 90\%$

37 **자동창고시스템이 시간당 300번의 저장 및 출고 작업을 수행할 수 있다. 10개의 통로와 각 통로에는 한 대씩의 S/R(Storage and Retrieval)기계가 작업을 수행한다. 수행작업 40%는 단일명령에 의해서 수행되며 나머지는 이중명령에 의해서 수행된다. S/R기계의 평균이용률은? (단, 단일명령수행 주기시간 : 2분, 이중명령수행 주기시간 : 3분)**

① 65%
② 82.5%
③ 85%
④ 90%
⑤ 95%

해설 1. 단일명령작업 : 300번 × 40% = 120번 → 120회 작업 × 2분
2. 이중명령작업 : 300번 × 60% = 180번 → 90회 작업 × 3분
3. 기기 평균이용률 = $\frac{실제\ 가동시간}{총\ 가용시간} \times 100 = \frac{(120회 \times 2분) + (90회 \times 3분)}{60분 \times 10개} \times 100 = 85\%$

정답 36 ③ 37 ③

38 **10개의 통로로 구성된 자동창고에서 통로마다 한 대의 스태커 크레인이 파렛트에 실린 화물을 운반한다. 전체 작업 중 이중명령으로 수행하는 작업이 50%, 단일명령으로 수행하는 작업이 50%이다. 스태커 크레인이 단일명령을 실행하는 시간은 평균 5분, 이중명령을 실행하는 시간은 평균 7분이다. 스태커 크레인의 효율이 100%라면 이 자동창고에서 시간당 운반할 수 있는 파렛트는 몇 개인가?**

① 120개
② 150개
③ 180개
④ 210개
⑤ 240개

해설
1. '전체 작업 중 이중명령으로 수행하는 작업이 50%, 단일명령으로 수행하는 작업이 50%이다.'라는 문장은 작업이 세트로 이루어진다는 뜻이다. (5분+7분)
2. 세트당 처리파렛트 수=1 p+2 p=3 pallet
3. 시간당 처리세트 수=60분/12분=5회
4. 스태커 크레인 1대의 시간당 처리파렛트 수 : 5회 × 3 p=15 pallet
5. 스태커 크레인 10대의 총 처리파렛트 수=10대 × 15 p=150 pallet

07 보관 위치 결정방법

39 **자동화 창고에서 물품을 보관하는 위치를 결정하는 보관 방식에 관한 설명으로 옳은 것은?**

① 근거리 우선보관(Closest Open Storage) 방식은 지정위치보관 방식의 대표적인 유형이다.
② 등급별보관(Class-based Storage) 방식은 일반적으로 물품관리의 용이성을 고려하여 보관위치를 결정한다.
③ 지정위치보관(Dedicated Storage) 방식은 일반적으로 품목별 보관소요 공간과 단위시간당 평균 입출고 횟수를 고려하여 보관 위치를 결정한다.
④ 임의위치보관(Randomized Storage) 방식은 일반적으로 물품의 입출고 빈도를 고려하여 보관 위치를 결정한다.
⑤ 전체 보관소요공간을 가장 많이 차지하는 보관 방식은 임의위치보관(Randomized Storage) 방식이다.

해설
① 근거리 우선보관(Closest Open Storage) 방식은 임의위치보관 방식의 대표적인 유형이다.
② 등급별보관(Class-based Storage) 방식은 비용과 품질관리 수준을 고려하여 보관 위치를 결정한다.
④ 지정위치보관 방식은 일반적으로 물품의 입출고 빈도를 고려하여 보관 위치를 결정한다.
⑤ 전체 보관소요공간을 가장 많이 차지하는 보관방식은 지정위치보관(Randomized Storage) 방식이다.

정답 **38** ② **39** ③

40 창고 내 로케이션(Location) 관리에 관한 설명으로 옳지 않은 것은?

① 로케이션(Location) : 배치된 지역 및 위치에 주소를 부여하는 것을 말한다.
② 고정 로케이션(Fixed Location) : 선반 번호별로 보관하는 품목의 위치를 고정하여 보관하는 방법이다.
③ 프리 로케이션(Free Location) : 품목과 보관하는 랙 상호 간에 특별한 연관관계를 정하지 않는 보관 방법이다.
④ 구역 로케이션(Zone Location) : 특정 품목군을 일정한 범위 내로 한정하여 보관하고, 그 범위 내에서 특정 위치를 고정하는 방법이다.
⑤ 고정 로케이션(Fixed Location) : 수작업으로 관리하는 경우가 많고, 선반 꼬리표 방식과 병행해서 사용하는 경우도 있다.

해설 **구역 로케이션** : 일정 품목군에 대하여 일정한 보관구역을 설정하는 것은 맞으나 그 범위 내에서는 자유롭게 Free Location을 채택하는 방법이다.

41 3개의 제품(A~C)을 취급하는 1개의 창고에서 기간별 사용공간이 다음 표와 같다. (ㄱ) 임의위치저장(Randomized Storage) 방식과 (ㄴ) 지정위치저장(Dedicated Storage) 방식으로 각각 산정된 창고의 저장소요공간(m^2)은?

기간	제품별 사용공간(m^2)		
	A	B	C
1주	14	17	20
2주	15	23	35
3주	34	25	17
4주	18	19	20
5주	15	17	21
6주	34	21	34

① ㄱ : 51, ㄴ : 51
② ㄱ : 51, ㄴ : 67
③ ㄱ : 67, ㄴ : 89
④ ㄱ : 89, ㄴ : 94
⑤ ㄱ : 94, ㄴ : 89

해설 ㄱ. 임의위치저장 방식은 임의로 저장위치를 정하며 기간별 저장소요공간 중 6주차에 최대 89이다.
(A : 34, B : 21, C : 34=89)
ㄴ. 지정위치저장 방식은 특정 위치에 할당되므로 제품별 최대 저장소요공간을 계산하면 94이다.
(A : 34, B : 25, C : 35=94)

정답 40 ④ 41 ④

42 4가지 제품을 보관하는 창고의 기간별 저장소요공간이 다음 표와 같을 때, (ㄱ) 임의위치저장(Randomized Storage) 방식과 (ㄴ) 지정위치저장(Dedicated Storage) 방식으로 각각 산정된 창고의 저장소요공간은?

기간	제품별 저장공간			
	A	B	C	D
1월	27	21	16	16
2월	14	15	20	17
3월	19	12	13	23
4월	15	19	11	20
5월	18	22	18	19

① ㄱ : 74, ㄴ : 92
② ㄱ : 80, ㄴ : 80
③ ㄱ : 80, ㄴ : 86
④ ㄱ : 80, ㄴ : 92
⑤ ㄱ : 92, ㄴ : 80

해설 ㄱ. **임의위치저장 방식** : 기간별 공간소요량의 합 중 최댓값=80(1월 : 80, 2월 : 66, 3월 : 67, 4월 : 65, 5월 : 77)
ㄴ. **지정위치저장 방식** : 전 기간에 걸친 제품별 최대 공간소요량의 합=92(27+22+20+23)

08 창고관리시스템

43 창고관리시스템(WMS : Warehouse Management System)에 관한 설명으로 옳지 않은 것은?

① 다품종 소량생산 품목보다 소품종 대량생산 품목의 창고관리에 더 효과적이다.
② RFID/Barcode 등과 같은 자동인식 장치, 무선통신, 자동제어 방식 등의 기술을 활용한다.
③ 재고 정확도, 공간・설비 활용도, 제품처리능력, 재고회전율, 고객서비스, 노동・설비 생산성 등이 향상된다.
④ 입하, 피킹, 출하 등의 창고 업무 프로세스를 효율적으로 관리하는 데 사용되는 시스템이다.
⑤ 자동발주, 주문진척관리, 창고 물류장비의 생산성 분석 등에 효과적이다.

해설 소품종 대량생산 품목보다 다품종 소량생산 품목의 창고관리에 더 효과적이다.

정답 42 ④ 43 ①

44 **창고관리시스템(WMS : Warehouse Management System)에 관한 설명으로 옳지 않은 것은?**

① WMS는 입고관리, 위치관리, 재고관리, 출고관리 등의 기능을 수행한다.
② WMS를 활용하면 재고 정확도, 공간과 설비의 활용도가 향상된다.
③ WMS가 유통중심형 물류시설을 위한 차별화 전략의 핵심요인으로 등장했다.
④ WMS는 물류센터의 시설운영 기기 등의 제어가 가능하다.
⑤ WMS는 다른 시스템과의 원활한 인터페이스가 제한적이므로 실시간 정보관리에 한계가 있다.

해설 WMS는 다른 시스템(CMS, TMS 등)과의 **원활한 인터페이스가 연계가 자유로워** 실시간 정보관리가 가능하다.

45 **창고관리시스템(WMS : Warehouse Management System)의 특성에 관한 설명으로 옳지 않은 것은?**

① 물품의 입하, 격납, 피킹, 출하 및 재고사이클카운트의 창고활동을 효율적으로 관리하는 시스템이다.
② RFID, 바코드시스템 및 무선자동인식시스템을 통해 물품취급을 최소화한다.
③ 재고정확도, 설비활용도, 고객서비스율이 향상된다.
④ 피킹관리, 주문진척관리 및 자동발주시스템과 같은 주문 관련 기능을 수행한다.
⑤ 출고관리, 선입선출관리, 수・배송관리, 크로스도킹과 같은 출고 관련 기능을 수행한다.

해설 ⑤ 선입선출관리와 크로스도킹은 출고 관련 기능보다는 보관관리 기능에 더욱 적합하며, 수・배송관리의 경우에도 TMS(운송관리시스템)에 더 적합하다고 볼 수 있어 가장 옳지 않은 선지이다.

※ WMS의 주요 기능
- **재고 관련 기능** : 입고관리, 보관관리, 재고관리
- **주문 관련 기능** : 피킹관리, 주문진척관리
- **출고 관련 기능** : 출고관리, 수・배송관리
- **관리 관련 기능** : 인력관리, 물류센터 지표관리
- Interface **기능** : 무선통신, 자동인식, 자동화 설비 제어

정답 44 ⑤ 45 ⑤

46 **창고관리시스템(WMS : Warehouse Management System)의 도입 효과에 관한 설명으로 옳지 않은 것은?**

① 입고관리, 출고관리, 재고관리 등의 업무를 효율적으로 지원한다.
② 설비 활용도와 노동 생산성을 높이며, 재고량과 재고 관련 비용을 증가시킨다.
③ 재고 투명성을 높여 공급사슬의 효율을 높여준다.
④ 수작업으로 수행되는 입출고 업무를 시스템화하여 작업시간과 인력이 절감된다.
⑤ 전사적 자원관리시스템(ERP : Enterprise Resource Planning)과 연계하여 정보화의 범위를 확대할 수 있다.

해설 ② 설비 활용도와 노동 생산성을 높이며, 재고량과 재고 관련 비용을 감축시킨다.

47 **창고관리시스템(WMS : Warehouse Management System)의 특성에 관한 설명으로 옳지 않은 것은?**

① 창고 내의 랙(Rack)과 셀(Cell)별 재고를 실시간으로 관리할 수 있다.
② 정확한 위치정보를 기반으로 창고 내 피킹, 포장작업 등을 지원하여 효율적인 물류작업이 가능하다.
③ 입고 후 창고에 재고를 보관할 때, 보관의 원칙에 따라 최적의 장소를 선정하여 저장할 수 있다.
④ 창고 내 물동량의 증감에 따라 작업자의 인력계획을 수립하며 모니터링 기능도 지원한다.
⑤ 고객주문내역 상의 운송수단을 고려한 최적의 경로를 설정하여 비용과 시간을 절감하도록 지원한다.

해설 ⑤ 운송관리시스템(TMS : Transportation Management System)에 대한 설명이다.

48 **창고관리시스템(WMS)의 주요 기능에 관한 설명으로 옳지 않은 것은?**

① 재고 관련 기능 – 입고관리, 보관관리, 선입선출관리
② 주문 관련 기능 – 피킹관리, 자동발주시스템
③ 출고 관련 기능 – 수·배송관리, 배차 스케줄 운영
④ 관리 관련 기능 – 인력관리, 물류센터 지표관리, 위치(Location)관리를 통한 재고내역 및 실물위치 추적 용이성
⑤ 인터페이스(interface) 기능 – 무선통신, 물류센터의 실시간 정보화

해설 위치관리를 통한 재고내역 및 실물위치 파악기능은 '관리 관련 기능'보다는 '재고 관련 기능'에 적절하다.

정답 46 ② 47 ⑤ 48 ④

49 **창고관리시스템(WMS)에 대해 잘못 설명한 것은?**

① WMS를 활용하면 재고 정확도, 공간/설비 활용도가 높아진다.
② WMS를 활용하면 서류/전표 작업, 직간접 인건비는 증가하지만 제품 피킹시간, 제품 망실, 설비비용 등은 감소한다.
③ WMS패키지(Package)를 도입하려면 세부 기능분석이 반드시 필요하다.
④ 물류센터의 대형화, 중앙집중화, 부가가치 기능 강화의 추세에 따라 WMS가 유통중심형 물류센터를 위한 차별화 전략의 핵심 요인으로 등장했다.
⑤ 고객의 다양한 요구사항 때문에 WMS 패키지 시장의 성장은 예상보다 저조하나 ERP 패키지의 도입이 활발해지면서, 그 하위 시스템으로서 도입이 확대되고 있다.

해설 WMS를 활용하면 서류/전표 작업, 직간접 인건비도 감소한다.

50 **창고관리시스템에 관한 설명으로 옳지 않은 것은?**

① 물류센터를 효과적으로 운영하기 위해 자동화, 정보화, 지능화가 요구되고 있으며, 컴퓨터 통합 관리 창고의 등장과 정보기술의 발달로 창고관리시스템(WMS)이 등장하게 되었다.
② 입하, 피킹(Picking), 출하 및 재고사이클카운트 등의 창고 비즈니스 프로세스와 창고활동을 효율적으로 관리하는 데 사용되는 시스템이다.
③ WMS와 연휴하는 주 정보시스템은 PMS(Production Management System), TMS(Transportation Management System) 그리고 MHS(Material Handling System)이다.
④ WMS를 갖춘 물류센터는 RFID(Radio Frequency Identification)나 바코드 시스템, 무선 자동인식시스템 등 물품과 정보의 일체적 관리를 자동적으로 실시하는 시스템이 정비되어 있다.
⑤ WMS 도입으로 재고 정확도, 공간설비 활용도, 제품처리능력, 재고회전율, 고객서비스, 노동·설비 생산성 등이 향상된다.

해설 WMS와 연휴하는 시스템은 생산관리시스템(PMS)이 아니라 OMS(주문관리시스템, Ordering Management System), TMS(운송관리시스템), MHS(하역시스템)이다.

정답 49 ② 50 ③

51 **창고관리시스템(WMS)을 자체개발이 아닌 기성제품(패키지)을 구매할 경우 고려해야 할 요인이 아닌 것은?**

① 커스터마이징(customizing) 용이성
② 기성제품(패키지)의 개발 배경
③ 초기투자비용
④ 기존 자사 물류정보시스템과의 연계성
⑤ 유지・보수비용

해설 패키지의 개발 배경은 사용자 입장에서 고려할 필요가 없다.

52 **창고관리시스템의 구축단계의 순서를 옳게 나타낸 것은?**

㉠ 사양정의
㉡ 요구분석
㉢ 대안평가
㉣ 개발설치
㉤ 업체선정

① ㉡ → ㉠ → ㉢ → ㉤ → ㉣
② ㉠ → ㉡ → ㉢ → ㉣ → ㉤
③ ㉠ → ㉡ → ㉣ → ㉤ → ㉢
④ ㉡ → ㉣ → ㉤ → ㉢ → ㉠
⑤ ㉡ → ㉤ → ㉠ → ㉣ → ㉢

해설 ㉡ 요구분석 → (효과분석) → ㉠ 사양정의 → ㉢ 대안평가 → ㉤ 업체선정 → ㉣ 개발설치 → (운영)

정답 51 ② 52 ①

09 보관시스템

53 **다음은 회전수가 높은 품목의 보관시스템에 대한 설명이다. 차례대로 올바르게 짝지어진 것은?**

㉠ 회전수만 높고 보관수량이 적은 중간공정이나 임시출고라인에서 피킹을 실시하는 제품에 적합하다.
㉡ 보관품목수는 적지만 보관수량이 많은 제품으로 맥주, 청량음료, 시멘트 등 입출고가 빠른 물품의 대량 처리에 편리하다.
㉢ 보관품목수와 보관수량이 많고 회전수가 높아 관리가 매우 복잡한 형태로 고층 랙과 모노레일, 스태커 크레인의 조합을 통해 컴퓨터 컨트롤 방식을 채용해야 효율적이다.

① ㉠ A－A－A, ㉡ A－C－A, ㉢ C－A－A
② ㉠ A－C－A, ㉡ A－A－A, ㉢ C－A－A
③ ㉠ C－A－A, ㉡ A－C－A, ㉢ A－A－A
④ ㉠ C－A－C, ㉡ C－C－C, ㉢ A－C－C
⑤ ㉠ A－C－A, ㉡ C－A－A, ㉢ A－A－A

해설

	보관점(Item)수	보관수량	회 전 수
	A	A	A
	B	B	B
	C	C	C

㉠ A－C－A : <u>회전수만 높고</u>(회전수 A), <u>보관수량이 적은</u>(보관수량 C) 중간공정이나 임시출고라인에서 피킹을 실시하는 제품(보관점수 A)에 적합하다.
㉡ A－A－A : <u>보관품목수는 적지만</u>(보관점수 A), <u>보관수량이 많은 제품</u>(보관수량 A)으로 맥주, 청량음료, 시멘트 등 <u>입출고가 빠른 물품</u>(회전수 A)의 대량 처리에 편리하다.
㉢ C－A－A : <u>보관품목수와 보관수량이 많고</u>(보관점수 C, 보관수량 A) <u>회전수가 높아</u>(회전수 A) 관리가 매우 복잡한 형태로 고층 랙과 모노레일, 스태커 크레인의 조합을 통해 컴퓨터 컨트롤 방식을 채용해야 효율적이다.

정답 53 ②

54 다음의 보관시스템의 주요 형태를 순서대로 옳게 나열한 것은?

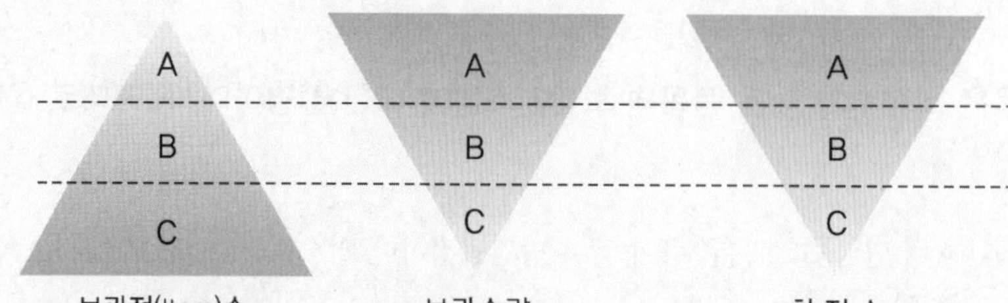

- 보관점(Item)수와 보관수량이 많고, 회전수가 높으며, 관리가 복잡하여 고층 랙, 모노레일 또는 스태커 크레인의 조합으로 컴퓨터 방식의 운영에 효율적이다.
- 보관점수는 많으나, 보관수량은 적고, 입출고 빈도가 높아 고층 랙을 이용하고, 개별출고방식에서 피킹은 머신(오더피킹)과 수동으로 한다.

① A－C－A, C－A－A
② A－C－A, C－C－A
③ C－A－A, C－C－A
④ C－A－A, C－C－C
⑤ C－A－A, B－B－B

해설
- 보관점(Item)수(C)와 보관수량(A)이 많고, 회전수가 높으며(A), 관리가 복잡하여 고층 랙, 모노레일 또는 스태커 크레인의 조합으로 컴퓨터 방식의 운영에 효율적이다.
- 보관점수는 많으나(C), 보관수량은 적고(C), 입출고 빈도가 높아(A) 고층 랙을 이용하고, 개별출고방식에서 피킹은 머신(오더피킹)과 수동으로 한다.

10 랙

55 물류센터 설계 시에는 랙(Rack)의 1개 선반당 적재하중기준을 고려해야 한다. 이 기준에 맞게 화물을 적재한 것은?

	중량 랙	중간 랙	경량 랙
①	700kg	400kg	180kg
②	600kg	350kg	140kg
③	500kg	200kg	160kg
④	400kg	300kg	200kg
⑤	300kg	200kg	170kg

정답 54 ③ 55 ②

해설 적재하중기준 랙의 구분
1. **중량 랙** : 한 선반당 적재하중이 500kg을 초과하는 랙을 의미한다.
2. **중간 랙** : 한 선반당 적재하중이 500kg 이하인 랙을 의미한다.
3. **경량 랙** : 한 선반당 적재하중이 150kg 이하인 랙을 의미한다.

56 랙(Rack)에 관한 설명으로 옳지 않은 것은?

① 파렛트 랙(Pallet Rack) : 포크리프트를 사용하여 파렛트 단위 혹은 선반 단위로 셀마다 격납 보관하는 설비
② 적층 랙(Mezzanine Rack) : 선반을 다층식으로 겹쳐 쌓고 현재 사용하고 있는 높이에서 천장까지의 사이를 이용하는 보관설비
③ 회전 랙(Carousel Rack) : 입체형이며 소품종 대량 상품을 파렛트 단위로 보관하는 데 적합한 설비
④ 플로 랙(Flow Rack) : 격납 부분에 레일을 달아 전체가 비스듬히 기울어지게 만든 설비
⑤ 드라이브 인 랙(Drive-in Rack) : 지게차를 가지고 직접 격납 출고를 행하는 설비

해설 회전 랙은 경량의 다품종 소량 상품을 보관하는 데 적합하다.

57 랙(Rack)에 관한 설명으로 옳은 것은?

① 적층 랙(Mezzanine Rack) : 소품종 대량 입출고될 수 있는 물품 보관에 적합하고 적재공간을 지게차 통로로 활용하여 적재효율은 높으나 선입후출(先入後出)해야 하는 단점이 있다.
② 모빌 랙(Mobile Rack) : 레일을 이용하여 직선적으로 수평 이동되는 랙으로 통로를 대폭 절약할 수 있어 다품종 소량의 보관에 적합하다.
③ 플로 랙(Flow Rack) : 피킹 시 피커를 고정하고 랙 자체가 회전하는 형태로 다품종 소량 물품과 가벼운 물품에 많이 이용된다.
④ 회전 랙(Carousel Rack) : 외팔지주걸이 구조로 기본 프레임에 암(Arm)을 결착하여 물품을 보관하는 랙으로 파이프, 가구, 목재 등의 장척물 보관에 적합하다.
⑤ 드라이브 인 랙(Drive-in Rack) : 천장이 높은 창고에서 복층구조로 겹쳐 쌓는 방식으로 물품의 보관효율과 공간효용도가 높다.

정답 56 ③ 57 ②

해설 ① 적재공간을 지게차 통로로 활용해야 하는 랙은 드라이브 랙이다. 이 중 선입후출해야 하는 단점이 있는 랙은 드라이브 인 랙(Drive-in Rack)이다. (선입선출이 가능한 경우 드라이브 스루 랙이다.)
③ 회전 랙(Carousel Rack)에 대한 설명이다.
④ 암(Arm) 랙(외팔지주 랙)에 대한 설명이다.
⑤ 적층 랙(Mezzanine Rack)에 대한 설명이다.

58 다음 설명과 일치하는 랙(Rack)의 종류로 옳은 것은?

ㄱ. 수동식, 자동식 등이 있으며 다품종 소량 물품 보관에 적합하고 통로공간을 활용하므로 보관효율이 높다.
ㄴ. 천장이 높은 창고에서 복층구조로 겹쳐 쌓는 방식으로 물품의 보관효율과 공간 활용도가 높다.
ㄷ. 소품종 다량 물품 보관에 적합하고 적재공간을 지게차 통로로 활용하여 적재효율은 높으나 선입후출(先入後出)해야 하는 단점이 있다.
ㄹ. 피킹 시 피커는 고정되어 있고 랙 자체가 회전하며 중량이 가볍고 다품종 소량의 물품 입출고에 적합하다.

① ㄱ : 적층 랙, ㄴ : 모빌 랙, ㄷ : 드라이브 인 랙, ㄹ : 캐러셀 랙
② ㄱ : 모빌 랙, ㄴ : 적층 랙, ㄷ : 드라이브 스루 랙, ㄹ : 캐러셀 랙
③ ㄱ : 모빌 랙, ㄴ : 캐러셀 랙, ㄷ : 적층 랙, ㄹ : 드라이브 인 랙
④ ㄱ : 모빌 랙, ㄴ : 적층 랙, ㄷ : 드라이브 인 랙, ㄹ : 캐러셀 랙
⑤ ㄱ : 적층 랙, ㄴ : 캐러셀 랙, ㄷ : 모빌 랙, ㄹ : 드라이브 인 랙

해설 ㄱ. **모빌 랙** : 레일 등을 이용하여 직선적으로 수평 이동되는 랙으로서 '통로공간을 활용'할 수 있는 랙은 모빌 랙이다.
ㄴ. **적층 랙** : '천장이 높고' '겹쳐 쌓는 방식'의 랙은 적층 랙이다.
ㄷ. **드라이브 인 랙** : '적재공간을 지게차 통로로 활용하는' 랙으로서 파렛트에 적재된 물품의 보관에 이용되고 한쪽에 출입구를 두며 지게차를 이용하여 실어 나르는 데 사용하는 랙은 드라이브 랙이다. 드라이브 랙 중 출하작업장이 없어서 '선입후출'해야 하는 랙은 드라이브 인 랙이다.
ㄹ. **캐러셀 랙**(Carousel Rack) : '랙 자체가 회전'하는 랙으로서 사람은 고정되어 있고 물품이 피커의 장소로 이동하여 피킹하는 형태의 랙은 캐러셀 랙이다.

정답 58 ④

59 **랙(Rack)에 관한 설명으로 옳지 않은 것은?**

① 파렛트 랙(Pallet Rack)은 주로 파렛트에 쌓아 올린 물품의 보관에 이용한다.
② 캔틸레버 랙(Cantilever Rack)은 외팔지주걸이 구조로 기본 프레임에 암(Arm)을 결착하여 화물을 보관하는 랙으로 파이프, 목재 등 장척물 보관에 적합하다.
③ 유동 랙(Flow Rack)은 화물을 한쪽 방향에서 넣으면 중력을 이용하여 순서대로 쌓이며, 인출할 때는 반대방향에서 화물을 출고하는 랙으로서 선입선출에 유용하다.
④ 드라이브 인 랙(Drive－in Rack)은 선반을 다층식으로 겹쳐 쌓고, 현재 사용하고 있는 높이에서 천장까지의 사이를 이용하는 보관설비로서 보관효율과 공간 활용도가 높다.
⑤ 모빌 랙(Mobile Rack)은 레일을 이용하여 직선적으로 수평 이동되는 랙으로 통로를 대폭 절약할 수 있어 다품종 소량의 보관에 적합하다.

해설 선반을 다층식으로 겹쳐 쌓고, 현재 사용하고 있는 높이에서 천장까지의 사이를 이용하는 보관설비로서 보관효율과 공간 활용도가 높은 것은 적층 랙(Mezzanine Rack)에 대한 설명이다.
드라이브 인 랙(Drive－in Rack)은 파렛트에 적재된 물품의 보관에 이용되고 한쪽에 출입구를 두며 지게차를 이용하여 실어 나르는 데 사용하는 랙으로 로드빔을 제거하여 지게차가 랙 안으로 진입할 수 있도록 한 것으로 지게차 통로면적이 절감되며 보관효율이 높다.

60 **랙(Rack)에 관한 설명으로 옳지 않은 것은?**

① 드라이버 스루 랙(Drive－through Rack) : 지게차가 랙의 한 방향으로 진입해서 반대방향으로 퇴출할 수 있는 랙이다.
② 캔틸레버 랙(Cantilever Rack) : 긴 철재나 목재의 보관에 효율적인 랙이다.
③ 적층 랙(Mazzanine Rack) : 천장이 높은 창고의 공간 활용도를 높이기 위한 복층구조의 랙이다.
④ 실렉티브 랙(Selective Rack) : 경량 다품종 물품의 입출고에 적합한 수평 또는 수직의 회전 랙이다.
⑤ 플로 랙(Flow Rack) : 적입과 인출이 반대방향에서 이루어지는 선입선출이 효율적인 랙이다.

해설 실렉티브 랙(Selective Rack)은 파렛트 랙이라고도 하며, 포크리프트를 사용하여 파렛트 단위 혹은 선반 단위로 셀마다 격납 보관하는 설비이다.
경량 다품종 물품의 입출고에 적합한 수평 또는 수직의 회전 랙은 회전 랙(Carousel Rack)이다.

정답 59 ④ 60 ④

61 보관설비에 관한 설명으로 옳지 않은 것은?

① 캔틸레버 랙(Cantilever Rack) : 긴 철재나 목재의 보관에 효율적인 랙이다.
② 드라이브 인 랙(Drive in Rack) : 지게차가 한쪽 방향에서 2개 이상의 깊이로 된 랙으로 들어가 화물을 보관 및 반출할 수 있다.
③ 파렛트 랙(Pallet Rack) : 파렛트 화물을 한쪽 방향에서 넣으면 중력에 의해 미끄러져 인출할 때는 반대방향에서 화물을 반출할 수 있다.
④ 적층 랙(Mezzanine Rack) : 천장이 높은 창고에서 저장공간을 복층구조로 설치하여 공간 활용도가 높다.
⑤ 캐러셀(Carousel) 랙 : 랙 자체를 회전시켜 저장 및 반출하는 장치이다.

해설 드라이브 인 랙은 파렛트 화물을 한쪽 방향에서 넣으면 중력에 의해 미끄러져 인출할 때는 반대방향에서 화물을 반출할 수 있다.
파렛트 랙은 포크리프트를 사용하여 파렛트 단위 혹은 선반 단위로 셀마다 격납 보관하는 설비이다.

62 다음 창고보관 장비 중 포크리프트가 랙 내부에 진입하여 하역작업을 할 수 있고, 보관장소와 통로를 겸하기 때문에 화물의 적재율을 높일 수 있으며, 소품종 대량의 제품이며 회전율이 적은 제품에 적합하고, 계절적인 수요가 있는 화물의 보관에 매우 경제적인 랙은 무엇인가?

① 모빌 랙
② 파렛트 랙
③ 드라이브 인 랙
④ 암 랙
⑤ 적층 랙

해설 드라이브 인 랙에 대한 설명이다. 드라이브 인 랙은 적재공간이 곧 통로가 되므로 적재율이 높다.

63 회전 랙(Carousel Rack)에 대한 설명으로 가장 옳은 것은?

① 형태가 특수한 화물을 보관하기에 적합하다.
② 화물을 랙에 입출고하기 위하여 지게차를 이용한다.
③ 주로 파렛트를 이용하여 유니트화한다.
④ 보통 한쪽에서 입고하면 반대편에서 출고하는 형태를 취한다.
⑤ 일반적으로 화물의 피킹장소를 고정시켜 사용한다.

정답 61 ③ 62 ③ 63 ⑤

해설 ① 형상보관에 의한 전용랙에 대한 설명이다.
② 지게차(하역기기) 없이 피커의 위치에서 입출고한다.
③ 회전 랙은 경량 소형화물이므로 파렛트를 활용하지 않는다.
④ Flow Rack에 대한 설명이다.

64 **자재보관을 위하여 사용되는 회전 랙(Carousel Rack)에 관한 설명으로 옳지 않은 것은?**

① 랙이 작업자의 위치로 이동하므로 작업자의 이동을 최소화하는 방법이다.
② 회전 랙은 수평형 회전 랙(Horizontal Carousel)과 수직형 회전 랙(Vertical Carousel)으로 구분할 수 있다.
③ 일반적으로 수직형 회전 랙은 수평형 회전 랙보다 높은 천장이 필요하다.
④ 일반적으로 수평형 회전 랙이 수직형 회전 랙보다 품목보호 및 보안성이 뛰어나다.
⑤ 자동창고와 비교할 때 도입 비용이 저렴하여 소화물 자동창고(AS/RS)의 대안으로 사용된다.

해설 수직형 회전 랙은 입출고구가 하나여서 수평형 회전 랙보다 보안성이 좋다.

65 **물류센터의 보관 방식에 관한 설명으로 옳지 않은 것은?**

① 평치저장(Block Storage) : 창고 바닥에 화물을 보관하는 방법으로 소품종 다량 물품 입출고에 적합하며, 공간 활용도가 우수하다.
② 드라이브 인 랙(Drive-in Rack) : 소품종 다량 물품 보관에 적합하고 적재공간이 지게차 통로로 활용되어 선입선출(先入先出)이 어렵다.
③ 회전 랙(Carousel Rack) : 랙 자체가 수평 또는 수직으로 회전하며, 중량이 가벼운 다품종 소량의 물품 입출고에 적합하다.
④ 이동 랙(Mobile Rack) : 수동식 및 자동식이 있으며 다품종 소량 물품 보관에 적합하고 통로 공간을 활용하므로 보관효율이 높다.
⑤ 적층 랙(Mezzanine Rack) : 천장이 높은 창고에 복층구조로 겹쳐 쌓는 방식으로 물품의 보관효율과 공간 활용도가 높다.

해설 ① **평치저장**(Block Storage) : 창고 바닥에 화물을 보관하는 방법으로 고층적재가 어려우므로 공간 활용도가 나쁘다.

정답 **64** ④ **65** ①

66 보관설비에 대한 다음 설명 중 틀린 것은?

① 평치보관은 특별한 자동화 설비가 필요 없다는 장점을 가지고 있으나, 공간 활용률이 낮아진다는 단점도 가지고 있다.
② 보관물품의 선입선출을 위하여 플로 랙(Flow-Through Rack)을 운영할 수 있다.
③ 타이어, 유리 등과 같이 형태가 특수한 물품이나 조심스럽게 다루어야 하는 물품은 캔틸레버 랙에 보관하여야 한다.
④ 창고 내의 공간 활용도를 높이기 위하여 모빌 랙(Mobile Rack)을 사용하는 것이 유리하다.
⑤ 상품을 대량으로 취급하는 경우 건물의 층고에 여유가 있으면 하이스택 랙(High-Stack Rack)을 설치하는 것이 바람직하다.

해설 타이어, 유리 등과 같은 경우는 형상에 맞는 특수랙 사용이 필요하다. 캔틸레버 랙(Cantilever Rack)은 장척물 보관에 적합한 랙이다.

67 STO(Stock To Operator)에 해당되는 설비(또는 장비)가 아닌 것은?

① Carousel
② Kiva System
③ Mini-load AS/RS
④ Mobile Rack
⑤ Automatic Dispenser

해설 STO란 창고에 저장된 화물이 작업자 앞으로 오게 만드는 것으로 작업자가 움직일 필요가 없다.
모빌 랙(Mobile Rack)은 창고 등에서 보관을 효율적으로 하기 위한 보관설비이다.

11 피킹

68 스태커 크레인(Stacker Crane)에 적합한 오더피킹(Order Picking)의 출고형태(보관단위-피킹단위)는?

① 파렛트 - 파렛트
② 파렛트 - 케이스
③ 케이스 - 케이스
④ 케이스 - 단품
⑤ 단품 - 단품

해설 스태커 크레인을 이용하여 입고 시 화자와 출고 시 화자가 같게 하는 보관단위는 파렛트이다.

정답 66 ③ 67 ④ 68 ①

69 **피킹 방식에 관한 설명으로 옳지 않은 것은?**

① 디지털 피킹(Digital Picking) : 피킹 물품을 전표 없이 피킹하는 방식으로 다품종 소량, 다빈도 피킹작업에 효과적이다.
② 차량탑승피킹 : 파렛트 단위로 피킹하는 유닛로드시스템(Unit Load System)이며, 피킹트럭에 탑승하여 피킹함으로써 보관시설의 공간 활용도가 낮다.
③ 존 피킹(Zone Picking) : 여러 피커가 피킹 작업범위를 정해 두고, 본인 담당구역의 물품을 골라서 피킹하는 방식이다.
④ 일괄피킹 : 여러 건의 주문을 모아서 일괄적으로 피킹하는 방식이다.
⑤ 릴레이 피킹(Relay Picking) : 피킹 전표에서 해당 피커가 담당하는 품목만을 피킹하고, 다음 피커에게 넘겨주는 방식이다.

해설 **차량탑승피킹** : 파렛트 단위로 피킹하는 유닛로드시스템(Unit Load System)이며, 피킹트럭에 탑승하여 피킹함으로써 보관시설의 공간 활용도가 높다.

70 **동일한 제품을 토털피킹(Total Picking)한 후 거래처별로 분배하는 형태의 시스템은?**

① DAS(Digital Assort System)
② DPS(Digital Picking System)
③ WMS(Enterprise Management System)
④ ERP(Enterprise Resource Planning)
⑤ R/F(Radio Frequency)

해설 DAS는 동일한 제품을 토털피킹한 후 거래처별로 분배할 때 상품의 종류와 수량을 정보시스템에 의해서 지시해 주고 정확한 수량이 투입될 수 있도록 하는 시스템이다.

71 **DAS(Digital Assort System)에 관한 설명으로 옳지 않은 것은?**

① 물품 보관 셀에 표시기(display)를 설치하고 피킹작업자가 방문하여 표시량만큼을 피킹한다.
② 보관장소와 주문별 분배장소가 별도로 필요하다.
③ 소품종 대량출하에 더 적합하다.
④ 고객별 주문 상품을 합포장하기에 적합한 분배시스템이다.
⑤ 주문처별로 분배하는 파종식으로 볼 수 있다.

해설 물품 보관 셀에 표시기(display)를 설치하고 피킹작업자가 방문하여 표시량만큼을 피킹하는 것은 DPS(Digital Picking System)에 대한 설명이다.

정답 69 ② 70 ① 71 ①

72 **디지털 피킹시스템(DPS : Digital Picking System)과 디지털 어소팅시스템(DAS : Digital Assorting System)의 특성에 관한 설명으로 옳지 않은 것은?**

① DPS는 피킹 물품을 전표 없이 피킹 가능한 시스템으로 다품종 소량, 다빈도 피킹 및 분배 작업에 사용된다.

② DPS는 대차식 DPS, 구동컨베이어 DPS, 자동컨베이어 DPS로 분류되며, 대차식 DPS의 초기 설치비가 가장 많이 소요된다.

③ DAS는 적은 인원으로 빠른 분배작업이 가능하여 물류비용을 절감할 수 있다.

④ 멀티 분배 DAS방식은 고객별 주문상품을 합포장하기에 적합한 분배시스템이다.

⑤ 멀티 다품종 분배 DAS방식은 아이템 수가 많은 의류업 품목에 적합한 시스템이다.

해설 자동컨베이어 DPS의 초기 설치비가 가장 많이 소요된다.

73 **낱개피킹 시스템 중 작업자 이동형시스템에서 사용하는 설비가 아닌 것은?**

① Bin Shelving ② Storage Drawer

③ Mezzanine ④ Carousel

⑤ Mobile Storage

해설 Carousel은 화물을 작업자에게 이동시켜 주므로 작업자(피커)가 이동할 필요가 없다.

정답 72 ② 73 ④

CHAPTER 03
재고관리

01 구매관리

1 개요 ★

(1) 개념

① 구매

㉠ 구매는 물품을 사들이는 행위로서, 기업의 다른 기능인 마케팅, 생산, 엔지니어링, 재무를 고려하여 **함께 종합적**으로 다루어져야 한다.

㉡ 구매의 아웃소싱이 증가하면서 내부고객 만족에 대한 중요성이 증가하고 있다.

② 구매관리의 정의

㉠ 구매관리란 생산계획 달성을 위해 생산에 필요한 자재(Material)를 신뢰성 있는 공급자(Reliable)부터로 적절한 품질(Quality)로 적절한 시기(Time)에 적절한 수량(Quantity)을 최소의 비용으로 조달하기 위한 활동이다.

㉡ 구매관리 대상은 원자재, 부품, 가공품, 기계설비 등 다양하고 생산 및 판매 활동 지원을 위한 용역도 구매관리 대상에 포함한다.

③ 구매전략

㉠ 구매전략에는 공급자 수를 줄이는 물량통합과 공급자와의 운영통합 등이 있다.

㉡ 구매과정을 효율적이고 효과적으로 관리해야 한다.

㉢ 기업의 전략과 일치하는 구매전략을 개발해야 한다.

㉣ 구매자의 경영목표를 달성하기 위한 공급자와의 정보공유 필요성이 커졌다.

㉤ 적기에 필요한 품목을 필요한 양만큼 확보하는 JIT(Just In Time) 구매를 목표로 한다.

㉥ 구매의 품질을 높이기 위해서 구매자는 공급자의 활동이 안정적으로 수행되도록 협력한다.

㉦ 최적의 공급자를 선정, 개발 및 유지해야 한다.

(2) 공급자 선정방법(구매계약방법)

① 일반경쟁입찰

㉠ 공급경쟁 참가자를 널리 일반에 구하고 그들 중 가장 유리한 가격과 조건을 제시하는 입찰자를 선정하여 계약하는 방식이다.

㉡ 일정한 자격을 가진 불특정 다수인의 입찰 희망자를 경쟁에 참가토록 하는 방법이다.

㉢ 특정 업체의 경쟁참가를 **배제하지 않는다.**

㉣ 긴급한 경우, 소요시기에 맞추어 구매하기 어렵다.

㉤ 일반적으로 '공고 → 입찰등록 → 입찰 → 개찰 → 낙찰 → 계약'의 절차를 거친다.

② 지명경쟁입찰

㉠ 미리 지명된 몇몇 특정인(복수)의 사람만으로 제한하여 진행하는 경쟁입찰 방식이다.

㉡ 지명한 공급자들 중에 가장 유리한 가격과 조건으로 입찰자를 구매자가 선정하여 입찰토록 하는 방법이다.

㉢ 절차의 간소화로 경비 절감이 가능하다.

㉣ 일반적으로 '공고 → 지명 → 등록 → 개찰 → 낙찰 → 계약'의 절차를 거친다.

③ 제한경쟁입찰

㉠ 참여 자격에 제한을 두되 그 자격을 갖춘 사람은 누구나 참여하여 경쟁할 수 있게 하는 입찰 방식이다.

㉡ 발주자는 계약의 목적·성질·규모 등을 고려하여 필요하다고 인정될 때에는 참가 자격을 도급한도액, 실적, 기술의 보유현황, 재무상태, 지역제한 등으로 입찰자를 제한할 수 있다.

④ 수의계약

㉠ 경쟁입찰 방법에 의하지 않고 계약내용을 이행할 자격을 갖춘 특정인과 계약을 체결하는 방법이다.

㉡ 현저하게 유리한 조건을 갖추었을 때, 긴급구매, 기밀을 요할 때, 소액구매들의 경우 주로 이용되는 방법이다.

㉢ 신용이 확실한 거래처의 선정이 가능하지만 공정성이 결여될 수 있다.

(3) 협의에 의한 방법

입찰 후 각 업체별로 구체적으로 협의하는 방식이다.

(4) 기타 구매 유형

① 일괄구매주문(Blanket Order)을 통해 조달비용을 절감할 수 있다.

② 예측구매는 자금의 사장화 및 보관비용이 증가한다.

③ 상용기성품(COTS, Commercial Off the Shelf) 구매를 통해 개발비용을 절감할 수 있다.

핵심포인트

구매관리, 조달관리, 재고관리

1. 구매관리

① 기술적 구매를 필요로 하는 품목수가 많고 구매과정이 복잡한 구매를 관리

② 생산현장에서 소요되는 부품이나 소모품의 생산일정 준수를 위한 단순한 구매를 관리

2. 조달관리
   ① 단순 대금지불 후 자재를 구매하는 단계에서 발전하여 전략적인 접근방법을 통하여 기업의 손익을 극대화는 방법 : Bidding(입찰), Sourcing(대외구매)
   ② 전략적인 접근방법을 통한 가치의 창조활동

3. 재고관리
   원재료, 공정재고, 완제품재고의 조달물류영역부터 판매물류영역까지 재고의 포괄적 관리

2 집중구매와 분산구매 ★★

(1) 집중구매(Centralized Purchasing Method)

① 개념
   ㉠ 본사에서 절차가 복잡한 수입물자 구매 등에 주로 이용되는 구매방법이다.
   ㉡ 일반적으로 대량 구매가 이루어지기 때문에 수요량이 많은 품목에 적합하다.

② 장점
   ㉠ 일반적으로 대량 구매가 이루어지기 때문에 가격 및 거래 조건이 유리하다.
   ㉡ 구매절차를 표준화하여 구매비용 절감에 유리하다.
   ㉢ 자재수입 등 절차가 복잡한 구매에서 구매절차를 통일하기가 유리하다.
   ㉣ 시장조사 등 구매 효과 측정이 용이하다.
   ㉤ 본사 및 공장에서 사용하는 공통자재를 정리하여 관리함으로써 업무 간소화 및 재고량 절감에 도움이 된다.
   ㉥ 공통자재의 표준화, 단순화가 가능하다.
   ㉦ 본사집중구매는 전문지식을 통한 구매가 가능하며, 구매기술의 개발과 적용이 쉬워진다.

③ 단점
   ㉠ 구입절차가 번잡하게 되어 본사와 공장 사이의 사무처리에 시간이 걸리는 일이 많다.
   ㉡ 자재의 긴급조달의 어려움이 있다.
   ㉢ 사업소의 재고상황 파악이 어렵다.

(2) 분산구매(Decentralized Purchasing Method)

① 개념
   ㉠ 본사 외의 사업소(공장, 지점)에서 개별구매하는 방법이다.
   ㉡ 가격 차이가 없는 품목의 경우 **분산**구매가 유리하다.

② 장점
   ㉠ 사업장의 특수 요구사항을 반영하는 자율적인 구매가 가능하다.
   ㉡ 본사 방침과 상관없이 각 사업장의 독립적인 구매가 가능하다.

㉢ 긴급수요가 발생하거나 긴급조달이 필요할 때 신속히 대응할 수 있다.
㉣ 거래업자가 사업장으로부터 근거리일 경우 경비가 절감된다.
㉤ 사업장의 특수 요구를 반영할 수 있다.
㉥ 구매절차가 간단하고 비교적 단기간 내 구매가 가능하다.

③ 단점
㉠ 일반적으로 일괄구입에 비해 구입경비가 많이 들고 구입단가가 높아질 수 있다.
㉡ 공장이 주체가 되어 구입하므로 원가의식이 낮아질 수 있다.

3 구매방식별 구매품목

(1) 집중구매품목

① 금액 중요도가 높은 품목, 전사 공통품 및 표준품목
② 대량 소요품목, 구입절차가 까다로운 품목(수입자재)
③ 구매량에 따라 가격할인이 가능한 품목

(2) 분산구매품목

① 시장성 품목
② 구매지역에 따라 가격 차이가 없는 품목
③ 소량・소액품목
④ 사무용 소모품 및 수리부속품(MRO)

핵심포인트

MRO(Maintenance, Repair & Operation, 기업소모성 자재)
1. MRO는 기업에서 제품생산과 관련된 원자재를 제외한 회사 경영・관리・유지 등에 필요한 모든 소모성 자재나 설비를 의미한다.
2. 기업의 각종 용품의 구입 및 관리를 전문업체에 위탁함으로써 직접 구매하고 관리하는 데 따른 비효율성과 인적 낭비를 제거하려는 것이다.

4 구매조직 ★

(1) 중앙집중식 구매조직

① 구매인력이 하나의 부서에 집중되는 조직으로 조직 내 업무기능의 중복 가능성을 줄일 수 있다.
② 구매를 한곳으로 집중하여 수량할인과 배송의 경제성을 얻을 수 있다.
③ 다수의 공급업자 관리가 일원화되어 개별 공급업자에 대하여 높은 수준의 협상력을 가질 수 있다.

④ 구매집중화가 이루어져 부서 내 구매경쟁 문제를 방지할 수 있다.

(2) 분권식 구매조직

보편적으로 관료주의적 행태를 줄이게 되어 더욱 신속한 대응을 가능하게 하고 구매자와 사용자 간 원활한 의사소통에 도움이 된다.

5 JIT 구매관리의 요건

핵심포인트

JIT(Just In Time)

JIT란 필요한 때, 필요한 것만을, 필요한 수량만큼 생산하여 생산시간을 단축하고 재고를 최소화하여 낭비를 없애는 개념으로 JIT 시스템은 물류에서는 적시도착의 의미로 사용된다. JIT의 전제조건으로, 공급자는 안정적인 장기계약을 통해 제조기업의 한 공정처럼 협력할 수 있어야 한다.

① 공급업자와 구매자 간의 장기적인 안정성과 유연성을 유지하기 위하여 협조 강화 및 구매기능이 기업의 전략적 계획에 통합되어야 한다.
② 공급업체가 제조업체의 수요량을 신속하게 파악할 수 있도록 정보가 공유되어야 한다.
③ 신뢰성 있는 공급업자와의 장기계약을 통해 공급업체의 업무협조가 필요하며 정보공유의 계기가 되는 파트너십 구축이 필요하다.
④ 필요한 시간에, 필요한 장소로, 필요한 양만큼 배달해 주고 신제품 개발도 참여해야 한다.
⑤ 부품의 공급 차질에 따른 생산지연에 대한 비용은 부품공급업자가 부담한다.
⑥ 리드타임 감소를 위해 지리적으로 근접한 장소에 위치하는 것이 좋다.

핵심포인트

전통적 구매방식과 JIT 구매방식

구분	JIT 구매방식	전통적 구매방식
구매동인	수요발생(Pull)	생산계획(Push)
공급자 선정	경쟁입찰	기회주의적
공급자의 수	소수	다수
거래기간	장기	단기 및 장기
발주수량	소량	대량
생산수량	소량	대량
창고의 규모	소형	대형

02 재고관리

1 재고 ★

(1) 개념

① 재고란 기업이 수요에 신속하게 응하기 위해 보유하고 있는 물품을 의미한다.
② 고객으로부터 발생하는 제품이나 서비스의 요구에 적절히 대응할 수 있게 한다.

(2) 재고의 역할

① 수요의 불확실성에 대비한다.
② 수요와 공급의 균형을 위해 사용한다.
③ 영업과 마케팅 전략에 유연성을 제공한다.
④ 생산과 유통 및 유통채널 간의 완충 역할을 한다.
⑤ 가격 상승에 따른 투자효과를 기대할 수도 있다.

(3) 재고 보유의 역할

① 원재료 부족으로 인한 생산중단을 피하기 위해 일정량의 재고를 보유한다.
② 작업준비 시간이나 비용이 많이 드는 경우 생산일정계획을 유연성 있게 수립하기 위하여 재고를 보유한다.
③ 미래에 발생할 수 있는 위험회피를 위해 재고를 보유한다.
④ 계절적으로 집중 출하되는 제품은 미리 확보하여 판매기회를 놓치지 않기 위해 재고를 보유한다.

(4) 재고의 유형

① **안전재고** : 완충재고, 미래의 불확실성에 대비한 재고를 의미한다.
② **비축재고** : 미래의 피크수요에 대비한 재고를 의미한다.
③ **로트 사이즈 재고** : 로트 사이즈 단위로 발생되는 재고(EOQ, EPQ)를 의미한다.
④ **수송 중 재고** : 수송리드타임 중 생기는 수송 중 재고를 의미한다.
⑤ **예비일감재고** : 공정재고(WIP, Work In Process), 공정독립을 위한 Buffer 재고를 의미한다.
⑥ **투기재고** : 장래 원·부자재 가격의 인상이익을 목적으로 보유되는 재고를 의미한다.
⑦ **불용재고** : 사용도 안 되고 판매도 안 되는 재고를 의미한다.

(5) 재고의 목표

재고의 목표는 최소의 재고로 고객서비스를 만족시키고 품절 방지를 통한 손실 비용을 방지하는 것이다.

(6) 재고량 변화의 동인

요인	재고량
발주비용 ⬆ : 1회 발주비용이 커질 경우	재고량 ⬆
조달기간 ⬆ : 주문 후 수령까지 조달기간이 길어질 경우	
원화가치 ⬆ : 원고상태, 같은 금액으로 이전보다 더 많은 수입재고의 구매가 가능할 경우	
수 요 량 ⬆ : 제품에 대한 수요가 증가할 경우	
제품가격 ⬆ : 가격의 상승	재고량 ⬇
원화가치 ⬇ : 원저(원화가치 절하)상태	

(7) 재고과다, 재고과소, 적정재고

① 재고과다
- ㉠ 자금이 재고에 묶여 현금흐름에 악영향을 초래한다.
- ㉡ 발주비용은 감소하나 재고유지비용이 상승한다.
- ㉢ 재고회전율 감소 → 평균 재고 증가 → 서비스율 증가(결품률 감소)

② 재고과소
- ㉠ 계획적 자금운용이 가능하여 현금흐름이 향상한다.
- ㉡ 재고유지비용 감소은 감소하나 발주비용이 증가한다.
- ㉢ 재고회전율 증가 → 평균 재고 감소 → 서비스율 감소(결품률 증가)

③ **적정재고** : 재고과다 및 재고과소의 단점을 모두 보완하며, 가장 이상적인 재고량이다.

2 재고관리 ★

(1) 개념

① 재고관리는 제품, 반제품, 원재료, 상품 등의 재화를 합리적 · 경제적으로 유지하기 위한 활동이다.

② 재고관리란 기업이 미래에 사용할 목적으로 생산을 용이하게 하거나 고객으로부터의 수요를 만족시키기 위하여 유지하는 재고를 최적상태로 관리하는 절차를 말한다.

③ 경영학적 측면에서 재고관리란 주어진 서비스율, 조달기간, 수요분포를 통해 어떤 발주방법을 택하고 1회당 발주비용, 1회당 발주량 크기 등을 검토하는 것을 의미한다.

④ 효율적인 재고관리와 물류운영 최적화를 위해 가장 우선적으로 고려되어야 할 사항은 정확한 **수요예측**이다.

(2) 목적

① 재고관리에 의한 생산 및 판매활동 안정화

② 재고적정화를 통한 재고투자 및 재고 관련 비용 절감

③ 재고비의 감소와 과다재고 방지에 의한 운전자금 절감
④ 고객서비스 수준을 만족시키면서 품절로 인한 손실(매출기회 상실)과 재고유지비용 및 발주비용을 최적화
⑤ 원자재를 적정수준으로 유지함으로써 재고비용 절감, 운전자금 원활화, 조업도 안전화, 서비스의 향상 등 도모

(3) 재고관리 기능

① 물류 측면에서의 기능
㉠ 수급적합기능
㉡ 생산의 계획·평준화 기능 : 재고보유를 통한 생산의 계획화
㉢ 경제적 발주기능 : 경제적 발주량을 도출하여 발주정책에 이용한다. 긴급발주에 대한 비용을 최소화한다.
㉣ 운송합리화 기능 : 어떤 재고를 어디에 보관할 것인가에 따라 수송합리화 계획이 가능하다.
② 유통 측면에서의 기능
제조·가공기능 : 제조과정에서 모든 것을 충족시키는 것이 아니고, 유통과정에서 일부의 조립과 포장 등의 기능을 담당하는 것을 의미한다.

(4) 재고수준 결정 시 고려사항

① 경쟁성
② 고객서비스 수준
③ 이윤
④ 보관거점 수

(5) 재고관리의 장점

① 실제 재고량 파악
② 불확실성에 대한 대비
③ 가용 제품 확대를 통한 고객서비스 달성
④ 수요와 공급의 변동성 대응

(6) Pull 방식과 Push 방식의 재고관리

Pull 방식	Push 방식
• 실제 지역수요를 고려하여 수요예측에 의한 재고 보충량 결정 • 각 지역의 재고의 정확한 관리 가능 • 통합적 재고계획을 바탕으로 개별적 재고 보충량을 할당	• 수요량을 미리 예측하여 예측된 수량만큼 단계적으로 재고를 밀어냄 • 재고에 대한 의사결정에 독립성이 없음

3 재고비용 ★

(1) 개념

① 총 재고비용은 주문비용, 준비비용, 재고유지비용, 재고부족비용 등으로 이루어진다.
② 총 재고비용이 최소로 되는 수준에서 재고정책을 결정하여야 한다.
③ 주문량을 결정할 때 관련 비용은 트레이드 오프(Trade-off) 관계를 갖는다.

(2) 주문비용(Cost of Ordering)

① 자재나 부품을 외부에서 구매할 때 제반되어 발생되는 비용이다.
② 주문발송비, 물품수송비, 통관료, 하역비, 검사비 등이 포함된다.
③ 상담, 주문, 검사, 자재를 구입하기 위한 운송비가 포함된다.

(3) 준비비용(Set-up or Production Change Cost)

① 재고품을 외부로부터 구매하지 않고 회사가 자체 생산할 때 제반되어 발생되는 비용이다.
② 노무비, 필요한 자재나 공구의 교체, 원료의 준비 등에 소요되는 비용으로 주문비용과 대등하다.

(4) 재고유지비용(Carrying & Holding Cost)

① 재고유지비용은 재고유지와 관련된 비용으로 자본의 기회비용(**자본비용, 이자**), **저장비용**(창고료, 광열비, 냉동비), **진부화비용**, **도난·파손에 의한 손실비용**, 보험료 비용, 세금 등이 포함된다.
② 재고유지비용 중 진부화비용, 손상비용, 감모비용, 재배치비용은 재고위험비용이라고 부르기도 한다.
③ 재고유지비용은 재고량에 비례한다.

(5) 재고부족비용(Shortage Cost, Stock-out Cost)

재고부족에 의한 생산중단, **품절로 인한 기회비용**(판매기회의 손실), 신뢰도 하락으로 인한 고객서비스 저하 등이 이에 해당한다.

(6) 총 재고비용(Total Inventory Cost)

준비비용(주문비용) + 재고유지비용 + 재고부족비용

핵심포인트

재고관리비용의 절감사례

① 지역적으로 분리된 다수의 물류센터를 한 구역의 물류센터로 통합
② 원·부자재가 저렴할 때 원자재를 집중구매

③ 공급망 주체(공급업자, 제조업자, 유통업자)들의 재고를 통합 관리
④ 조달기간을 줄일 수 있는 운송수단으로 전환(선박 → 항공)
⑤ 물류센터에서 최종 조립 및 테스팅(Postponement – 지연생산)

예제

재고부담이자 및 재고유지비용

어느 기업의 주차별 주말재고량을 조사해 보니 다음과 같았다. 제품의 단가는 개당 10,000원이고 이자율은 연 12%이다. 단위당 월간 재고유지비는 제품가격의 5%이다. 평균 재고는 (월초재고+월말재고)÷2로 산정한다. 이 경우 기업이 부담해야 할 8월의 재고부담이자와 재고부담이자를 제외한 재고유지비용은 각각 얼마인가?

주차	7월 3주	7월 4주	8월 1주	8월 2주	8월 3주	8월 4주	9월 1주	9월 2주
주말재고량 (개)	330	300	200	350	220	250	340	270

해설 1. 평균 재고 : 300(7월 4주)+250(8월 4주)/2=275
2. 재고부담이자 : 275 × 10,000 × 월 1%(연 12%)=27,500원
3. 재고유지비용 : 275 × 10,000 × 0.05(제품가격의 5%)=137,500원

정답 **재고부담이자 : 27,500원, 재고유지비용 : 137,500원**

예제

시설부담이자

A기업이 60억원을 투자하여 물류센터를 건설하였다. 물류센터의 내용연수는 30년이며, 감가상각은 정액상각방식으로 한다. 물류센터 건설 후 10년이 경과한 시점의 물류센터에 대한 연간 시설부담이자는 얼마인가? (단, 시중 연 이자율은 4%를 적용하고, 투자비용의 시간가치와 잔존가치는 고려하지 않는다.)

해설 1. 정액법에 의한 1년분 감가상각비=(취득원가−잔존가치)/내용연수
→ 물류센터의 정액상각방식에 의한 1년분 감가상각비=(60억−0)/30년=2억
2. 10년 경과한 시점의 물류센터는 20억(2억 × 10년)만큼 감각상각비가 누계되어 40억의 가치를 가지고 있다.
3. 시설부담이자=40억 × 4%=1억 6천만

정답 **1억 6,000만원**

4 재고관리시스템 및 재고관리 지표 ★★

(1) 서비스율(Service Rate)

서비스율은 가지고 있는 재고로부터 주문이나 수요를 납기 내 얼마나 잘 충족시켰는가를 보여주는 척도로, 전체 수주량에 대한 납기 내 납품량의 비율로서 계산한다.

① 서비스율

㉠ 서비스율(%) = (납기 내 출하금액 ÷ 수주금액) × 100

㉡ 서비스율(%) = {출하량(금액) ÷ 수주량(금액)} × 100

㉢ 서비스율(%) = 1 − 백오더율

② 납기 내 출하량(금액) = 주문량(금액) − 결품 및 불량수량(금액)

예시

연간 총수요가 10,000개이며, 제품의 연간 평균 품절개수가 500개인 경우 서비스율은 95%이다.

$(\frac{9,500}{10,000})$

(2) 백오더율(Back Order Rate)

납기 내에 납품되지 못한 주문에 대한 결품비율이다.

① 백오더율(%) = (납기 내 납품하지 못한 양 ÷ 수주량) × 100

② 백오더율(%) = 1 − 서비스율

(3) 재고회전율

재고자산에 투자한 자본이 신속하게 회수되고 재투자되었는가를 측정하는 척도이다.

① 재고회전율 산정

㉠ 재고회전율 = 총 수요량(매출액, 출고량) ÷ 평균 재고량(금액) × 100

㉡ 평균 재고량(금액) = (기초재고량 + 기말재고량) ÷ 2

㉢ 일평균 재고 = 단위기간 중 재고합계액 ÷ 영업일수(수요일수)

② 재고량과 재고회전율의 관계 : 재고량과 재고회전율은 서로 반비례 관계이다.

㉠ 재고회전율⬇ : 평균 재고량⬆ → 재고유지비용⬆ → 품절률⬇ → 서비스율⬆

㉡ 재고회전율⬆ : 평균 재고량⬇ → 재고유지비용⬇ → 품절률⬆ → 서비스율⬇

③ 수요량과 재고회전율 관계 : 수요량이 크면 재고회전율이 높은 정비례 관계이다.

④ 재고회전기간 산정방법

㉠ 재고를 모두 소진하기 위해서 걸리는 시간을 의미한다.

㉡ 재고회전기간 = 수요대상기간(영업일수) ÷ 재고회전율

ⓒ 수요대상기간은 일반적으로 1년을 기준으로 하며 일수로 환산할 때는 360일을 기준으로 한다.

⑤ 적정재고 수준

㉠ 수요를 가장 경제적으로 충족시킬 수 있는 재고량이다.

㉡ 적정재고 = 운영재고 + 안전재고

(4) 안전재고량

① 안전재고

㉠ 개념

ⓐ 안전재고는 수요의 변동, 수요의 지연, 공급의 불확실성 등으로 품절이 발생하여 계속적인 공급중단 사태를 방지하기 위한 예비목적의 재고량이다.

ⓑ 안전재고는 품절예방, 납기준수 및 고객서비스 향상을 위해 필요하다.

㉡ 특징

ⓐ 안전재고 수준을 높이면 재고유지비의 부담이 커진다.

ⓑ 공급업자가 제품을 납품하는 조달기간이 길어지면 안전재고량이 증가하게 된다.

ⓒ 수요와 고객서비스를 고려하여 적정수준의 안전재고를 유지하면 재고비용이 과다하게 소요되는 것을 막을 수 있다.

② 조달기간(Lead Time)

㉠ 개념

ⓐ 고객의 조달기간은 주문을 하고 최종 수령할 때까지의 기간을 의미한다.

ⓑ 생산자의 조달기간은 생산 개시부터 최종 완제품 출하까지의 기간을 의미한다.

㉡ 특징

ⓐ 조달기간은 발주 후 창고에 주문품목들이 들어오기까지의 기간으로 기간이 짧을수록 재고수준은 낮아진다.

ⓑ 안전재고 및 재주문점에 영향을 크게 주므로 짧게 유지하도록 하는 것이 바람직하다.

③ 안전재고량 산식

㉠ 안전재고량=안전계수(k) × 수요의 표준편차(S) × $\sqrt{\text{조달기간(리드타임)}}$

㉡ 특징

ⓐ 고객 수요가 임의의 확률분포를 따를 때 수요변동의 표준편차가 작아지면 제품의 안전재고량이 감소한다.

ⓑ 생산자의 생산수량의 변동폭이 작아지면 부품공급업자와 생산공장 사이의 안전재고량은 감소한다.

ⓒ 조달기간의 분산이 작아지면 안전재고량은 감소하며 분산이 커지면 안전재고량은 증가한다.

심화

안전계수

1. 안전계수

허용 결품률	1%	2%	3%	5%	10%	20%	30%
안전계수	2.33	2.03	1.89	1.65	1.29	0.85	0.53
서비스율	99%	98%	97%	95%	90%	80%	70%

2. 품목별 안전계수
   ① 높은 안전계수
      ㉠ 품절이 발생되면 상품의 입수가 쉽지 않고 손해를 주는 상품
      ㉡ 수요의 변동폭이 큰 상품
   ② 낮은 안전계수
      ㉠ 품절이 발생되어도 상품의 입수가 쉬운 상품
      ㉡ 재고가 남으면 큰 손해가 나는 상품
      ㉢ 수요의 변동폭이 작은 상품
      ㉣ 재고유지비용이 큰 상품(집중 관리)

예제

1. K사에서 30일이 지난 후 철도차량 정비품 A의 1일 수요의 표준편차와 조달기간을 조사해 보니 이전보다 표준편차는 8에서 4로 감소되었고, 조달기간은 4일에서 9일로 증가되었다. 정비품 A의 안전재고수준은 어떻게 변동되는가? (단, 다른 조건은 동일하다.)

1. 안전재고=안전계수 × 수요의 표준편차 × $\sqrt{조달기간}$
2. 안전계수는 동일하고 표준편차는 8에서 4로 1/2배(0.5배), $\sqrt{조달기간}$은 $\sqrt{4}$ =2에서 $\sqrt{9}$ =3으로 3/2배(1.5배)로 변동되었다.
3. 1/2 × 3/2=3/4, 결국 이전의 3/4(=0.75) 수준으로 변동되었으므로, 기존 대비 25% 감소한다.

2. JIT를 도입하여 운영 중인 공장 내부의 A작업장에서 가공된 M부품은 B작업장으로 보내져 여기서 또 다른 공정을 거친다. B작업장은 시간당 300개의 M부품을 필요로 한다. 용기 하나에는 10개의 M부품을 담을 수 있다. 용기의 1회 순회시간은 0.7시간이다. 물류담당자는 시스템 내의 불확실성으로 인해 20%의 안전재고가 필요하다고 판단하였다. 작업장 A와 B 간에 필요한 부품용기의 수는 최소 몇 개인가?

해설

1. 용기 하나에 10개의 부품을 담을 수 있으므로 30개의 용기가 필요하다. (300/10)
2. 용기 1회의 순회시간은 0.7시간이므로 21개의 용기가 사용된다. (30 × 0.7)
3. 20%의 안전재고가 필요하므로 부품용기는 26개가 필요하다. (21 × 1.2=25.2)

(5) 기타 재고관리 지표

① 원가절감비율(%) = (원가절감액 ÷ 구매예산) × 100
② 재고율(%) = (입고금액 ÷ 출고금액) × 100
③ 재고일수 = {현재재고수량(금액) ÷ 월평균 출하량(금액)} × 30

5 채찍효과(Bullwhip Effect) ★

(1) 개념

① 공급망상에 공급망 주체들은 직면하는 다양한 불확실성으로 인하여 안전재고를 포함한 실제 필요한 재고보다 더 많이 주문하게 된다. 이때 최종 고객으로부터 공급망의 **상류**로 갈수록 이러한 판매 예측정보가 왜곡되는 현상을 채찍효과라 한다.
② 채찍효과란 최종 소비자의 수요 정보가 공급자 방향으로 전달되는 과정에서 수요변동이 증폭되는 현상을 의미하는 것이다.
③ 즉, 시장에서의 수요정보가 왜곡되는 현상을 말한다.

(2) 채찍효과의 발생원인

① 공급사슬 구성원들의 독립적이고 부정확한 수요예측은 채찍효과를 유발한다.
② 제품가격의 변동, 과도한 통제에 따른 리드타임의 증가, 결품을 우려한 과다 주문, 가격변동에 의한 선행구입, 정보의 **비가시성**은 채찍효과의 발생원인이다.
③ 로트(Lot) 단위, 일괄주문(Batch Order)은 수요의 왜곡현상을 발생시키고 채찍효과를 유발할 수 있다.
④ 채찍효과가 발생하는 이유 중의 하나는 수요예측이 소비자의 실제 수요에 기반하지 않고 거래선의 주문량에 근거하여 이루어지기 때문이다.
⑤ Promotion 등의 가격정책의 영향 또는 공급이 부족한 제품에서 일어나는 가짜 Fantom수요가 발생할 때 채찍효과가 일어난다.

TIP 납품주기 단축과 납품횟수 증대는 채찍효과의 원인이 아니다. 빈출

(3) 채찍효과의 제거방안

① 최종 소비자의 수요변동을 감소시키는 영업 전략을 선택한다.
② 공급망(공급사슬 참여기업) 전반에 걸쳐 수요정보를 중앙집중화하고 상호 공유하여 공급사슬 전체의 불확실성을 줄이고 안전재고를 줄인다.
③ EDI를 이용한 정보리드타임을 단축시킨다.
④ 상시저가전략(EDLP, Everyday Low Price) 등의 가격안정화 정책을 도입하여 가격변동폭을 줄임으로써 최종 소비자의 수요의 변동을 감소시킨다.

⑤ 공급망 내 주체 간의 단순 계약 관계의 구축보다는 **전략적 파트너십**을 구축하고, 이러한 파트너십을 통해 공급망 관점의 재고관리를 강화시킨다.
⑥ 협력계획, 예측 및 보충(CPFR : Collaborative Planning, Forecasting, and Replenishment)의 적용
⑦ 공급자재고관리(VMI, Vendor Managed Inventory) 등 공급체인 구성원 간에 전략적 관계를 강화한다.
⑧ Cross Docking 등의 방법을 통해 제품공급의 리드타임(Lead Time)을 단축시킨다.

TIP 일회 주문량을 증가시켜 운송비용을 절감하는 주문방식을 일괄대량주문(Batch 주문, 일괄주문처리, Order Batching)이라 하는데, 시장수요에 의한 주문량의 변화가 아닌 물류비용 절감을 위한 배치주문과 같은 일회 주문량의 대량화는 **채찍효과를 증대**시킨다. 빈출

6 CRP(Continuous Replenishment Planning, 지속적 보충프로그램)

(1) 개념

① 전통적으로 유통업자(고객)가 독자적인 수요예측에 의해 제조업자(공급자)에 주문을 하고 재고를 관리하던 전통적인 재고 보충방법을 탈피한 방법이다.
② 공급망 구성원 간의 장기계약에 의한 Partner 관계 수립과 시스템을 통한 정보공유(유통의 실제 판매정보, POS)를 통해 전략적으로 재고를 보충하는 '지속보충시스템'이다.
③ 일반적으로 CRP라 하면 전통적인 보충방식을 탈피한 VMI를 의미한다.

(2) 특징

① 주문량에 근거하여 공급업체로 주문하던 Push 방식과 달리 실제 판매데이터와 예측수요데이터를 근거로 상품을 보충시키는 Pull 방식 시스템이다.
② 공급업자와 소매업자 간에 POS 정보를 공유하여 별도의 주문 없이 공급업자가 제품을 보충할 수 있다.
③ 유통업체의 실제 판매 데이터를 토대로 제조업체에서 상품을 지속적으로 공급하는 방식이다.
④ 적기에 필요한 유통소매점의 재고 보충을 위해 운영비용과 재고수준이 축소된다.
⑤ 재고데이터와 점포별 주문데이터를 공급업체에 전송 시 공급업체는 주문업무를 책임진다.
⑥ 전반적인 유통공급과정에서의 상품주문기능이 향상된다.

(3) 종류

VMI(Vendor Managed Inventory)	CMI(Co-Managed Inventory)
공급자에 의해 보충되는 유통업체의 재고	협력에 의해 보충되는 유통업체의 재고
⬇	⬇
협력과정	
유통업체의 실제 판매량, 판매시점정보(POS)를 제조업자와 공유	
⬇	
실판매량에 근거한 제조업자의 수요예측	
⬇	
"제조업자"가 유통업체의 재고 보충량을 결정	제조업자의 예측 결과를 유통업체와 공유
	⬇
	"유통업체"가 최종 자신의 **재고 보충량을 결정**
VMI(Vendor Managed Inventory)	CMI(Co-Managed Inventory)

03 재고모형

1 경제적 주문량(EOQ) 모형 ★★★

(1) 개념

① 경제적 주문량이란 연간 총 재고비용이 최소가 되게 하는 1회 주문량을 의미한다.

② 연간 총비용(YTC) = 연간 주문비용(YCO) + 연간 재고유지비용(YCH) + 품절비용 + 기회비용(품절비용과 기회비용은 추상적이기에 실제 계산 제외)

③ 경제적 주문량(EOQ)이 도출되면, 연간 주문비용(YCO) = 연간 재고유지비용(YCH)

④ YTC = YCO + YCH = YCO × 2 = YCH × 2

TIP 경제적 주문량을 구한 후, 연간 주문비용이나 연간 재고유지비용 둘 중 하나를 구한다면, 연간 총비용의 추정이 가능하다.

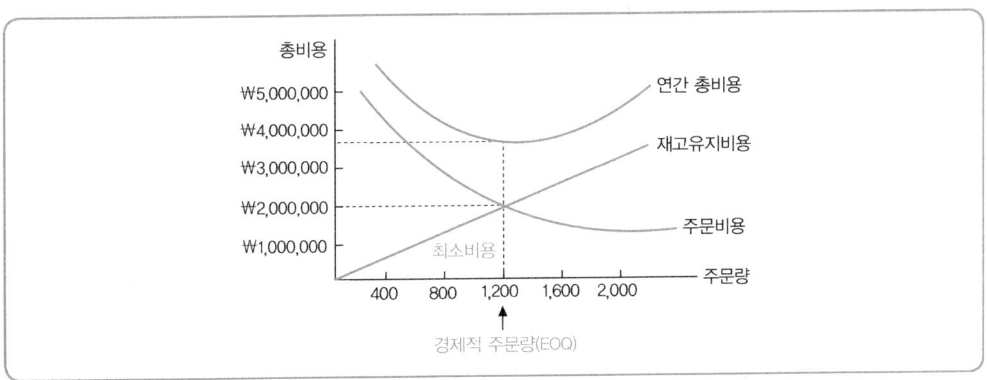

(2) 전제조건

① 수요율(단위기간당 사용률)이 일정하고 연간 수요량이 알려져 있다.

② 조달기간은 일정하다,

③ 주문량은 전량 일시에 입고(도착)된다.

④ 대량주문에 따른 구입 가격할인(수량할인)은 없다.

⑤ 모든 수요는 재고부족 없이 충족된다.

⑥ 재고유지에 소요되는 비용은 평균 재고량에 **비례**한다(단위당 재고유지비용 일정).

⑦ 단일품목(하나의 품목)에 대해서만 고려한다.

⑧ 안전재고는 고려되지 않는다.

⑨ 주문비용과 단가는 주문량에 관계없이 일정하다.

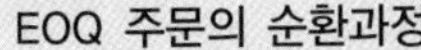
심화

EOQ 주문의 순환과정

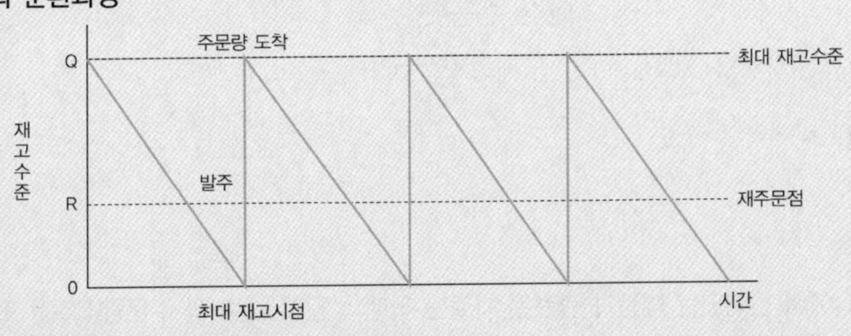

① 보충된 Q^*수량에서 재고수준이 시작됨.

② 일평균 수요만큼씩 시간의 흐름에 따라 재고가 감소함.

③ 재고주문 후 바로 즉시 재고가 보충되지 않고 조달기간이 소요되기 때문에 조달기간 동안의 수요를 감안하여 ROP(재주문점－수량정보) 수량만큼 창고에 남았을 때 정해진 수량, Q만큼을 단위주문함.

④ 주문을 하고 조달기간이 다 소요되면 창고의 재고가 0이 될 시점에 주문한 수량, Q^*가 도착하여 결품이 방지됨.

(3) 특징

① EOQ 모형에서 평균 재고수준은 경제적 발주량의 절반과 같다.

② EOQ 모형에서 연간 발주비는 경제적 발주량에 반비례한다.

③ EOQ 모형에서 재주문점은 1일 수요량과 리드타임으로 구할 수 있다.

(4) EOQ 관련 공식

① EOQ 공식

$$\mathrm{EOQ} = \sqrt{\frac{2 \times \mathrm{CO} \times D}{\mathrm{CH}}} = Q^*$$

㉠ CO(Cost of Ordering) : 1회 주문비용 (문제에서 제시됨)

㉡ D(Yearly Demand) : 연간 수요 (문제에서 제시됨)

㉢ CH(Carrying Holding Cost) : 연간 단위당 재고유지비용

→ 상품가격 혹은 원가 × 재고유지비율

② 연간 총비용(YTC) = 연간 주문비용(YCO) + 연간 재고유지비용(YCH)

$$\mathrm{YTC} = \mathrm{YCO} + \mathrm{YCH} = \mathrm{YCO} \times 2 = \mathrm{YCH} \times 2$$

③ 연간 주문비용(YCO) = 연간 주문횟수 × CO

㉠ 연간 주문횟수 $= \dfrac{D}{Q^*}$

㉡ 주문주기(Cycle Time) $= \dfrac{\text{영업일수}}{\text{연간 주문횟수}}$

④ 연간 재고유지비용(YCH) = 평균 재고량 × CH

평균 재고량 $= \dfrac{Q^*}{2}$

예제

어느 상점에서 판매되는 제품과 관련된 자료는 아래와 같다. 경제적 주문량(EOQ) 모형에 의한 정량발주 재고정책을 취할 때 연간 최적 주문주기는? (단, 1년은 365일로 계산한다.)

- 연간 수요 : 2,000단위
- 연간 단위당 재고유지비용 : 200원
- 1회 주문비용 : 2,000원

해설

1. $EOQ = \sqrt{\frac{2 \times 1\text{회 주문비용} \times \text{연간 수요량}}{\text{연간 단위당 재고유지비}}} = \sqrt{\frac{2 \times 2,000 \times 2,000}{200}} = 200$

2. 연간 수요 2,000단위를 200단위씩 10회에 걸쳐 주문하면 된다.
3. 즉, 답은 36.5일(365/10)이다.

예제

커피머신을 구매하여 공급하는 도매상은 올해의 구매전략으로 경제적 주문량(EOQ) 적용을 고려하고 있다. 연간 예상판매량을 10,000대, 대당 가격은 100만원, 대당 연간 재고유지에 소요되는 비용을 구매비용의 25%, 1회 발주에 소요되는 비용이 50만원이라고 할 때 경제적 주문량과 적정 주문횟수는?

해설

1. 경제적 주문량(EOQ) $= \sqrt{\frac{2 \times 1\text{회 주문비용} \times \text{연간 수요량}}{\text{연간 단위당 재고유지비}}} = \sqrt{\frac{2 \times 50\text{만원} \times 10,000}{100 \times 0.25}} = 200\text{대}$

2. 적정 주문횟수 $= \frac{10,000}{200} = 50\text{회}$

예제

물류업체 A회사는 공급업체로부터 제품을 배달받는 데 5일이 걸린다. 연평균 운송재고(Transportation Inventory)가 130개, 1년을 365일이라 할 경우 연간 수요량은?

해설

[해설1]
130개/5일=26개/일(일일 수요), 26개 × 365일=9,490개
[해설2]
365/5=73일, 73일 × 130개=9,490개

2 경제적 생산량(EPQ, Economic Production Quantity) 모형

(1) 개념

① 기업이 공급자로부터의 주문량을 결정하는 것이 아니라 재고나 수요에 대한 제조량을 결정하는 데 사용된다.

② 즉, EPQ 모형의 목표는 생산품목에 대해 생산조업비용을 최소화하는 로트 사이즈를 정하는 것이다.

(2) EPQ 전제조건과 공식

① 전제조건

㉠ 연간 단위당 재고유지비용(CH)과 가동준비비용(Set-up Cost)은 정확히 예측된다.

㉡ 수요율과 생산율이 일정한 확정적 모델이다. 단, 1일 생산율은 1일 수요율보다 크다.

㉢ 안전재고와 재고부족분은 없다.

㉣ 생산단가는 생산량의 크기와 관계없이 일정하다.

㉤ 1회 생산에 소요되는 준비비용은 생산수량과 관계없이 일정하다.

㉥ 재고유지비는 생산량의 크기에 정비례하여 발생한다.

㉦ 수요를 만족시키지 못한 모든 생산은 재고로 처리한다.

② EPQ 공식

$$\text{경제적 생산량} = Q_p = \sqrt{\frac{2 \times S \times D}{H} \times \frac{p}{p-d}}$$

㉠ p : 1일 생산율

㉡ d : 1일 수요율(사용률)

㉢ S : 생산조업당 가동준비비용

(3) EPQ와 EOQ

EPQ	EOQ
P−1 공급자가 재고나 수요에 대한 제조량을 결정하는 데 사용 P−2 순차적 공급 P−3 준비비	Q−1 기업이 공급자로부터 주문량을 결정 Q−2 재고의 입고가 순식간에 이루어짐 Q−3 발주비용

04 단일기간 모형

1 단일기간 모형(Single Period Model)

(1) 개념

한 번의 주문으로 주어진 기간 동안의 수요에 대비하기 위한 재고관리 모형을 의미한다.

(2) 단일기간 모형 적용 유형

① 드문 간격으로 한 품목에 높은 수준의 수요가 있는 경우 : 패션상품이나 연하장과 같이 특수한 시기에 일시적으로 유행하는 제품

② 상품의 수명주기가 짧고 불확실한 수요를 가지고 있는 경우 : 고기, 꽃, 야채와 같이 신선도를 유지해야 하는 제품이나 신문 및 잡지와 같은 정기간행물

2 단일기간 모형에 의한 구매량 결정방식

(1) 수요량과 구입량에 따른 기대이익 검토에 따른 구매량 결정

《 제품의 수요분포 》

수요량	확률
101	5
102	25
103	40
104	20
105	10

구입량 \ 수요량	101	102	103	104	105
101	157.5	156	154.6	153	151.5
102	154.5	161	159.5	158	156.5
103	151.5	158	164.5	163	161.5
104	148.5	155	161.5	168	166.5
105	145.5	152	158.5	165	171.5

⬇

《 수요량과 구입량에 따른 총이익(만원) 》

구입량 \ 수요량	101	102	103	104	105	총 기대이익
101	157.5	156	154.6	153	151.5	154.4
102	154.5	161	159.5	158	156.5	159.0
103	151.5	158	164.5	163	161.5	**161.6**
104	148.5	155	161.5	168	166.5	161.0
105	145.5	152	158.5	165	171.5	158.8
확률(%)	5	25	40	20	10	

① 총 기대이익 = 수요량과 구입량에 따른 총이익 × 확률

> 예 구입량 101개의 총 기대이익
> (157.5 × 0.05)+(156 × 0.25)+(154.6 × 0.40)+(153 × 0.20)+(151.6 × 0.10)=15.4

② 총 기대이익을 극대화시켜 주는 구매량은 103개이며, 그때의 기대이익은 161.6(만원)이다.

(2) 서비스 수준 개념에 따른 구매량 결정

구매가를 A, 판매가를 B, 반품가를 C로 정의하면,

> C_U=수요보다 한 단위 적게 주문하는 경우의 손실 (B−A)
> C_O=수요보다 한 단위 초과 주문하는 경우의 손실 (A−C)
> C_M=한계비용(주문량을 한 단위 증가시킬 때의 비용 변화량)
> $=p\times C_O+(1-p)\times(-C_U)$
> p=최적 주문량 서비스 수준, 한계비용(C_M)을 0으로 만드는 서비스 수준
> $\frac{C_U}{C_U+C_O}$

예제

제품 A는 주당 500박스에서 1,000박스 사이로 수요가 발생하며, 회사는 박스당 20,000원에 공급받아 40,000원에 판매한다. 이때의 서비스 수준 및 최적 재고수준은? (단, 판매되지 않은 제품의 잔존가치는 없으며, 무상 폐기처분된다.)

해설

1. 서비스 수준 $=\frac{\text{충족된 수요}}{\text{총수요}}=\frac{500}{1,000}\times 100=50\%$

   (수요 500박스를 예상하여 주문하였는데, 실제로는 1,000박스 수요가 발생할 수도 있는 상황임)
2. 최적 재고수준 = 평균 재고+안전재고(본 문제에서는 안전재고 언급이 없으므로 무시)
3. 평균 재고 $=\frac{\text{최소수요}+\text{최대수요}}{2}=\frac{500+1,000}{2}=750$개

정답 **서비스 수준 : 50%, 최적 재고수준 : 750개**

05 재고관리기법

1 정량발주법(Fixed Order Quantity System, 발주점법, Q시스템) ★

(1) 개념

① 현재의 재고상태를 지속적으로 파악하여 현재의 재고량이 재주문점에 도달하면 미리 설정된 일정량(고정주문량, Q)을 주문하는 시스템이다.

② 발주시기는 일정하지 않지만 발주량은 정해져 있다. (발주량 고정, 발주주기 유동)

③ 연속적으로 재고수준을 검토하므로 연속점검시스템(Continuous Review System)이라고도 한다.

(2) 특징

① 관리가 쉽기 때문에 신입도 발주업무가 가능하며, 다품목의 관리가 가능하다.

② 주문량이 일정하여 수입, 검품, 보관, 반출이 용이하고 작업비용이 적게 든다.

③ 경제적 로트 사이즈를 이용하기 때문에 재고비용이 최소화된다.

(3) 적용대상

① 수요예측이 어려운 경우

② 수요량의 총합 개념에서는 안정된 수요(수요가 일정)를 가지고 있는 경우

③ 품목이 많고 관리하기 어려운 경우

④ 소비예정량 계산이 복잡하고 계산의 확실성이 떨어지는 경우

(4) 재주문점(ROP, Reorder Point)

① 개념

㉠ 조달기간 동안의 수요에 대응하는 창고 내 재주문 기점주량을 의미한다.

㉡ 창고에 몇 개 남아있을 때 고정주문량만큼 주문하는지를 나타낸다.

② 수요와 조달기간이 일정한 경우

$$\text{ROP} = \text{일일 수요량} \times \text{조달기간}$$

③ 수요와 조달기간이 다양한 경우

$$\begin{aligned}\text{ROP} &= \text{조달기간 동안의 평균 수요} + \text{안전재고(Safety Stock)} \\ &= (\text{일일 평균 수요량} \times \text{조달기간}) + (\text{표준편차} \times \sqrt{\text{조달기간}} \times \text{안전계수})\end{aligned}$$

예제

K사는 제품 A를 판매하고 있으며 영업일은 200일, 연간 총 수요량은 12,000개이다. 제품 A의 안전재고는 135개로 정하고, 공급사에 제품을 주문 시 4일 후에 창고에 입고될 경우 재주문점은?

해설
1. 재주문점 = 조달기간 동안의 평균 수요+안전재고
2. 조달기간 동안의 평균 수요 = 일일 평균 수요량 × 조달기간=(12,000개/200일) × 4 = 240개
3. 재주문점 = 240+135 = 375개

예제

물류업체 A회사 창고의 일일 제품출하량은 평균 4개, 표준편차 1개인 정규분포를 따른다. 제품 주문 후 창고에 보충되는 조달기간은 2일, 안전계수는 2이다. 만약, 일일 제품출하량이 평균 2배, 표준편차 2배로 늘었을 경우 재주문점은 기존 재주문점에 비해 어떻게 변하는가? (단, $\sqrt{2}$는 1.414이다.)

해설
1. 안전재고 = 안전계수 × 수요의 표준편차 ×$\sqrt{\text{리드타임(조달기간)}}$
2. 재주문점(ROP) = (리드타임 × 일평균 수요량)+안전재고
3. 기존 안전재고 = 2 × 1 × $\sqrt{2}$ = 2.828
4. 기존 재주문점 = (2 × 4)+2.828 = 10.828
5. 안전재고 = 2 × 2 × $\sqrt{2}$ = 5.656
6. 재주문점의 변화 = (2 × 8)+5.656 = 21.656 (100% 증가)

2 정기발주법(P시스템)

(1) 개념

① 발주주기를 정해 놓고 발주시점에서의 재고량을 체크하여 장래수요를 예측, 감안하여 발주하는 것으로 발주일에 얼마를 발주하는가 하는 것이 관건이다.
② 재고량이 특정 수준에 이르도록 적정량을 일정 기간마다 재주문하는 방법이다.

(2) 특징

① 발주시기는 일정하여 정기적이지만 발주량은 일정하지 않다. (발주량 변동, 발주주기 고정)
② 정기주문의 경우에 안전재고 수준은 정량주문의 경우보다 더 높다.
③ 운용의 형식이 획일적이고 개개의 품목특성에 의한 재고관리가 용이하다.

(3) 적용대상

① ABC 분석에서 A품목(금액이 높고 철저한 관리를 요하는 품목에 적용)에 주로 사용
② 예상치 못한 수요의 변동이 있는 품목(백화점)
③ 설계변경이 많거나 유행을 타는 것
④ 처리량이 불규칙하게 변하는 경우
⑤ 정확한 구입예산을 세울 필요가 있는 품목
⑥ 소비량이 큰 주요 원자재 품목

핵심포인트

정기발주방식과 정량발주방식의 비교

구분	정기발주방식	정량발주방식
수요의 예측	필요	과거실적이 있는 경우 수요기준이 됨
재고유지수준	재고수준 높음 (많은 안전재고 유지)	재고수준 일정 (일정량 재고 유지)
발주시기	일정	변동
수주량	변경 가능	고정
품목수	적을수록 좋음	영향 없음
대상	고가품	저가품

3 ABC 재고분석 ★

(1) 개념

① 재고를 매출기여도에 따라 그룹을 나누어 비용효율적인 재고관리를 한다는 개념이다.
② 재고의 입출고가 활발한 상품을 파악하여 중점적으로 관리하기 위한 기법이다.
③ 재고관리에서 재고 품목수와 매출액에 따라 품목을 특정 그룹별로 구분하여 집중적으로 관리한다면 업무효율화가 보다 더 용이하다는 전제로 기업에서 보편적으로 사용되고 있는 분석기법이다.
④ 품목수가 적으나 매출액 구성비가 높은 상품을 A그룹, 품목수는 많으나 매출액 구성비가 낮은 상품을 C그룹으로 관리한다.

A그룹	B그룹	C그룹
소수 대형매출	중간	다수 소형매출
(일반적으로) 정기발주방법 유리	(일반적으로) 정량발주방법 유리	• 정기정량 혼합방식 • Two-Bin 시스템
• 품목수 : 10~15% • 매출액 : 70~80%	• 품목수 : 10~20% • 매출액 : 15~20%	• 품목수 : 65~80% • 매출액 : 5~10%

(2) 재고회전율에 의한 품목배치

재고분류	회전율	품목배치
A	높음	입출고구 근거리
B	중간	입출고구 중거리
C	낮음	입출고구 원거리

(3) 분석방법

① 모든 제품의 단가와 평균 판매량 산정
② 모든 상품의 월평균 판매액 산정(= 단가 × 월평균 판매량)
③ 월평균 판매액 순으로 제품을 열거
④ 월판매액의 총 판매액을 계산
⑤ 총 판매액의 누적값을 구함.
⑥ 누적판매액을 총 판매액으로 나누어 누적판매율을 계산

핵심포인트

ABC(Activity Based Costing, 활동기준원가계산)

1. 개념
① 서비스 다양화에 맞추어 보다 정확한 코스트를 파악하려는 원가계산기법이다.
② 기업 내에서 수행되고 있는 프로세스 활동(Activity)을 기준으로 자원(Resource)과 활동, 활동과 원가대상(Cost Object)의 소비 관계를 상호 간의 인과관계에 근거하여 규명함으로써 자원 활동, 원가대상의 원가와 성과를 측정하는 원가계산기법을 의미한다.
③ 업무를 활동 단위로 세분하여 원가를 산출하는 방법이다.

TIP ABC 원가계산과 ABC 재고분석은 전혀 다른 개념임에 유의한다. 빈출

2. 특징
① 물류활동의 실태를 물류 원가에 반영하는 것을 목적으로 하고 있다.
② 물류활동 또는 작업내용으로 구분하고, 이 활동마다 단가를 산정하여 물류서비스 코스트를 산출한다.
③ 소품종 대량생산보다 다품종 소량생산 방식에서 유용성이 더욱 높다.
④ 제품과 고객의 비용과 이익을 이해하는 도구로 쓰인다.

3. 장점
① 물류서비스별, 활동별, 유통경로별, 고객별, 프로세스별 수익성을 분석할 수 있다.
② 활동별로 원가를 분석하므로 낭비요인이 있는 물류 업무영역을 알 수 있다.
③ 전통적 원가계산방법보다 제품이나 서비스의 실제 비용을 현실적으로 계산할 수 있다.
④ 산정원가를 바탕으로 원가유발 요인분석이나 성과 측정을 할 수 있다.
⑤ 투입한 자원이 제품 또는 서비스로 전환되는 과정을 명확히 파악할 수 있다.

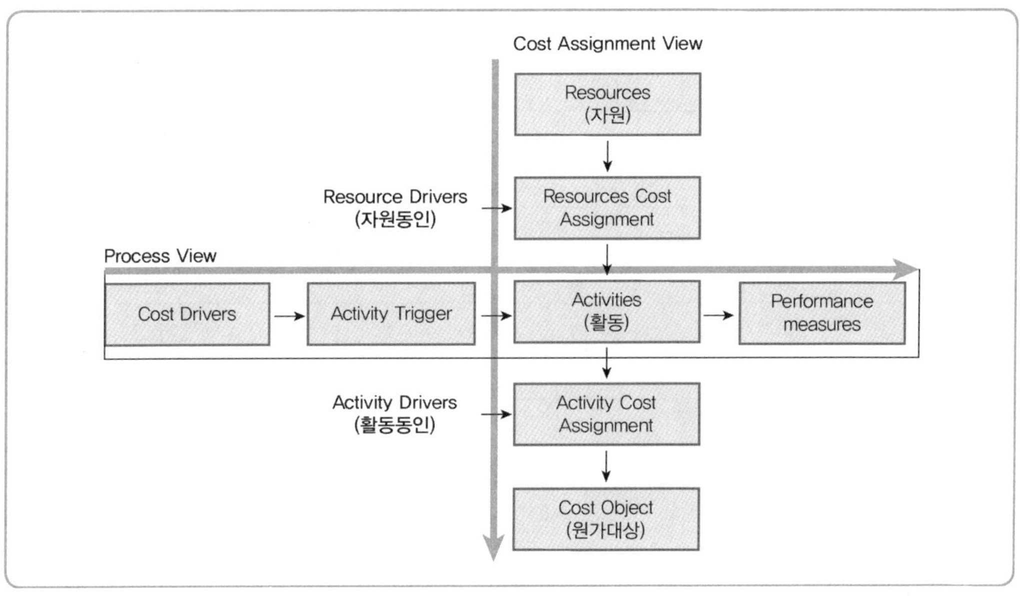

《 활동기준원가계산 》

4 Two-Bin 시스템 ★

(1) 개념

① 부품의 재고관리에 많이 사용되는 기법으로 두 개 상자에 부품을 보관하여 필요시 하나의 상자에서 계속 부품을 꺼내어 사용하다가 바닥이 나면 발주를 하고 나머지 상자의 재고를 내어 쓰고, 발주량이 도착하면 빈 상자를 보충하는 순환을 갖는 보충시스템이다.

② 주문량이 중심이 되므로 Q(수량)시스템에 가깝다.

(2) 특징

① 선입선출(FIFO)을 지킬 수 있는 가능성이 높아진다.

② 정량발주처럼 **계속적인 재고수준 조사는 불필요**하고 정해진 기간에 한 번만 재고를 파악한다.

③ 흐름 랙(Flow Rack)을 사용하면 통로 공간의 낭비를 줄일 수 있어 공간효율성이 뛰어나며, 저장 및 반출 작업을 단순화시킬 수 있다.

④ 투빈 시스템을 사용하기 위해서는 한 가지 품목에 대하여 두 개의 저장공간이 필요하다.

⑤ 조달기간이 짧은 저가 품목에 대하여 많이 사용하는 방법이다.

⑥ 발주점법의 변형으로 사용빈도가 높다.

(3) Two-Bin 보충방식 사례(단, 조달기간은 1기간, 수요율은 400개/1기간)

	Bin 1	Bin 2	활동
❶	500개	500개	최초 보충
❷	0개	500개	800개 주문
❸	0개	100개	800개 입고
❹	500개	400개	즉시 보충
❺	500개	0개	800개 주문
❻	100개	0개	800개 입고
❼	400개	500개	즉시 보충

5 정량유지방식

출고가 불규칙하고 수요가 불안정하며 불출빈도가 적은 특수품이나 보전용 예비품 등에 적용되며, 불규칙하고 양이 많은 출고에는 대응할 수 없다는 약점을 보완한다. 예비품 방식이라고도 한다.

발주량 = 기준발주량 + (발주점 − 재고잔량)

6 정기정량 혼합방식, Min-Max System(기준재고시스템)

(1) 정기정량 혼합방식

수시 재고파악이 필요 없는 정기발주방식과 매번 수요예측이 필요 없는 정량발주방식을 혼합하는 방식이다.

(2) Min-Max System

재고가 Max 수준이면 생산이나 발주 중지, Min 수준이면 생산이나 발주를 개시하는 방식이다.

(3) s-S 재고 시스템

보유재고량이 s보다 적어지면 최대 재고량인 S에 도달하도록 발주량을 정한다.

7 재고자산의 평가법

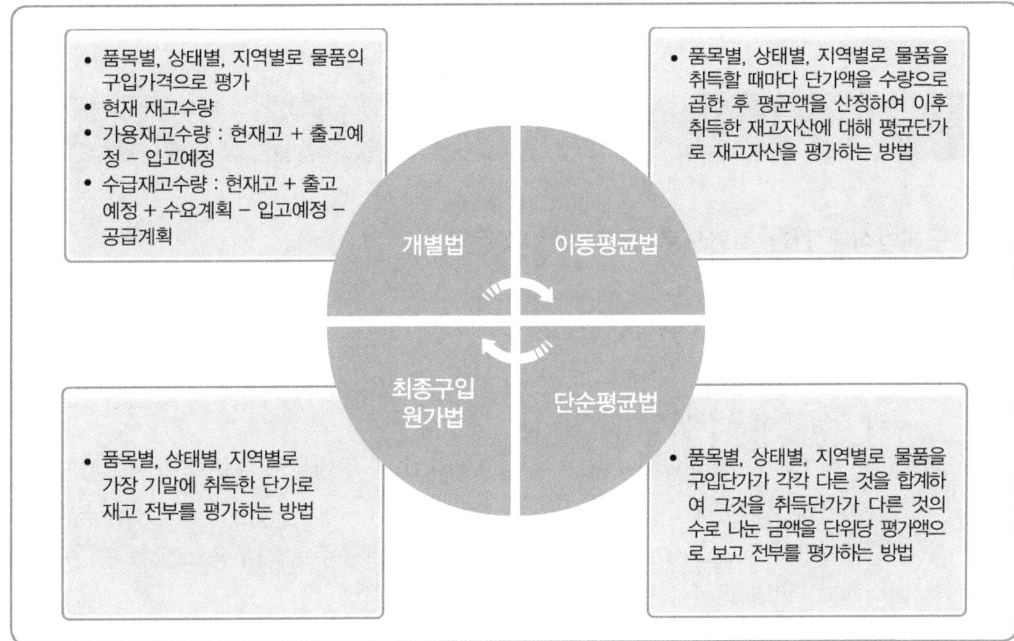

핵심포인트

VMI와 CMI

1. 공급자재고관리(VMI, Vendor Managed Inventory)
   ① 공급자 주도형 재고관리로서 유통업체에서 발생하는 재고를 제조업체가 전담해서 주도적으로 관리하는 방식이다.
   ② 유통업체가 판매・재고 정보를 EDI로 제조업체에 제공하면 제조업체는 이 데이터를 분석하여 수요를 예측하고 상품의 납품량을 결정하는 시스템 환경이다.
   ③ 유통업체는 재고관리의 비용 절감 효과를 가질 수 있고 제조업체는 적정생산 및 납품을 통해 경쟁력을 유지할 수 있다.
2. 공동재고관리(CMI, Co-Managed Inventory)
   ① 전반적인 업무처리 구조는 VMI와 같은 프로세스이나, CMI의 경우에는 제조업체와 유통업체 상호 간 제품정보를 공유하고 공동으로 재고관리를 한다.
   ② VMI는 제조업체가 발주 확정 후 바로 유통업체로 상품배송이 이루어지는 것에 비하여, CMI는 제조업체가 발주 확정을 하기 전에 발주권고를 유통업체에게 보내어 상호 합의 후 발주확정이 이루어지는 처리방식이다.

CHAPTER 03 기출 & 실력 다잡기

01 구매방식

01 구매방식에 관한 설명으로 옳지 않은 것은?

① 집중구매방식(Centralized Purchasing Method)은 일반적으로 대량 구매가 이루어지기 때문에 가격 및 거래 조건이 유리하다.
② 분산구매방식(Decentralized Purchasing Method)은 사업장별 구매가 가능하여 각 사업장의 다양한 요구를 반영하기 쉽다.
③ 집중구매방식(Centralized Purchasing Method)은 구매절차 표준화가 용이하며, 자재의 긴급조달에 유리하다.
④ 분산구매방식(Decentralized Purchasing Method)은 주로 사무용 소모품과 같이 구매지역에 따라 가격 차이가 없는 품목의 구매에 이용된다.
⑤ 집중구매방식(Centralized Purchasing Method)은 절차가 복잡한 수입물자 구매 등에 이용된다.

해설 ③ 집중구매방식(Centralized Purchasing Method)은 구매절차 표준화가 용이하며, 자재의 긴급조달에는 절차상으로 불리하다.

02 집중구매방식과 분산구매방식에 관한 설명으로 옳지 않은 것은?

① 집중구매방식은 구매절차를 표준화하여 구매비용 절감에 유리하다.
② 분산구매방식은 구매절차가 간단하고 비교적 단기간 내 구매가 가능하다.
③ 가격 차이가 없는 품목의 경우 집중구매가 유리하다.
④ 집중구매방식은 긴급조달의 어려움이 있다.
⑤ 분산구매방식은 사업장의 특수 요구사항을 반영하는 자율적인 구매가 가능하다.

해설 가격 차이가 없는 품목의 경우 분산구매가 유리하다.

정답 01 ③ 02 ③

03 **분산구매방식과 비교한 집중구매방식(Centralized Purchasing Method)에 관한 설명으로 옳은 것은?**

① 일반적으로 대량 구매가 이루어지기 때문에 수요량이 많은 품목에 적합하다.
② 사업장별 다양한 요구를 반영하여 구매하기에 용이하다.
③ 사업장별 독립적 구매에 유리하나 수량할인이 있는 품목에는 불리하다.
④ 전사적으로 집중구매하기 때문에 가격 및 거래 조건이 불리하다.
⑤ 구매절차의 표준화가 가능하여 긴급조달이 필요한 자재의 구매에 유리하다.

해설 ② 분산구매방식에 대한 설명이다.
③ 분산구매방식에 대한 설명이다.
④ 전사적으로 집중구매하기 때문에 가격 및 거래 조건이 유리하다.
⑤ 구매절차의 표준화가 가능하나, 긴급조달의 어려움이 있다.

04 **구매방식에 관한 설명으로 옳은 것은?**

① 분산구매방식은 본사의 공통품목을 일괄적으로 구매하기에 적합하다.
② 집중구매방식은 분산구매방식보다 사업장별 독립적 구매가 가능하다.
③ 분산구매방식은 구매량에 따라 가격 차가 큰 품목의 대량 구매에 적합하다.
④ 집중구매방식은 수요량이 많은 품목에 적합하다.
⑤ 분산구매방식은 집중구매방식보다 대량 구매가 이루어지기 때문에 가격 및 거래 조건이 유리하다.

해설 ① 집중구매방식은 본사의 공통품목을 일괄적으로 구매하기에 적합하다.
② 분산구매방식은 집중구매방식보다 사업장별 독립적 구매가 가능하다.
③ 집중구매방식은 구매량에 따라 가격 차가 큰 품목의 대량 구매에 적합하다.
⑤ 집중구매방식은 분산구매방식보다 대량 구매가 이루어지기 때문에 가격 및 거래 조건이 유리하다.

정답 03 ① 04 ④

02 재고관리 일반

05 재고에 관한 설명으로 옳지 않은 것은?

① 고객으로부터 발생하는 제품이나 서비스의 요구에 적절히 대응할 수 있게 한다.
② 안전재고는 재고를 품목별로 일정한 로트(Lot) 단위로 조달하기 때문에 발생한다.
③ 공급사슬에서 발생하는 수요나 공급의 다양한 변동과 불확실성에 대한 완충 역할을 수행한다.
④ 재고를 필요 이상으로 보유하게 되면 과도한 재고비용이 발생하게 된다.
⑤ 재고관리는 제품, 반제품, 원재료, 상품 등의 재화를 합리적·경제적으로 유지하기 위한 활동이다.

해설 ② 재고가 일정한 로트(Lot) 단위로 조달된다면 수요의 표준편차가 줄어드는 것이므로 안전재고에 대한 설명으로 적절하지 않다.
※ 안전재고 = 수요의 표준편차 × 안전계수 × $\sqrt{\text{조달기간}}$

06 재고 보유의 역할이 아닌 것은?

① 원재료 부족으로 인한 생산중단을 피하기 위해 일정량의 재고를 보유한다.
② 작업준비 시간이나 비용이 많이 드는 경우 생산일정계획을 유연성 있게 수립하기 위하여 재고를 보유한다.
③ 미래에 발생할 수 있는 위험회피를 위해 재고를 보유한다.
④ 계절적으로 집중 출하되는 제품은 미리 확보하여 판매기회를 놓치지 않기 위해 재고를 보유한다.
⑤ 기술력 향상 및 생산공정의 자동화 도입 촉진을 위해 재고를 보유한다.

해설 기술력 향상 및 생산공정의 자동화 도입 촉진이 되는 경우 재고가 줄어들 수 있다.

07 재고관리의 장점이 아닌 것은?

① 실제 재고량 파악
② 불확실성에 대한 대비
③ 상품 공급의 지연(delay)
④ 가용 제품 확대를 통한 고객서비스 달성
⑤ 수요와 공급의 변동성 대응

해설 재고관리를 하는 경우 과소재고가 발생할 확률이 적어지므로 상품 공급을 적절한 시기에 할 수 있다.

정답 05 ② 06 ⑤ 07 ③

08 **다음 재고관리법의 기본이론에 관한 설명으로 옳은 것은? (단, 수요와 공급은 불확실하다.)**

- 정량발주법 : 주문량(A)과 주문 간격(B)
- 정기발주법 : 주문량(C)과 주문 간격(D)

① A는 변동이고, B는 고정이다.
② A는 변동이고, C는 변동이다.
③ A는 고정이고, D는 고정이다.
④ B는 변동이고, C는 고정이다.
⑤ C는 변동이고, D는 변동이다.

해설 • **정량발주법** : 발주시기는 일정하지 않으나 발주량은 정해져 있다.
• **정기발주법** : 주문기간의 사이가 일정하나 주문량은 변동한다.

09 **재고관리모형과 관련하여 Q형 모형(고정주문량 모형)과 P형 모형(고정기간 모형)을 비교한 것으로 옳지 않은 것은?**

	구분	Q형 모형	P형 모형
①	주문량	일정함	가변적임
②	주문시기	재주문점 이하 시	조사주기마다
③	재고수준	허용 결품률에 좌우	매우 낮음
④	관리대상	저가 품목	고가 품목
⑤	관리측면	관리부담이 많음	관리부담이 적음

해설 P형 모형은 재고수준과 회전율이 높다. (A형 상품에 적합) 또한 매기간 목표 재고량을 다시 계산하므로 수요의 변동폭이 큰 상품에 더 적합하다. (안전재고량이 크다.)

10 **재고관리 지표에 관한 설명으로 옳지 않은 것은?**

① 서비스율은 전체 수주량에 대한 납기 내 납품량의 비율을 나타낸다.
② 백오더율은 전체 수주량에 대한 납기 내 결품량의 비율을 나타낸다.
③ 재고회전율은 연간 매출액을 평균 재고액으로 나눈 비율을 나타낸다.
④ 재고회전기간은 수요대상 기간을 재고 회전율로 나눈 값이다.
⑤ 평균 재고액은 기말재고액에서 기초재고액을 뺀 값이다.

해설 평균 재고량 = (기초재고 + 기말재고) ÷ 2

정답 08 ③ 09 ③ 10 ⑤

03 ABC 분석

11 재고관리에서 재고 품목수와 매출액에 따라 품목을 특정 그룹별로 구분하여 집중적으로 관리한다면 업무효율화가 보다 더 용이하다는 전제로 기업에서 보편적으로 사용되고 있는 분석기법은?

① ABC 분석
② PQ 분석
③ DEA 분석
④ VE 분석
⑤ AHP 분석

해설 '재고'를 '그룹별로 구분'한다는 표현으로 보아 ABC 분석에 대한 설명임을 알 수 있다. ABC 분석은 관리해야 할 대상을 A그룹(소수 대형매출상품), B그룹(중간상품), C그룹(다수 소형매출상품)으로 나눈 후 A그룹을 중점 관리대상으로 선정하여 집중 관리함으로써 관리효과를 높이려는 분석방법이다.

12 ABC(Activity Based Costing)에 관한 설명으로 옳지 않은 것을 모두 고른 것은?

ㄱ. 재고의 입출고가 활발한 상품을 파악하여 중점적으로 관리하기 위한 기법이다.
ㄴ. 서비스 다양화에 맞추어 보다 정확한 코스트를 파악하려는 원가계산기법이다.
ㄷ. 물류활동의 실태를 물류 원가에 반영하는 것을 목적으로 하고 있다.
ㄹ. 물류활동 또는 작업내용으로 구분하고, 이 활동마다 단가를 산정하여 물류서비스 코스트를 산출한다.
ㅁ. 품목수가 적으나 매출액 구성비가 높은 상품을 A그룹, 품목수는 많으나 매출액 구성비가 낮은 상품을 C그룹으로 관리한다.

① ㄱ, ㅁ
② ㄱ, ㄷ, ㄹ
③ ㄱ, ㄷ, ㅁ
④ ㄴ, ㄷ, ㅁ
⑤ ㄴ, ㄹ, ㅁ

해설 ㄱ. ㅁ은 ABC(활동기준원가계산, Activity Based Costing)에 대한 설명이 아닌 파레토 법칙의 ABC 재고분류에 대한 설명이다.

정답 11 ① 12 ①

13 **재고관리 및 통제에 관한 설명으로 옳지 않은 것은?**

① 정량발주법은 현재의 재고상태를 파악하여 재고량이 재주문점에 도달하면 미리 설정된 일정량을 주문하는 시스템이다.

② ABC 재고관리에서 A품목은 매출액이 매우 적어서 가능한 노력이 적게 드는 관리방법을 택하며, B품목은 매출액이 비교적 적지만 품목이 많으므로 정량발주 시스템 적용이 바람직하고, C품목은 매출액이 높은 품목으로 정기발주 시스템 이용이 적합하다.

③ 정기발주법은 재고량이 특정 수준에 이르도록 적정량을 일정 기간마다 재주문하는 방법이다.

④ 안전재고는 수요의 변동, 수요의 지연, 공급의 불확실성 등으로 품절이 발생하여 계속적인 공급중단 사태를 방지하기 위한 예비목적의 재고량이다.

⑤ 조달기간(Lead Time)은 발주 후 창고에 주문품목들이 들어오기까지의 기간으로 기간이 짧을수록 재고수준은 낮아진다.

해설 ABC 재고관리에서 A품목은 매출액이 매우 높은 반면 단가는 저렴하여 가장 치밀하게 관리하는 품목으로 매번 수요예측을 다시 하는 정기발주방식을 취한다. B품목은 정량발주방식을 주로 취한다. C품목은 품목수는 많지만 총 매출액은 매우 적은 형태로, 정기/정량 혼합방식이나 투빈 시스템을 주로 취한다.

04 안전재고

14 **보관에 관한 설명으로 옳지 않은 것은?**

① 단순 저장기능 중심에서 라벨링, 재포장 등 유통지원기능이 강화되고 있다.

② 생산과 판매의 조정 및 완충기능을 수행한다.

③ 수요변동의 폭이 적은 물품에 대해 안전재고 수준을 높이고 있다.

④ 운영효율성을 향상시키기 위해 물류정보시스템의 사용이 증가하고 있다.

⑤ 다품종 소량화, 소량 다빈도화, 리드타임 단축 등 시장환경 변화에 신속하게 대응해야 한다.

해설 수요의 변동폭이 적다.＝수요의 표준편차가 적다.＝안전재고량은 줄어든다.

※ 안전재고＝수요의 표준편차 × 안전계수 × $\sqrt{\text{조달기간}}$

정답 13 ② 14 ③

15 안전재고에 관한 설명으로 옳지 않은 것은?

① 안전재고는 품절예방, 납기준수 및 고객서비스 향상을 위해 필요하다.
② 안전재고 수준을 높이면 재고유지비의 부담이 커진다.
③ 공급업자가 제품을 납품하는 조달기간이 길어지면 안전재고량이 증가하게 된다.
④ 고객 수요가 임의의 확률분포를 따를 때 수요변동의 표준편차가 작아지면 제품의 안전재고량이 증가한다.
⑤ 수요와 고객서비스를 고려하여 적정수준의 안전재고를 유지하면 재고비용이 과다하게 소요되는 것을 막을 수 있다.

해설 수요의 표준편차가 작아지면 안전재고량도 감소한다.

16 다음 중 안전재고량에 관한 설명으로 옳지 않은 것은?

① 품절이 발생되면 상품의 입수가 쉽지 않고 손해를 주는 상품은 상대적으로 높은 안전계수를 설정한다.
② 안전재고량은 안전계수와 수요의 표준편차에 비례한다.
③ 고객의 수요가 확률적으로 변동한다고 할 때, 수요변동의 분산이 작아지면 완제품에 대한 안전재고량은 감소한다.
④ 생산자의 생산수량의 변동폭이 작아지면 부품의 공급업자와 생산공장 사이의 안전재고량은 감소한다.
⑤ 부품의 공급업자가 부품을 납품하는 데 소요되는 기간의 분산이 작아지면 부품의 공급업자와 생산공장 사이의 안전재고량은 증가한다.

해설 부품의 공급업자가 부품을 납품하는 데 소요되는 기간이 리드타임이므로 리드타임의 분산이 작아지면(편차가 작아지면) 안전재고량은 감소한다.

정답 15 ④ 16 ⑤

17 A소매점에서의 제품판매에 관한 정보가 아래와 같을 때 가장 합리적인 안전재고 수준은? (단, Z(0.90) = 1.282, Z(0.95) = 1.645이며, 답은 소수점 둘째 자리에서 반올림함)

- 연간 수요 : 6,000개
- 연간 최대 허용 품절량 : 300개
- 제품 판매량의 표준편차 : 20
- 제품 조달기간 : 4일
- 연간 판매일 : 300일

① 51.3
② 65.8
③ 84.8
④ 102.6
⑤ 131.6

해설 1. 안전재고 = 수요의 표준편차 × 안전계수 × $\sqrt{조달기간}$

2. 목표서비스율 = 1 − 허용 결품률 = $1-\frac{300개}{6,000개}$ = 95%

문제에서 안전계수 값은 Z(0.95) = 1.645이므로,

안전재고 = 20 × 1.645 × $\sqrt{4}$ = 65.8개

05 재주문점

18 재주문점의 주문관리 기법이 아닌 것은?

① 정량발주법
② 델파이법
③ Two − Bin법
④ 기준재고법
⑤ 정기발주법

해설 델파이법의 경우 수요예측기법 중 정성적 예측기법 중 하나이며, 전문가 의견통합법에 속한다.

19 재고관리시스템에서 재주문점(Reorder Point)을 관리하는 방식이 아닌 것은?

① MRP시스템
② s − S재고시스템
③ 정량발주시스템
④ 투빈시스템(Two − Bin System)
⑤ 미니맥스시스템(Mini − Max System)

정답 17 ② 18 ② 19 ①

해설 MRP(Material Requirement Planning, 자재소요량계획)은 완제품 생산계획의 실현을 위해 자재소요량을 산정해 주는 자재관리기법이다. 재주문점은 재고관리기법에서 관리하는 방식이다.

20 투빈 시스템(Two-Bin System)에 관한 설명으로 옳지 않은 것은?

① 부품의 재고관리에 많이 사용하는 기법으로 선입선출(FIFO)을 지킬 수 있는 가능성이 높아진다.
② 주문량의 중심이 되므로 Q시스템이라고도 부르며, 계속적인 재고수준 조사를 통하여 리드타임 기간의 수요변동에 대비해야 한다.
③ 흐름 랙(Flow Rack)을 사용하면 통로공간의 낭비를 줄일 수 있어 공간효율성이 뛰어나며, 저장 및 반출 작업을 단순화시킬 수 있다.
④ 투빈 시스템을 사용하기 위해서는 한 가지 품목에 대하여 두 개의 저장공간이 필요하다.
⑤ 조달기간이 짧은 저가 품목에 대하여 많이 사용하는 방법이다.

해설 투빈 시스템은 계속 재고조사를 하지 않고 두 개의 Bin에 재고를 넣고 사용하여 Bin 하나의 재고를 완전 소진하면 이를 재발주점으로 설정하여 정량발주가 이루어지는 시스템을 의미한다. Q시스템은 정량주문방식을 의미한다.

21 연간 영업일이 300일인 K도매상은 A제품의 안전재고를 250개에서 400개로 늘리면서 새로운 재주문점을 고려하고 있다. A제품의 연간 수요는 60,000개이며 주문 리드타임은 3일이었다. 이때 새롭게 설정된 재주문점은?

① 400
② 600
③ 900
④ 1,000
⑤ 1,200

해설 1. 평균 수요=연간 수요 / 영업일수=200개/일, 안전재고=400개
2. 안전재고를 고려한 재주문점=(평균 수요 × 조달기간)+안전재고
→ (200개 × 3일)+400=1,000개

정답 20 ② 21 ④

22 C도매상의 제품판매정보가 아래와 같을 때 최적의 재주문점은? (단, 소수점 첫째 자리에서 반올림한다.)

- 연간 수요 : 14,000 Box
- 서비스 수준 : 90%, Z(0.90) = 1.282
- 제품 판매량의 표준편차 : 20
- 제품 조달기간 : 9일
- 연간 판매일 : 350일

① 77
② 360
③ 386
④ 437
⑤ 590

해설

1. 재주문점 = 일평균 수요 × 조달기간 = $\frac{\text{연간 수요}}{\text{연간 판매일}}$ × 조달기간 = $\frac{14,000}{350}$ × 9 = 360
2. 안전재고 = 수요의 표준편차 × 안전계수 × $\sqrt{\text{조달기간}}$ = 20 × 1.282 × $\sqrt{9}$ = 77
3. 안전재고를 고려한 재주문점 = 재주문점 + 안전재고 = 360 + 77 = 437

23 물류업체 A회사 창고의 일일 제품출하량은 평균 4개, 표준편차 1개인 정규분포를 따른다. 제품 주문 후 창고에 보충되는 조달기간은 2일, 안전계수는 2이다. 만약, 일일 제품출하량이 평균 2배, 표준편차 2배로 늘었을 경우 재주문점은 기존 재주문점에 비해 어떻게 변하는가? (단, $\sqrt{2}$는 1.414이다.)

① 50% 감소
② 41% 감소
③ 변화 없음
④ 41% 증가
⑤ 100% 증가

해설

※ 안전재고 = 수요의 표준편차 × 안전계수 × $\sqrt{\text{조달기간}}$
※ 재주문점(ROP) = (리드타임 × 일평균 수요량) + 안전재고

1. 기존 안전재고와 재주문점
   - 기존 안전재고 = 1 × 2 × $\sqrt{2}$ = 2.828
   - 기존 재주문점 = (2 × 4) + 2.828 = 10.828
2. 일일 제품출하량이 평균 2배, 표준편차 2배로 늘 경우
   - 안전재고 = 2 × 2 × $\sqrt{2}$ = 5.656
   - 재주문점 = (2 × 8) + 5.656 = 21.656

→ 기존(10.828) 대비 100% 증가(21.656)

정답 22 ④ 23 ⑤

24 **아래와 같은 조건일 때, 제품 A의 보관공간으로 몇 상자 분의 면적을 할당하여야 하는가?**

- 주간 수요는 평균이 1,000상자, 표준편차가 300상자인 정규분포를 따름
- 주문 리드타임은 2주
- 보유재고가 2,500상자일 때, 7,000상자를 주문하는 정량발주 시스템 사용

① 7,300상자
② 7,500상자
③ 7,700상자
④ 7,900상자
⑤ 8,100상자

해설
1. 조달기간 중 수요 = 평균 수요 × 조달기간 = 1,000상자 × 2주 = 2,000상자
2. 재주문점 2,500상자에서 EOQ인 7,000상자를 주문하면, 조달기간 중 수요량인 2,000상자가 소모되고 재고가 500상자 남았을 때 주문한 7,000상자가 도착한다.
3. 7,500상자(2,500 + 7,000 − 2000)를 보관할 공간을 확보해 두어야 한다.

06 EOQ

25 **경제적 주문량(EOQ) 모형의 기본 전제조건(또는 가정)이 아닌 것은?**

① 수요율이 일정하고 연간 수요량이 알려져 있다.
② 조달기간은 일정하며, 주문량은 전량 일시에 입고된다.
③ 대량주문에 따른 구입 가격 할인은 없다.
④ 모든 수요는 재고부족 없이 충족된다.
⑤ 재고유지에 소요되는 비용은 평균 재고량에 반비례한다.

해설 재고유지에 소요되는 비용은 평균 재고량에 비례한다(단위당 재고유지비용은 고정).

26 **K기업의 A제품 생산을 위해 소모되는 B부품의 연간 수요량이 20,000개이고 주문비용이 80,000원, 단위당 단가가 4,000원, 재고유지비율이 20%라고 할 때, 경제적 주문량(EOQ)은?**

① 2,000개
② 4,000개
③ 6,000개
④ 8,000개
⑤ 10,000개

정답 24 ② 25 ⑤ 26 ①

해설

$$EOQ=\sqrt{\frac{2\times 1\text{회 주문비용}\times\text{연간 수요량}}{\text{연간 단위당 재고유지비}}}=\sqrt{\frac{2\times 80{,}000\times 20{,}000}{4{,}000\times 0.2}}=2{,}000\text{개}$$

27 커피머신을 구매하여 공급하는 도매상은 올해의 구매전략으로 경제적 주문량(EOQ : Economic Order Quantity) 적용을 고려하고 있다. 연간 예상판매량을 10,000대, 대당 가격은 100만원, 대당 연간 재고유지에 소요되는 비용을 구매비용의 25%, 1회 발주에 소요되는 비용이 50만원이라고 할 때 경제적 주문량과 적정 주문횟수는?

① 100대, 100회
② 200대, 50회
③ 200대, 100회
④ 400대, 25회
⑤ 400대, 50회

해설

1. $\text{경제적 주문량(EOQ)}=\sqrt{\frac{2\times 1\text{회 주문비용}\times\text{연간 수요량}}{\text{연간 단위당 재고유지비}}}=\sqrt{\frac{2\times 50\text{만원}\times 10{,}000}{100\times 0.25}}=200\text{대}$

2. $\text{적정 주문횟수}=\frac{10{,}000}{200}=50\text{회}$

28 S업체는 경제적 주문량(EOQ : Economic Order Quantity) 모형을 이용하여 발주량을 결정하고자 한다. 아래와 같이 연간 수요량이 60% 증가하고, 연간 단위당 재고유지비용이 20% 감소한다고 할 때, 증감하기 전과 비교하여 EOQ는 얼마나 변동되는가? (단, $\sqrt{2}$는 1.414, $\sqrt{3}$은 1.732, $\sqrt{5}$는 2.236이며, 계산한 값은 소수점 첫째 자리에서 반올림한다.)

- 연간 수요량 : 4,000개
- 1회 주문비용 : 400원
- 연간 단위당 재고유지비용 : 75원

① 14% 증가
② 24% 증가
③ 41% 증가
④ 73% 증가
⑤ 124% 증가

해설

1. $EOQ=\sqrt{\frac{2\times 1\text{회 주문비용}\times\text{연간 수요량}}{\text{연간 단위당 재고유지비}}}$

2. 해당 문제는 변동분을 물어보고 있으므로, $\sqrt{\frac{1-0.6}{1-0.2}}=\sqrt{2}=1.414$

3. 즉, 41% 증가하였다.

정답 27 ② 28 ③

29 물류업체 A사의 회당 주문비용은 2배, 단위당 연간 재고유지비용은 4배로 변하였다면 경제적 주문량(EOQ : Economic Order Quantity) 모형에서 연간 주문비용은 기존의 연간 주문비용에 비해 어떻게 변하는가? (단, 나머지 조건은 모두 동일하고, $\sqrt{2}$ = 1.414이며, 답은 소수점 셋째 자리에서 반올림한다.)

① 41% 감소　② 변화 없음
③ 41% 증가　④ 100% 증가
⑤ 183% 증가

해설

※ $EOQ = \sqrt{\frac{2 \times 1회\ 주문비용 \times 연간\ 수요량}{연간\ 단위당\ 재고유지비}}$

1. 회당 주문비용 2배, 단위당 연간 재고유지비용은 4배 가정 시

$EOQ = \sqrt{\frac{2 \times 2 \times 주문비용 \times 연간\ 수요량}{4 \times 연간\ 단위당\ 재고유지비}} = \sqrt{0.5} = 0.707$

2. 연간 주문비용 = $\frac{D}{Q} \times S$에서 연간 주문비용 = $\frac{D}{Q} \times 2S$가 되므로

연간 주문비용 = $\frac{2}{0.707} = 2.828$

3. 기존의 연간 주문비용에 비해 기존 1 대비, 2.828이 되었으므로 약 183% 증가하였다.

30 A업체는 경제적 주문량(EOQ : Economic Order Quantity) 모형을 이용하여 아래와 같은 조건으로 발주량을 결정하고자 한다. 연간 수요량이 170% 증가하고 연간 단위당 재고유지비용이 10% 감소한다고 할 때, 증감하기 전과 비교하면 EOQ는 얼마나 변동되는가?

- 연간 수요량 : 3,000개
- 1회 주문비용 : 100원
- 연간 단위당 재고유지비용 : 50원

① 14% 증가　② 17% 증가
③ 22% 증가　④ 62% 증가
⑤ 73% 증가

해설

※ $EOQ = \sqrt{\frac{2 \times 1회\ 주문비용 \times 연간\ 수요량}{연간\ 단위당\ 재고유지비}}$

정답 29 ⑤ 30 ⑤

1. 증감 전 EOQ = $\sqrt{\dfrac{2 \times 100 \times 3{,}000}{50}} = \sqrt{12{,}000} = 109.5$

2. 증감 후 EOQ = $\sqrt{\dfrac{2 \times 100 \times (3{,}000 \times 1.7)}{50-(50 \times 0.1)}} = \sqrt{\dfrac{1{,}620{,}000}{45}} = \sqrt{36{,}000} = 189.7$

즉, 80.2(189.7－109.5)만큼 EOQ가 증가하였으므로, $\dfrac{80.2}{109.5} \times 100 = 73.2(=73\%)$ 증가하였다.

07 EPQ

31 **생산업체 A공장의 제품생산능력은 수요량의 2배이다. 자동화 라인 도입으로 제품생산능력이 수요량의 4배가 될 경우 경제적 생산량(EPQ : Economic Production Quantity)은 기존 EPQ에 비해 어떻게 변하는가? (단, 나머지 조건은 모두 동일하다고 가정하고, $\sqrt{2}=1.4141$, $\sqrt{3}=1.732$이며, 답은 소수점 셋째 자리에서 반올림한다.)**

① 18% 감소
② 변화 없음
③ 18% 증가
④ 41% 증가
⑤ 100% 증가

해설

※ EPQ= $\sqrt{\dfrac{2 \times C_o \times D}{C_h}} \times \sqrt{\dfrac{P}{P-D}}$

1. 제품생산능력이 수요량의 2배($P=2D$)일 때는

EPQ = $\sqrt{\dfrac{P}{P-D}} = \sqrt{\dfrac{2D}{2D-D}} = \sqrt{2} = 1.4141$

2. 제품생산능력이 수요량의 4배가 될 경우에는

EPQ = $\sqrt{\dfrac{P}{P-D}} = \sqrt{\dfrac{4D}{4D-D}} = \sqrt{\dfrac{4}{3}} = 1.1547$

3. EPQ 변화량 = $1-\dfrac{1.1547}{1.4141} = 0.1835$ → 18.35% 감소하였다.

정답 31 ①

08 재고비용

32 **재고의사결정과 관련된 비용 중 재고유지비용에 해당되는 항목의 개수는?**

- 자본비용
- 품절비용
- 저장비용
- 도난 및 파손 비용
- 진부화비용
- 주문비용

① 2개
② 3개
③ 4개
④ 5개
⑤ 6개

해설 재고유지비용은 재고를 유지하는 데 투입되는 비용으로 자본비용(자본 기회비용), 저장비용(광열비, 냉동비), 진부화비용, 도난 및 파손에 의한 손실비용, 보험료 등이 해당된다.
품절비용과 주문비용은 재고유지비용보다는 창고운영비용에 적합하다.

33 **자동차 부품을 생산하는 K회사는 자동차 회사의 파업으로 1억원 상당의 부품을 3개월 동안 납품하지 못하고 보관하고 있었다. 그동안 보관하는 데 소요된 창고면적은 100제곱미터이고 보관비용으로 제곱미터당 월 50,000원을 지출했다. 이 제품의 연간 진부화비용은 제품가격의 4%이고 금리 또한 연 4%이다. 여기에 제시되지 않은 비용은 무시하고 3개월 동안의 재고유지비를 산출하면 얼마인가?**

① 17,000,000원
② 35,000,000원
③ 25,000,000원
④ 45,000,000원
⑤ 18,000,000원

해설
1. 재고유지비용에는 세금, 보험료, 보관료, 감가상각비, 진부화비용, 재고투자에 의해 묶인 기회비용 등이 포함된다.
2. 보관비용=50,000원 × 100제곱미터 × 3개월=15,000,000원
3. 진부화비용=1억원 × 4% × 3개월/12개월=1,000,000원
4. 이자비용=1억원 × 4% × 3개월/12개월=1,000,000원
5. 총 재고유지비용=15,000,000+1,000,000+1,000,000=17,000,000원

정답 32 ③ 33 ①

34 A상품의 연간 평균 재고는 10,000개, 구매단가는 5,000원, 단위당 재고유지비는 구매단가의 5%를 차지한다고 할 때, A상품의 연간 재고유지비는? (단, 수요는 일정하고, 재고 보충은 없음)

① 12,500원
② 25,000원
③ 1,000,000원
④ 2,500,000원
⑤ 10,000,000원

해설 총비용 = 연간 재고유지비용 + 연간 주문비용
연간 재고유지비용 = 5,000원(구매단가) × 0.05(단위당 재고유지비) × 10,000개(연간 평균 재고)
= 2,500,000원

35 A제품을 취급하는 K상점은 경제적 주문량(EOQ)에 의한 제품발주를 통해 합리적인 재고관리를 추구하고 있다. A제품의 연간 수요량이 40,000개, 개당 가격은 2,000원, 연간 재고유지비용은 제품단가의 20%, 1회 주문비용이 20,000원일 때 경제적 주문량(EOQ)과 연간 최적 발주횟수는 각각 얼마인가?

① 1,600개, 20회
② 1,600개, 25회
③ 2,000개, 20회
④ 2,000개, 40회
⑤ 4,000개, 10회

해설
1. 경제적 주문량(EOQ) $= \sqrt{\frac{2 \times 20{,}000 \times 40{,}000}{2{,}000 \times 0.2}} = \sqrt{4{,}000{,}000} = 2{,}000$개

2. 연간 발주횟수 $= \frac{\text{연간 수요}}{\text{EOQ}} = \frac{40{,}000}{2{,}000} = 20$회

36 어느 도매상점의 제품 A의 연간 수요량이 2,000개이고 제품당 단가는 1,000원이며, 연간 재고유지비용은 제품단가의 10%이다. 1회 주문비용이 4,000원일 때 경제적 주문량을 고려한 연간 총 재고비용은? (단, 총 재고비용은 재고유지비용과 주문비용만을 고려함)

① 40,000원
② 50,000원
③ 60,000원
④ 70,000원
⑤ 80,000원

정답 34 ④ 35 ③ 36 ①

해설

1. 경제적 주문량(EOQ) $= \sqrt{\frac{2 \times 4,000 \times 2,000}{1,000 \times 0.1}} = \sqrt{160,000} = 400$개

2. 연간 총 재고비용
   - 재고유지비용 = 평균 재고량 × 연간 단위당 재고유지비용(CH)

     $= \frac{EOQ}{2} \times CH = \frac{400}{2} \times 100 = 20,000$원
   - 주문비용 = 연간 주문횟수 × 1회 주문비용(CO)

     $= \frac{D}{EOQ} \times CO = \frac{2,000}{400} \times 4,000 = 20,000$원
   - 20,000 + 20,000 = 40,000원

37 **제품 B를 취급하는 K물류센터는 경제적 주문량(EOQ)에 따라 재고를 관리하고 있다. 재고관리에 관한 자료가 아래와 같을 때 (ㄱ) 연간 총 재고비용과 (ㄴ) 연간 발주횟수는 각각 얼마인가? (단, 총 재고비용은 재고유지비용과 주문비용만을 고려한다.)**

- 연간 수요량 : 90,000개
- 제품 단가 : 80,000원
- 제품당 연간 재고유지비용 : 제품 단가의 25%
- 1회 주문비용 : 160,000원

① ㄱ : 12,000,000원, ㄴ : 75회
② ㄱ : 12,000,000원, ㄴ : 90회
③ ㄱ : 18,000,000원, ㄴ : 75회
④ ㄱ : 18,000,000원, ㄴ : 90회
⑤ ㄱ : 24,000,000원, ㄴ : 75회

해설

EOQ $= \sqrt{\frac{2 \times 160,000 \times 90,000}{80,000 \times 0.25}} = \sqrt{\frac{28,800,000,000}{20,000}} = 1,200$개

ㄱ. 연간 총 재고비용 = 연간 재고유지비용 + 연간 주문비용
   - 연간 재고유지비용 = 평균 재고량 × 연간 단위당 재고유지비용

     $= \frac{EOQ}{2} \times 160,000$원 $= \frac{1,200}{2} \times 20,000$원 $= 12,000,000$원
   - 연간 주문비용 = 연간 주문횟수 × 1회 주문비용 = 75회 × 160,000원 = 12,000,000원
   - 연간 총 재고비용 = 12,000,000원 + 12,000,000원 = 24,000,000원

ㄴ. 연간 발주횟수 $= \frac{\text{연간 수요}}{EOQ} = \frac{90,000\text{개}}{1,200\text{개}} = 75$회

정답 37 ⑤

38 **어떤 제품의 연간 수요는 100,000개, 1회 주문비용은 20,000원, 개당 주문단가는 100원, 개당 연간 재고유지비용은 주문단가의 10%이다. 경제적 주문량(EOQ)을 이용하여 재고보충을 한다면 이 품목의 재고회전율은?**

① 5
② 8
③ 10
④ 12
⑤ 14

해설

1. $EOQ = \sqrt{\frac{2 \times CO \times D}{CH}}$

(D : 연간 수요, CO : 1회 주문비용, CH : 연간 단위당 재고유지비용)

$EOQ = \sqrt{\frac{2 \times 20{,}000\text{원} \times 100{,}000\text{개}}{100\text{원} \times 0.1}} = 20{,}000\text{개}$

2. 평균 재고량 $= \frac{EOQ}{2} = \frac{20{,}000\text{개}}{2} = 10{,}000\text{개}$

3. 재고회전율 $= \frac{\text{연간 총 재고량}}{\text{평균 재고량}} = \frac{100{,}000\text{개}}{10{,}000\text{개}} = 10\text{회}$

정답 38 ③

CHAPTER 04

자재관리

01 자재관리기법

1 자재

(1) 원재료(Raw Materials)

제품의 제조에 소비할 목적으로 매입한 물품을 의미한다.

(2) 재공품(Work in Process)

공장에서 생산과정 중에 있는 물품. 저장 또는 판매 가능한 상태에 있는 반제품과는 다르다.

(3) 반제품(Semi-Finished Assemblies)

반제품이란 제품이 여러 공정을 거쳐 완성되는 경우, 하나의 공정이 끝나서 다음 공정에 인도될 완성품 또는 부분품으로서 완전한 제품이 된 것은 아니지만 가공이 일단 완료됨으로써 저장 가능하거나 판매 가능한 상태에 있는 부품을 말한다.

(4) 완제품(Finished Goods)

최종 사용자에게 인도하기 위해 대기 중인 제품이다.

2 자재관리

(1) 개념

생산에 필요한 자재를 적정한 가격으로, 이를 필요로 하는 부문에, 필요한 시점에 공급할 수 있도록 계획을 세워 구매하고 보관하는 일을 말한다.

(2) 주요 기능

구매, 공급체인 통제, 생산품의 재고 통제, 인수, 운반 등이 있다.

3 JIT(Just In Time) ★★★

(1) 개념

① 제품생산에 요구되는 부품 등 자재를 필요한 시기에 필요한 수량만큼 조달하여 최소의 재고로 낭비적 요소를 근본적으로 제거하려는 시스템이다.

② 필요한 때, 필요한 것만을, 필요한 수량만큼 생산하여 생산시간을 단축하고 재고를 최소화하여 낭비를 없애는 JIT 시스템은 물류에서는 적시도착의 의미로 사용된다.

③ 미국에서는 낭비가 없거나 적다는 의미로 린(Lean) 생산방식으로도 부른다.

(2) 목표

① 제조준비시간의 단축

② 재고량의 감축 및 재공품재고 감축

③ 리드타임의 단축

④ 불필요한 부품 및 불량품의 최소화

⑤ 생산성과 마케팅의 향상

TIP 가격의 안정화는 JIT 시스템의 효과가 아니다. 빈출

(3) 전제요건

① 공급자와 제조자와의 협업

㉠ 공급자는 제조업체의 필요한 자재소요량을 신속하게 파악할 수 있어야 한다.

㉡ 공급되는 부품의 품질, 수량, 납품시기 측면에서 공급업체와의 신뢰성 구축과 긴밀한 협조체제가 요구된다.

㉢ 공급자는 안정적인 장기계약을 통해 제조기업의 한 공정처럼 협력할 수 있어야 한다.

㉣ 원활한 활동을 위해 노동력의 유연성과 팀워크가 요구된다.

㉤ 공급자와 생산자 간 상호 협력이 미흡할 경우 성과를 기대하기 어렵다.

② 품질관리

㉠ 공급업체의 안정적인 자재공급과 엄격한 품질관리가 이루어져야 효과성을 높일 수 있다.

㉡ 재고를 최소로 유지하기 위해서는 불량품을 줄이는 관리가 중요하다.

③ <u>소로트화</u> : 생산소요시간 감소 및 각 공정 간 작업부하의 균일화를 위해 소로트(Lot)가 요구된다.

④ 다양한 기술

㉠ 한 작업자에게 여러 업무를 수행할 수 있는 다기능공 양성이 필수적이다.

㉡ **다양한** 기술의 융통성 있는 노동력이 필수적이다.

(4) 특징

① 반복적인 생산에 적합하다.

② 로트 크기를 최소화하고 극소량의 재고를 유지한다.
③ 수요변화에 탄력적인 대처가 가능하다.
④ 효과적으로 Pull 시스템을 구현한다.
⑤ 소량 다빈도 배송으로 운송비가 증가한다.

(5) 칸반 시스템

① 칸반 시스템(Kanban System)은 부품에 대한 정보가 기록된 생산시스템의 통제 카드로 도요타(Toyata) 자동차의 생산시스템에서 유래된 JIT시스템의 생산통제수단이다.
② 칸반 시스템의 4개 요소 : JIT, 소로트화, 자동화, 현장개선

7가지 낭비(Loss)의 배제	**과잉생산 · 대기시간 · 운반** · 가공 · **재고** · 동작 · 불량 등의 낭비 배제
4대 전제조건	강력한 판매력, 강력한 협력회사의 관리력, 평균화 생산, 생산시스템 정비

(6) JIT－Ⅱ 시스템

① 개념
㉠ 납품업체에서 유통업체까지의 전체가치사슬로 확장하여 공급사슬 전반에 걸쳐 재고수준을 낮추고 성과를 개선하기 위한 시스템이다.
㉡ 공급회사의 영업과 발주회사의 구매를 묶어 하나의 가상기업으로 간주하며 공급회사의 전문요원이 공급회사와 발주회사 간의 구매 및 납품업무를 대행하는 물류관리기법이다.
② 특징
㉠ JIT 시스템의 발전형태로 미국의 보스(Bose)사에서 처음 도입한 시스템이다.
㉡ Pull 방식에 기반한 공급망관리기법이다.
㉢ 납품회사의 직원이 발주회사의 공장에 파견 근무하면서 구매 · 납품업무를 대행해 효율을 높이는 생산 · 운영시스템이다.
㉣ JIT－Ⅱ는 JIT와 기본적으로 같으나 공급업체와 계약관계가 아닌 상호 협력관계를 전제로 한다.

4 MRP(Material Requirements Planning, 자재소요량계획) ★★★

(1) 개념

① 전산화프로그램으로 재고관리와 생산일정을 계획 · 통제하고, 적량의 품목을 적시에 주문하여 적정 재고수준을 통제하기 위한 시스템이다.
② 자재관리 및 재고통제기법으로 종속수요품목의 소요량과 소요시기를 결정하기 위한 기법이다.
③ 완제품에 대한 월간 · 연간 수요예측에 따라 종속수요인 자재의 구매량을 산정(Push 방식)한다.

④ MRP는 제품생산에 필요한 원자재, 부분품, 공산품, 조립품 등 모든 자재의 소요량 및 소요시기를 역산해서 조달계획을 수립한다.

(2) 도입 배경

① MRP 시스템은 자재소요계획으로부터 출발하여 회사의 모든 자원을 계획하고 관리하는 전사적 자원관리로 발전되어 왔다.

② MRP Ⅱ로 확장되었다.

핵심포인트

MRP Ⅱ(Manufacturing Resource Planning, 제조자원계획)

1. MRP Ⅱ는 재고관리, 생산현장관리, 자재소요관리 등의 생산자원계획과 통제과정에 있는 여러 기능들이 하나의 단일시스템에 통합되어 생산 관련 자원투입의 최적화를 추구한다.
2. MRP Ⅱ는 제조자원이 한정되어 있다는 상황을 생산계획의 수립에 반영할 수 있도록 한 시스템이며, 원가관리, 회계, 재고관리. 수주관리 등의 기능이 추가되거나 대폭 개선됨으로써 생산, 판매, 물류라는 3부분의 연계를 가능하게 한다.
3. MRP와의 차이점으로는 제조활동의 계획관리 외에도 재무와 마케팅에서의 계획과 관리를 포괄한 시스템으로 기업에서의 모든 자원을 관리하는 전사적 정보시스템으로 확장되는 개념이다.

(3) 특징

① 배치(Batch) 제품, 조립품 생산 등에 적합한 자재관리기법이다.

② 완제품의 수요예측으로부터 시작된다.

③ MRP 시스템은 종속수요품목의 자재 수급계획에 더 적합하다.

④ MRP의 우선순위계획은 착수순서와 실시시기를 정하는 것이다.

⑤ MRP는 제조준비비용과 재고유지비용의 균형이 이루어지도록 로트(Lot) 크기를 결정한다.

⑥ MRP는 조달기간 중의 소요재고를 유지한다.

(4) 장점

① 부품 및 자재부족현상을 최소화한다.

② 종속수요품 각각에 대해서 수요예측을 별도로 행할 필요가 없다.

③ 공정품을 포함한 종속수요품의 평균 재고를 감소시킨다.

④ 상황변화에 따른 생산일정 및 자재계획의 변경이 용이하다.

⑤ 경영자가 발주 내지 제조지시를 하기에 앞서 계획을 사전에 검토할 수 있으며 발주 독촉 시기를 알려준다.

⑥ 상위품목의 생산계획이 변경되면 부품의 수요량과 재고 보충 시기를 쉽게 갱신할 수 있다.

(5) 주요 입력요소

① 개념

㉠ 자재소요량계획은 총괄생산계획하에 자재명세서, 주일정계획, 재고기록철의 정보를 받아 제품별로 설정된 안전재고량과 리드타임을 고려하여 주문시기와 주문량을 통제한다.

㉡ 주 구성요소는 MPS(Master Production Schedule), BOM(Bill of Materials), 재고기록철 등이다.

㉢ MRP는 기업의 구성요소에 의해 MPS를 수시로 변경하며, MPS의 변경을 수용할 수 있다.

㉣ 주생산일정계획에 따라 부품을 조달하며, 예측오차 및 불확실성에 대비한 안전재고(Safety Stock)가 필요하다.

② 입력요소

㉠ 재고기록철

㉡ 자재명세서

㉢ 주생산일정계획

㉣ 용량계획

㉤ 품목별, 업체별 리드타임

㉥ 안전재고량

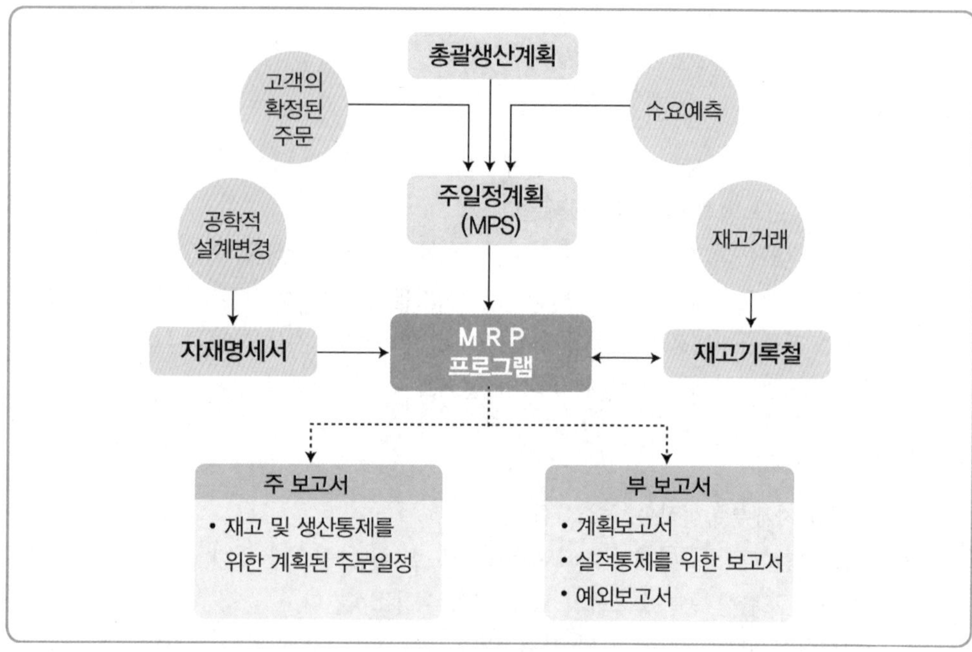

《 MRP 프로그램 도해 》

(6) MRP 계산요소

① **총 소요량**(Gross Requirements) : 자재명세서를 전개함으로써 목표로 하는 최종 상품과 각 반제품의 기간별 총 요구량을 의미한다.

② **예정 입고량**(Scheduled Receipt)

㉠ 예정 수취량, 이미 발령된 주문, 이미 발주가 되어 일정한 기간이 경과하는 기간 초에 또는 생산완료 혹은 도착되도록 예정된 주문량을 의미한다.

㉡ 수취일정의 변경은 되어도 수취 자체를 취소할 수 없다.

③ **예상 가용량**(Projected Stock) : 기간별 예상재고, 각 기간 초에 실제로 보유하리라고 기대하는 재고로서 그 기간의 총 소요량을 만족시키기 위하여 사용된다.

㉠ 기초 예상재고 = 전기 예상재고 + 입고예정량 − 총 소요량

㉡ 당기 예상재고 = 기초 예상재고 + 계획보충량

④ **순 소요량**(Net Requirements)

㉠ 기간별 총 소요량에서 그 기간의 예상 가용량을 뺀 차이를 말한다.

㉡ 순 소요량 = 총 소요량 − 현 재고 − 입고예정재고 + 할당된 재고 + 안전재고

⑤ **계획보충량**(계획수취량) : 순 소요량을 충당하기 위하여 예정된 시기 초에 수취하리라고 기대할 수 있는 계획된 주문량을 말한다.

㉠ **로트 크기 주문방식**(Lot−Size Ordering) : 계획보충량이 순 소요량을 초과할 수 있으며 초과분은 다음 기간의 가용재고에 가산된다고 가정한다.

㉡ **Lot for Lot 방식**(L4L) : 계획보충량과 순 소요량은 항상 동일하다.

⑥ **계획발주량**(발주계획)

㉠ 계획보충량을 예정된 시기 초에 수취할 수 있도록 앞서 구매주문이나 작업주문을 해야 하는 수량을 말한다.

㉡ 계획발주량 = 조달기간 이후의 계획보충량

(7) 고객서비스 최적화 및 안전재고 동시 확보방안

① 가격안정화 전략을 실행한다.

② 수요 불확실성을 줄인다.

③ 공급자와 협업적 관계를 구축한다.

④ 리드타임(Lead Time) 변동성을 축소한다.

⑤ 정형적인 업무처리인원을 축소한다.

(8) JIT와의 비교

구분	JIT 시스템	MRP 시스템
목표	불필요한 부품, 재공품, 자재의 재고를 없애도록 설계(낭비의 제거)	자재의 소요 및 조달계획을 수립하여 그 계획에 의한 실행(계획에 의한 소요)
전략	Pull 방식	Push 방식
품질	무결점 품질을 유지	약간의 불량을 허용
재고수준	최소재고	조달기간 중 재고
적용 분야	반복생산의 일정 및 재고관리	• 비반복생산의 재고관리 • 업종제한 없음
거래	구성원 입장에서 장기거래	경제적 구매 위주의 거래
관리	주문이나 요구에 의한 소요개념	계획에 의한 소요개념
통제순위	간판의 도착순서	작업배정의 순서

5 DRP(Distribution Resource Planning, 자원분배계획, 유통망관리)

(1) 개념

① 수요관리에 있어서 MRP와 같은 역할을 한다. 고객의 수요를 신속하게 생산계획에 반영하고, 제품을 고객이 필요한 양만큼 필요한 장소에 빠르게 전달하기 위한 프로세스이다.
② 생산완료된 제품을 수요처에 효율적으로 공급하기 위한 시스템이다.
③ 주요 산출물은 물류망의 최적 단계수를 결정한다.

(2) 목적

고객과 가장 가까운 곳에서 수요데이터를 얻고, 수요를 예측하여 이를 생산계획 수립에 빠르게 반영하며, 완제품 출고 이후 소매점 또는 도매점에 이르는 유통망상의 재고를 줄이는 데 근본적인 목적이 있다.

(3) 장점

① 고객의 수요정보를 예측하여 제품의 재고수준을 낮추는 효과를 가져온다.
② 정시 배송을 늘리고 고객의 불만을 감소시켜 고객서비스 향상에 기여한다.
③ 유통센터 운송비 및 재고량 감축에 따른 창고면적 요구량이 감소한다.

(4) 구성요소

① 수요예측
② 현재고 수준
③ 안전재고 목표 수준
④ 보충 계획수량
⑤ 보충 리드타임

(5) MRP와의 차이

MRP가 제품생산과 관련된 원재료 등의 생산관리시스템이라면, DRP는 생산완료 제품에 대한 판매관리시스템이다.

① MRP : 생산계획을 근거로 자재소요계획을 수립하고 실행하는 개념이다.
② DRP : 고객의 수요를 근거로 소요계획을 수립하고 실행하는 개념이다.

02 공정설계와 설비배치

1 공정설계와 설비배치 분석이 발생하는 경우

① 새로운 설비가 건설되었을 때
② 생산이나 유통량에 있어서 상당한 변화가 생겼을 때
③ 새로운 제품이 도입되었을 때
④ 종전과 다른 공정과 장비들이 가동되었을 때

2 공정별 배치(Process Layout)

(1) 개념

유사한 생산 기능을 수행하는 기계와 작업자를 그룹별로 일정한 장소에 배치하는 형태이다. 기능별 배치라고도 한다.

(2) 장단점

① 장점
㉠ 개별생산시스템에서 주로 사용되는 배치이다.
㉡ 범용기계를 이용하므로 설비투자액이 적고 진부화의 위험도 적다.

ⓒ 변화(수요변동, 제품변경, 작업순서 변경)에 대한 유연성이 크다.

② 단점

㉠ 대량생산의 경우 제품별 배치보다 단위당 생산코스트가 높다.

㉡ 운반거리가 길고 운반능률이 낮다.

㉢ 물자의 흐름이 느리므로 재고나 재공품이 증가한다.

3 제품별 배치(Product Layout)

(1) 개념

제품생산에 투입되는 작업자나 설비를 제품의 생산작업 순서에 따라 배치하는 형태이며 라인배치라고도 한다.

(2) 장단점

① 장점

㉠ 운반거리가 단축되고 가공되는 제품의 흐름이 빠르다.

㉡ 표준품을 양산할 경우 단위당 생산비용이 공정별 배치보다 훨씬 작다.

㉢ 재고와 재공품이 적어진다.

② 단점

㉠ 변화에 대한 유연성이 떨어진다.

㉡ 기계고장이나 재료의 부족, 작업자의 결근 등이 전체 공정에 영향을 줄 수 있다.

4 고정위치별 배치(Fixed－Position Layout)

(1) 개념

생산하는 장소를 정해 놓고 이곳에 주요 원자재, 부품, 기계 및 작업자를 투입하여 작업을 수행하도록 배치해 놓은 형태이다.

(2) 장단점

① 장점

㉠ 생산물의 이동을 최소화한다.

㉡ 다양한 제품 또는 작업을 유연성 있게 제조할 수 있다.

㉢ 크고 복잡한 제품, 구조물 생산에 적합하다.

② 단점

㉠ 제조현장이 고정되어 자재나 설비를 이동하려면 많은 노력, 시간, 비용이 든다.

㉡ 기계설비의 이용률이 낮고 고도의 숙련을 요하는 작업이 많다.

5 혼합형 배치

혼합형 배치는 일반적으로 서비스 생산시스템이나 유연생산시스템에서 흔히 볼 수 있으며, 그룹 테크놀로지의 그룹별 배치 내지 셀형 배치 또는 JIT의 U형 배치가 대표적인 혼합형 배치라고 할 수 있다.

03 수요예측기법

기업의 제품과 서비스에 대한 수요를 예측하고 어떻게 충족시킬 것인가를 결정하는 것으로 수요예측기법에는 정성적 기법과 정량적 기법이 있다.

1 정성적 예측기법 ★★

정성적 수요예측기법은 개인의 주관이나 판단 또는 여러 사람의 의견에 입각하여 수요를 예측하는 방법으로, 주로 중·장기적 예측에 활용된다.

(1) 직관에 의한 예측

① **델파이법**(Delphi Method)

㉠ **개념** : 수요의 정성적 예측기법으로 전문가들을 한자리에 모으지 않고 일련의 질의서를 통해 각자의 의견을 취합하여 중기 또는 장기 수요의 종합적인 예측결과를 도출해 내는 기법이다.

㉡ **특징**

ⓐ 미래사항에 대한 의견을 질문서에 기재 후 분석하기를 5~6회 반복한다(높은 정확성).

ⓑ 전문가들을 한자리에 모으지 않는 방식으로 다수의견이나 유력자의 발언 등에 영향력을 배제한다.

ⓒ 시간과 비용이 많이 소요되며 참가 구성원 그룹에 따라 결론이 다르다.

ⓓ 난상토론처럼 창의력 자극은 없다.

② **판매원**(영업사원) **의견통합법**(판매원 이용법)

㉠ **개념**

ⓐ 특정 시장에 정통한 영업사원이나 거래점 의견을 종합하는 방법이다.

ⓑ 판매원들이 각 관할지역의 판매예측률을 산출한 후, 이를 통합하여 회사의 판매예측률을 산출한다.

㉡ 특징

ⓐ 단기간 양질의 시장정보를 입수할 수 있다.

ⓑ 자신의 경험에 치우쳐서 예측오차가 크다.

③ 경영자 판단법

㉠ 개념 : 예측과 관련 있는 상위경영자의 의견을 모아 예측하는 방법이다.

㉡ 특징

ⓐ 단기간 양질의 정보를 입수할 수 있다.

ⓑ 경영자의 능력 차에 따라 오차가 크고 정확도가 낮다.

(2) 시장조사법(의견조사에 의한 예측)

① 개념

㉠ 수요의 정성적 예측방법 중 가장 계량적이고 객관적인 방법으로 수요의 크기, 제품과 서비스에 대하여 고객의 심리, 선호도, 구매동기 등 질적정보의 확인이 가능한 조사기법이다.

㉡ 시장조사법은 신제품 및 현재 시판 중인 제품이 새로운 시장에 소개될 때 많이 활용된다.

㉢ 정성적 기법 중 가장 시간과 비용이 많이 들지만, 비교적 정확하다는 장점이 있다.

② 종류

㉠ **전화나 면담조사, 설문지조사** : 한정된 표본을 조사하기 때문에 치밀하고 과학적인 조사가 요구된다.

㉡ **소비자 모임에서의 의견수렴, 시험판매** : 조사기간이 길고, 비용이 많이 소요된다.

(3) 유추에 의한 예측

예측하고자 하는 제품의 과거 자료가 없는 경우 유사제품의 수요패턴, 수명주기, 선진국 사례 등과 비교유추를 통하여 신제품의 미래수요를 예측하는 방법이다.

① **라이프사이클 유추법**(생애주기 유추법) : 유사제품의 상품수명주기 기간별 과거 매출의 증감폭을 기준으로 수요량을 예측하는 방법이다.

② **자료유추법** : 비슷한 상품의 특성을 가진 상품의 과거 자료를 기초로 판매량을 예측하는 방법이다.

③ 비교유추법

2 정량적 예측기법 ★★★

정량적 수요예측기법은 데이터를 기반으로 주로 단기예측에 활용된다.

(1) 정량적 기법

① 시계열 분석법

㉠ 과거 시간에 따른 실제 판매량을 기초로 하는 수요예측기법이다.

ⓛ 예측하고자 하는 상품의 수요량이 과거의 일정한 기간 동안 어떤 수요의 형태나 패턴으로 이루어졌는지를 분석하며, 미래에도 비슷한 추세로 수요가 이루어질 것이라는 가정하에 이를 적용하여 예측하려는 기법이다.

ⓒ 시계열 분석법의 종류로는 추세선식, 전기예측법, 단순이동평균법, 가중이동평균법, 지수평활법, 최소자승법 등이 있다.

② 인과형 예측기법

ⓐ 인과형 모형에서는 과거의 자료에서 수요와 밀접하게 관련되어 있는 변수들을 찾아낸 다음 수요와 이들 간의 관계를 파악하여 미래수요를 예측한다.

ⓛ 원인과 결과관계를 가지는 두 요소의 과거 변화량에 대한 인과관계를 분석한 방법이다.

ⓒ 인과형 모형에 속하는 기법으로는 회귀분석, 계량경제모형, 투입산출모형, 선도지표법 등이 있다.

회귀분석	한 변수 혹은 여러 변수가 다른 변수에 미치는 영향력의 크기를 회귀방정식으로 추정하고 분석하는 통계적 분석방법
계량경제모델	경제 변수 간의 함수관계를 수식으로 나타내는 경제모델
투입산출모델	산업부문 간의 상호의존관계를 파악하여 투입변수와 산출변수 간의 관계를 분석하는 방법

(2) 정량적 기법의 종류

① 이동평균법

ⓐ **단순이동평균법** : 예측하려는 기간(F_t)의 직전 일정 기간(N)의 실제 판매량(A_t)들의 단순 평균치를 구하여 예측하는 방법이다.

$$F_t = (A_{t-1} + A_{t-2} + \cdots + A_{t-n})/N$$

F_t : 기간 t의 수요 예측치

A_t : 기간 t의 실제 수요

예제

다음과 같이 보관 실적치가 주어졌을 때, 단순이동평균법으로 예측한 9월의 수요는? (단, 이동기간 n = 4를 적용하며, 계산한 값은 소수점 둘째 자리에서 반올림함)

월	5	6	7	8	9
보관 실적치	156.6	154.0	152.1	158.6	?

해설 (156.6+154.0+152.1+158.6)/4=155.3

㉡ 가중이동평균법

ⓐ 직전 N기간의 자료치에 합이 1이 되는 가중치를 부여한 다음, 가중 합계치를 예측치로 사용하는 방법이다.

ⓑ 예측하려는 기간까지의 정해진 기간 동안, 예측대상 기간에 가까운 기간에 실제 판매량일수록 더 큰 가중치를 주어 예측하는 방법이다(예측기간이 먼 과거일수록 낮은 가중치를 부여한다).

$$F_t = W_{t-1}A_{t-1} + W_{t-2}A_{t-2} + \cdots + W_{t-n}A_{t-n}$$

F_t : 기간 t의 수요 예측치

A_t : 기간 t의 실제수요

W_t : 기간 t에 부여된 가중치

② 지수평활법(Exponential Smoothing)

㉠ 개념 : 가중이동평균법의 경우 감안하는 기간이 길어질수록 가중치를 나누어 주기 힘든 점을 개선하여 평활상수 α를 통해 이를 구현한 예측법이다(계산 간단, 평활상수 변경 용이).

㉡ 특징 : 가장 최근의 값에 가장 많은 가중치를 두고 자료가 오래될수록 가중치를 지수적으로 감소시키면서 예측하는 방법으로 **단기예측**에 적합하다. 즉, 가중이동평균법의 단점을 해소하기 위해 평활상수를 이용해 현재에서 과거로 갈수록 적은 비중을 주는 방법을 채택하고 있다.

㉢ 장점 : 오랜 기간의 실적을 필요로 하지 않으며 데이터 처리에 소요되는 시간이 적게 드는 장점이 있다.

$$F_{t+1} = \alpha A_t + (1-\alpha)F_t$$

F_{t+1} : 기간 $t+1$에서의 예측치

α : 평활상수($0 \le \alpha \le 1$)

A_t : 기간 t에서의 실측치

F_t : 기간 t에서의 예측치

예시

A창고는 처리실적이 지속적으로 저조하였으나, 최근 창고시스템의 고질적인 결함을 개선하면서 처리실적이 급격하게 증가하였다. 이 경우 차기 처리실적을 예측하기 위한 가장 적합한 수요예측방법은 지수평활법이다.

예제

완성품 배송센터의 규모를 결정하기 위한 목적으로 보관품목의 2026년 수요를 예측하고자 한다. 2024년 수요 예측치와 실적치, 2025년 실적치가 아래의 표와 같다고 가정할 때, 평활상수(α) 0.4인 지수평활법을 활용한 2026년의 수요 예측치는?

구분	2024년	2025년
실적치(개)	200	300
수요 예측치(개)	250	–

- 차기 예측치=당기 판매예측치+α(당기 판매실적치−당기 판매예측치)
- 2025년의 수요 예측치는 250+0.4(200−250)=250−20=230
- 2026년의 수요 예측치는 230+0.4(300−230)=230+28=258

③ 추세선식

㉠ 시계열 분석기법은 일정한 시간, 간격에 나타나는 관측치를 가지고 분석하는 방법으로 추세, 계절적 변동, 순환요인 등으로 구성된다.

㉡ 과거의 실제 판매량을 기반으로 예측 함수식을 구성하는 방법을 추세선식 방법이라고 한다.

㉢ 기본은 추세식(Trend)을 구성하고 추가적으로 해당 함수식에 계절지수(S, Seasonality), 순환성(C, Cycle), 불규칙변동(I, Irregularity)을 가법(더하거나), 승법(곱하여)으로 함수식을 완성시킨다.

구분	내용
추세변동 (T, Trend Movement)	시간의 경과에 따라 발생하는 시계열의 일반적 추세 또는 경향을 나타내는 것이다.
순환변동 (C, Cyclical Fluctuation)	추세선상의 장기적인 변동, 순환변동을 말한다.
계절변동 (S, Seasonal Variation)	1년 주기로 하여 전년과 같은 시기에 동일하거나 또는 유사한 양상으로 나타나는 변동이다.
불규칙변동 (R, Irregular Movement)	천재지변, 폐업, 선거 등의 중대한 우연적인 사건의 결과로 인한 변동이다.

TIP 시장변동은 시계열 예측법의 구성요소가 아니다. 빈출

핵심포인트

시계열 예측기법

시계열 예측기법은 아래와 같이 수요를 평균(혹은 수평), 추세, 계절, 주기, 우연변동 등의 다양한 요소로 분해할 수 있다.

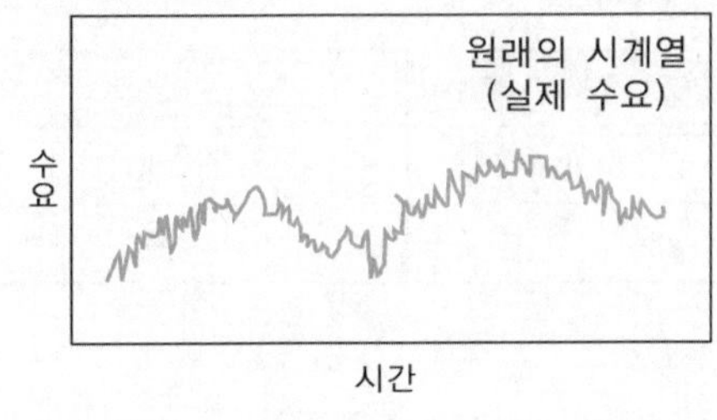

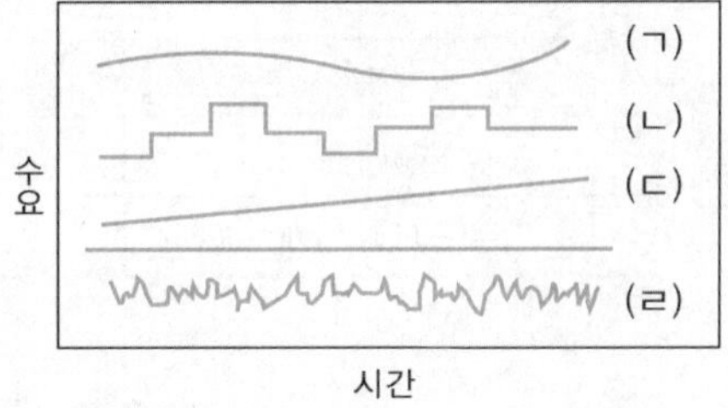

(ㄱ) **주기** : 수요가 장기간에 걸쳐 점차 증가 또는 감소

(ㄴ) **계절적 패턴** : 수요가 일정한 시기(월 또는 계절)에 따라 증가 또는 감소를 반복

(ㄷ) **추세** : 수요가 증가 또는 감소하는 경향

(ㄹ) **우연변동** : 다양하고 우연한 요인에 의해 발생하므로 예측이나 통제가 불가능함

④ **최소자승법**(Method of Least Squares)

㉠ **개념** : 특정한 두 개의 경제변량 x와 y 사이에 함수관계가 존재하다고 할 때 그 인과관계를 수량적으로 파악하는 데 일반적으로 사용된다.

㉡ **특징**

ⓐ 실적치와 경향치의 차를 제곱하여 그것을 합계한 값이 최소가 되도록 경향치를 구하는 방식으로 과거의 매출실적을 그래프로 그려서 사용한다.

ⓑ 경향선을 구하는 계산방식으로 가장 쉽고 신뢰성 있는 방식이다.

⑤ **회귀분석법**

㉠ **개념** : 인과형 예측기법의 하나로 종속변수인 수요에 영향을 미치는 독립변수를 파악하고, 독립변수와 종속변수 간의 함수관계를 통계적으로 추정하여 미래의 수요를 예측하는 방법이다.

㉡ **특징** : 회귀분석은 독립변수들과 종속변수와의 관계는 회귀식이라는 함수에 의해 표현되는데, 여기서는 각 독립변수가 종속변수에 미치는 영향의 정도, 방향 등이 회귀계수로서 나타나게 된다.

㉢ **회귀방정식** : 회귀방정식이란 원인과 결과관계를 가지는 두 요소의 과거 실제 변화량의 관계를 분석하여 함수식화한 예측방법이다. 표현하면 다음과 같다.

$$\hat{y} = a + bx$$

- x의 값이 주어졌을 때 y의 값에 대한 최적의 추정
- $a = \overline{Y} - b\overline{X} = (x - \overline{X}) + \overline{Y}$
- $b = \dfrac{\sum(x_i - \overline{X})(y_i - \overline{Y})}{\sum(x_i - \overline{X})^2} = r\dfrac{S_y}{S_x}$

$\overline{X}$, $\overline{Y}$: 표본평균

S_x, S_y : 표준편차

r : 상관관계

CHAPTER 04 기출 & 실력 다잡기

01 MRP

01 **자재소요계획(MRP : Material Requirement Planning)의 특성에 해당하는 것을 모두 고른 것은?**

ㄱ. MRP는 원자재, 부품 등 모든 자재의 소요량 및 소요시기를 역산하여 조달계획을 수립하는 것이다.
ㄴ. MRP는 제조준비비용과 재고유지비용의 균형이 이루어지도록 로트(Lot) 크기를 결정한다.
ㄷ. MRP의 제1단계는 직장 개선풍토를 위한 5S(정리, 정돈, 청소, 청결, 습관화)를 추진하는 것이다.
ㄹ. MRP는 로트 크기가 작아서 유휴재고와 창고공간의 감소를 초래한다.
ㅁ. MRP의 우선순위계획은 착수순서와 실시시기를 정하는 것이다.

① ㄱ, ㄴ, ㄷ
② ㄱ, ㄴ, ㅁ
③ ㄱ, ㄷ, ㄹ
④ ㄴ, ㄹ, ㅁ
⑤ ㄷ, ㄹ, ㅁ

해설 ㄷ. MRP의 제1단계는 순 소요량 결정이다. MRP는 제품생산수량 및 생산일정을 입력하여 원자재, 부분품 등의 자재조달계획을 세우고 효율적인 재고관리를 도모하는 시스템으로 직장 개선풍토를 위한 5S와는 관련이 없다.
ㄹ. 로트 크기를 최소화하고 소량의 재고만을 유지하는 것은 JIT의 특징이다.

02 **자재소요량계획(MRP : Material Requirement Planning)에서 A제품은 3개의 부품 X와 2개의 부품 Y로 구성되어 있으며 순 소요량은 50개이다. 부품 X의 가용재고는 45개이며 입고예정량은 없으며, 부품 Y의 가용재고는 50개이며 15개의 입고예정량이 계획되어 있다면 부품 X, Y의 순 소요량은?**

① X = 105개, Y = 35개
② X = 105개, Y = 45개
③ X = 105개, Y = 105개
④ X = 150개, Y = 45개
⑤ X = 150개, Y = 105개

정답 01 ② 02 ①

해설 • 순 소요량 = 총 소요량 − 가용재고 − 입고예정량
1. A제품의 경우 X = 3A, Y = 2A로 구성되어 있다.
2. 부품 X = (50 × 3) − 45 = 105개(순 소요량)
3. 부품 Y = (50 × 2) − 50 − 15 = 35개(순 소요량)

03 다음 자재소요량계획(MRP : Material Requirement Planning)에서 부품 X, Y의 순 소요량은?

- 제품 K의 총 소요량 : 50개
- 제품 K는 2개의 X부품과 3개의 Y부품으로 구성
- X부품 예정 입고량 : 10개, 가용재고 : 5개
- Y부품 예정 입고량 : 20개, 가용재고 : 없음

① X = 50개, Y = 50개
② X = 60개, Y = 80개
③ X = 85개, Y = 130개
④ X = 100개, Y = 150개
⑤ X = 115개, Y = 170개

해설 • 순 소요량 = 총 소요량 − 재고
X부품 순 소요량 = 100개(2 × 50) − 15 = 85
Y부품 순 소요량 = 150개(3 × 50) − 20 = 130

04 K사의 B자재에 대한 소요량을 MRP 시스템에 의해 산출한 결과, 필요량이 12개로 계산되었다. 주문 Lot Size가 10개이고 불량률을 20%로 가정할 때, 순 소요량(Net Requirement)과 계획오더량(Planned Order)은 각각 얼마인가?

① 12개, 12개
② 12개, 20개
③ 15개, 15개
④ 15개, 20개
⑤ 15개, 30개

해설 1. 순 소요량 × (1 − 불량률 0.2) = 필요량 12개
→ 순 소요량 = 12/0.8 = 15
2. 순 소요량은 15개지만 주문 Lot Size가 10개 단위이므로 20개를 계획오더량으로 산정하게 된다.

정답 03 ③ 04 ④

02 JIT

05 **JIT 시스템의 도입 목표 및 효과가 아닌 것은?**

① 제조준비시간의 단축
② 재고량의 감축
③ 리드타임의 단축
④ 불량품의 최소화
⑤ 가격의 안정화

해설 JIT에 가격을 통제하는 기능은 없다. (부수적인 이유로 가격이 안정화가 될 수는 있으나 JIT 도입 목표 및 직접적인 효과는 아니다.)

JIT의 목표

- 리드타임 단축과 수요변화에 대한 신속한 대응
- 자재취급노력의 경감
- 불량품의 최소화(수준 높은 품질기준 적용)와 품질 향상

06 **JIT(Just In Time)에 관한 설명으로 옳지 않은 것은?**

① 필요한 시간에, 필요한 장소에, 필요한 양만큼 공급하는 방식이다.
② 공급자는 제조업체의 필요한 자재소요량을 신속하게 파악할 수 있어야 한다.
③ 공급자와 생산자 간 상호 협력이 미흡할 경우 성과를 기대하기 어렵다.
④ 공급자는 안정적인 장기계약을 통해 제조기업의 한 공정처럼 협력할 수 있어야 한다.
⑤ 수요예측을 기반으로 하는 Push 방식이 효과적이다.

해설 JIT는 실제 주문(실제 수요)에 근거하여 생산량을 정하는 Pull 방식이 효과적이다.

07 **JIT(Just In Time) 시스템의 특징에 해당하는 것을 모두 고른 것은?**

ㄱ. JIT 시스템은 한 작업자에게 업무가 할당되는 단일기능공 양성이 필수적이다.
ㄴ. JIT 시스템은 소량 다빈도 배송으로 운송비가 증가한다.
ㄷ. JIT 시스템은 수요변화에 탄력적인 대처가 가능하다.
ㄹ. JIT 시스템은 반복적인 생산에 적합하다.
ㅁ. JIT 시스템은 효과적으로 Push 시스템을 구현한다.

① ㄱ, ㄴ, ㄷ
② ㄱ, ㄷ, ㄹ
③ ㄱ, ㄹ, ㅁ
④ ㄴ, ㄷ, ㄹ
⑤ ㄴ, ㄹ, ㅁ

해설 ㄱ. JIT 시스템은 수요가 있을 때 필요한 기능을 할 수 있으려면 한 작업자가 다중기능공이 되게끔 해야 한다.
ㅁ. JIT 시스템은 효과적으로 수요에 근거하여 조달하고 생산하는 Pull 시스템을 구현한다.

08 **JIT(Just In Time) 시스템에 관한 설명으로 옳은 것은?**

① 한 작업자에게 업무가 할당되는 단일기능공 양성이 필수적이다.
② 효과적인 Push 시스템을 구현할 수 있다.
③ 비반복적 생산시스템에 적합하다.
④ 불필요한 부품 및 재공품재고를 없애는 것을 목표로 한다.
⑤ 제조준비시간이 길어진다.

해설 ① 한 작업자에게 여러 업무를 수행할 수 있는 다기능공 양성이 필수적이다.
② 효과적인 Pull 시스템을 구현할 수 있다.
③ 반복적 생산시스템에 적합하다.
⑤ 제조준비시간이 길어지면 수요발생 대응이 어려워지므로 적절하지 않은 설명이다.

03 수요예측기법 이론

09 **수요예측방법에 관한 설명으로 옳지 않은 것은?**

① 정성적 수요예측방법은 시장조사법, 역사적 유추법 등이 있다.
② 정량적 수요예측방법은 단순이동평균법, 가중이동평균법, 지수평활법 등이 있다.
③ 가중이동평균법은 예측기간이 먼 과거일수록 낮은 가중치를 부여하고, 가까울수록 더 큰 가중치를 주어 예측하는 방법이다.
④ 시장조사법은 신제품 및 현재 시판 중인 제품이 새로운 시장에 소개될 때 많이 활용된다.
⑤ 지수평활법은 예측하고자 하는 기간의 직전 일정 기간의 시계열 평균값을 활용하여 산출하는 방법이다.

해설 지수평활법(Exponential Smoothing)은 가장 최근의 값에 가장 많은 가중치를 두고 자료가 오래될수록 가중치를 지수적으로 감소시키면서 예측하는 방법으로 단기예측에 적합하다.
⑤는 전기예측법에 대한 설명이다.

정답 08 ④ 09 ⑤

10 수요예측방법에 관한 설명으로 옳지 않은 것은?

① 정성적 수요예측방법에는 경영자판단법, 판매원 이용법 등이 있다.
② 정량적 수요예측방법에는 이동평균법, 지수평활법 등이 있다.
③ 델파이법(Delphi Method)은 원인과 결과 관계를 가지는 두 요소의 과거 변화량에 대한 인과관계를 분석한 방법으로 정량적 수요예측방법에 해당한다.
④ 가중이동평균법은 예측 기간별 가중치를 부여한 예측방법으로 일반적으로 예측대상 기간에 가까울수록 더 큰 가중치를 주어 예측하는 방법이다.
⑤ 라이프사이클(Life－cycle) 유추법은 상품의 수명주기 기간별 과거 매출 증감 폭을 기준으로 수요량을 유추하여 예측하는 방법이다.

해설 델파이법은 수요의 정성적 예측기법으로 전문가들을 한자리에 모으지 않고 일련의 질의서를 통해 각자의 의견을 취합하여 중기 또는 장기 수요의 종합적인 예측결과를 도출해 내는 기법이다. 원인과 결과 관계를 가지는 두 요소의 과거 변화량에 대한 인과관계를 분석한 방법은 인과형 예측기법이다.

11 A창고는 처리실적이 지속적으로 저조하였으나, 최근 창고시스템의 고질적인 결함을 개선하면서 처리실적이 급격하게 증가하였다. 이 경우 차기 처리실적을 예측하기 위한 가장 적합한 수요예측방법은?

① 지수평활법
② 회귀분석법
③ 투입산출모형
④ 단순이동평균법
⑤ 수명주기 예측법

해설 지수평활법에 대한 설명이다. 지수평활법은 정량적 예측기법으로 가장 최근 데이터에 가장 큰 가중치가 주어지고 시간이 지남에 따라 가중치가 기하학적으로 감소되는 가중치 이동평균 예측기법의 하나이다.

12 정성적 수요예측기법이 아닌 것은?

① 델파이법
② 시장조사법
③ 회귀분석법
④ 역사적 유추법
⑤ 패널조사법

해설 정량적 수요예측기법은 데이터를 기반으로 주로 단기예측에 활용된다. 인과형 예측기법은 정량적 수요예측기법으로 분류할 수 있으며, 인과형 모형에 속하는 기법으로는 회귀분석, 계량경제모형, 투입산출모형, 선도지표법 등이 있다.

정답 10 ③ 11 ① 12 ③

13 **다음 중 정성적 수요예측기법으로 옳은 것을 모두 고른 것은?**

ㄱ. 회귀분석법　　　　ㄴ. 투입산출모형
ㄷ. 판매원 이용법　　　ㄹ. 전문가조사법
ㅁ. 수명주기 유추법　　ㅂ. 이동평균법

① ㄱ, ㄴ, ㄷ　　② ㄱ, ㄴ, ㄹ
③ ㄱ, ㅁ, ㅂ　　④ ㄴ, ㄹ, ㅂ
⑤ ㄷ, ㄹ, ㅁ

해설 정성적 방법은 일반적으로 데이터가 존재하지 않거나 데이터에 대한 계량화가 어려울 때 소비자 선호도 또는 전문가의견을 바탕으로 미래수요를 예측하는 기법이다.
ㄱ, ㄴ, ㅂ은 정량적 수요예측기법이다.

14 **시계열 예측기법은 수요를 평균(혹은 수평), 추세, 계절, 주기, 우연변동 등의 요소로 분해할 수 있다. 다음의 시계열 자료를 분해할 때, ㄱ ~ ㄹ에 적합한 내용을 순서대로 옳게 나열한 것은?**

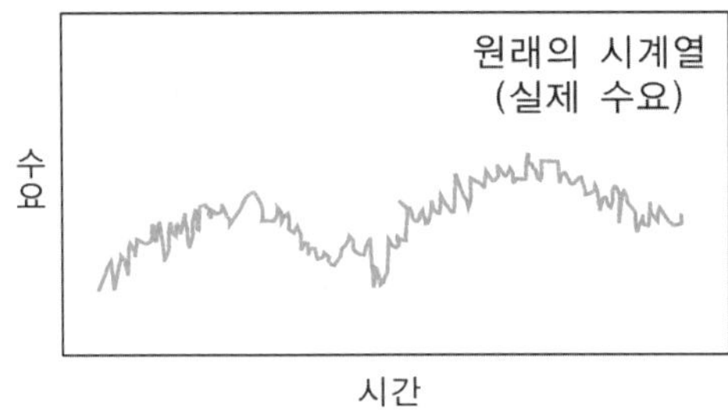

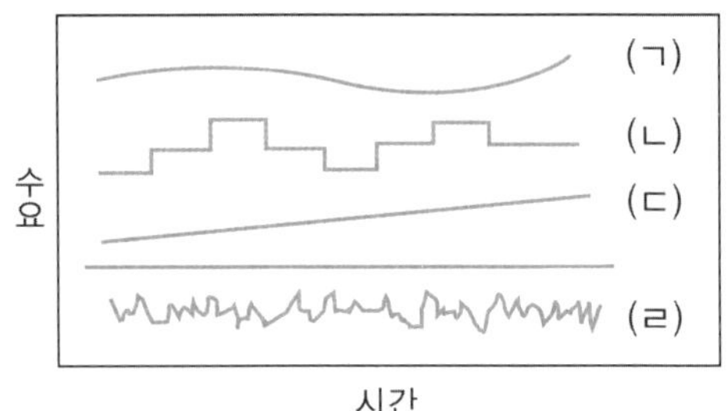

① 주기 – 계절적 패턴 – 추세 – 우연변동
② 추세 – 계절적 패턴 – 주기 – 우연변동
③ 추세 – 우연변동 – 주기 – 계절적 패턴
④ 주기 – 우연변동 – 추세 – 계절적 패턴
⑤ 계절적 패턴 – 주기 – 추세 – 우연변동

해설 시계열의 구성요소
- **주기**(C) : 수요가 장기간에 걸쳐 점차적으로 증가 또는 감소함을 나타낸다.
- **계절**(S) : 수요가 시즌에 따라 급격한 증가와 감소를 나타낸다.
- **추세**(T) : 수요가 증가 또는 감소하는 경향을 나타낸다.
- **우연변동**(I) : 수요가 우연한 요인에 의해 발생되어 예측 및 통제가 불가능하다.

정답 **13** ⑤ **14** ①

04 수요예측기법 계산

15 다음과 같이 보관 실적치가 주어졌을 때, 단순이동평균법으로 예측한 9월의 수요는? (단, 이동기간 $n=4$를 적용하며, 계산한 값은 소수점 둘째 자리에서 반올림함)

월	5	6	7	8	9
보관 실적치	156.6	154.0	152.1	158.6	?

① 155.1
② 155.2
③ 155.3
④ 155.4
⑤ 155.5

해설 $n=4$는 4기간을 이용하라는 의미이다.
(156.6+154.0+152.1+158.6)/4 = 621.3/4=155.325

16 다음 표와 같이 과거 실적치가 주어졌을 때, 가중이동평균법(Weighted Moving Average)으로 예측한 5월의 수요량은? (단, 2월 가중치는 0.1, 3월 가중치는 0.3, 4월 가중치는 0.6이며, 소수점 첫째 자리에서 반올림하시오.)

월	1	2	3	4	5
수요량	145	183	163	178	?

① 166
② 170
③ 174
④ 178
⑤ 182

해설 가중이동평균법은 예측하려는 기간에 가까울수록 높은 가중치를 배정한다.
5월의 수요량=(178 × 0.6)+(163 × 0.3)+(183 × 0.1)=174

정답 15 ③ 16 ③

17 **보관품목의 2025년 수요를 예측하고자 한다. 2023년 수요 예측치와 실적치, 2024년 실적치가 아래의 표와 같다고 가정할 때, 평활상수(α) 0.5인 지수평활법을 활용한 2025년의 수요 예측치는?**

구분	2023년	2024년
실적치(개)	200	300
수요 예측치(개)	250	–

① 256개
② 268개
③ 272개
④ 278개
⑤ 280개

해설 지수평활법
차기 예측치 = 당기 판매예측치 + α(당기 판매실적치 – 당기 판매예측치)
2024년 예측치 = 250 + 0.5(200 – 250) = 250 – 25 = 225
2025년 예측치 = 225 + 0.5(300 – 225) = 230 + 37.5 = 267.5 (약 268개)

18 **생수를 판매하는 P사는 지수평활법을 이용하여 8월 판매량을 55,400병으로 예측하였으나, 실제 판매량은 56,900병이었다. 지수평활법에 의한 9월의 생수 판매량 예측치는? (단, 평활상수(α)는 0.6을 적용한다.)**

① 54,200병
② 54,900병
③ 55,400병
④ 55,800병
⑤ 56,300병

해설 지수평활법(Exponential Smoothing)은 가장 최근의 값에 가장 많은 가중치를 두고 자료가 오래될수록 가중치를 지수적으로 감소시키면서 예측하는 방법으로 단기예측에 적합하다.
• 차기 예측치 = 당기 판매예측치 + α(당기 판매실적치 – 당기 판매예측치)
• 9월 예측치는 55,400 + 0.6(56,900 – 55,400) = 56,300병

정답 17 ② 18 ⑤

19 A상품의 2022년도 6월의 실제 판매량과 예측 판매량, 7월의 실제 판매량 자료가 아래 표와 같을 때 지수평활법을 활용한 8월의 예측 판매량(개)은? (단, 평활상수(α)는 0.4를 적용한다.)

구분	2022년 6월	2022년 7월
실제 판매량	48,000(개)	52,000(개)
예측 판매량	50,000(개)	–

① 48,320
② 49,200
③ 50,320
④ 50,720
⑤ 50,880

해설 지수평활법을 활용하면,
- 7월의 예측 판매량=50,000+0.4(48,000−50,000)=49,200(개)
- 8월의 예측 판매량=49,200+0.4(52,000−49,200)=50,320(개)

20 손소독제를 판매하는 K상사는 5월 판매량을 60,000개로 예측하였으나 실제로는 56,000개를 판매하였다. 6월의 실제 판매량이 66,000개일 경우 지수평활법에 의한 7월의 판매 예측량은? (단, 지수평활계수 $\alpha=0.2$를 적용함)

① 58,240개
② 58,860개
③ 60,240개
④ 60,560개
⑤ 61,120개

해설 지수평활법
$F_6 = F_5 + \alpha(Y_5 - F_5)$ =60,000+0.2(56,000−60,000)=59,200개
$F_7 = F_6 + \alpha(Y_6 - F_6)$ =59,200+0.2(66,000−59,200)=60,560개

정답 19 ③ 20 ④

21 다음과 같은 판매실적 정보와 6월에 대한 예측치가 있다. 7월의 실판매량과 오차가 가장 적은 F_7 값을 제시할 수 있는 예측기법은?

구분	1월	2월	3월	4월	5월	6월	7월
실판매량	100	90	93	102	89	82	85
예측치	–	–	–	–	–	92	F_7
(가중치)				0.3	0.4	0.3	

① 3개월 이동평균법
② 3개월 가중평균법
③ 5개월 이중평균법
④ 평활상수 0.3인 지수평활법
⑤ 평활상수 0.4인 지수평활법

해설 ① 3개월 이동평균법=(102+89+82)/3=91 → 오차=6
② 3개월 가중평균법=(102 × 0.3)+(89 × 0.4)+(82 × 0.3)=90.8 → 오차=5.8
③ 5개월 이동평균법=(90+93+102+89+82)/5=91.2 → 오차=6.2
④ 평활상수 0.3인 지수평활법 = $F_6+\alpha(Y_6-F_6)$ =92+0.3(82−92)=89 → 오차=4
⑤ 평활상수 0.4인 지수평활법 = $F_6+\alpha(Y_6-F_6)$ =92+0.4(82−92)=88 → 오차=3

22 '갑'회사의 3개월간 판매실적 정보와 6월의 수요 예측량은 아래 표와 같다. 3개월간 이동평균법(A)과 단순지수평활법(B)을 이용하여 계산한 '갑'회사의 7월의 수요 예측량(개)은? (단, 평활상수(α)는 0.3, 답은 소수점 첫째 자리에서 반올림한다.)

구분	5월	6월	7월
실수요량(개)	205	190	210
수요 예측량(개)		200	

① A : 200, B : 201
② A : 200, B : 204
③ A : 200, B : 205
④ A : 202, B : 201
⑤ A : 202, B : 205

해설 1. 3개월 이동평균법 : (210+190+205)/3=201.66=202
2. 6월 평활상수 0.3인 지수평활법 : 200+0.3(190−200)=197
3. 7월 평활상수 0.3인 지수평활법 : 197+0.3(210−197)=201

정답 21 ⑤ 22 ④

23 다음은 L사의 연도별 휴대전화 판매량을 나타낸 것이다. 2021년 휴대전화 수요를 예측한 값으로 옳은 것은? (단, 단순이동평균법의 경우 이동기간(n)은 3년 적용, 가중이동평균법의 경우 가중치는 최근 연도로부터 0.5, 0.3, 0.2를 적용, 지수평활법의 경우 평활상수(α)는 0.4를 적용, 모든 예측치는 소수점 둘째 자리에서 반올림한다.)

연도	판매량(만 대)	수요 예측치(만 대)		
		단순이동평균법	가중이동평균법	지수평활법
2018	36			
2019	34			
2020	37			39
2021		(ㄱ)	(ㄴ)	(ㄷ)

① ㄱ : 32.7, ㄴ : 34.4, ㄷ : 38.2
② ㄱ : 34.9, ㄴ : 34.4, ㄷ : 37.2
③ ㄱ : 35.7, ㄴ : 34.9, ㄷ : 38.2
④ ㄱ : 35.7, ㄴ : 35.9, ㄷ : 36.9
⑤ ㄱ : 35.7, ㄴ : 35.9, ㄷ : 38.2

해설 ㄱ. 단순이동평균법 : (37+34+36)/3=35.66
ㄴ. 가중이동평균법 : (37 × 0.5)+(34 × 0.3)+(36 × 0.2)=35.9
ㄷ. 지수평활법 : 39+0.4(37−39)=38.2

24 다음은 K사의 월별 스마트폰 판매량을 나타낸 것이다. 4월의 수요를 예측한 값으로 옳은 것은? (단, 이동평균법의 경우 이동기간 $n=3$, 가중이동평균법의 경우 가중치는 최근 기간으로부터 0.5, 0.3, 0.2를 적용, 지수평활법의 경우 전월 예측치는 45만 대였으며, 평활계수(α)는 0.8을 적용, 예측치는 소수점 둘째 자리에서 반올림한다.)

월	실제 수요 (만 대)	예측치(만 대)		
		이동평균법	가중이동평균법	지수평활법
1	40			
2	43			
3	42			45
4	44	(ㄱ)	(ㄴ)	(ㄷ)

① ㄱ : 41.7, ㄴ : 41.9, ㄷ : 42.6
② ㄱ : 41.7, ㄴ : 43.2, ㄷ : 44.2
③ ㄱ : 43.0, ㄴ : 43.2, ㄷ : 42.6
④ ㄱ : 43.0, ㄴ : 41.9, ㄷ : 44.2
⑤ ㄱ : 43.0, ㄴ : 43.2, ㄷ : 44.2

정답 23 ⑤ 24 ①

해설 ㄱ. 이동평균법 $= \frac{40+43+42}{3} = 41.7$

ㄴ. 가중이동평균법 $= (40 \times 0.2) + (43 \times 0.3) + (42 \times 0.5) = 41.9$

ㄷ. 지수평활법 = 전월 예측치 + α(실제치 − 전월 예측치) $= 45 + 0.8(42 - 45) = 42.6$

25 다음과 같은 A회사의 연도별 물동량 처리실적과 예측치가 있다고 할 때, 2018년의 처리실적에 가장 근접한 예측치를 제시할 수 있는 수요예측기법은?

구분	2012년	2013년	2014년	2015년	2016년	2017년	2018년
실적치(만 톤)	44.1	43.1	46.9	45.5	45.2	44.4	49.0
예측치(만 톤)						46.6	
가중치				0.1	0.3	0.6	

① 4년간 이동평균법
② 5년간 이동평균법
③ 3년간 가중이동평균법
④ 평활상수(α) 0.2인 지수평활법
⑤ 평활상수(α) 0.4인 지수평활법

해설 ① 4년간 이동평균법 $= (46.9 + 45.5 + 45.2 + 44.4)/4 = 45.5$
② 5년간 이동평균법 $= (43.1 + 46.9 + 45.5 + 45.2 + 44.4)/5 = 45.02$
③ 3년간 가중이동평균법 $= (0.1 \times 45.5) + (0.3 \times 45.2) + (0.6 \times 44.4) = 44.75$
④ 평활상수(α) 0.2인 지수평활법 $= 46.6 + 0.2(44.4 - 46.6) = 46.16$
⑤ 평활상수(α) 0.4인 지수평활법 $= 46.6 + 0.4(44.4 - 46.6) = 45.72$
※ 평활상수(α) 0.2인 지수평활법이 46.16으로 2018년 실적치 49.0에 가장 근접한 예측치를 제시하였다.

정답 25 ④

26 2010년부터 2018년까지 A지역의 인구수와 B제품 보관량이 다음과 같을 때, 인구수 변화에 따른 보관량을 예측하고자 한다. 2019년 A지역 인구수가 6.3천 명으로 예측되었을 때, 단순선형회귀분석법을 통해 2019년 B제품 보관량을 예측한 것은? (단, 2010년부터 2018년까지 인구수와 보관량의 회귀식은 $y=0.9886x-0.8295$이며, 결정계수(R^2)는 0.9557로 매우 높은 설명력을 보인다. 계산한 값은 소수점 둘째 자리에서 반올림함)

연도	A지역 인구수(천 명)	B제품 보관량(천 대)
2010	3	2
2011	4	3
2012	4	3
2013	5	4
2014	5	5
2015	5	4
2016	6	5
2017	7	6
2018	8	7
2019(예측)	6.3	?

① 5.1　　② 5.2
③ 5.3　　④ 5.4
⑤ 5.5

해설 [해설 1]

1. 인구수와 보관량의 회귀식은 $y=0.9886x-0.8295$이므로 회귀방정식에 대입하여 풀면,
   $a=-0.8295$, $b=0.9886$
   $-0.8295=\overline{Y}-0.9886\overline{X}$
2. A지역 인구수의 평균 $\overline{X}=5.33$
3. B제품 보관량의 평균 $\overline{Y}=\frac{39+y}{10}$ (y : 2019년 B제품 보관량)
4. $-0.8295=\frac{39+y}{10}-(0.9886\times5.33)$

   $\frac{39+y}{10}=(0.9886\times5.33)-0.8295=5.27-0.8295=4.4405$

   $39+y=44.4$

   $y=5.4$

[해설 2]

1. 해당 회귀식($y=0.9886x-0.8295$)에서 x에 6.3천 명을 대입하면,
2. 답은 5.4이다. (즉, 독립변수를 집어넣은 값을 묻는 문제이다.)

정답 26 ④

PART 02

하역론

물류관리사

CHAPTER 05

하역 일반

01 개요

1 의의 ★★★

(1) 개념

① 하역은 각종 운반수단에 화물을 싣고 내리는 것과 보관화물을 창고 내에서 운반하고, 쌓아두고, 꺼내고, 나누고, 상품 구색을 갖추는 등의 작업 및 이에 부수적인 작업(운송 및 보관에 수반하여 발생하는 부수작업)을 총칭한다.

② 하역은 적하, 운반, 적재, 반출 및 분류 및 정돈 등으로 구성된다.

③ 하역은 화물에 대한 시간적 효용과 장소적 효용의 창출을 지원하는 행위이다.

(2) 특징

① 하역은 생산에서 소비에 이르는 전 유통과정에서 행하여진다.

② 하역은 노동집약적인 물류 분야 중의 하나였으나, 최근 기술 발전에 따라 개선되고 있다.

③ 하역은 생산에서 소비까지 전 유통과정의 효용 창출과 직접적인 관련이 있으며, 하역의 합리화는 물류합리화에 큰 의미를 가진다.

핵심포인트

하역의 기계화

1. 개요

① 하역작업은 물류활동 중 인력 의존도가 높은 분야로 기계화·자동화·무인화가 진행되고 있다.

② 하역 기계화를 촉진하기 위해서는 하역기기의 개발과 정보시스템을 통합한 하역자동화 시스템 구축이 필요하다.

③ 하역 기계화는 환경영향, 안전성 및 생산자, 제조업자, 물류업자와 관련 당사자의 상호 협력을 고려하여야 하고, 물류합리화 관점에서 추진되어야 한다.

④ 하역 기계화 효과를 높이기 위해서는 물동량과 인건비 수준을 고려하여 도입해야 한다.

⑤ 파렛트화에 의한 하역 기계화는 주로 물류비의 절감을 위하여 도입한다.

⑥ 액체 및 분립체 등 인력으로 하기 힘든 화물의 경우 기계화 필요성은 더욱 증대된다.

2. 하역의 기계화가 필요한 화물
   ① 액체 및 분립체로 인하여 인력으로 취급하기 곤란한 화물
   ② 많은 인적 노력이 요구되는 화물 : 중량물, 대량화물, 대형화물
   ③ 작업장의 위치가 높고 낮음(고저차)으로 인해 상하차작업이 곤란한 화물
   ④ 인력으로는 시간(Timing)을 맞추기 어려운 화물
   ⑤ 유해물질 및 위험물 등 인력으로는 작업이 위험한 화물
   ⑥ 인력의 접근이 힘들거나 수동화하기 어려운 화물

(3) 하역의 6요소

하역의 6요소는 적하, 운반, 적재, 반출, 분류, 정돈을 의미한다.

핵심포인트

하역작업의 6요소

구분	작업내용	
제1요소	싣고 내리기	운반기기에서 적입(Vanning), 적출(Devanning)
제2요소	운반	비교적 단거리 이동
제3요소	집어넣기(적재)	보관시설의 정해진 장소, 위치에 쌓기
제4요소	집어내기(Picking)	보관장소로부터 물건을 꺼내는 활동
제5요소	분배(Sorting)	화물을 품종별, 발송처별, 고객별로 분류
제6요소	구색화(Assorting)	출하하는 화물을 운송기기에 바로 실을 준비

핵심포인트

하역 관련 용어의 정의

1. 상·하차작업(Loading & Unloading)
   운송수단에 화물을 싣고 내리는 작업을 말한다.
2. 적재작업(Stacking, 스태킹, 쌓아올림)
   ① 보관시설로 이동하여 정해진 위치와 형태로 쌓는 작업을 말한다.
   ② 화물을 창고나 야드 등 주어진 시설과 장소에 정해진 형태와 순서로 정돈하여 쌓는 작업이며 하역 효율화에 크게 영향을 준다.
3. 해상하역(Discharging)
   선박에 화물을 싣고 내리는 작업으로 작업방식에 따라 접안하역과 해상하역으로 나눌 수 있는 작업이다.

4. 배닝(Vanning)
   하역작업에서 컨테이너(Container)에 물건을 **실어 넣는** 작업이다.
5. 디배닝(Devanning)
   컨테이너에서 물건을 내리는 것을 말한다.
6. 래싱(Lashing)
   운송기기에 실린 화물이 **움직이지 않도록 줄로 묶는** 고정작업이다.
7. 피킹(Picking)
   보관장소에서 물품을 끄집어내는 작업이다.
8. 분류작업(Sorting)
   물건을 품종별, 발송지별, 고객별로 나누는 것을 말한다.
9. 반송작업
   화물을 수평·수직 경사면으로 움직이는 작업을 말한다.
10. 이송작업
    설비·거리·비용 면에서의 화물의 이동작업을 말한다.
11. 재작업(Rehandling)
    컨테이너 중 하나를 출하하려 할 때 이 컨테이너 위에 이미 다른 컨테이너들이 장치되어 있는 경우 위에 놓여 있는 컨테이너들을 다른 곳에 옮겨 놓는 이적작업이다.
12. 적하
    물품을 싣고 내리는 것이다(Vanning, Devanning).
13. 적부
    창고 등 보관시설에 이동된 물품을 일정한 위치에 여러 가지 형태로 쌓는 작업이다.
14. 반출
    물품을 보관장소에서 꺼내는 작업이다.
15. 운반
    ① 공장과 창고 내에서 물품을 비교적 짧은 거리로 이동시키는 것을 말한다.
    ② 생산, 유통, 소비 등에 필요하므로 하역의 일부로 볼 수 있으며, 창고 내부와 같이 한정된 장소에서 화물을 이동하는 작업이다.
16. 더네이지(Dunnage)
    운송장비에 실려진 화물이 손상 및 파손되지 않도록 화물의 밑바닥이나 틈 사이에 물건을 깔거나 끼우는 작업이다.

2 하역합리화 기본원칙 ★★★

생산에서 소비까지 전 유통과정에서 발생하는 하역작업의 합리화는 물류합리화에 중요한 요소이다. 이러한 하역합리화의 기본원칙은 아래와 같다.

(1) 하역경제성의 원칙

① 개념

㉠ 가장 경제적인 하역횟수로 하역이 이루어지도록 하는 원칙이다.

㉡ 불필요한 하역작업의 생략을 통해 작업능률을 높이고, 화물의 파손 및 분실 등을 최소화하는 것을 목적으로 한다.

② **하역경제성 원칙의 하부원칙** : 하역경제성의 원칙은 운반속도의 원칙, 최소취급의 원칙, 수평직선의 원칙 등을 포함하는 원칙이다.

㉠ **운반속도의 원칙**(과대포장 지양) : 하역물품에 불필요한 중량이나 용적이 발생하지 않도록 쓸모없는 과대포장이나 내용물을 줄여 낭비를 없애도록 하는 원칙이다.

㉡ **최소취급의 원칙** : 물품을 임시로 방치해 둬서 나중에 다시 재이동을 해야 하거나 로케이션 관리를 잘못하여 물품을 재정돈하기 위해 이동하는 등 불필요한 하역을 최소화하는 원칙이다.

TIP **최대취급** 원칙은 하역합리화 기본원칙이 아니다. 빈출

㉢ 수평직선의 원칙

ⓐ 운반의 혼잡을 초래하는 요인을 제거하여 하역작업의 톤·킬로를 최소화하여야 한다.

ⓑ 운반의 흐름이 교차, 지그재그, 왕복흐름일 경우 동선의 낭비 및 운반이 혼잡하므로 하역작업의 흐름을 운반거리가 짧은 직선으로 유지하는 원칙이다.

(2) 중력이용의 원칙

중력의 법칙에 의해 위에서 아래로 움직이는 것이 경제적이므로 경사면을 이용한 플로 랙(Flow Rack)과 같이 중력의 원리를 이용하는 원칙을 말한다.

(3) 기계화의 원칙

인력작업을 기계작업으로 대체하는 원칙으로 하역작업의 효율성과 경제성을 증가시킨다.

(4) 활성화의 원칙

① 화물의 이동 용이성을 지수로 한 운반활성지수의 **최대화**를 지향하는 원칙으로 지표와 접점이 작을수록 활성지수는 높아진다.

② 관련 작업을 조합하여 화물 하역작업의 효율성을 높이는 것을 목적으로 한다.

운반활성지수

상태	활성지수
바닥에 낱개의 상태로 놓여 있을 때	0
상자 속에 들어 있을 때	1
파렛트나 스키드 위에 놓여 있을 때	2
대차 위에 놓여 있을 때	3
컨베이어 위에 놓여 있을 때	4

핵심포인트

운반관리(MH, Material Handling)

1. 운반관리의 의의

   그 형상을 불문하고 모든 물질의 이동, 포장, 저장에 관한 기술과 과학을 의미한다.

2. 운반관리의 특징

   ① 운반관리는 제조공정 및 검사공정을 포함하지 않는다.

   ② 운반관리의 주안점은 직선의 흐름, 계속적인 흐름, 최소의 노력과 시간, 작업의 집중화, 생산작업의 극대화이다.

   ③ 운반작업 개선의 원칙으로 노동단축, 거리단축, 기계화가 있다.

3. 운반관리의 4요소

   ① Motion : 재료, 부품, 제품을 필요로 하는 분야로 보다 경제적이고 합리적으로 운반한다.

   ② Time : 제조공정이나 기타 필요한 장소에 필요한 것을 적시에 공급한다.

   ③ Quantity : 필요량의 변화에 대응하여 정확한 수량, 중량, 용량을 공급한다.

   ④ Space : 공간, 장소를 계통적이고 효율적으로 이용한다.

4. 운반관리를 통한 작업개선

   ① 공급선의 단순화

   ② 화물을 적정한 크기로 단위화

   ③ 작업시간의 변동성을 감소

   ④ 크로스도킹 시스템의 구현

   ⑤ 수작업의 기계화 및 자동화

(5) 이동거리 및 시간의 최소화 원칙

하역작업의 이동거리를 **최소화**하여 작업의 효율성을 증가시키는 원칙이다.

(6) 유닛화의 원칙(단위화, Unitization)

취급단위를 크게 하여 작업능률을 향상시킨다.

(7) 인터페이스의 원칙

하역작업의 공정 간의 접점을 원활히 연계 및 소통하도록 하는 것이다.

(8) 시스템화의 원칙

① 물류의 개별활동을 유기체로서의 활동으로 간주하는 원칙이다.
② 각 하역활동을 시스템 전체 균형에 맞도록 고려하여야 한다.
③ 시스템 전체의 밸런스를 염두에 두고 시너지 효과를 올리기 위함이다.
④ 예를 들어, 파렛트화 또는 컨테이너화를 효과적으로 실시하기 위해서는 파렛트와 컨테이너의 규격, 구조 및 품질 등이 유기적으로 연결되도록 할 필요가 있는데, 이 경우 필요한 원칙이다.

(9) 그 밖의 합리화 원칙으로는 일괄작업화, 정보화가 있다.

핵심포인트

물류하역작업 개선을 위한 3S

1. Simplification(단순화) : 작업 종류를 줄이거나 병합하여 핵심활동들로 집약한다.
2. Standardization(표준화) : 작업을 위한 설비와 장비 및 기법 등을 표준화한다.
3. Specialization(전문화) : 작업자가 집약된 핵심활동들에만 집중하는 것과 분업화를 달성한다.

핵심포인트

하역시스템

1. 개념 및 특징
   ① 하역시스템이란 물품을 자동차에 상하차하고 창고에서 상하좌우로 운반하거나 입고 또는 반출하는 시스템이다.
   ② 하역작업 장소에 따라 사내하역, 항만하역, 항공하역시스템 등으로 구분할 수 있다.
2. 도입 목적
   ① 하역비용의 절감
   ② 노동환경의 개선
   ③ 범용성과 융통성의 **지향**
   ④ 에너지 또는 자원의 절감
   ⑤ 고도 운전기능과 안전의 확보

3 하역합리화의 보조원칙 ★★

(1) 유닛로드 원칙

화물을 어느 일정 단위로 단위화하는 것을 의미한다.

(2) 취급균형의 원칙

하역작업의 어느 한 과정에 지나친 작업부하가 걸리거나 병목현상이 생기지 않도록 전 과정에 작업량을 **평준화**한다는 원칙이다.

(3) 호환성의 원칙

하역작업 공정 간의 연계를 원활하게 한다.

(4) 흐름유지의 원칙

거액의 자본금을 고정적으로 투자한 기계의 회전이나 운반의 흐름을 중지시키는 것은 가능한 방지하고, 항상 회전하고 있는 상태를 유지함으로써 자금이 회전할 수 있도록 하는 원칙이다.

(5) 흐름의 원칙

하역작업의 흐름과정에서 정체 지점이 발생하면 물류의 중단과 재이동에 따른 불필요한 하역작업이 이루어져 비경제적이므로 연속적인 물류의 흐름을 유지해야 한다는 원칙이다.

(6) 사중체감의 원칙

유임하중에 대한 사중의 비율을 줄여서 운임효율을 높이는 원칙이다.

(7) 그 밖의 하역합리화의 보조원칙

① 표준화의 원칙
② 공간 활용의 원칙
③ 일관작업을 고려
④ 합리적인 결합
⑤ 탄력성의 원칙(작업량에 부합)
⑥ 단순화 추구
⑦ 현행시설 최대 이용
⑧ 고장 시 대응방안 확립
⑨ 표준품 도입
⑩ 교육 및 훈련 철저
⑪ 안전대책의 수립

⑫ 보수 및 보전대책
⑬ 메커트로닉스, 지능화
⑭ 그 밖의 작업의 계획과 관리, 설비계획의 원칙, 안전의 원칙, 예방정비의 원칙, 폐기의 원칙 등이 있다.

핵심포인트

하역의 표준화 전제요건
- 운송, 보관, 포장, 정보 등 물류활동 간의 상호 호환성과 연계성을 고려하여 추진되어야 한다.
- 환경과 안전을 고려하여야 한다.
- 유닛로드시스템에 적합한 하역·운반 장비의 표준화가 필요하다.
- 표준규격을 만들고 일관성 있게 추진되어야 한다.

4 하역기기의 선정기준 ★

(1) 화물의 특성

① 포장화물의 경우 형상, 크기, 중량 등을 감안하여 선정한다.
② 비포장화물의 경우 입자의 분포, 비중, 화물의 성질과 상태를 감안하여 선정한다.

(2) 작업의 특성

통로의 크기 등 다음과 같은 작업 특성을 고려하여 선정한다.
① 작업량
② 취급 품목의 종류
③ 운송기기의 종류
④ 계절변동성
⑤ 운반거리 및 범위
⑥ 로트 크기에 따른 수·배송 특성

(3) 환경의 특성

① 전용, 공용작업장
② 화물의 흐름
③ 화물의 하중
④ 자사, 임대 시설
⑤ 시설배치, 건물구조

(4) 하역기기 특성

① 안전성
② 성능
③ 기동성
④ 신뢰성
⑤ 물동량 탄력성
⑥ 소음 및 공해
⑦ 에너지 효율

(5) 경제성(채산성)

한 가지 방법보다는 **복수의 대체안**을 검토하여 선정한다.

(6) 화물의 흐름

시설의 배치 및 건물의 구조 등 작업환경 특성을 고려하여 선정한다.

5 하역의 작업순서

① FCFS(First Come First Served) : 먼저 들어온 작업부터 처리
② EDD(Earliest Due Date) : 납기일자가 가장 급한 작업부터 처리
③ SPT(Shortest Process Time) : 작업소요시간이 짧은 순으로 처리

6 제약이론(TOC, Theory Of Constraints) ★

(1) 개념

① 기업목표 달성에 방해가 되는 취약활동요인인 제약요인(Constraints)을 찾아 집중적으로 개선하여 기업의 성과를 높이는 경영기법이다.
② 병목공정을 집중 관리하는 것이다.
③ 제약요소는 조직의 전체적인 성과를 지배하므로, 보다 많은 이익을 얻기 위해서는 제약요소를 중심으로 모든 관리가 집중되어야 한다는 경영과학이론이다.

(2) 도입 배경

① 1980년대 말 이스라엘의 골드랫(E. M. Goldratt)이 기업 이익의 최대화와 자원의 효율적 사용이라는 목표에 걸림돌이 되는 제약들을 어떻게 관리할 것인가를 제시한 이론(TOC이론)을 창안하였다.

② 점진적 경영개선기법의 하나로 생산스케줄링 소프트웨어 OPT(Optimized Production Technology)에서 출발하였다.

(3) 운영목적

① 제약이론의 운영목적은 산출물을 최대화(스루풋 증대, Throughput)하는 것이다.
② TOC는 기업의 재무적인 성과를 나타내기 위하여 3가지 요소 개념을 사용한다. 첫째, 스루풋은 판매에 의한 기업의 현금 창출 정도를 나타내며, 둘째, 재고는 판매를 위하여 재화에 투자된 자금으로 정의되고, 셋째, 운영비용은 기업이 재고를 스루풋으로 전환하기 위하여 지출한 비용을 말한다.

(4) 핵심개념

① TOC는 프로세스 최적화를 위해 DBR이라는 핵심 개념을 적용하며 Drum, Buffer, Rope를 의미한다.
② Drum, Buffer, Rope는 공정 간 자재의 흐름 관리를 통해 재고를 최소화하고 제조기간을 단축하는 기법으로서 제약공정을 중점적으로 관리한다.
③ DBR
㉠ D(Drum) : 병목은 드럼을 두드려 전체의 흐름의 속도를 결정한다.
㉡ B(Buffer) : 병목 전 공정은 병목이 쉬지 않도록 버퍼를 형성한다.
㉢ R(Rope) : 병목 이후의 공정은 병목과 일정한 속도를 맞추어 흐름이 이어지도록 프로세스 전체를 최적화한다.

(5) 주요 제약요소(기업의 산출물 결정)

① **내부자원제약** : 높은 성과를 제한하는 기업 내의 능력과 같은 자원
② **시장제약** : 기업의 생산능력에 비해 제품에 대한 시장수요가 부족한 경우
③ **정책제약** : 높은 성과를 제한하는 잔업사용의 금지와 같은 기업의 정책

(6) 특징

① TOC는 SCM에 응용할 수 있다.
② 납기준수율이 향상된다.

핵심포인트

제약이론의 지속적 개선 프로세스

- 제약자원 식별
- 제약자원 최대 활용
- 비제약자원을 제약자원에 종속화
- 제약자원 개선
- 개선 프로세스 반복

02 오더피킹시스템

핵심포인트

물류의 단계별 흐름

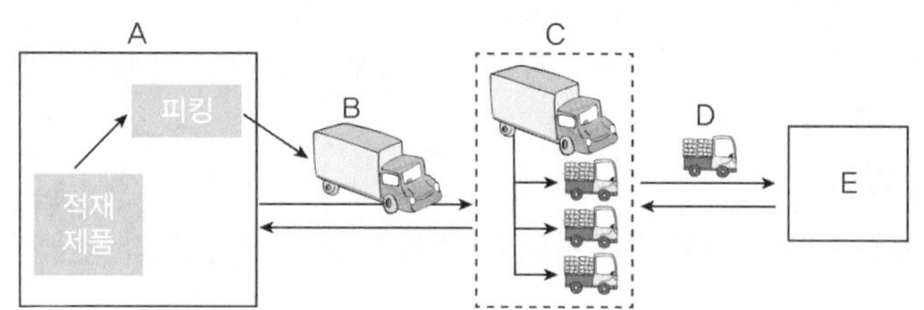

A(창고) → B(수송) → C(크로스독 운송) → D(루트 배송) → E(고객)

1 오더피킹(Order Picking)시스템

(1) 개념

① 물류센터에서 보관 중인 제품을 고객의 발주내역에 따라 출하준비를 하는 물류활동이다.

② 저장 중에 있는 재고에서 거래처로부터 수주받은 물품을 주문별로 모아 출하하는 과정을 의미한다.

③ 수주활동의 일환으로서 상적 정보를 토대로 한 주문서, 출하전표, 납품표, 송장, 포장지시서 및 불출지시서 등 정보처리와 불출지시서에 의해 불출된 물품의 흐름을 파악하는 것이다.

핵심포인트

오더피킹의 정의

1. 협의의 개념 : 보관장소에서 물건을 꺼내어 주문별로 집화
2. 광의의 개념 : "협의의 개념" + 거래처 정보에 기초한 서류의 흐름과 물품의 피킹, 정돈, 포장 및 배송지역별 상차

2 주문형태별 분류 ★★

(1) 단일주문피킹(싱글오더피킹) 방식

1건의 주문마다 물품의 피킹을 집계하는 방법으로 1인 1건이나 릴레이 방법으로도 실시할 수 있다. 즉 주문처의 한 오더마다 주문상품(Item)을 집품하여 주문품의 품목을 갖추는 방법이다.

(2) 1인 1건 피킹 방식(오더 단위)

1인의 피커가 1건의 주문전표에서 요구하는 모든 물품을 피킹하는 방식이다.

(3) 총량피킹 방식

한나절이나 하루 등 일정 기간의 주문전표를 모아서 일괄피킹하는 방식이다.

(4) 일괄오더피킹 방식

여러 건의 전표에 있는 물품을 한 번에 피킹하기 때문에 재분류 작업이 발생하는 방식이다.

3 작업형태별 분류 ★★

(1) 존 피킹(Zone Picking) 방식

여러 피커가 작업범위 공간을 정해 두고, 본인이 담당하는 선반의 물품만을 골라 피킹하는 방식이다. 즉, 전표 내에서 작업자의 구역(Zone)에 보관 중인 물품만 피킹한다.

(2) 릴레이 피킹(Relay Picking) 방식

① 여러 사람의 피커가 제각기 자기가 분담하는 품종이나 작업범위를 정해 놓고, 피킹전표 중에서 자기가 담당하는 종류만을 피킹하여 다음 피커에게 넘겨주는 피킹 방법이다.
② 존 피킹의 기본구조에 피킹한 물건을 다음 구역으로 넘겨주는 방식이다.

TIP 단일주문피킹 방식과 릴레이 피킹 방식은 주문 품목을 피킹한 후 재분류 작업이 필요 없는 피킹 방식이다.

(3) 기타 피킹 방식

① **물품을 피커의 장소에 갖고 오게 하는 방법** : 회전선반이나 컨베이어시스템 등을 이용하여 물품이 사람 앞으로 도착하게 한다.

TIP STO(Stock to Operator), GTP(Goods to Person)란 작업자에게 화물이 자동으로 이동하도록 지원하는 방식을 의미한다.

② **차량탑승피킹** : 파렛트 단위로 피킹하는 유닛로드시스템(Unit Load System)이며, 피킹트럭에 탑승하여 피킹함으로써 보관시설의 공간 활용도가 높다.

4 씨뿌리기 방식과 집어내기(따내기) 방식

(1) 씨뿌리기 방식(파종 방식)

① 개념

㉠ 고객의 전표 매수와 관계없이 해당 품목이 보관되어 있는 선반에 단 한 번 가서 일괄하여 피킹한 후 다음 공정에서 이를 분류하는 방식으로 효율적이다.

㉡ 명확하게 ABC 구분이 잘된 품목에 효과가 높다.

② 씨뿌리기 방식의 피킹 순서

㉠ 주문전표의 내용을 품목별로 합계하여 피킹리스트를 작성한다.

㉡ 피킹리스트를 토대로 각 품목을 일괄하여 피킹한다.

㉢ 피킹한 물품을 정리한다.

㉣ 정리한 물품을 주문전표에 따라 다시 피킹하여 포장한 다음, 재분류한다.

(2) 집어내기 방식(따내기 방식)

① 개념 : 개별주문별로 반복적으로 보관구역을 순회하며 피킹을 완료해 가는 피킹 방식이다.

② 특징

㉠ 피킹건수를 ABC 분석하였을 때 피킹 빈도의 분포 특성이 한결같은 경우 유리하다.

㉡ 단골 거래처별 출하품목의 집중도가 없이 분산되어 있는 경우 유리하다.

㉢ 마지막 물품 피킹 후, 오더가 완료되어 재분류가 필요 없는 장점이 있다.

③ 집어내기 방식의 피킹 순서

㉠ 주문전표(거래처 순) 품목을 창고 내 전 랙을 순회하면서 피킹한다.

㉡ 피킹을 하면서 동시에 골판지 상자나 버킷에 넣어 출하작업장으로 운반한다.

㉢ 출하작업장에서 검품을 한 후, 출하한다.

핵심포인트

어소트(Assort) 방식을 통한 피킹

고속 자동분류 컨베이어를 이용하여 일괄피킹한 물건을 고객별로 분류하는 방식을 의미한다.

심화

제1형태(P → P) 적재 및 운반기기

1. 개념

   오더피킹의 출고형태 중 파렛트 단위로 보관하다가 파렛트 단위로 출고하는 방식을 제1형태(P → P)라 한다.

2. 적재 및 운반기기

   ① 적재기기 : ㉠ 파렛트 랙, ㉡ 드라이브 인 랙(Drive-in Rack), ㉢ 파렛트 이동선반, ㉣ 파렛트 슬라이딩 랙(Sliding Rack), ㉤ 파렛트 캐러셀(Carousel) 등

   ② 운반기기 : ㉠ 포크리프트, ㉡ 무인포크리프트, ㉢ 터렛(Turret) 포크리프트, ㉣ 스태커 크레인(Stacker Crane), ㉤ 피킹 크레인 등

5 오더피킹의 기본원칙 및 생산성 향상

(1) 기본원칙

① 생략 가능한 작업들을 제거하거나 결합할 것
② 인기도가 높은 제품일수록 접근이 쉬운 곳에 보관(회전대응 보관)
③ 작업 혼잡이 발생하지 않도록 피킹 활성도를 배분할 것
④ 같이 주문될 가능성의 제품은 인접해서 보관(네트워크 보관)
⑤ Forward Picking Area(출고예정재고)와 Reserve Picking Area(비축재고)를 구분
⑥ 이동시간을 줄이기 위해 고객주문을 일괄처리할 것
⑦ 이동시간 단축을 위한 피킹 순서 도출
⑧ 조건에 맞는 최적의 오더피킹 설비 선택

(2) 오더피킹 생산성 향상 방법

① 동시에 피킹하는 경우가 많은 물품들은 **근거리**에 배치한다.
② 분류시간과 오류를 최소화하기 위해 작업자의 편의를 고려한 운반기기를 설계한다.
③ 피킹 빈도가 높은 물품일수록 피커의 접근이 쉬운 장소에 저장한다.
④ 혼잡을 피하기 위하여 피킹장소 간 피킹활동을 조절한다.
⑤ 피킹의 오류를 최소화하기 위해 서류와 표시를 체계화한다.

6 오더피킹기기

(1) 개념

피킹하는 물품이 있는 장소에 빨간 램프를 켜서 거기에 물품을 몇 개 피킹할 것인가를 표시하는 장치로서 DPS가 대표적이다.

(2) 디지털 피킹시스템(DPS, Digital Picking System)

① 소형품목의 다빈도 피킹의 경우 현장에서 육안으로 직접 핸들링하기엔 오류 발생 가능성이 크기 때문에 선반 랙과 라이트모듈이라는 신호장치를 활용하여, 화물 보관 위치 및 출하 수량을 직접 알려준다.

② 피킹시간 단축, 오출하 감소 등 작업의 효율성을 극대화할 수 있어 많이 이용되고 있다.

《 DPS 》

7 분류시스템(Sorting System) ★★★

(1) 개념

소팅이란 물류거점에서 화물을 목적지별로 분류하는 것을 말하고, 소팅시스템이란 소팅을 자동으로 하기 위해 관련된 설비시스템을 의미한다.

(2) 등장배경

고객니즈의 고도화와 전자상거래의 폭발적 증가는 다품종 소량생산에 이은 물류량의 엄청난 성장을 가져오게 되었다. 이에 따라 막대한 물류량이 모이는 창고나 물류센터에서 상품의 분류에 막대한 시간과 인적 오류가 발생하게 되었으며, 이를 해결하기 위해 분류시스템이 필요해지게 되었다.

(3) 분류시스템의 도입 목적

① 생산성 향상 : 자동화, 기계화

② 고객서비스 향상 : 분류오류 및 처리시간 감소

(4) 분류시스템의 구성

① 전 처리장치 : 자동분류 컨베이어에 상품을 신속하게 투입되도록 도와주는 기기이다.

㉠ 맥류의 평활화 : 흐르는 방향은 일정하지만 상품의 크기가 변화할 때 그 변화를 수렴해 주는 기능을 한다.

㉡ 타이밍 조정 : 상품이 투입되는 타이밍을 맞추어 준다.

② 후 처리장치 : 분류 컨베이어에 의해 분류된 상품을 받아 분류처별 트럭이나 분류함으로 이송시키는 장치(컨베이어)이다.

③ 제어장치 : 자동분류 컨베이어로 보내진 물품을 식별하여 이미 물품별로 지시되고 기억되어진 활동에 의거 상품을 분류하는 장치이다(제어 컴퓨터).

(5) 종류

① 팝업(Pop－up) 소팅 컨베이어

㉠ 컨베이어의 아래 방향에서 벨트, 롤러, 휠, 핀 등의 분기장치가 **튀어나와** 분류하는 방식으로 화물의 **하부면에 충격을 주는 단점**이 있다.

㉡ 구동롤러 사이를 이용해 컨베이어 이동방향과 직각으로 롤러의 면보다 낮게 몇 개의 체인을 회전시켜 물품을 분기하기 직전에 체인을 회전시킴과 동시에 롤러의 면보다 다소 높게 물품과 함께 밀어 올려 컨베이어 위의 물품을 직각으로 분류하는 방식이다.

② 틸팅(Tilting) 소팅 컨베이어

㉠ 컨베이어를 주행하는 트레이, 슬라이드 등에 물품을 적재하였다가 분류되는 순간에 트레이, 슬라이드가 기울어지게 하여 화물을 떨어뜨려 분리하는 방식으로 고속처리가 가능하지만 중력에 의한 파손품이 발생될 수 있다.

㉡ 레일을 주행하는 트레이 및 슬라이드의 일부를 경사지게 하여 단위화물을 활강시키는 방식으로 우체국, 통신판매 등에 사용된다.

㉢ 틸트(Tilt)기능을 가진 트레이가 기울어지면서 화물을 분류하는 방식은 틸트 트레이 방식이라고 하며, 슬랫이 기울어지면 슬랫 방식이라고 한다.

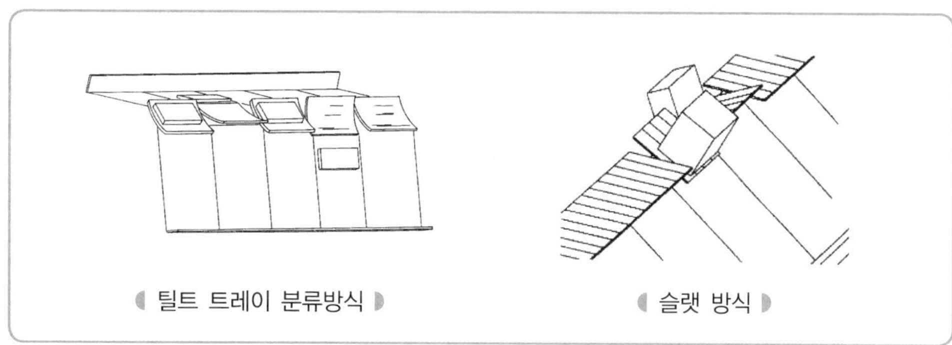

《 틸트 트레이 분류방식 》 《 슬랫 방식 》

③ 다이버터(Diverter) 소팅 컨베이어

㉠ 외부에 설치된 안내판(암, Arm)을 회전시켜 반송 경로상 컨베이어에 가이드벽을 만들어 벽을 따라 단위화물을 이동시키는 방식으로 화물 형상에 관계없이 분류가 가능하기 때문에 다양한 종류의 화물을 처리하는 데 사용된다.

㉡ 다이버터를 사용하여 물품이 이동할 때 가로막아 방향을 바꾸는 방식이다.

㉢ 암과 컨베이어의 각도는 보통 30~40도가 일반적이다.

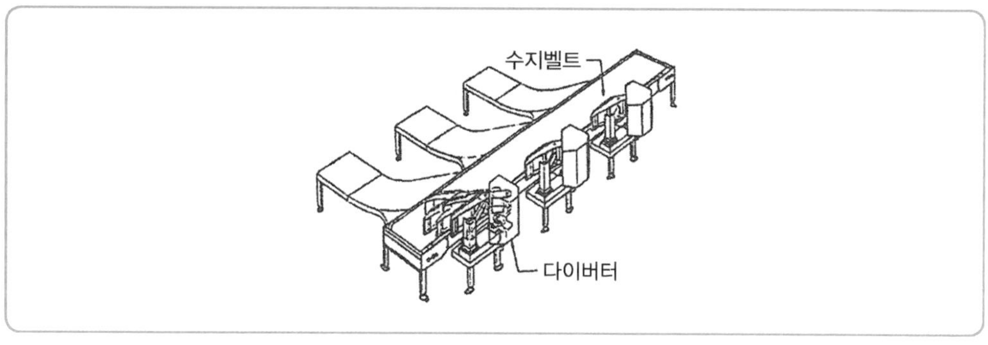

《 다이버터식 소팅 》

④ 크로스벨트(Cross Belt) 소팅 컨베이어

㉠ 개념 : 컨베이어를 주행하는 연속된 벨트에 소형 벨트 컨베이어를 교차시켜서 분류하는 방식으로 분기점이 많은 통신판매, 의약품, 화장품, 서적 등의 분류에 사용된다.

㉡ 특징

ⓐ 레일 위를 주행하는 연속된 캐리어를 지니고 있다.

ⓑ 각 캐리어는 소형 컨베이어를 장착하고 있다.

ⓒ 고속 분류기의 일종이다.

⑤ 슬라이딩슈(Sliding-shoe) 방식 소팅 컨베이어

㉠ 컨베이어 반송면의 아래 방향에서 벨트, 롤러, 휠, 핀 등의 **분류장치가 튀어나와** 화물을 내보내는 방식이다. 충격이 없어 정밀기기, 깨지기 쉬운 물건, 자루 포장물, 장척물 등이 분류대상 화물이다.

㉡ 트레이 방식에 비하여 물품의 전환 흐름이 부드럽다.

㉢ 연달아 이어진 평면 슬랫으로 구성된 컨베이어이며, 반송면의 아랫부분에 슈(Shoe)가 장착되어 단위화물과 함께 수평으로 이동하면서 압출하는 분류방식이다.

⑥ **오버헤드 방식 소팅 컨베이어** : 오버헤드 컨베이어에서 단위화물을 분기 또는 낙하시키는 컨베이어이며 주로 겉옷 의류를 행거에 걸어서 보관, 배송하고 고객별로 분류하는 데 이용된다.

⑦ **경사벨트식 소팅 컨베이어** : 경사진 컨베이어의 측판을 개폐하고 단위화물을 활강시키는 소팅 컨베이어이다.

⑧ **저개식 소팅 컨베이어** : 레일을 주행하는 트레이(Tray)나 버킷(Bucket) 등의 바닥면을 개방하여 단위화물을 떨어트려 분류하는 방식이다.

⑨ **밀어내기(Push, 푸셔 방식) 소팅 컨베이어**

㉠ 외부에 설치된 압출장치에서 단위화물을 컨베이어 외부로 압출하는 소팅 컨베이어이다.

㉡ 화물을 컨베이어에 흐르는 방향에 대해 직각으로 암으로 밀어내는 방식을 말하며, 구조가 간단해서 어떤 컨베이어와도 조합할 수 있는 장점을 가진 분류방식이다.

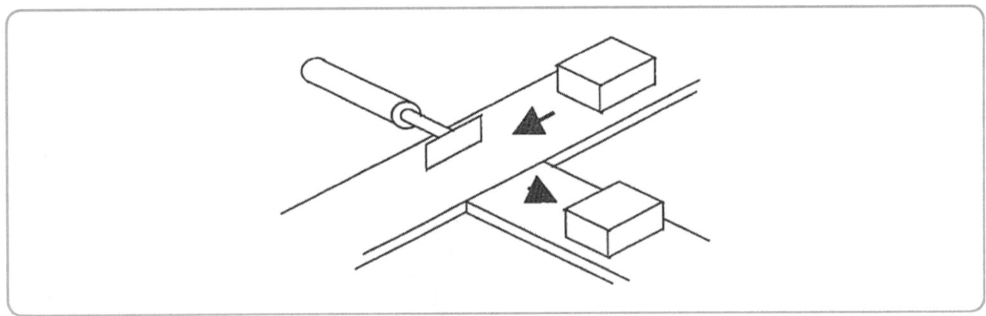

《 Push 방식 소팅 》

03 파렛트

1 개요

(1) 개념

① 유닛로드시스템을 추진하기 위해 사용되며 물품을 하역, 수송, 보관하기 위하여 단위 수량으로 한곳에 모아서 쌓아 놓는 면을 가진 것을 파렛트(Pallet)라 한다.

② 파렛트는 유닛로드(Unit Load)를 구성하는 물품적재용기이며, 파렛트에 포장화물을 적재하기 위하여 파렛타이저(Palletizer)가 사용되기도 한다.

(2) 특징

① 파렛트는 단위적재시스템의 대표적인 용기로 운송, 보관, 하역 등의 효율을 증대시키는 데 적합하다.
② 파렛트는 국제표준규격이 정해져 있다.
③ 파렛트는 물류합리화의 시발점이 되고 있다.
④ 물류모듈화를 위해서는 파렛트 규격도 동업종 및 이업종 간에도 호환성이 있어야 한다.

TIP 파렛트를 물류활동의 모든 과정에 사용하여 작업효율을 향상시키는 것을 일관파렛트화(Palletization)라고 한다.

2 표준 파렛트 규격 ★

(1) 국내 표준 파렛트 규격

우리나라 일관수송용 평파렛트에 관한 국가표준(KS)규격이 제정되어 있으며, 운송용 파렛트에는 T－11형(1,100mm × 1,100mm)이 있다.

참조 국내 파렛트 관련 KS 규격

일관수송용 파렛트	국내용 파렛트
(T－11형) 1,100mm × 1,100mm (높이 1,440 적재하중 1톤)	• 800mm × 1,100mm • 900mm × 1,100mm • 1,100mm × 1,300mm • 1,100mm × 1,400mm • 1,200mm × 800mm • 1,200mm × 1,000mm

(2) 국제 표준 파렛트 규격(ISO 규격, ISO 6780)

※ 미국과 유럽 등에서는 T－12형 표준 파렛트를 많이 사용하고 있다.

정사각형(단위 : mm)	직사각형(단위 : mm)
• 1,140 × 1,140 • 1,100 × 1,100 • 1,067(42") × 1,067(42")	• 1,200 × 800 • 1,200 × 1,000 • 1,219(48") × 1,016(40")

① 1,200mm × 800mm : 영국을 포함한 유럽 18개국이 공동으로 운영하는 표준 파렛트이다. 해상용 ISO 컨테이너 사용에는 비효율적이다.
② 1,140mm × 1,140mm : 해상용 컨테이너에 의존하는 미국, 캐나다, 영국 등의 지원하에 채택되었다.
③ 1,219mm × 1,016mm : 미국의 표준 파렛트 48"×40"(inch) 규격으로, 미국 이외의 국가에서는

사용하지 않는다.

④ 1,100mm × 1,100mm : 한국, 일본 등 아시아의 표준 파렛트이다.

⑤ 1,200mm × 1,000mm : 중국, 한국(T－12), 유럽에서 사용하는 규격이다.

핵심포인트

국가별 파렛트 주요 표준규격

국가	파렛트 규격
영국	800mm × 1,200mm
한국, 일본	1,100mm × 1,100mm(T－11)
한국	1,000mm × 1,200mm(T－12)
미국	1,219mm × 1,016mm

(3) 파렛트 이용률

$$\frac{\text{박스 가로규격(mm)} \times \text{세로규격(mm)} \times \text{표면적 재수량}}{\text{파렛트 가로규격(mm)} \times \text{세로규격(mm)}} \times 100$$

예제

제품상자의 크기가 가로 25cm, 세로 40cm, 높이 35cm이다. 이를 KSA표준규격 1,100mm × 1,100mm의 파렛트에 9상자 적재하면 파렛트 평면적에 대한 적재율은 얼마인가?

해설

$$\frac{250\text{mm} \times 400\text{mm} \times 9\text{상자}}{1{,}100\text{mm} \times 1{,}100\text{mm}} = 74\%$$

예제

1,100mm × 1,100mm의 표준 파렛트에 가로 20cm, 세로 30cm, 높이 15cm의 동일한 종이박스를 적재하려고 한다. 만일 파렛트의 적재 높이를 17cm 이하로 유지해야 한다고 할 때, 최대 몇 개의 종이박스를 적재할 수 있는가?

해설 적재 높이를 17cm 이하로 유지하기 위해 1단으로 적재하므로 최대 20개 적재

$$\frac{1{,}100 \times 1{,}100}{200 \times 300} = \frac{1{,}210{,}000}{60{,}000} = 20.16$$

예제

ISO의 국제표준규격 20ft와 40ft 컨테이너 내부에 각 1단으로 적재할 수 있는 T-11형 표준 파렛트 최대 개수의 합은?

해설
1-1. 20ft 컨테이너의 최대 길이 × 너비 = 5,896mm × 2,348mm
1-2. 즉, 최대 길이 = 5매, 최대 너비 = 2매 적재할 수 있다.
1-3. 5매 × 2매=10매
2-1. 40ft 컨테이너 최대 길이 × 너비 = 12,034mm × 2,348mm
2-2. 즉, 최대 길이=10매, 최대 너비=2매 적재할 수 있다.
2-3. 10매 × 2매=20매

정답 30매(10매+20매)

3 파렛트하역의 장점

① 인건비 절감과 노동조건 향상
② 화물훼손 감소로 상품 보호
③ 하역인원, 시간의 절감
④ 하역단순화로 수송효율 향상
⑤ 수송기구의 회전기간 단축
⑥ 재고조사 편리
⑦ 단위포장으로 포장의 용적 감소
⑧ 여러 가지 형태의 수송수단에 적응성 높음.

4 파렛트의 종류 ★

파렛트는 사용재료, 형태, 형식, 용도 등에 따른 유형으로 구분할 수 있다.

(1) 기둥 파렛트(Post Pallet)

① 상부구조물이 없는 파렛트와 달리 상부에 기둥이 설치된 파렛트로 기둥은 고정식, 조립식, 접철식, 연결 테두리식이 있다.
② 파렛트 상단에 설치된 기둥을 접거나 연결하는 방식으로 사용한다.

《 기둥 파렛트 》

(2) 롤 상자형 파렛트(Roll Box Pallet)

받침대 밑면에 바퀴가 달린 롤 파렛트 중 상부구조가 박스인 파렛트로 최근에는 배송용으로 많이 사용한다.

《 롤 상자형 파렛트 》

(3) 사일로 파렛트(Silo Pallet)

주로 **분말체(분립체)**를 담는 데 사용되며, 밀폐된 상측면과 뚜껑을 가지고 하부에 개폐장치가 있는 상자형 파렛트이다.

(4) 시트 파렛트(Sheet Pallet)

일회용 파렛트로 목재나 플라스틱으로 제작되어 가격이 저렴하고 가벼우나 하역을 위하여 Push－Pull 장치를 부착한 포크리프트가 필요하다.

(5) 스키드 파렛트(Skid Pallet)

포크리프트나 핸드리프트로 하역할 수 있도록 만들어진 단면형 파렛트이다.

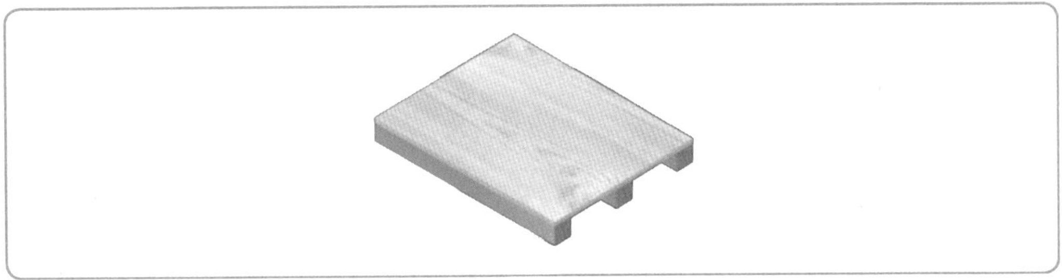

◀ 스키드 파렛트 ▶

(6) 탱크 파렛트(Tank Pallet)

주로 **액체** 취급 시 사용되고 밀폐를 위한 뚜껑을 가지며 상부 또는 하부에 개폐장치가 있다.

(7) 플래턴 파렛트(Platen Pallet)

평판 모양의 파렛트이다.

핵심포인트

파렛트의 용도별/재질별/형태별 분류

1. 용도별 분류
   ① 일회용 파렛트(Disposable Pallet) : 한 번 사용을 목적으로 한 파렛트
   ② 반복 파렛트(Reusable Pallet) : 반복 사용하는 파렛트
   ③ 캡티브 파렛트(Captive Pallet) : 한 회사의 범위 내 또는 한정된 수송 시스템에 있어서 사용되는 파렛트
   ④ 교환 파렛트(Exchange Pallet) : 당사자 간의 협정에 의해 결정한 동일 모양의 파렛트로 호환성이 있는 파렛트
   ⑤ 풀 파렛트(Pool Pallet) : 한 회사 또는 업계를 초월하여 넓은 범위에서 이용되어 호환성이 있는 파렛트
2. 재질별 분류
   ① 목재 파렛트
   ② 합판제 파렛트
   ③ 철제 파렛트
   ④ 알루미늄제 파렛트 : 가볍고 가공성이 좋지만 가격이 비싸다.
   ⑤ 지제 파렛트 : 1회 사용하고 폐기하는 파렛트로 강도가 약하다.
   ⑥ 플라스틱 파렛트

3. 형태별 분류

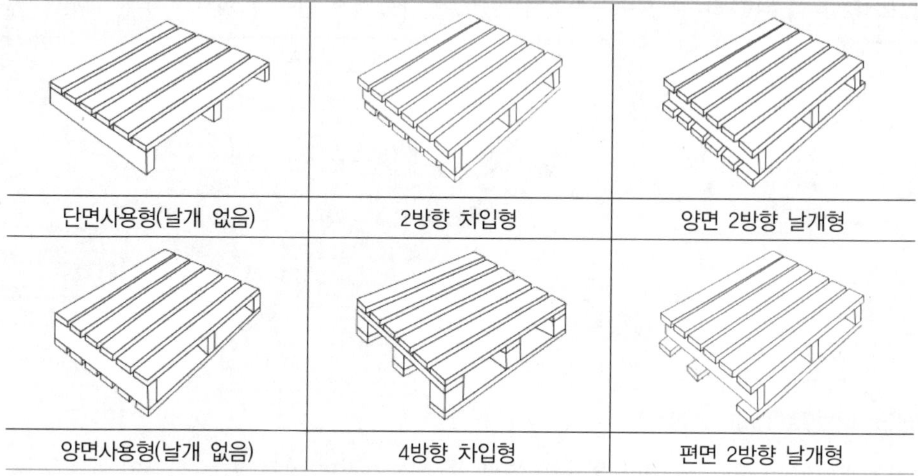

단면사용형(날개 없음)	2방향 차입형	양면 2방향 날개형
양면사용형(날개 없음)	4방향 차입형	편면 2방향 날개형

5 자사파렛트와 임대파렛트

(1) 자사파렛트

① 장점

㉠ 필요할 때 편리하게 사용할 수 있다.

㉡ 자체 내 파렛트 풀 도입이 용이하다.

㉢ 자사에 필요한 규격의 파렛트에 대하여 임의선택으로 도입이 가능하다.

② 단점

㉠ 비용이 많이 소요된다.

㉡ 공파렛트 회수가 곤란하다.

㉢ 성수기와 비수기의 양적 조정이 곤란하다.

㉣ 규격 파렛트의 보급이 곤란하다.

(2) 임대파렛트

① 장점

㉠ 표준 파렛트 도입이 가능하다.

㉡ 초기 고정투자비가 적게 든다.

㉢ 비수기의 양적 조절이 가능하다.

㉣ 파렛트 풀 시스템 도입을 고려할 수 있다.

㉤ 공파렛트의 회수가 불필요하다.

② 단점

㉠ 업체 간 이동 시 회수가 곤란하다.

㉡ 긴급상황 시 공급이 어렵다.

㉢ 포장단위 전부를 임대파렛트에 맞추어야 한다.

6 파렛타이저(Palletizer)

(1) 개념

① 파렛타이저는 파렛트에 쌓여진 물품을 내리는 기계를 말한다.

② 파렛타이저의 표준화 대상으로는 용어 및 기호, 안전장치, 호환성, 조작방법 등이 있다.

파렛타이저

(2) 종류

① **고상식 파렛타이저 :** 높은 위치에 적재장치를 구비하고 일정한 적재위치에서 파렛트를 내리면서 물품을 적재하는 파렛타이저로서 고속처리가 가능하다.

② **저상식 파렛타이저 :** 파렛트를 낮은 장소에 놓고 적재장치를 오르내리면서 물품을 적재하는 파렛타이저이다.

③ **기계 파렛타이저 :** 캐리지, 클램프 또는 푸셔 등의 적재장치를 사용하여 파렛트에 물품을 자동적으로 적재하는 파렛타이저이다.

④ **로봇식 파렛타이저 :** 산업용 로봇에 머니퓰레이터(Manipulator)를 장착하여 물품을 자동 적재하며, 저속처리가 가능하며 **적재 패턴의 변경이 쉽다.**

7 파렛트 보관형태

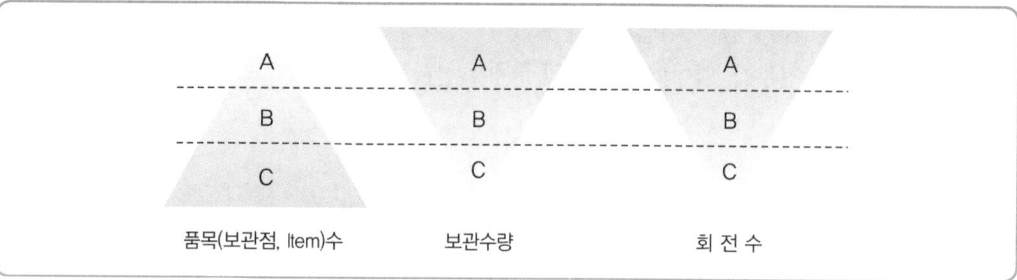

A-A-A	① 입출고가 빠른 물품으로 보관설비는 플로 랙과 주행대차를 많이 이용하며, 단시간에 대량 처리가 가능하여 편리하다. ② 품목수는 적지만 보관수량이 많고 회전수가 큰 물품(맥주, 청량음료, 시멘트)에 적합하다.
A-A-C	① 불량제품이나 계절성이 큰 제품에 적용된다. ② 고정설비인 유닛형 랙이나 플로 랙을 이용한다.
A-C-A	회전수만 높은 제품은 보관기능이 미약하여 자동화・기계화되지 않았지만 주로 임시출고-피킹-재출고에 많이 이용된다.
A-C-C	① 품목수, 재고량, 회전수가 모두 적어 파렛트를 직접 쌓을 수 있는 형태이다. ② 파렛트를 직접 쌓을 수 있어서 하역기기에 포크만 부착되어 있으면 가능하다. 파렛트 랙의 하역기기로 지게차가 사용된다.
B-B-B	① 모든 특성이 평이한 형태로 팩, 크레인 등 설비이동 및 레이아웃도 단순하다. ② 일반적 형태로 설비가 간단하여 이동이 편리하고 레이아웃의 변경도 용이하다.
C-A-A	① 보관점(Item)수와 보관수량이 많고, 회전수가 높으며, 관리가 매우 복잡하여 고층 랙, 모노레일 또는 스태커 크레인의 조합과 함께 컴퓨터 컨트롤 방식을 채용하면 운영효율을 높일 수 있다. ② I형 배치, U형 배치, L형 배치, I형 변형배치, U형 변형배치가 있다.
C-A-C	① 재고점수, 재고량은 많지만 회전수가 적다. ② 자동화 창고의 고층 랙에 모노레일, 스태커 크레인을 이용하며 선회식 크레인, 파렛트 직접 쌓기 및 트래버스 방식 등도 이용된다.
C-C-A	보관점수는 많으나, 보관수량은 적고, 입출고 빈도가 높아(다품종-소량-다빈도) 고층 랙을 이용하고, 개별출고방식에서 피킹은 머신(오더피킹)과 수동으로 한다.
C-C-C	관리가 어려운 방식으로서 파렛트를 직접 쌓는 것이 유리하며, 이동식 랙 시스템을 주로 이용한다.

예제

시중에서 유통되는 '콜라'의 물류특성(보관점수는 적고, 보관수량과 회전수는 많음)을 아래 그림의 보관 유형으로 나타낼 때 순서대로 옳게 나타낸 것은?

품목(보관점, Item)수	보관수량	회 전 수
A	A	A
B	B	B
C	C	C

해설 보관점수는 적고(A), 보관수량(A)과 회전수(A)가 많은 것은 A–A–A 유형이다.

04 지게차

1 개요

① 포크, 램 등과 같이 화물을 적재하는 장치(Attachment) 및 이것을 승강시키는 마스트(Mast)를 구비한 하역자동차를 말한다.

② 지게차는 카운트웨이트나 아웃리거(스트래들) 둘 중 하나로 하중을 지지하며, 이 둘의 양립은 불가하다.

2 기본구조

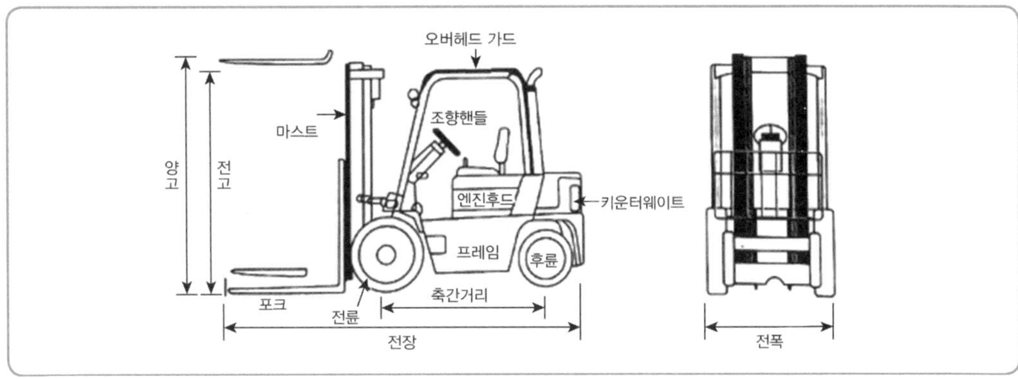

3 종류 ★

(1) 카운터 밸런스형(Counter Balance Type)

① 전방에 화물을 운반할 수 있는 포크와 마스트가 있다.

② 마스트를 따라 포크를 이용하여 화물을 들어 올릴 때 차체가 화물방향으로 기울어 전복되는 것을 방지하기 위해 차체 뒷부분에 카운터웨이트(무게추)를 장착한 형태이다.

③ 일반적으로 가장 많이 볼 수 있는 형태의 지게차로서 전륜구동 후륜조향 방식이다.

(2) 리치(Reach)형

① 차체 전방에 포크와 수평하게 차체 전방으로 연결된 2개의 아웃리거(Outrigger)의 일종인 스트래들(Straddle)의 장착을 통해 화물 승강으로 인한 전복을 방지하고 마스트와 포크가 일체화되어 전후방으로 이동한다는 특징을 가진 지게차이다.

② 포크가 양쪽의 아웃리거 사이에 위치한 상태에서 전후방으로 이동하므로 좁은 장소에서도 작업이 용이하도록 고안된 장비이다.

◀ 카운터 밸런스형 ▶

◀ 리치형 ▶

(3) 워키(Walkie)형

탑승설비 없이 운전자가 걸어 다니며 작업할 수 있다.

◀ 워키형 ▶

(4) 스트래들(Straddle)형

① 차체 전방에 포크와 평행하게 장착된 스트래들에 의하여 차체의 안정을 유지하고 또한 포크가 양쪽의 아웃리거 사이에 내려지는 포크리프트이다.

② 리치형과 유사하나 다른 점은 마스트(Mast)가 전후로 이전하지 않는다(이동기능이 없음).

(5) 사이드 포크형(Side Forklift)

① 좁은 통로를 가지는 창고에서 지게차의 측면에 포크가 설치되어 좁은 통로의 이동과 측면에서의 포크의 승강 및 리치형과 마찬가지로 포크의 전후 이동이 가능한 지게차이다.

② 승강 시 포크방향에 수평하게 아웃리거가 지지되어 전복을 방지한다.

③ 통로가 좁은 창고에서 장척화물을 취급하기에 가장 적합한 장비이다.

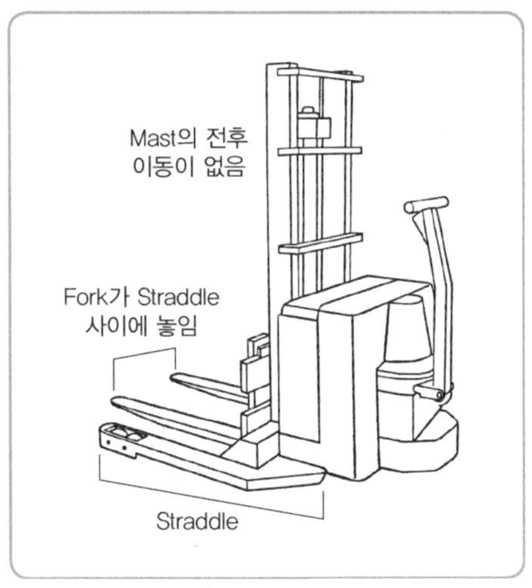

《 스트래들형 》

《 사이드 포크형 》

(6) 파렛트 스태킹 트럭

차체 전방으로 뻗어 나온 주행 가능한 아웃리거에 의해 차체의 안정을 유지하고 또한 포크가 아웃리거 위로 뻗어 있는 형태의 포크리프트이다.

(7) 오더피킹트럭

하역장치와 함께 움직이는 운전대에서 운전자가 조종하는 포크리프트로 랙 창고에 사용되며 포크면의 높이에 운전대를 설치하여 임의의 높이에서 작업자가 작업을 할 수 있다.

《 오더피킹트럭 》

(8) 탑 핸들러(Top Handler)

① 카운터 밸런스형의 일종으로 카운트 밸런스형 대형 지게차에 컨테이너 4개의 모서리쇠를 끼워 컨테이너 모서리를 잡는 스프레더(Spreader) 또는 체결고리가 달린 팔과 마스트를 갖추고 야드 내의 빈 컨테이너를 수직으로 하역하는 데 사용되는 상하역기기이다.

② 항만 CY에서 주로 공(Empty)컨테이너의 야적, 적치, 차량적재, 단거리 이송에 사용된다.

《 탑 핸들러 》

(9) 리치 스태커(Reach Stacker)

① 카운터 밸런스형 대형 지게차에 컨테이너 4개의 모서리쇠를 끼워 컨테이너를 고정할 수 있는 스프레더나 체결고리가 달린 유압식 지브 혹은 신축형 붐(Boom)으로 높이를 조절할 수 있는 컨테이너 상하역장비이다.

② 장비의 회전 없이 붐에 달린 스프레더만을 회전하여 컨테이너를 이적 또는 하역하는 장비이다.

③ 트랜스퍼 크레인같이 위에서 컨테이너를 다루는 방식과 달리 간섭이 일어나므로 작업순서를 미리 결정하여 작업해야 한다.

《 리치 스태커 》

(10) 3방향 지게차(Turret)

① Mast 전방의 Fork가 좌우 90도로 회전하며 좌우 이동 후, 수평으로 포크가 이동 가능한 형태이며, 승강 시 아웃리거로 하중을 지탱한다.

② 사이드 포크형과 마찬가지로 통로 소요면적을 크게 줄여 저장공간 증대가 가능하다.

핵심포인트

동력원에 의한 지게차의 분류

1. 디젤엔진 지게차
   힘과 내구성이 좋고 연료가 경제적이지만 매연과 소음이 크다.
2. LPG엔진 지게차
   출력은 디젤에 비해 10% 정도 감소하지만 연료비가 경제적이고 매연과 소음이 적은 점에서 옥내작업에 적합하다.
3. 축전지식 지게차
   배터리를 에너지원으로 각각의 직류전동기로 주행 및 하역을 진행하는 전동식 형태로 매연과 소음이 없는 완전 무공해 지게차이다.

4 어태치먼트(Attachment)

포크리프트의 하역장치에 추가하여 작업환경에 적절하도록 포크와 교환하는 부속장치이다.

(1) 포크

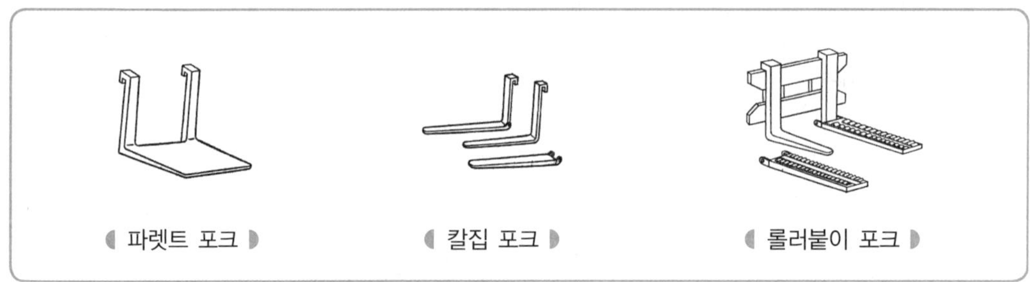

《 파렛트 포크 》 《 칼집 포크 》 《 롤러붙이 포크 》

(2) 장치

① **램**(Ram) : 화물의 구멍에 삽입하여 사용하는 막대 모양의 부속장치

② **힌지드 포크**(Hinged Fork) : 포크를 앞뒤로 기울일 수 있는 부속장치

③ **로드 스태빌라이저**(Load Stabilizer) : 포크 위 화물을 누르는 장치로 주로 지면이 고르지 못한 곳에서 파렛트 위의 플라스틱 컨테이너(음료수 짝)들이 이동 중 붕괴되는 것을 막기 위해 사용된다.

《 램 》 《 힌지드 포크 》 《 로드 스태빌라이저 》

④ **리치 포크**(Reach Fork) : 포크가 마스트에 대하여 전후방으로 이동할 수 있도록 지원하는 부속장치

⑤ **클램프**(Clamp) : 화물을 사이에 끼우는 부속장치

⑥ **회전 클램프**(Rotating Clamp) : 수직면 내에서 회전할 수 있는 장치를 가진 클램프

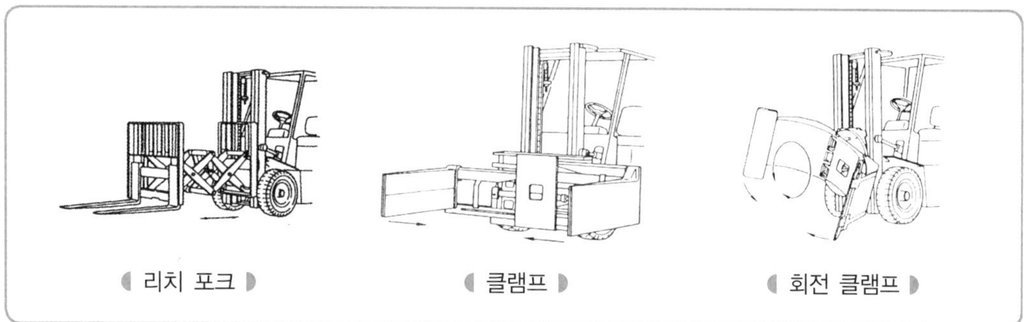

《 리치 포크 》 《 클램프 》 《 회전 클램프 》

⑦ **크레인 암**(Crane Arm) : 크레인 작업을 하기 위한 부속장치
⑧ **덤핑 포크**(Dumping Fork) : 백 레스트와 함께 포크를 상하 방향으로 기울일 수 있는 부속장치
⑨ **푸셔**(Pusher) : 포크 위의 화물을 밀어내기 위한 부속장치

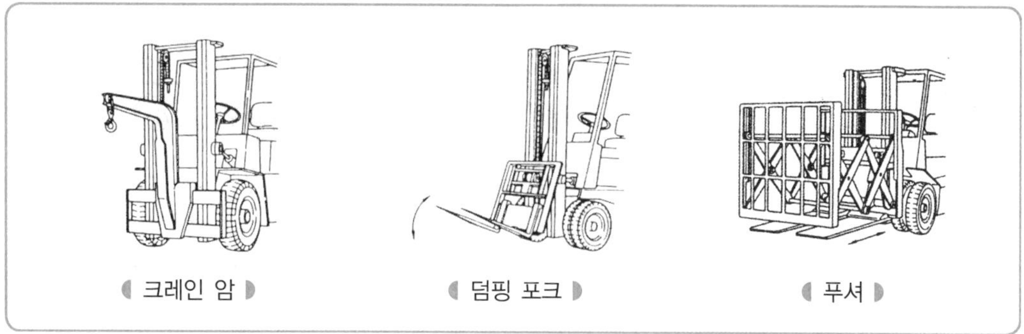

《 크레인 암 》 《 덤핑 포크 》 《 푸셔 》

핵심포인트

기타 어태치먼트

1. 훅(Hook)
   포크 또는 램 등에 부착하여 화물을 달아 올리기 위한 부속장치를 말한다.
2. 사이드 시프터(Side Shifter)
   핑거 바 등을 가로 방향으로 이동할 수 있는 부속장치를 말한다.
3. 포크 포지셔너(Fork Positioner)
   포크의 간격을 조정할 수 있는 부속장치를 말한다.
4. 스프레더(Spreader)
   컨테이너 고정 쇠가 장착되어 컨테이너를 하역할 수 있도록 고안된 부속장치를 말한다.
5. 퍼니스 차저(Furnace Charger)
   화기나 유해환경에 원·부자재(원료)를 밀어 넣기 위한 부속장치를 말한다.
6. 머니퓰레이터(Manipulator)
   부속물을 집어 돌리고 수평 이동시키는 부속장치로서 위해환경용 로봇팔을 의미한다.

5 최소 지게차 수 구하기(계산문제유형) ★

예제

다음 조건에 맞는 물류센터의 효율적인 하역작업에 필요한 최소 지게차 수는?

- 연간 목표 처리량 : 500,000 파렛트
- 연간 작업일 : 300일
- 일일 작업 가능시간 : 10시간
- 지게차 가동률 : 80%
- 시간당 작업량 : 12 파렛트

해설 1. 지게차의 1일 처리량=12 파렛트/시간 × 10시간 × 0.80=96 파렛트
2. 지게차의 연간 처리량=96 파렛트/일 × 300일=28,800 파렛트

정답 **18대(500,000 파렛트/28,800 파렛트 = 17.36대)**

05 컨테이너

1 컨테이너 사용의 장단점

(1) 장점

① 안전한 운송
② 하역의 기계화
③ 하역시간 및 수송기간 단축
④ 포장비, 운송비, 보험료, 항만하역비 절약

(2) 단점

① 컨테이너 터미널 등에 대한 막대한 자본투자가 필요하다.
② 공컨테이너 회송(반송) 문제와 컨테이너를 보관하는 데 불필요하게 많은 장소가 소요된다.

2 컨테이너의 분류 ★

컨테이너는 크기에 따라 ISO 규격 20 feet, 40 feet, 40 feet High Cubic 등이 사용되고 있다.

TIP TEU와 FEU

① TEU(Twenty-foot Equivalent Unit) : 20 feet Container
② FEU(Forty-foot Equivalent Unit) : 40 feet Container

(1) 일반용도 컨테이너(Dry Container, Dry Cargo Container)

① 냉동, 액체, 통풍 등 특별한 주의를 필요로 하지 않는 화물수송에 이용되는 일반 잡화용 컨테이너이다.

② 온도조절이 필요 없는 일반화물의 운송용 컨테이너를 의미한다.

(2) 온도조절 컨테이너

① 서멀 컨테이너(Thermal Container)

㉠ 온도관리가 가능한 컨테이너로 온도관리를 필요로 하는 화물의 수송을 주목적으로 한 컨테이너이다.

㉡ 단열된 벽, 문, 지붕 및 바닥으로 구성된다.

② 냉동 컨테이너(Reefer Container, Refrigerated Container)

㉠ 단열재를 이용하여 제작된 컨테이너에 냉동・냉장장치가 설치되어 있는 컨테이너이다.

㉡ 육류・어류 등 축산물, 가공식품, 화공의약품 등 냉동・냉장을 요하는 전원사용형 화물운송용 컨테이너를 의미한다.

③ 통기・환기 컨테이너(Ventilated Container) : 컨테이너 옆면 벽에 통풍구멍을 갖춘 컨테이너로서 과실, 야채 등 호흡작용을 하는 화물을 수송하는 데 사용하는 컨테이너이다. 밑바닥에는 함수화물에서 나오는 수분을 담는 탱크도 있다.

㉠ 통기 컨테이너 : 컨테이너 윗부분만 공기 유출입구가 존재하는 컨테이너이다.

㉡ 환기 컨테이너 : 컨테이너 위・아래 공기 유출입구가 존재하는 컨테이너이다.

《 Ventilated Container 》

(3) 특수 컨테이너

① 오픈 탑 컨테이너(Open Top Container)

㉠ 건화물 컨테이너의 지붕과 측면, 상부가 개방되어 있어 상부에서 작업이 가능하도록 제작된 컨테이너로 중량이 큰 물품이나 장척화물을 크레인으로 하역하는 데 편리하다.

㉡ 개방되는 천장이 캔버스 덮개로 이루어져 크레인을 통해 화물을 적입·적출한다.

㉢ 주로 기계류, 철강, 판유리 등 중량물이 적재 대상이다.

《 오픈 탑 컨테이너 》

② 플랫 랙 컨테이너(Flat Rack Container)

㉠ 목재, 강재, 승용차, 기계류 등과 같은 중량화물을 운송하기 위하여 상부 구조(지붕)와 벽을 제거하고, 4개의 모서리에 기둥과 버팀대만 두어 전후, 좌우 및 위쪽에서 적재·하역할 수 있는 컨테이너이다.

㉡ Platform Container, Base Container라고 불리기도 하며 장척물을 포함한 비정형 화물의 지게차 하역을 용이하게 한다.

TIP Open Top Container, Flat Rack Container 모두 중량화물이나 장척화물 운송에 적합하도록 천장이나 측면이 개방된 컨테이너이다.

(4) 솔리드 벌크 컨테이너(Solid Bulk Container, Dry Bulk Container)

천장에 구멍이 뚫려 있어 맥아, **소맥분, 가축사료** 등 주로 곡물과 분체형 화물을 적입하여 운송하기에 편리한 컨테이너이다.

TIP Solid라고 해서 석탄이나 광석을 의미하지 않음에 유의한다.

(5) 사이드 오픈 컨테이너(Side Open Container)

옆면이 개방되는 컨테이너이다.

(6) 플랫폼 컨테이너(Platform Container)

승용차나 기계류 같은 중량화물을 쉽게 싣거나 내리기 위하여 천장, 기둥, 벽을 없앤 컨테이너이다.

《 사이드 오픈 컨테이너 》

《 플랫폼 컨테이너 》

(7) 탱크 컨테이너(Tank Container)

액체의 식품이나 화학제품 등의 화물을 수송하기 위해서 특별한 구조를 갖춘 컨테이너를 말한다.

TIP Liquid Bulk Container란 위험물, 석유화학제품, 화공약품, 유류, 술 등의 액체화물을 운송하기 위하여 내부에 원통형의 탱크(Tank)를 위치시키고 외부에 철재 프레임으로 고정시킨 컨테이너를 말한다.

《 탱크 컨테이너 》

(8) 의류운송용 컨테이너(Hanging Garment, Hanger Container)

Garment Container라고도 하며, 양복 등의 피복류를 옷걸이에 걸린 상태로 적입하도록 제작된 컨테이너이다.

(9) 가축용 컨테이너(Pen Container, Live Stock Container)

① 소나 말과 같은 생동물을 운반하는 데 쓰는 컨테이너이다.
② 통풍과 환기가 잘되도록 옆면과 전후 양면에 창문이 있고, 옆면 하부에 청소 배수구 등이 있다.
③ 옆면에 모이통을 두어 사료공급이 가능하게 한 것이 특징이다.

(10) 하이드 컨테이너(Hide Container)

동물의 피혁 등과 같이 악취가 나는 화물을 운송하기 위해 통풍장치를 설치한 컨테이너이다.

(11) FRP 컨테이너(Fiberglass Reinforced Plastic Container)

강철 프레임과 합판의 양면에 FRP를 부착하여 제작한 컨테이너로서 두께가 얇고 부식이 잘 되지 않으며 열전도율이 낮은 반면 무겁고 재료비가 비싼 것이 단점이다.

핵심포인트

컨테이너 화물의 종류

1. 최적화물(Prime Containerizable Cargos) : 전자제품, 의약품 등 고가이며 해상운임이 높은 화물을 말한다.
2. 적합화물(Suitable Containerizable Cargos) : 최적화물보다 저가이고 해상운임률이 저가인 일반화물을 말한다.
3. 한계화물(Marginal Containerizable Cargos) : 원목 등 물리적으로 컨테이너에 적재할 수 있으나 저가화물로서 도난, 손상의 가능성이 거의 없으며 컨테이너화의 장점이 별로 없는 화물을 말한다.
4. 부적합화물(Unsuitable Containerizable Cargos) : 벌크화물, 길이, 부피, 무게 때문에 컨테이너 적재가 불가능한 화물, 위험물질 또는 타 화물을 오염시키는 화물로서 컨테이너 외 전문적인 시설이 필요한 화물을 말한다.

3 컨테이너 속박작업(Container Securing)

(1) Shoring

버팀목을 이용하여 컨테이너 좌우 벽면 한쪽으로 화물의 수평을 고정하는 작업이다.

(2) Chocking

컨테이너 전후 벽면 한쪽으로 각재 등의 버팀목을 이용하여 화물을 밀어 넣어 고정하는 작업이다.

《 Shoring 》

《 Chocking 》

(3) Lashing

컨테이너를 선박과 컨테이너 간 고정하는 작업이다.

(4) Devanning

화물을 컨테이너에서 반출하는 과정을 말한다.

(5) Vanning

컨테이너에 화물을 적입하는 작업을 말한다.

(6) Dunnage

운송 도중에 화물이 손상되지 않도록 화물의 밑바닥이나 틈 사이에 깔거나 끼우는 물건을 의미한다.

핵심포인트

컨테이너 뒷문 표기 및 봉인

1. 뒷문 표기

컨테이너 일련번호 ↳ 컨테이너 위치를 단말기로 확인	←		UESD 485812 5 KR 3320	→ 제작국가
TARE + PAYLOAD Weight	←		MAX GROSS 30,520 KG (M.G.W) 67,300 LBS	
컨테이너 자체 무게 ↳ TEU = 2톤 ± 0.5톤 ↳ FEU = 4톤 ± 0.5톤	←	문	TARE 2,350 KG 5,200 LBS	
내품 중량 ↳ 컨테이너에 실적재 가능한 화물중량	←		PAYLOAD 28,170 KG 62,000 LBS	
적재화물 부피 한계 ↳ CBM과 Qubic Feet로 병행기재 ↳ TEU = 33.2 CBM	←		CUBIC CAPACITY 33.2 CUBIC M. 1,273 CU. FT.	

① "TARE 2,350 KG" : 2,350 KG는 컨테이너의 자체 중량이다.
② "PAYLOAD" : 컨테이너가 실을 수 있는 화물의 총무게를 말한다.
③ "MAX GROSS" : TARE와 PAYLOAD를 합한 중량을 말한다.

2. 컨테이너의 봉인(Seal)

① 봉인이란 화물이 적입된 컨테이너를 봉인하는 것으로 식별을 위한 기호 및 번호가 적혀 있다.
② 봉인상태에 의하여 도난, 변조 등의 부정행위의 유무를 확인할 수 있다.
③ 컨테이너 봉인은 화물이 적입된 시점부터 도착지에서 화물이 적출될 때까지 장착된다.
④ 컨테이너에 부착된 봉인의 번호는 선하증권에 기재된다.

핵심포인트

크기에 의한 분류

구분	20ft 컨테이너	40ft 컨테이너
외부규격	폭 2,343mm, 높이 2,290mm	폭 2,348mm, 높이 2,695mm
내부규격	길이 5,899mm 폭 2,336mm 높이 2,278mm	길이 12,035mm 폭 2,336mm 높이 2,283mm

핵심포인트

컨테이너 리스방식 및 리스료 부과방식

1. 컨테이너 리스방식
   ① Master Lease : 컨테이너 임차 시 임차료, 임차 및 반납조건 등을 포괄적인 계약조건으로 정한 후 계약기간 내에서는 자유롭게 임차와 반납을 허용하는 리스형태이다.
   ② Lease & Purchase : 원하는 특정 날짜까지 일일 단위로 계산하여 리스비를 지불하는 방식으로 컨테이너 구매비용보다 리스비가 커지면 컨테이너를 소유할 수 있다.
   ③ Round Lease : 왕복 운항을 기준으로 컨테이너를 리스하는 방식이다.
   ④ One Way Lease : 편도 운항을 기준으로 컨테이너를 리스하는 방식이다.
2. 컨테이너 리스료 부과방식
   ① Rental Charge : 1일이나 1개월 기준으로 부과하는 방식이다.
   ② DPP(Damage Protection Plan) : 손상된 컨테이너 수만큼 보전해 주는 조건이다.
   ③ Interchange Ratio(반납률) : 반납률이 낮으면 리스료가 올라간다.
   ④ Geography(반납예정표) : 한 지점에서 1개월 동안 반납해야 할 최대수량을 기록한 표이다.

06 크레인

1 개념

화물을 달아 올려 상하, 전후좌우로 운반하는 기계이다.

2 크레인의 종류 ★★★

(1) 컨테이너 크레인, 갠트리 크레인(Container Crane, Gantry Crane)

① 안벽을 따라 설치된 레일 위를 주행하면서 컨테이너를 선박에 적재하거나 하역하는 데 사용되는 장비이다.

② 에이프런과 안벽에 걸쳐 교형으로 생긴 크레인으로 선박 쪽으로 수평으로 길게 뻗은 지브(Jib)를 따라 트롤리와 호이스트가 이동하여 하역하는 방식을 사용한다.

③ 갠트리 크레인은 레일 위를 주행하는 방식이 일반적이나, 레일 대신 타이어로 주행하는 크레인도 있다.

핵심포인트

컨테이너 크레인 관련 용어

1. **아웃리치(Out-reach)** : 스프레더가 바다 쪽으로 최대로 진행되었을 때, 바다 측 레일의 중심에서 스프레더 중심까지의 거리를 말한다.
2. **백리치(Back-reach)** : 트롤리가 육지 측으로 최대로 나갔을 때, 육지 측 레일의 중심에서 스프레더 중심까지의 거리를 말한다.
3. **호이스트(Hoist)** : 스프레더가 최대로 올라갔을 때 지상에서 스프레더 컨테이너 코너 구멍 접촉면까지의 거리를 말한다.
4. **타이다운(Tie-down)** : 폭풍, 태풍 및 지진 등 자연재해로부터 컨테이너 크레인 및 T/C를 보호하기 위하여 Rail 좌우 및 야드에 매설된 시설을 의미한다.
5. **헤드블록(Head Block)** : 스프레더를 달아매는 리프팅 빔으로서 아랫면에는 스프레더 소켓을 잡는 수동식 연결핀이 있으며 윗면은 스프레더 급전용 케이블이 연결되어 있다.

(2) 트랜스퍼 크레인

갠트리 크레인으로 하역을 마친 뒤 컨테이너는 야드라는 곳으로 이동하게 되는데, 이때 컨테이너 장치장에 컨테이너를 내리거나 올려주는 기능을 하며 화물을 보관하기 위해 사용된다.

(3) 데릭(Derrick)

상단이 지지된 마스트를 가지며 마스트 또는 붐(Boom) 위 끝에서 화물을 달아 올리는 지브(Jib)붙이 크레인이다.

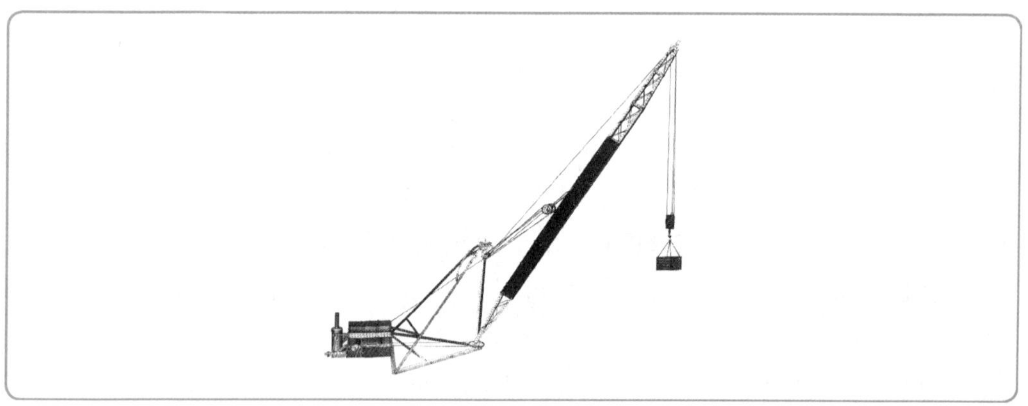

《 데릭 》

(4) 윈치 크레인(Winch Crane)

① 도르래 방식으로 원통형 드럼에 와이어로프를 감아 중량물을 끌어 올리거나 당기는 기계로 권양기라고도 한다.

② 차체를 이동 및 회전시키면서 컨테이너 트럭이나 플랫 카(Flat Car)로부터 컨테이너를 하역하는 장비이다.

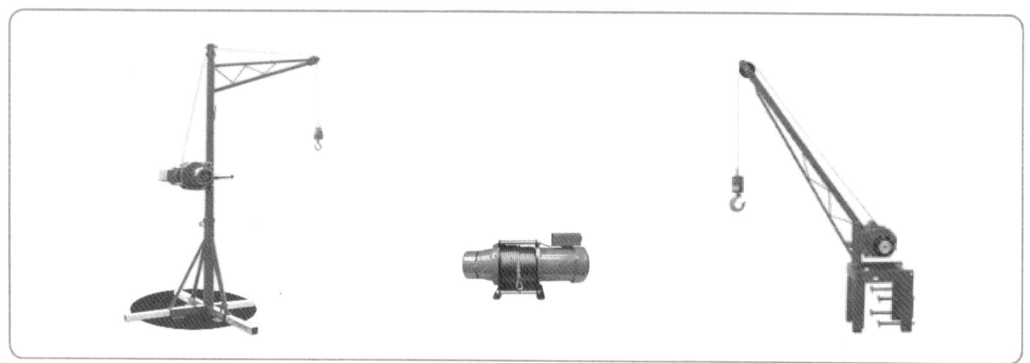

《 윈치 크레인 》

(5) 지브 크레인(Jib Crane)

① 개념

㉠ 지반을 지지하는 수직 마스트에 수평으로 뻗은 지브(Jib)에서 트롤리 및 호이스트 장비를 통해 화물을 달아 올리는 크레인을 총칭한다.

㉡ 지브붙이 크레인으로서 항만이나 선박에 부착하여 화물 및 해치를 운반하는 데 이용하는 기기이다.

㉢ 지브 크레인은 고정식과 주행식이 있으며, 아파트 등의 건설공사에도 많이 쓰이고 수평 방향으로 더 넓은 범위 안에서 작업할 수 있다.

② 작동방식

㉠ 외팔로 뻗은 형상의 지브(Jib)를 따라 호이스트가 트롤리에 결합되어 주행되는 형태로 작동한다.

㉡ 지브가 360도 회전하므로 상하, 좌우 선회운동을 통해서 또는 지면이나 궤도상을 주행하면서 화물을 운반한다.

TIP 트롤리(Trolley)란 모노레일이나 와이어로프를 타고 호이스트를 수평 이동시키는 장치를 총칭한다.

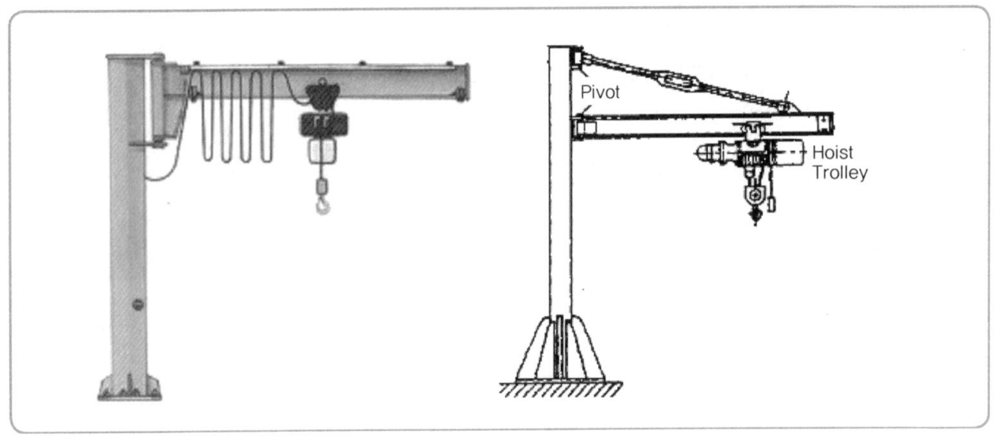

◀ 지브 크레인 ▶

(6) 천정(천장) 크레인(Overhead Crane, Overhead Traveller Crane)

① 공장 및 창고의 천장에 양쪽 벽을 잇는 레일이나 와이어로프를 설치하여 천장을 수평으로 이동하고 모노레일을 따라 움직이는 호이스트나 스태커, 로프나 체인을 이용한 트롤리를 이용하여 화물을 수직으로 이동시키는 크레인이다.

② 야드에 교량형식의 구조물에 크레인을 설치하여 컨테이너를 적·양하하며 호이스트식 천정 크레인, 스태커형 천정 크레인, 로프 트롤리식 천정 크레인, 특수천정 크레인 등이 있다.

③ 크레인 본체가 천장을 주행하며 화물을 상하로 들어 올려 수평 이동하는 데 사용된다.

◀ 천정 크레인 ▶

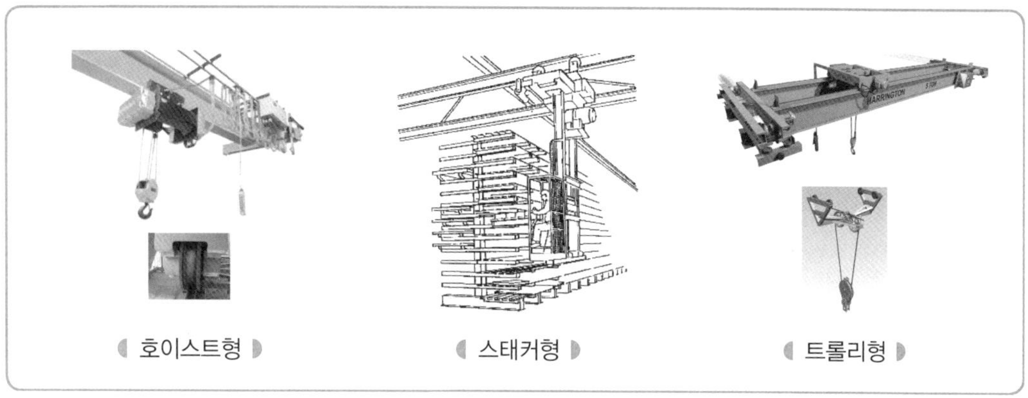

《 호이스트형 》 《 스태커형 》 《 트롤리형 》

(7) 언로더(Unloader)

① 양륙 전용의 크레인으로서 호퍼, 컨베이어 등을 가진 것이다. 선박에서 화물을 적재할 때 전용으로 사용하는 크레인이기도 하다.

TIP 호퍼(Hopper)란 원료나 연료, 화물을 컨베이어나 기계로 이송하는 깔때기 모양의 장비를 말한다.

② 철광석, 석탄 및 석회석과 같은 벌크(Bulk)화물을 하역하는 데 사용된다.

③ 컨테이너 전용터미널에는 없다.

(8) 자주 크레인(Mobile Crane)

지브 크레인에 차륜, 크로울러, 캐터필러를 구비하여 레일에 의하지 않고 스스로 주행이 가능한 지브붙이 크레인을 말하며, 차륜식(트럭)과 크로울러식이 있다.

TIP 캐터필러란 탱크 등을 전진시키기 위하여 차륜에 거는 띠 모양의 장치를 말한다.

《 언로더 》

《 자주 크레인 》

(9) 케이블 크레인(Cable Crane)

서로 마주 보는 탑 사이에 건 로프를 궤도로 하여 트롤리가 가로 주행하는 크레인으로, 고정크레인과 주행크레인이 있다.

3 원격 크레인 운전시스템

(1) RMQC(Rail-Mounted Quayside Crane)

컨테이너 하역용으로 특별설계된 크레인을 말하며 부두의 안벽에 설치되어 에이프런에서 선박과 평행하여 주행한다.

(2) RTGC(Rubber-Tired Gantry Crane)

고무바퀴가 장착된 야드 크레인으로 기동성이 뛰어나 적재장소가 산재해 있을 경우 이용하기 적당하다.

(3) RMGC(Rail-Mounted Gantry Crane)

레일 위에 고정되어 있어 컨테이너의 적재블록을 자유로이 바꿀 수가 없기 때문에 RTGC에 비해 작업의 탄력성은 떨어진다.

(4) OHBC(Over Head Bridge Crane)

야드에 교량형식의 구조물에 크레인을 설치하여 컨테이너를 적·양하하는 장비이다.

핵심포인트

호이스트(Hoist)

1. 개념 : 화물의 권상, 권하, 횡방향 끌기 등의 목적을 위해 사용하는 장치의 총칭이다.
   TIP 권상이란 화물을 달아 올리는 것, 권하란 화물을 달아 내리는 것을 의미한다.
2. 종류
   ① 체인 레버 호이스트 : 레버의 반복조작에 의해 화물의 권상, 권하, 견인 등을 하는 장치로 로드체인으로는 링크체인 또는 롤러체인이 사용된다.
   ② 체인블록 : 훅에 걸린 큰 하중을 도르래와 감속 기어 장치에 의해 체인을 통해 인력과 같은 작은 인장력으로 감아올려 체인에서 손을 떼도 감아올려진 하중이 그대로 유지되는 장치이다.
   ③ 와이어식 레버 호이스트 : 레버의 반복조작에 의해 와이어로프를 사용해서 화물의 권상, 권하, 횡방향 끌기 등을 하는 장치이다. 수동 또는 동력에 의한 것이 있다.
   ④ 전기 체인블록 : 로드체인이 맞물고 있는 로드시브를 전동기로 감속 회전시켜 권상 및 권하를 하는 장치이다.

⑤ **전기 호이스트** : 와이어로프를 감고 있는 드럼을 전동기로 감속 회전시켜 화물의 권상 및 권하를 하는 장치이다.
⑥ **전동 윈치** : 와이어로프를 감고 있는 드럼을 전동기로 감속 회전시켜 화물의 권상, 권하, 횡방향 끌기 등을 하는 장치이다.
⑦ **공기체인 호이스트** : 로드체인이 맞물고 있는 로드시브를 에어모터로 감속 회전시켜 화물의 권상 및 권하를 하는 장치이다.

07 컨베이어

1 개요 ★

(1) 개념

컨베이어(Conveyor)란 물건을 연속적으로 이동·운반하는 띠 모양의 운반장치의 총칭이다.

(2) 장점

① 좁은 장소에서 작업이 가능하다.
② 중력을 이용한 운반이 가능하다.
③ 물품이 포장되어야 운반이 수월하게 가능하다.
④ 다른 기기와 연계하여 사용이 가능하다.
⑤ 원격조정이나 자동제어가 가능하다.
⑥ 포장 **안 된 물품**도 운반이 가능하다.
⑦ 고정된 장소 간에 운반량이 많을 시에 적합하다.
⑧ 자동운반으로 운반인력이 불필요하다.
⑨ 라인 중에도 검사 및 작업이 가능하다.

2 컨베이어의 종류 ★

(1) 벨트(Belt) 컨베이어

컨베이어 양 끝에 고무, 강철, 직물로 된 벨트를 감아 걸고 연속적으로 움직이는 벨트를 사용하여 벨트 위에 화물을 싣고 운반하는 기기이다.

(2) 롤러(Roller) 컨베이어

롤러 및 휠을 운반 방향으로 병렬시켜 화물을 운반하는 기기이다.

(3) 스크루(Screw) 컨베이어

스크루 상에 철판을 삽입하고 이를 회전시켜 액체화물, 분립체, 고형물 등의 종류를 운반하는 기기이다.

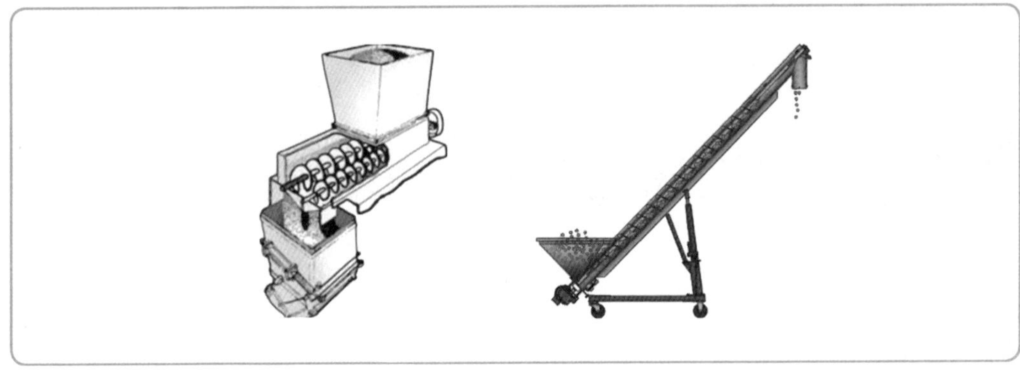

◀ 스크루 컨베이어 ▶

(4) 진동(Vibrating) 컨베이어

철판의 진동을 통해 부품, 분립체 등을 운반하는 기기이다.

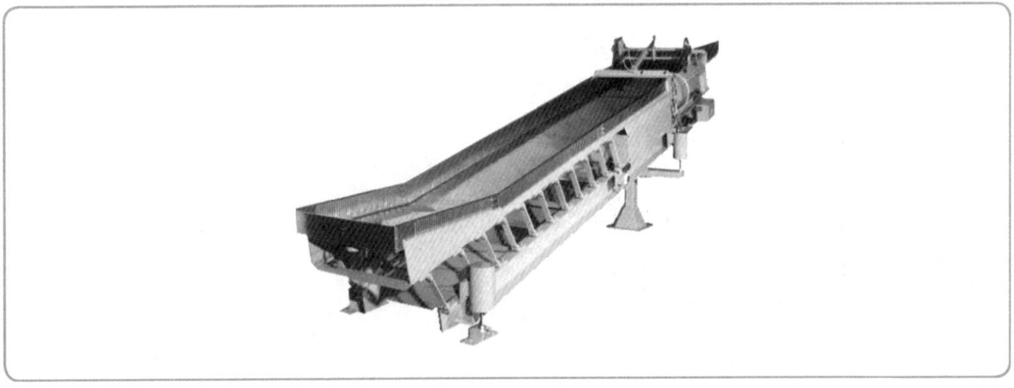

◀ 진동 컨베이어 ▶

(5) 플로(Flow) 컨베이어(Continuous Stream Conveyor)

① 밀폐한 홈통 속을, 특수 형상의 어태치먼트를 단 체인에 의하여 가루 입자 간의 마찰을 이용하여 연속적인 흐름으로써 운반하는 체인 컨베이어를 말한다.

② 체인이나 케이블로 이동시키는 특수 컨베이어로 분립체(시멘트, 곡물 등)를 운반할 때는 공기 흐름(바람)을 이용하여 수평, 수직 경사, 곡선 등으로 운반한다.

(6) 유체(Fluid) 컨베이어

파이프 속 유체를 매체로 이용하여 화물을 운반하는 기기이다.

(7) 체인 컨베이어

체인에 의하여 또는 체인에 슬랫, 버킷 등을 부착하여 화물을 운반하는 컨베이어로 시멘트, 골재, 토사의 운반에 사용된다.

① **트롤리 컨베이어**(Trolley Conveyor) : 천장에 설치한 레일을 일정한 간격으로 배치하여 트롤리 사이를 체인으로 연결하고, 이것에 화물을 매다는 기구가 있는 트롤리를 매달고, 체인과 체인 풀리에 의해 구동하여 트롤리를 순환시켜서 물품을 운반한다.

② **슬랫 컨베이어**(Slat Conveyor) : 체인에 부착된 폭이 좁은 금속슬랫을 연속적으로 부착한 체인 컨베이어로 넓은 널빤지(슬랫)가 연달아 이어진 형태를 가졌으며, 중량화물을 운반 시 활용된다.

③ **토우 컨베이어**(Tow Conveyor) : 엔드리스 순환로 속을 움직이고 있는 체인에 목판차의 연결용 핀(Tow pin)을 걸어서 이동시키는 목판차 운반 컨베이어를 말한다.

④ **에이프런 컨베이어**(Apron Conveyor)

㉠ 오목하게 벌크화물들을 담아 이동할 수 있는 구조로 만들어진 컨베이어이다.

㉡ 두 줄의 엔드리스 체인을 평행으로 순환시키고 그 사이에 강판을 고정하여 지지면이 한 컨베이어이며, 팬판 위에 벌크물건, 상자물건 등의 운반물을 놓고 운반하는 컨베이어이다.

《 에이프런 컨베이어 》

⑤ **플래트 톱 컨베이어**(Plat Top Conveyor) : 체인에 윗면이 평평한 어태치먼트를 붙인 체인 컨베이어이다.

⑥ **팬 컨베이어**(Pan Conveyor) : 에이프런 컨베이어의 에이프런 대신 팬을 부착한 체인 컨베이어이다.

(8) 공기 컨베이어(Air Conveyor)

공기를 매체로 하는 유체 컨베이어로서 주로 분립체를 운반하는 데 이용한다.

(9) 엘리베이팅 컨베이어(Elevating Conveyor)

급경사 또는 수직으로 화물을 운반하는 컨베이어로 시멘트, 골재의 운반에 사용한다.

(10) 슈트(Chute) 컨베이어

무동력으로 중력에 의해 경사판을 따라 흘러내리도록 고안된 컨베이어로 자동으로 활강하는 컨베이어이다.

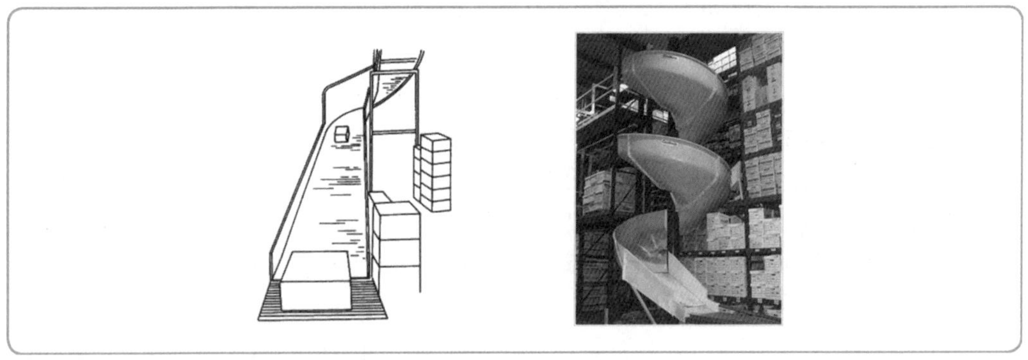

◀ 슈트 컨베이어 ▶

(11) 신축(Adjustable Length) 컨베이어

컨베이어 내부에서 다단으로 겹쳐져 전체 길이를 자유롭게 조정이 가능한 컨베이어이다.

◀ 신축 컨베이어 ▶

(12) 어큐뮬레이팅(Accumulating) 컨베이어

집적 컨베이어라고도 하며 박스 등을 쌓을 때 운송작업을 일시적으로 체류시키고 라인 간 라인상의 물류량 변동을 흡수하여 원활한 흐름을 유지하는 컨베이어이다(마트의 결제 컨베이어).

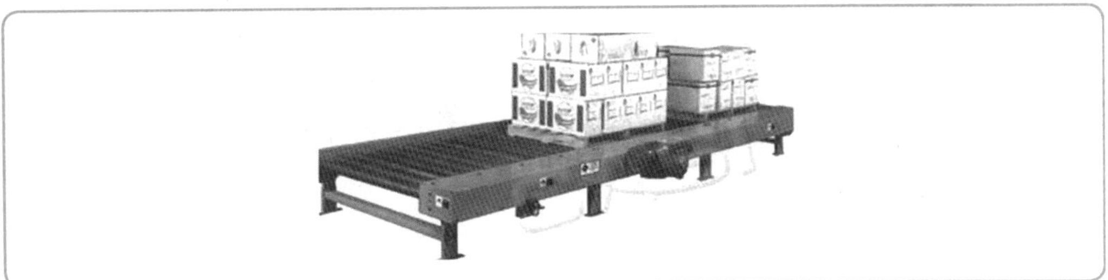

《 어큐뮬레이팅 컨베이어 》

08 무인운반기기

1 개념 ★

차체에 자동 혹은 수동으로 화물을 적재하고 지시된 장소까지 주행하는 장치를 의미한다. 종류로는 무인반송차, 무인견인차, 무인지게차가 있다.

(1) 무인반송차(AGV, Automatic Guided Vehicle, 무인운반차량)

① 차체에 수동 또는 자동으로 화물을 적재하고 지시된 장소까지 레이저로 유도되는 형태로 자동주행하여 수동 또는 자동으로 이재 또는 적재하는 무궤도차량이다.

② 무인으로 물품 및 컨테이너를 이송하는 장비이다.

③ 고감도 센서로 사람, 장애물을 감지하고, 신속히 제동할 수 있는 장치를 갖춤으로써 물품을 운반할 수 있다.

◀ 무인운반차 ▶

(2) 무인견인차(Automatic Guided Tractor)

화물을 상하차하는 대차를 견인하여 지정된 장소까지 자동주행으로 작업을 하는 무궤도차량을 말한다.

(3) 무인지게차(Automatic Guided Forklift Truck)

포크 등에 화물을 자동 적재하여 지정된 장소까지 자동주행을 함으로써 자동 하역작업을 행하는 무궤도차량을 말한다.

2 무인운반기기 유도 · 제어방식

(1) 광학식 인도방식(Optical Guidance Method)

자동주행하는 운반기기의 경로를 제어하는 방식으로 바닥에 테이프나 페인트 선을 그려 페인트와 테이프를 광학센서로 식별하여 진로를 결정하는 방식이다.

(2) 자기 인도방식(Magnetic Guidance Method)

인도용 동선이 바닥에 매설되어 있어서 저주파가 흐르는 동선을 따라 2개의 탐지용 코일로 탐지하여 자동주행하는 방식이다.

(3) 레이저 스캐닝방식(Laser Scanning Method)

① 상자에 붙어 있는 바코드 라벨을 정위치에서 스캐너로 판독하고 컴퓨터에 정보를 전달하여 제어하는 방식이다.

② 벽이나 기둥과 같은 위치 변화가 없는 곳에 레이저 리플렉터를 부착하며 AGV는 리플렉터에 레이저빔을 방사하여 주변 환경과 자기 위치를 인지하면서 매핑을 하며 제어한다.

(4) 자기 코딩방식(Magnetic Coding Method)

트레이에 자기로 코드화한 철판을 붙이고 이를 자기 판독 헤드로 읽게 함으로써 컴퓨터에 정보를 전달하여 제어하는 방식이다.

(5) 전자기계 코딩방식(Electro Mechanical Coding Method)

카드 삽입구에 행동지시용 카드를 먼저 삽입, 컴퓨터에 정보를 제공하여 제어하는 방식이다.

(6) 그 밖의 방식

① 역반사 코딩방식(Re－Reflective Coding Method)
② 무선제어방식(Radio Guidance Method)
③ 전기 스위치방식(Electronical Switching Method)

핵심포인트

기타 주요 하역기기

1. **스태커** : 창고 등에서 마스트에 안내되어 승강하는 포크를 통해 하역하고 인력으로 운반하는 기기이다.
2. **도크 레벨러** : 주로 트럭의 하대 높이와 홈의 높이 차이를 조절하여 적재함이나 포크리프트 파렛트 트럭 등에서 용이하게 하역을 할 수 있도록 한 시설이다.
3. **리프트 게이트** : 배터리를 이용한 전동유압장치로서 차량에 부착되어 화물을 안전하고 간편하게 상하차시키기 위한 하역장비로서 하역장에 도크가 설치되어 있지 않은 경우에 트럭이 자체적으로 화물을 승강시킬 수 있도록 차체에 부착하여 사용하는 장치이다.
4. **파렛트 트럭** : 창고 또는 공장, 플랫폼 등에서 파렛트 화물을 운송하거나 홈으로부터 화물을 트럭에 적재하는 운반기기로 수평 이동만이 가능하며 상하 이동은 할 수 없다.
5. **테이블 리프터** : 유압장치로 링크기를 장치하여 하대를 승강시키는 장치이다.

CHAPTER 05 기출 & 실력 다잡기

01 하역의 기본개념

01 하역에 관한 설명으로 옳지 않은 것은?

① 운송 및 보관에 수반하여 발생한다.
② 적하, 운반, 적재, 반출, 분류 및 정돈으로 구성된다.
③ 시간, 장소 및 형태 효용을 창출한다.
④ 생산에서 소비에 이르는 전 유통과정에서 행해진다.
⑤ 무인화와 자동화가 빠르게 진행되고 있다.

해설 시간효용(보관), 장소효용(운송), 형태효용(유통가공)과 하역은 관련이 없고, 하역은 화물에 대한 시간적 효용과 장소적 효용의 창출을 지원하는 행위이다.

02 하역에 관한 설명으로 옳은 것은?

① 제품에 대한 형태효용을 창출한다.
② 운반활성화 지수를 최소화해야 한다.
③ 적하, 운반, 적재, 반출 및 분류로 구성된다.
④ 화물에 대한 제조공정과 검사공정을 포함한다.
⑤ 기계화와 자동화를 통한 하역생산성 향상이 어렵다.

해설 ① 제조, 가공에 대한 설명이다.
② 운반활성화 지수를 최대화해야 한다.
④ 화물에 대한 제조공정과 검사공정을 포함하지 않는다.
⑤ 기계화와 자동화를 통한 하역생산성 향상이 쉽다.

정답 01 ③ 02 ③

03 **하역에 관한 설명으로 옳지 않은 것은?**

① 하역은 화물에 대한 시간적 효용과 장소적 효용 창출을 지원한다.
② 하역은 노동집약적인 물류 분야 중의 하나였으나, 최근 기술 발전에 따라 개선되고 있다.
③ 하역은 각종 운반수단에 화물을 싣고 내리기, 보관화물의 창고 내 운반과 격납, 피킹, 분류, 구색관리 등의 작업과 부수작업을 포함한다.
④ 하역은 생산에서 소비까지 전 유통과정의 효용 창출과 직접적인 관련이 있으며, 하역의 합리화는 물류합리화에 큰 의미를 가진다.
⑤ 하역은 화물 또는 생산품의 저장과 이동을 말하며, 제조와 품질검사 공정을 포함한다.

해설 제조와 품질검사는 하역(물류영역)이 아닌 생산/운영의 영역이다.

04 **하역에 관한 설명으로 옳지 않은 것은?**

① 운송 및 보관에 수반하여 발생하는 부수작업을 총칭한다.
② 화물에 대한 시간적 효용과 장소적 효용 창출을 지원한다.
③ 물류기술의 발달로 인해 노동집약적인 물류활동이 자동화 및 무인화로 진행되고 있다.
④ 하역은 항만, 공항, 철도역 등 다양한 장소에서 수행되고 있으나 운송과 보관을 연결하는 기능은 갖고 있지 않다.
⑤ 생산에서 소비까지 전 유통과정에서 발생하는 하역작업의 합리화는 물류합리화에 중요한 요소이다.

해설 하역은 항만, 공항, 철도역 등 다양한 장소에서 수행되고 있으며 운송과 보관을 연결하는 기능을 갖고 있다.

05 **다음 중 하역에 대한 설명으로 옳지 않은 것은?**

① 하역은 각종 운반수단에 화물을 싣고 내리는 것과 보관화물을 창고 내에서 운반하고 쌓아두고, 꺼내고, 나누고, 상품구색을 갖추는 등의 작업 및 이에 부수하는 제반작업을 총칭한다.
② 하역은 생산에서 소비에 이르는 전 유통과정의 효용 창출에 직접적인 영향을 미치므로 하역합리화는 물류합리화와 관련성이 크다.
③ 하역은 화물의 상하차작업, 운송기관 상호 간의 중계작업, 창고의 입출고 작업 등 그 범위가 매우 넓다.
④ 협의의 하역은 사내하역만을 의미하나, 광의의 의미로는 수출품 및 수입품 선적을 위한 항만하역까지도 포함한다.
⑤ 하역은 시간적 효용과 거리적 효용을 모두 창출하기 때문에 중요성이 날로 증대되고 있다.

정답 03 ⑤ 04 ④ 05 ⑤

해설 시간적 효용과 거리적 효용을 모두 창출하는 것은 운송이며, 하역은 그 자체로 아무런 가치도 창출하지 못한다.

06 선박에 화물을 싣고 내리는 작업으로 작업방식에 따라 접안하역과 해상하역으로 나눌 수 있는 작업은?

① Assembling
② Discharging
③ Devanning
④ Lashing
⑤ Packing

해설 Discharging(양륙, 양하)에 대한 설명이다.
③ 컨테이너에서 물건을 내리는 것이다.
④ 운송기기에 실린 화물을 움직이지 않도록 줄로 묶는 작업이다.

07 운반관리(Material Handling)에 관한 설명으로 옳지 않은 것은?

① 운반의 4요소는 동작(Motion), 시간(Time), 수량(Quantity), 공간(Space)이다.
② 운반관리는 그 형상을 불문하고 모든 물질의 이동, 포장, 저장에 관한 기술과 과학을 말한다.
③ 운반관리는 제조공정 및 검사공정을 포함하지 않는다.
④ 운반관리의 주안점은 직선의 흐름, 계속적인 흐름, 최소의 노력과 시간, 작업의 분산화, 생산작업 극대화이다.
⑤ 운반작업 개선의 원칙으로 노동단축, 거리단축, 기계화 등이 있다.

해설 운반관리의 주안점은 작업의 집중화이다.

02 하역의 원칙

08 하역 원칙에 관한 설명으로 옳은 것은?

① 운반거리를 최대한 길게 해야 한다.
② 운반활성화 지수를 최소화하여야 한다.
③ 화물을 즉시 피킹할 수 있도록 낱개 화물로 운반해야 한다.
④ 화물은 유연하게 작업될 수 있도록 작업자가 직접 손으로 하역할 수 있어야 한다.
⑤ 각 하역활동을 시스템 전체 균형에 맞도록 고려하여야 한다.

정답 06 ② 07 ④ 08 ⑤

해설 ① 운반거리를 짧게 해야 한다.
② 운반활성화 지수를 최대화하여야 한다.
③ 화물을 즉시 피킹할 수 있도록 집합화물 형태로 유닛화함으로써 운반상 편의를 도모해야 한다.
④ 인력작업이 아닌 기계화작업을 지향하여 효율성을 높여야 한다.

09 **하역의 기본원칙이 아닌 것을 모두 고른 것은?**

ㄱ. 최대취급의 원칙
ㄴ. 경제성의 원칙
ㄷ. 중력이용의 원칙
ㄹ. 이동거리 및 시간의 최대화 원칙
ㅁ. 화물 단위화의 원칙

① ㄱ, ㄴ
② ㄱ, ㄹ
③ ㄴ, ㄷ
④ ㄴ, ㅁ
⑤ ㄷ, ㅁ

해설 ㄱ. 최소취급의 원칙
ㄹ. 이동거리 및 시간의 최소화 원칙

10 **하역의 원칙과 그에 관한 설명으로 옳지 않은 것을 모두 고른 것은?**

ㄱ. 최소취급의 원칙 : 취급하는 화물 유형을 최소화하여 특정 화물만 집중 관리한다.
ㄴ. 이동거리 및 시간의 최소화 원칙 : 하역 이동거리를 최소화하여 비용을 절감한다.
ㄷ. 호환성의 원칙 : 하역작업 공정 간의 연계를 원활하게 한다.
ㄹ. 활성화의 원칙 : 운반활성지수를 최소화하는 원칙으로 지표와 접점이 작을수록 활성지수는 낮아지며, 하역작업의 효율이 증가한다.
ㅁ. 취급균형의 원칙 : 하역작업의 공정능력을 파악하여 작업 흐름을 비평준화함으로써 효과를 극대화한다.

① ㄱ, ㄴ, ㄷ
② ㄱ, ㄷ, ㄹ
③ ㄱ, ㄹ, ㅁ
④ ㄴ, ㄷ, ㄹ
⑤ ㄴ, ㄹ, ㅁ

해설 ㄱ. **최소취급의 원칙** : 취급을 최소화하는 것이지 취급 '화물'을 최소화하는 것과는 관련이 없다.
ㄹ. **활성화의 원칙** : 운반활성지수를 최대화하는 원칙으로 지표와 접점이 작을수록 활성지수는 높아진다.
ㅁ. **취급균형의 원칙** : 하역작업의 공정능력을 파악하여 작업 흐름을 평준화하는 것으로 전 과정들에 작업량을 균등하게 배분해야 한다는 의미이다.

정답 09 ② 10 ③

03 하역의 기계화

11 하역 기계화에 관한 설명으로 옳지 않은 것은?

① 하역 분야는 물류활동 중에서 가장 기계화수준이 높으며, 인력의존도가 낮은 분야이다.
② 파렛트화에 의한 하역 기계화는 주로 물류비의 절감을 위하여 도입한다.
③ 하역 기계화 효과를 높이기 위해서는 물동량과 인건비 수준을 고려하여 도입해야 한다.
④ 액체 및 분립체 등 인력으로 하기 힘든 화물의 경우 기계화 필요성은 더욱 증대된다.
⑤ 하역 기계화를 촉진하기 위해서는 하역기기의 개발과 정보시스템을 통합한 하역자동화시스템 구축이 필요하다.

해설 하역 분야는 물류활동 중에서 낮으며, 인력의존도가 높은 분야이므로 하역 기계화가 필요하다.

12 하역의 기계화와 표준화를 위해 고려해야 할 사항이 아닌 것은?

① 환경영향을 고려해야 한다.
② 물류합리화의 관점에서 추진되어야 한다.
③ 안전성을 고려하여 추진되어야 한다.
④ 특정 화주의 화물을 대상으로 추진되어야 한다.
⑤ 생산자, 제조업자, 물류업자와 관련 당사자의 상호협력을 고려하여야 한다.

해설 ④ 개별 기업을 위해 표준화를 하는 것은 적절하지 않으며, 물류공동화를 위해 전반적인 산업을 고려하여 표준화하여야 한다.

13 하역의 기계화가 필요한 화물에 해당하는 것은 몇 개인가?

- 액체 및 분립체로 인하여 인력으로 취급하기 곤란한 화물
- 많은 인적 노력이 요구되는 화물
- 작업장의 위치가 높고 낮음으로 인해 상하차작업이 곤란한 화물
- 인력으로는 시간(Timing)을 맞추기 어려운 화물

① 0개
② 1개
③ 2개
④ 3개
⑤ 4개

해설 모두 물류합리화 관점에서 하역의 기계화가 필요한 화물들이다.

정답 11 ① 12 ④ 13 ⑤

04 하역작업의 용어

14 다음이 설명하는 컨테이너 하역작업 용어는?

화물을 창고나 야드 등 주어진 시설과 장소에 정해진 형태와 순서로 정돈하여 쌓는 작업이며 하역 효율화에 크게 영향을 준다.

① 래싱(Lashing) ② 배닝(Vanning)
③ 디배닝(Devanning) ④ 스태킹(Stacking)
⑤ 더니징(Dunnaging)

해설 '쌓는 작업'은 스태킹(Stacking)이다.

15 다음이 설명하는 컨테이너 하역작업 용어는?

운송장비에 실려진 화물이 손상 및 파손되지 않도록 화물의 밑바닥이나 틈 사이에 물건을 깔거나 끼우는 작업

① 배닝(Vanning) ② 래싱(Lashing)
③ 디배닝(Devanning) ④ 더니징(Dunnaging)
⑤ 스태킹(Stacking)

해설 물건을 깔거나 끼우는 작업은 더니징(Dunnaging)이다.
① **배닝**(Vanning) : 컨테이너에 물품을 실어 넣는 작업이다.
② **래싱**(Lashing) : 화물이 움직이지 않도록 줄로 묶는 작업이다.
③ **디배닝**(Devanning) : 컨테이너에서 물품을 내리는 작업이다.
⑤ **스태킹**(Stacking) : 물품을 쌓아 올리는 작업이다.

16 하역작업과 관련된 용어에 관한 설명으로 옳지 않은 것은?

① 디배닝(Devanning) : 컨테이너에서 화물을 내리는 작업
② 래싱(Lashing) : 운송수단에 실린 화물이 움직이지 않도록 화물을 고정시키는 작업
③ 피킹(Picking) : 보관장소에서 화물을 꺼내는 작업
④ 소팅(Sorting) : 화물을 품종별, 발송지별, 고객별로 분류하는 작업
⑤ 스태킹(Stacking) : 화물이 손상, 파손되지 않도록 화물의 밑바닥이나 틈 사이에 물건을 깔거나 끼우는 작업

정답 14 ④ 15 ④ 16 ⑤

해설 적재작업(Stacking, 스태킹)은 보관시설로 이동하여 정해진 위치와 형태로 쌓는 작업을 말한다.
운송장비에 실려진 화물이 손상 및 파손되지 않도록 화물의 밑바닥이나 틈 사이에 물건을 깔거나 끼우는 작업은 더니지(Dunnage)라고 한다.

17 하역 요소에 관한 설명으로 옳지 않은 것은?

① 상차(Loading) : 운송기기 등에 물건을 싣는 것을 말한다.
② 적재(Stacking) : 보관시설 등의 정해진 위치에 정해진 형태로 물건을 쌓는 것을 말한다.
③ 디배닝(Devanning) : 컨테이너에서 물건을 내리는 것을 말한다.
④ 재작업(Rehandling) : 컨테이너 내의 물건이 흔들리지 않도록 다시 묶는 것을 말한다.
⑤ 분류(Sorting) : 물건을 품종별, 발송지별, 고객별로 나누는 것을 말한다.

해설 재작업(Rehandling)은 컨테이너 중 하나를 출하하려고 할 때 컨테이너 위에 이미 다른 컨테이너가 장치되어 있으면 위에 놓여 있는 컨테이너를 다른 곳에 옮겨 놓는 이적 작업을 의미한다.
컨테이너 내의 물건이 흔들리지 않도록 다시 묶는 것은 속박작업(Securing)이라고 한다.

18 하역작업과 관련된 용어의 설명으로 옳지 않은 것은?

① 더니지(Dunnage) : 운송기기에 실려진 화물이 손상, 파손되지 않도록 밑바닥에 까는 물건을 말한다.
② 래싱(Lashing) : 운송기기에 실려진 화물을 줄로 고정시키는 작업을 말한다.
③ 스태킹(Stacking) : 화물을 보관시설 또는 장소에 쌓는 작업을 말한다.
④ 피킹(Picking) : 보관장소에서 화물을 꺼내는 작업을 말한다.
⑤ 배닝(Vanning) : 파렛트에 화물을 쌓는 작업을 말한다.

해설 배닝(Vanning) : 하역작업에서 컨테이너(Container)에 물건을 실어 넣는 작업이다.

정답 17 ④ 18 ⑤

19 하역의 요소에 관한 내용이다. (   )에 들어갈 용어로 옳은 것은?

- (ㄱ) : 보관장소에서 물건을 꺼내는 작업이다.
- (ㄴ) : 생산, 유통, 소비 등에 필요하므로 하역의 일부로 볼 수 있으며, 창고 내부와 같이 한정된 장소에서 화물을 이동하는 작업이다.
- (ㄷ) : 컨테이너에 물건을 싣는 작업이다.
- (ㄹ) : 물건을 창고 등의 보관시설 장소로 이동하여 정해진 형태로 정해진 위치에 쌓는 작업이다.

① ㄱ : 피킹, ㄴ : 운송, ㄷ : 디배닝, ㄹ : 적재
② ㄱ : 피킹, ㄴ : 운반, ㄷ : 배닝, ㄹ : 적재
③ ㄱ : 적재, ㄴ : 운반, ㄷ : 디배닝, ㄹ : 분류
④ ㄱ : 배닝, ㄴ : 운반, ㄷ : 패킹, ㄹ : 정돈
⑤ ㄱ : 디배닝, ㄴ : 운송, ㄷ : 배닝, ㄹ : 분류

해설
- **피킹** : 보관장소에서 물건을 꺼내는 작업이다.
- **운반** : 생산, 유통, 소비 등에 필요하므로 하역의 일부로 볼 수 있으며, 창고 내부와 같이 한정된 장소에서 화물을 이동하는 작업이다.
- **배닝** : 컨테이너에 물건을 싣는 작업이다.
- **적재** : 물건을 창고 등의 보관시설 장소로 이동하여 정해진 형태로 정해진 위치에 쌓는 작업이다.

20 하역작업에 관한 설명으로 옳은 것을 모두 고른 것은?

ㄱ. 상・하차작업(Loading & Unloading) : 운송수단에 화물을 싣고 내리는 작업을 말한다.
ㄴ. 래싱작업(Lashing) : 운송수단에 실린 화물의 손상 방지를 위해 화물 밑이나 틈에 완충재를 끼우는 작업을 말한다.
ㄷ. 적재작업(Stacking) : 보관시설로 이동하여 정해진 위치와 형태로 쌓는 작업을 말한다.
ㄹ. 배닝작업(Vanning) : 운송수단에 실린 화물이 움직이지 않도록 줄로 묶는 작업을 말한다.

① ㄱ, ㄴ
② ㄱ, ㄷ
③ ㄱ, ㄹ
④ ㄴ, ㄷ
⑤ ㄴ, ㄹ

해설
ㄴ. 더니징(Dunnaging)은 운송수단에 실린 화물의 손상 방지를 위해 화물 밑이나 틈에 완충재를 끼우는 작업을 말한다.
ㄹ. 래싱(Lashing)은 운송수단에 실린 화물이 움직이지 않도록 줄로 묶는 작업을 말한다.
배닝(Vanning)은 컨테이너에 물품을 실어 넣는 작업이다.

정답 19 ② 20 ②

05 하역합리화

21 합리적인 하역의 원칙에 관한 설명으로 옳지 않은 것은?

① 활성화의 원칙 : 운반활성지수의 최대화를 지향함
② 인터페이스의 원칙 : 공정 간의 접점을 원활히 함
③ 중력이용의 원칙 : 인력작업을 기계화로 대체함
④ 이동거리(시간) 최소화의 원칙 : 하역작업의 이동거리(시간)를 최소화함
⑤ 시스템화의 원칙 : 시스템 전체의 밸런스를 염두에 두고 시너지 효과를 올리기 위함

해설 인력작업을 기계화로 대체하는 것은 기계화의 원칙에 대한 설명이다.
중력이용의 원칙은 위에서 아래로 움직이도록 하는 것이 경제적이라는 원칙이다.

22 하역합리화의 기본원칙에 관한 설명으로 옳지 않은 것은?

① 하역작업의 이동거리를 최소화한다.
② 불필요한 하역작업을 줄인다.
③ 운반활성지수를 최소화한다.
④ 화물을 중량 또는 용적으로 단위화한다.
⑤ 파손과 오손, 분실을 최소화한다.

해설 운반활성지수를 최대화하는 원칙으로 지표와 접점이 작을수록 활성지수는 높아진다.

23 하역합리화 기본원칙 중 활성화의 원칙에서 활성지수가 '2'인 화물의 상태는? (단, 활성지수는 0~4이다.)

① 컨베이어 위에 놓여 있는 상태
② 상자 속에 집어넣은 상태
③ 개품이 바닥에 놓여 있는 상태
④ 파렛트 및 스키드에 쌓은 상태
⑤ 대차에 실어 놓은 상태

정답 21 ③ 22 ③ 23 ④

해설

상태	활성지수
바닥에 낱개의 상태로 놓여 있을 때	0
상자 속에 들어 있을 때	1
파렛트나 스키드 위에 놓여 있을 때	2
대차 위에 놓여 있을 때	3
컨베이어 위에 놓여 있을 때	4

24 **하역합리화를 위한 활성화의 원칙에서 활성지수가 '3'인 화물의 상태는? (단, 활성지수는 0~4이다.)**

① 대차에 실어 놓은 상태
② 파렛트 위에 놓인 상태
③ 화물이 바닥에 놓인 상태
④ 컨베이어 위에 놓인 상태
⑤ 상자 안에 넣은 상태

해설

상태	활성지수
바닥에 낱개의 상태로 놓여 있을 때	0
상자 속에 들어 있을 때	1
파렛트나 스키드 위에 놓여 있을 때	2
대차 위에 놓여 있을 때	3
컨베이어 위에 놓여 있을 때	4

25 **하역합리화의 수평직선 원칙에 해당하는 것은?**

① 하역기기를 탄력적으로 운영하여야 한다.
② 운반의 혼잡을 초래하는 요인을 제거하여 하역작업의 톤·킬로를 최소화하여야 한다.
③ 불필요한 물품의 취급을 최소화하여야 한다.
④ 하역작업을 표준화하여 효율성을 추구하여야 한다.
⑤ 복잡한 시설과 하역체계를 단순화하여야 한다.

해설 ② 수평직선의 원칙이다. 그 외 선지는 하역의 보조적인 원칙이다.
① 탄력성의 원칙
③ 최소취급의 원칙
④ 표준화의 원칙
⑤ 단순화의 원칙

정답 24 ① 25 ②

26 다음이 설명하는 하역합리화의 원칙은?

ㄱ. 화물의 이동 용이성을 지수로 하여 이 지수의 최대화를 지향하는 원칙으로 관련 작업을 조합하여 화물 하역작업의 효율성을 높이는 것을 목적으로 한다.
ㄴ. 불필요한 하역작업의 생략을 통해 작업능률을 높이고, 화물의 파손 및 분실 등을 최소화하는 것을 목적으로 한다.
ㄷ. 하역작업 시 화물의 이동거리를 최소화하는 것을 목적으로 한다.

① ㄱ : 시스템화의 원칙, ㄴ : 하역경제성의 원칙, ㄷ : 거리 최소화의 원칙
② ㄱ : 운반활성화의 원칙, ㄴ : 화물 단위화의 원칙, ㄷ : 인터페이스의 원칙
③ ㄱ : 화물 단위화의 원칙, ㄴ : 거리 최소화의 원칙, ㄷ : 하역경제성의 원칙
④ ㄱ : 운반활성화의 원칙, ㄴ : 하역경제성의 원칙, ㄷ : 거리 최소화의 원칙
⑤ ㄱ : 하역경제성의 원칙, ㄴ : 운반활성화의 원칙, ㄷ : 거리 최소화의 원칙

해설 ㄱ : **운반활성화의 원칙** : 화물의 이동 용이성을 지수로 하여 이 지수의 최대화를 지향하는 원칙으로 관련 작업을 조합하여 화물 하역작업의 효율성을 높이는 것을 목적으로 한다.
ㄴ : **하역경제성의 원칙** : 불필요한 하역작업의 생략을 통해 작업능률을 높이고, 화물의 파손 및 분실 등을 최소화하는 것을 목적으로 한다.
ㄷ : **거리 최소화의 원칙** : 하역작업 시 화물의 이동거리를 최소화하는 것을 목적으로 한다.
- **시스템화** : 파렛트화 또는 컨테이너화를 효과적으로 실시하기 위해서는 파렛트와 컨테이너의 규격, 구조 및 품질 등이 유기적으로 연결되도록 할 필요가 있는데 이 경우 필요한 원칙이다.
- **화물 단위화** : 취급단위를 크게 하여 작업능률을 향상시키는 원칙이다.

06 하역시스템

27 하역시스템을 도입하는 목적에 관한 설명으로 옳지 않은 것은?

① 하역비용의 절감
② 노동환경의 개선
③ 범용성과 융통성의 지양
④ 에너지 또는 자원의 절감
⑤ 고도 운전기능과 안전의 확보

해설 범용성과 융통성의 지양 → 범용성과 융통성의 지향

정답 26 ④ 27 ③

28 하역시스템에 관한 설명으로 옳지 않은 것은?

① 하역작업 장소에 따라 사내하역, 항만하역, 항공하역 등으로 구분할 수 있다.
② 제조업체의 사내하역은 조달, 생산 등의 과정에서 필요한 운반과 하역기능을 포함한 것이다.
③ 하역시스템의 효율화를 통해 에너지 및 자원을 절약할 수 있다.
④ 하역시스템의 도입 목적은 범용성과 융통성을 지양하는 데 있다.
⑤ 하역시스템의 기계화를 통해 열악한 노동환경을 개선할 수 있다.

해설 하역시스템의 도입 목적은 범용성과 융통성을 지향하는 데 있다.

29 하역시스템에 관한 설명으로 옳지 않은 것은?

① 물품을 자동차에 상하차하고 창고에서 상하좌우로 운반하거나 입고 또는 반출하는 시스템이다.
② 필요한 원재료・반제품・제품 등의 최적 보유량을 계획하고 조직하고 통제하는 기능을 한다.
③ 하역작업 장소에 따라 사내하역, 항만하역, 항공하역시스템 등으로 구분할 수 있다.
④ 하역시스템의 기계화 및 자동화는 하역작업환경을 개선하는 데 기여할 수 있다.
⑤ 효율적인 하역시스템 설계 및 구축을 통해 에너지 및 자원을 절약할 수 있다.

해설 ② 재고관리시스템에 대한 설명이다.

07 오더피킹

30 오더피킹(Order Picking) 방식에 관한 설명으로 옳지 않은 것은?

① 릴레이(Relay) 방식 : 여러 사람의 피커가 각각 자신이 분담하는 물품의 종류나 작업범위를 정해 놓고 피킹하여 다음 피커에게 넘겨주는 방식이다.
② 존 피킹(Zone Picking) 방식 : 여러 사람의 피커가 각각 자기가 분담하는 작업 범위에서 물품을 피킹하는 방식이다.
③ 1인 1건 방식 : 1인의 피커가 1건의 주문전표에서 요구하는 물품을 피킹하는 방식이다.
④ 일괄오더피킹 방식 : 한 건의 주문마다 물품을 피킹해서 모으는 방식으로 1인 1건 방식이나 릴레이 방식으로도 할 수 있다.
⑤ 총량피킹 방식 : 한나절이나 하루의 주문전표를 모아서 피킹하는 방식이다.

정답 28 ④ 29 ② 30 ④

해설 한 건의 주문마다 물품을 피킹해서 모으는 방식은 싱글오더피킹 방식이다.
일괄오더피킹 방식은 여러 건의 주문전표를 한데 모아 한꺼번에 피킹하는 방식이다.

31 **오더피킹(Order Picking)에 관한 설명으로 옳지 않은 것은?**

① 존 피킹(Zone Picking)은 여러 피커가 작업범위 공간을 정해 두고, 본인이 담당하는 선반의 물품만을 골라 피킹하는 방식이다.
② 릴레이 피킹(Relay Picking)은 피킹전표 중에서 자기가 담당하는 종류만을 피킹하고, 다음 피커에게 넘겨주는 방식이다.
③ 피킹 빈도가 높은 물품일수록 피커의 접근이 쉬운 장소에 저장하는 것이 바람직하다.
④ 파렛트 슬라이딩 랙(Sliding Rack)은 선입선출이 가능하고, 오더피킹의 효율성이 높은 방식이다.
⑤ 드라이브 인 랙(Drive-in Rack)은 다품종 소량의 제품, 회전율이 높은 제품에 적합한 방식이다.

해설 드라이브 인 랙(Drive-in Rack)은 한쪽 면이 벽인 랙으로 선입선출이 어려운 랙이다. **소품종 대량**화물에 적절하며, 회전율이 높은 제품보다는 **계절성이 있는 화물**(성수기 시까지 단순보관)의 보관에 적합한 방식이다.

32 **주문 품목을 피킹한 후 재분류 작업이 필요 없는 피킹 방식은?**

ㄱ. 단일주문피킹 방식	ㄴ. 릴레이 피킹 방식
ㄷ. 일괄주문피킹 방식	ㄹ. 씨뿌리기 피킹 방식

① ㄱ, ㄴ
② ㄱ, ㄷ
③ ㄴ, ㄷ
④ ㄴ, ㄹ
⑤ ㄷ, ㄹ

해설 ㄷ, ㄹ은 피킹 이동거리는 감소되는 장점이 있으나 총량피킹 후 출하작업장에서 재분류가 필요한 단점이 있다.

정답 31 ⑤ 32 ①

33 **오더피킹의 출고형태 중 파렛트 단위로 보관하다가 파렛트 단위로 출고되는 제1형태(P→P)의 적재방식에 활용되는 장비가 아닌 것은?**

① 트랜스 로보 시스템(Trans Robo System)
② 암 랙(Arm Rack)
③ 파렛트 랙(Pallet Rack)
④ 드라이브 인 랙(Drive in Rack)
⑤ 고층 랙(High Rack)

해설 암 랙(Arm Rack)은 외팔지주걸이 구조로 기본 프레임에 암(Arm)을 결착하여 물품을 보관하는 랙으로 파이프, 가구, 목재 등의 장척물 보관에 적합하며, 파렛트 단위로 보관 및 출고하는 방식에 활용되기 적합하지 않다.

08 하역장비 일반

34 **하역기기 선정기준으로 옳지 않은 것은?**

① 에너지 효율성
② 하역기기의 안전성
③ 작업량과 작업 특성
④ 하역물품의 원산지
⑤ 취급 품목의 종류

해설 하역기기의 선정기준

- **화물의 특성** : 화물의 형상, 크기, 중량 등을 감안하여 선정한다.
- 화물의 흐름, 시설의 배치 및 건물의 구조 등 작업환경 특성을 고려하여 선정한다.
- **작업의 특성** : 작업량, 취급 품목의 종류, 운반거리 및 범위, 통로의 크기 등 작업 특성을 고려하여 선정한다.
- **경제성**(채산성) : 한 가지 방법보다는 복수의 대체안을 검토하여 선정한다.
- **하역기기 특성** : 안전성, 신뢰성, 성능, 에너지 효율성 등을 고려하여 선정한다.

35 **화물의 권상, 권하, 횡방향 끌기 등의 목적을 위해 사용하는 장치의 총칭은?**

① 엘리베이터(Elevator)
② 모노레일(Monorail)
③ 호이스트(Hoist)
④ 트롤리(Trolley)
⑤ 포크리프트(Forklift)

해설 권상(감아올림), 권하(풀어내림), 횡방향 끌기의 기능을 통합적으로 갖춘 장치를 호이스트라고 부른다. 트롤리는 횡적 이동의 기능만 한다.

정답 33 ② 34 ④ 35 ③

36 다음은 무엇에 관한 설명인가?

하역장에 도크가 설치되어 있지 않은 경우에 트럭이 자체적으로 화물을 승강시킬 수 있도록 차체에 부착하여 사용하는 장치

① 리프트 게이트(Lift Gate)
② 도크 레벨러(Dock Leveller)
③ 도크 보드(Dock Board)
④ 파렛트 로더(Pallet Loader)
⑤ 테이블 리프터(Table Lifter)

해설 리프트 게이트에 대한 설명이다.

37 통로가 좁은 창고에서 장척화물을 취급하기에 가장 적합한 장비는?

① 스트래들(Straddle) 트럭
② 리치(Reach) 트럭
③ 사이드로더(Side Loader) 트럭
④ 튜렛(Turret) 트럭
⑤ 플랫폼(Platform) 트럭

해설 사이드로더 트럭이 좁은 창고에서 장척화물을 취급하기에 가장 적합하다. 튜렛 트럭은 포크에 장척물 적재 후 돌릴 때 넓은 공간이 필요하여 장척화물 취급이 사이드로더 트럭에 비해선 효율성이 떨어진다.

38 다음에서 설명하는 운반 · 하역 기기는?

- 차체에 수동 또는 자동으로 화물을 적재하고 지시된 장소까지 레이저로 유도되는 형태로 자동주행하여 수동 또는 자동으로 이재(移載) 또는 적재(積載)하는 무궤도차량이다.
- 고감도 센서로 사람, 장애물을 감지하고, 신속히 제동할 수 있는 장치를 갖춤으로써 물품을 운반할 수 있다.

① 파렛트 트럭(Pallet Truck)
② 핸드 리프터(Hand Lifter)
③ 무인반송차(Automatic Guided Vehicle)
④ 트롤리 컨베이어(Trolly Conveyor)
⑤ 체인 레버 호이스트(Chain Lever Hoist)

해설 '지시된 장소까지 레이저로 유도되는 형태로 자동주행하여'라는 표현을 통해 무인반송차(AGV)에 대한 설명임을 알 수 있다.

정답 36 ① 37 ③ 38 ③

39 **무인운반기기의 제어방식에 따른 유형으로 옳은 것은?**

① 자기 인도방식(Magnetic Guidance Method)은 자동주행하는 운반기기의 경로를 제어하는 방식으로 바닥에 테이프나 페인트 선을 그려 페인트와 테이프를 광학센서로 식별하여 진로를 결정하는 방식이다.

② 광학식 인도방식(Optical Guidance Method)은 인도용 동선이 바닥에 매설되어 있어서 저주파가 흐르는 동선을 따라 2개의 탐지용 코일로 탐지하여 자동주행하는 방식이다.

③ 전자기계 코딩방식(Electro Mechanical Coding Method)은 트레이에 자기로 코드화한 철판을 붙이고 이를 자기 판독 헤드로 읽게 함으로써 컴퓨터에 정보를 전달하여 제어하는 방식이다.

④ 레이저 스캐닝방식(Laser Scanning Method)은 상자에 붙어 있는 바코드 라벨을 정위치에서 스캐너로 판독하고 컴퓨터에 정보를 전달하여 제어하는 방식이다.

⑤ 자기 코딩방식(Magnetic Coding Method)은 카드 삽입구에 행동지시용 카드를 먼저 삽입, 컴퓨터에 정보를 제공하여 제어하는 방식이다.

해설 ① 광학식 인도방식(Optical Guidance Method)에 대한 설명이다.
② 자기 인도방식(Magnetic Guidance Method)에 대한 설명이다
③ 자기 코딩방식(Magnetic Coding Method)에 대한 설명이다.
⑤ 전자기계 코딩방식(Electro Mechanical Coding Method)에 대한 설명이다.

09 컨테이너 터미널 하역장비

40 **컨테이너 야드(CY)에서 사용하는 장비가 아닌 것은?**

① 탑 핸들러(Top Handler)

② 리치 스태커(Reach Stacker)

③ 트랜스테이너 크레인(Transtainer Crane)

④ 스트래들 캐리어(Straddle Carrier)

⑤ 타워 크레인(Tower Crane)

해설 타워 크레인은 CY가 아닌 안벽에 설치되어 사용된다.

정답 39 ④ 40 ⑤

41 **다음이 설명하는 하역장비는?**

ㄱ. 카운터 밸런스형 대형 지게차에 컨테이너 4개의 모서리쇠를 끼워 컨테이너를 고정할 수 있는 스프레더나 체결고리가 달린 유압식 지브 혹은 신축형 붐으로 높이를 조절할 수 있는 컨테이너 상하역장비
ㄴ. 안벽을 따라 설치된 레일 위를 주행하면서 컨테이너를 선박에 적재하거나 하역하는 데 사용되는 장비

① ㄱ : 트랜스퍼 크레인(Transfer Crane), ㄴ : 리치 스태커(Reach Stacker)
② ㄱ : 리치 스태커(Reach Stacker), ㄴ : 컨테이너 크레인(Container Crane)
③ ㄱ : 스트래들 캐리어(Straddle Carrier), ㄴ : 컨테이너 크레인(Container Crane)
④ ㄱ : 리치 스태커(Reach Stacker), ㄴ : 트랜스퍼 크레인(Transfer Crane)
⑤ ㄱ : 스트래들 캐리어(Straddle Carrier), ㄴ : 트랜스퍼 크레인(Transfer Crane)

해설 ㄱ. '스프레더'와 '붐'이 결합되어 있는 장비는 리치 스태커이다.
ㄴ. 안벽을 따라 설치된 레일 위를 주행하면서 컨테이너를 하역하는 장비는 컨테이너 크레인이다.

42 **하역장비에 관한 설명으로 옳지 않은 것은?**

① 언로더(Unloader) : 철광석, 석탄 및 석회석과 같은 벌크(Bulk)화물을 하역하는 데 사용된다.
② 탑 핸들러(Top Handler) : 공(empty)컨테이너를 적치하는 데 사용된다.
③ 스트래들 캐리어(Straddle Carrier) : 부두의 안벽에 설치되어 선박에 컨테이너를 선적하거나 하역하는 데 사용된다.
④ 트랜스퍼 크레인(Transfer Crane) : 컨테이너를 적재하거나 다른 장소로 이송 및 반출하는 데 사용된다.
⑤ 천정 크레인(Overhead Travelling Crane) : 크레인 본체가 천장을 주행하며 화물을 상하로 들어 올려 수평 이동하는 데 사용된다.

해설 스트래들 캐리어(Straddle Carrier)는 컨테이너 터미널에서 컨테이너를 마샬링 야드로부터 에이프런 또는 CY지역으로 운반 및 적재할 경우에 사용되는 장비이다.
부두의 안벽에 설치되어 선박에 컨테이너를 선적하거나 하역하는 데 사용되는 장비는 컨테이너 크레인이다.

정답 41 ② 42 ③

43 하역기기에 관한 설명으로 옳은 것은?

① 탑 핸들러(Top Handler) : 본선과 터미널 간 액체화물 이송 작업 시 연결되는 육상터미널 측 이송장비

② 로딩 암(Loading Arm) : 부두에서 본선으로 석탄, 광석의 벌크화물을 선적하는 데 사용하는 장비

③ 돌리(Dolly) : 해상 컨테이너를 적재하거나 다른 장소로 이송, 반출하는 데 사용하는 장비

④ 호퍼(Hopper) : 원료나 연료, 화물을 컨베이어나 기계로 이송하는 깔때기 모양의 장비

⑤ 스트래들 캐리어(Straddle Carrier) : 부두의 안벽에 설치되어 선박에 컨테이너를 선적하거나 하역하는 데 사용하는 장비

해설 ① 로딩 암(Loading Arm)에 대한 설명이다.
탑 핸들러(Top Handler)는 항만 CY에서 주로 공컨테이너의 야적, 차량적재, 단거리 이송에 사용되며, 마스트에 스프레더 등을 장착하여 사용한다.
② 호퍼(Hopper)에 대한 설명이다.
로딩 암은 대량의 액체 및 기체 제품을 운반선에 선적 또는 하역할 때 사용하는 굴절형 팔 형태의 항만 하역장비로 유류, 가스의 하역·선적에 사용한다.
③ 탑 핸들러, 스트래들 캐리어, 리치 스태커에 대한 설명이다.
돌리(Dolly)란 파렛트를 올려놓고 운반하기 위한 차대로서 자체구동력이 없으며 사방에 파렛트가 미끄럼 방지를 위해 스토퍼(Stopper)를 부착하고 있고, Tug Car에 연결되어 사용된다.
⑤ 컨테이너 크레인, 갠트리 크레인에 대한 설명이다.
스트래들 캐리어(Straddle Carrier)란 컨테이너 터미널에서 컨테이너를 마샬링 야드로부터 에이프런 또는 CY지역으로 운반 및 적재할 경우에 사용되는 장비이다.

44 항만컨테이너 터미널에서 컨테이너 적재를 위해 사용되는 하역장비가 아닌 것은?

① 탑 핸들러(Top Handler)

② OHBC(Over Head Bridge Crane)

③ RTGC(Rubber−Tired Gantry Crane)

④ RMGC(Rail−Mounted Gantry Crane)

⑤ 하이 리프트 로더(High Lift Loader)

해설 ⑤는 항공화물 하역에 사용된다.

정답 43 ④ 44 ⑤

45 **컨테이너 터미널에서 사용되는 컨테이너 크레인에 관한 설명으로 옳지 않은 것은?**

① 아웃리치(Out−reach)란 스프레더가 바다 쪽으로 최대로 진행되었을 때, 바다 측 레일의 중심에서 스프레더 중심까지의 거리를 말한다.
② 백리치(Back−reach)란 트롤리가 육지 측으로 최대로 나갔을 때, 육지 측 레일의 중심에서 스프레더 중심까지의 거리를 말한다.
③ 호이스트(Hoist)란 스프레더가 최대로 올라갔을 때 지상에서 스프레더 컨테이너 코너 구멍 접촉면까지의 거리를 말한다.
④ 타이다운(Tie−down)이란 크레인이 넘어졌을 때의 육지 측 레일의 중심에서 붐 상단까지의 거리를 말한다.
⑤ 헤드블록(Head Block)이란 스프레더를 달아매는 리프팅 빔으로서 아랫면에는 스프레더 소켓을 잡는 수동식 연결핀이 있으며 윗면은 스프레더 급전용 케이블이 연결되어 있다.

해설 ④ 타이다운(Tie−down)이란 태풍 등에 의해 크레인이 넘어지지 않도록 하는 안전장치이다.

46 **승용차, 목재, 기계류 같은 중량화물을 운송하기 위해 상부 구조가 없이 기둥만 두어 전후 좌우에서 사용할 수 있는 개방형 컨테이너는?**

① Dry Bulk Container
② Flat Rack Container
③ Dry Cargo Container
④ Side Open Container
⑤ Open Top Container

해설 상부 구조(천장)이 없고, 기둥만 두어 비정형 화물을 주로 싣는 컨테이너는 FR컨테이너(Flat Rack Container)이다.

10 스태커 크레인 작업시간

47 **수직과 수평 방향으로 동시에 이동이 가능하고, 수평으로 초당 3m, 수직으로 초당 1m의 속도로 움직이는 스태커 크레인(Stacker Crane)이 지점 A(10, 30)에서 지점 B(40, 15)로 이동할 때 소요되는 시간은?**

① 10초
② 15초
③ 20초
④ 25초
⑤ 30초

정답 45 ④ 46 ② 47 ②

해설
- 수평 이동거리(거리 30m, 3m/sec) = $\frac{30m}{3m/s}$ = 10초
- 수직 이동거리(거리 15m, 1m/sec) = $\frac{15m}{1m/s}$ = 15초

※ 동시 이동하는 경우 이동소요시간이 긴 것(수직이동거리)이 제약이 된다.

48 자동창고시스템에서 수직과 수평 방향으로 동시에 이동 가능하고, 수평으로 초당 2m, 수직으로 초당 1m의 속도로 움직이는 스태커 크레인(Stacker Crane)을 활용한다. 이 스태커 크레인이 지점 A(60, 15)에서 지점 B(20, 25)로 이동할 때 소요되는 시간은? (단, (X, Y)는 원점으로부터의 거리(m)를 나타낸다.)

① 10초 ② 15초
③ 20초 ④ 25초
⑤ 30초

해설 좌표상의 차이가 이동거리를 의미한다.
2. 지점 A(60, 15)에서 지점 B(20, 25)까지 수평으로 60 − 20 = 40(m), 수직으로 25 − 15 = 10(m) 이동하였다.
3. 수평으로 40m/2 = 20초, 수직으로 10m/1 = 10초가 소요된다.
4. 스태커 크레인은 수직과 수평 방향으로 동시에 이동 가능하므로 더 오래 걸리는 20초가 소요된다. (즉, 수직 이동이 먼저 끝나도 수평 이동을 지속한다.)

11 지게차

49 포크리프트의 설명으로 잘못된 것은?

① 카운터 밸런스(Counter Balance)형 포크리프트는 가장 일반적인 형식으로 포크 등 승강 및 적재장치를 차체 전반부에 장착한 형식이다.
② 스트래들 리치(Straddle Reach)형 포크리프트는 차체 전방에 주행 차륜을 부착한 2개의 아웃리거(Outrigger)를 가지고 있으며, 차체 후방에는 카운트웨이트가 있어 포크리프트의 안정성을 유지한다.
③ 사이드 포크(Side Fork)형 포크리프트는 승강 및 적재장치를 차체 측면에 설치한 차량이다.
④ 피킹(Picking) 포크리프트는 랙 창고에 사용 되며 포크면의 높이에 운전대를 설치하여 임의의 높이에서 작업자가 작업을 할 수 있다.
⑤ 피킹(Picking) 포크리프트는 좁은 통로에서 사용 가능하며 포크가 180도 회전할 수 있다.

정답 48 ③ 49 ②

해설 카운터 밸런스형 포크리프트는 차체 전방에 주행 차륜을 부착한 2개의 아웃리거(Outrigger)를 가지고 있으며, 차체 후방에는 카운트웨이트가 있어 포크리프트의 안정성을 유지한다.
스트래들형 포크리프트는 차체 후방에 카운트웨이트가 필요 없다.

50 포크리프트(지게차)에 관한 설명으로 옳은 것은?

① 스트래들(Straddle)형은 전방이 아닌 차체의 측면에 포크와 마스트가 장착된 지게차이다.
② 디젤엔진식은 유해 배기가스와 소음이 적어 실내작업에 적합한 환경친화형 장비이다.
③ 워키(Walkie)형은 스프레더를 장착하고 항만 컨테이너 야드 등 주로 넓은 공간에서 사용된다.
④ 3방향 작동형은 포크와 캐리지의 회전이 가능하므로 진행방향의 변경 없이 작업할 수 있다.
⑤ 사이드 포크형은 차체 전방에 아웃리거를 설치하고 그 사이에 포크를 위치시켜 안정성을 향상시킨 지게차이다.

해설 ① 사이드 포크형은 전방이 아닌 차체의 측면에 포크와 마스트가 장착된 지게차이다.
② 디젤엔진식은 유해 배기가스와 소음이 많다.
③ 워키(Walkie)형은 비교적 좁은 곳에서 사용된다.
스프레더를 장착하고 항만 컨테이너 야드 등 주로 넓은 공간에서 사용되는 것은 탑 핸들러에 대한 설명이다.
⑤ 스트래들(Straddle)형은 차체 전방에 아웃리거를 설치하고 그 사이에 포크를 위치시켜 안정성을 향상시킨 지게차이다.

51 일반 지게차를 이용하여 파렛트를 보관할 때 어태치먼트(Attachment)가 필요한 랙 시설은?

① Double Deep Rack
② Pallet Flow Rack
③ Drive－In Rack
④ Push－Back Rack
⑤ Drive－Through Rack

해설 어태치먼트란 보통 포크리프트의 포크와 교환하는 부속장치로 Double Deep Rack에서는 리치(어태치먼트)를 장착한 리치트럭 사용이 필요하다. Double Deep Rack은 통로를 줄이고 창고 적재능력을 향상시킨다.

정답 50 ④ 51 ①

52 **충전지식 포크리프트의 설명으로 옳지 않은 것은?**

① 변속 및 역전 조작이 간단하여 운전이 용이하다.
② 출발 가속도가 크다.
③ 배기가스가 나오지 않는다.
④ 운전이 조용하다.
⑤ 장거리 운전에 적합하다.

해설 충전지식 포크리프트는 배터리 용량문제로 단거리 운전에 적합하다.

53 **다음 조건에 맞는 물류센터의 효율적인 하역작업에 필요한 최소 지게차 수는?**

- 연간 목표 처리량 : 500,000 파렛트
- 연간 작업일 : 300일
- 일일 작업 가능시간 : 10시간
- 지게차 가동률 : 80%
- 시간당 작업량 : 12 파렛트

① 14대　　② 16대
③ 18대　　④ 20대
⑤ 22대

해설 ※ 장비소요량=목표 처리량(시간)/단위처리능력(시간)
1. 지게차의 1일 처리량=12 파렛트/시간 × 10시간 × 0.80=96 파렛트
2. 지게차의 연간 처리량=96 파렛트/일 × 300일=28,800 파렛트
3. 필요한 지게차 수=500,000 파렛트/28,800 파렛트=17.36대=18대

12 컨베이어 & 자동분류장치

54 **컨베이어의 장점으로 옳지 않은 것은?**

① 좁은 장소에서 작업이 가능하다.
② 중력을 이용한 운반이 가능하다.
③ 물품이 포장되어야 운반이 가능하다.
④ 다른 기기와 연계하여 사용이 가능하다.
⑤ 원격조정이나 자동제어가 가능하다.

해설 반드시 포장되어야만 운반되는 것은 아니다. 미포장 물품도 운반 가능하다.

정답 52 ⑤　53 ③　54 ③

55 **컨베이어에 관한 설명으로 옳지 않은 것은?**

① 벨트(Belt) 컨베이어 : 연속적으로 움직이는 벨트를 사용하여 벨트 위에 화물을 싣고 운반하는 기기
② 롤러(Roller) 컨베이어 : 롤러 및 휠을 운반 방향으로 병렬시켜 화물을 운반하는 기기
③ 진동(Vibrating) 컨베이어 : 철판의 진동을 통해 부품 등을 운반하는 기기
④ 스크루(Screw) 컨베이어 : 스크루 상에 철판을 삽입하고 이를 회전시켜 액체화물 종류를 운반하는 기기
⑤ 플로(Flow) 컨베이어 : 파이프 속 공기나 물의 흐름을 이용하여 화물을 운반하는 기기

해설 플로 컨베이어(흐름 컨베이어)의 대상은 액체가 아닌 분립체이다. 따라서 파이프 속 공기를 이용하여 화물을 운반할 수는 있으나 물의 흐름을 이용하여 화물을 운반할 수는 없다.

56 **자동분류 컨베이어 방식 중 화물이 진행하는 방향에 대해 컨베이어 위에 비스듬히 놓인 암(Arm)을 이용하여 물품을 분류하는 방식은?**

① 푸셔(Pusher) 방식
② 크로스벨트(Cross-belt) 방식
③ 다이버터(Diverter) 방식
④ 슬라이딩슈(Sliding-shoe) 방식
⑤ 경사트레이(Tilted Tray) 방식

해설 '비스듬히 놓인 암(Arm)을 이용'하여 물품을 분류하는 방식은 다이버터 방식이다.

57 **크로스벨트(Cross-belt) 소팅 컨베이어에 관한 설명으로 옳지 않은 것은?**

① 레일 위를 주행하는 연속된 캐리어를 지니고 있다.
② 각 캐리어는 소형 컨베이어를 장착하고 있다.
③ 캐리어를 경사지게 하여 화물을 분류한다.
④ 어패럴, 화장품, 의약품, 서적 등의 분류에 이용한다.
⑤ 고속 분류기의 일종이다.

해설 캐리어를 경사지게 하여 화물을 분류하는 것은 틸트 트레이, 슬랫 방식을 의미한다.
크로스벨트 소팅 컨베이어는 레일을 주행하는 연속된 캐리어 상의 소형 벨트 컨베이어를 레일과 교차하는 방향에 구동시켜 단위화물을 내보내는 방식이다.

정답 55 ⑤ 56 ③ 57 ③

58 **폐쇄형 천장 트럭에 동일 간격으로 매달려 있는 운반기에 화물을 탑재하여 운반하며, 가공, 조립, 포장, 보관 작업 등에 사용되는 기기는?**

① 체인 컨베이어(Chain Conveyor)
② 무인이송차량(AGV)
③ 지브 크레인(Jib Crane)
④ 롤러 컨베이어(Roller Conveyor)
⑤ 트롤리 컨베이어(Trolly Conveyor)

해설 '천장에 매달려' 운반기를 이용하여 운반 등 작업에 사용되는 기기는 트롤리 컨베이어이다.

59 **다음이 설명하는 시스템은?**

화물을 품종별, 발송처별, 고객별, 목적지별로 제품을 식별·구분하는 시스템으로 고객의 소량·다빈도 배송요구가 다양해짐에 따라 중요도가 높아지고 있다.

① 운반시스템
② 분류시스템
③ 반입시스템
④ 반출시스템
⑤ 적재시스템

해설 제품을 식별·구분하는 시스템은 분류시스템이다.

60 **암(Arm)을 이용하여 컨베이어가 흐르는 방향에 대해서 직각 방향으로 화물을 밀어내는 방식이며, 구조가 간단해서 어떤 컨베이어와도 연결이 용이한 분류 방식은 무엇인가?**

① Pusher 방식
② Slide Shoe 방식
③ Carrier 방식
④ Pop-up Roller 방식
⑤ Diverter 방식

해설 '직각 방향으로 화물을 밀어내는 방식'의 표현으로 보아 Pusher 방식임을 알 수 있다.

정답 58 ⑤ 59 ② 60 ①

61 물류센터의 소팅 컨베이어에 관한 설명으로 옳지 않은 것은?

① 슬라이딩슈 방식(Sliding-shoe Type)은 반송면에 튀어나온 기구를 넣어 단위화물을 함께 이동시키면서 압출하는 방식으로 충격이 없어 정밀기기, 깨지기 쉬운 물건 등의 분류에 사용된다.
② 틸팅 방식(Tilting Type)은 레일을 주행하는 트레이 및 슬라이드의 일부를 경사지게 하여 단위 화물을 활강시키는 방식으로 우체국, 통신판매 등에 사용된다.
③ 저개식 방식은 레일을 주행하는 트레이 등의 바닥면을 개방하여 단위화물을 방출하는 방식이다.
④ 크로스벨트 방식(Cross-belt Type)은 레일 위를 주행하는 연속된 캐리어에 장착된 소형 벨트 컨베이어를 레일과 교차하는 방향으로 구동시켜 단위화물을 내보내는 방식이다.
⑤ 팝업 방식(Pop-up Type)은 컨베이어 반송면의 아래에서 벨트, 롤러, 휠, 핀 등의 분기장치가 튀어나와 단위화물을 내보내는 방식으로, 하부면의 손상 및 충격에 약한 화물에도 적합하다.

해설 팝업 방식(Pop-up Type)은 컨베이어 반송면의 아래에서 벨트, 롤러, 휠, 핀 등의 분기장치가 튀어나와 단위화물을 내보내는 방식으로, 하부면의 손상 및 충격에 약한 화물에는 적합하지 않다.

62 자동분류시스템에 관한 설명으로 옳지 않은 것은?

① 다이버터(Diverter) 방식은 팝업 방식에 비하여 구조가 상대적으로 복잡하다.
② 팝업(Pop-up) 방식은 여러 개의 롤러(Roller)나 휠(Wheel) 등을 이용하여 물품이 컨베이어의 특정 위치를 지나갈 때 그 물품을 들어 올려서 방향을 바꾸는 방식이다.
③ 다이버터(Diverter) 방식은 다이버터를 사용하여 물품이 이동할 때 가로막아 방향을 바꾸는 방식이다.
④ 트레이(Tray) 방식은 분류해야 할 물품이 담긴 트레이를 기울여서 물품의 위치를 아래로 떨어트리는 방식이다.
⑤ 슬라이딩슈(Sliding Shoe) 방식은 트레이 방식에 비하여 물품의 전환 흐름이 부드러워 상대적으로 물품의 손상 가능성이 낮다.

해설 다이버터(Diverter) 방식은 팝업 방식에 비하여 구조가 상대적으로 단순하다.
- 다이버터(Diverter) 방식은 외부에 설치된 안내판(암, Arm)을 회전시켜 반송 경로상 가이드벽을 만들어 벽을 따라 단위화물을 이동시키는 방식으로 화물 형상에 관계없이 분류가 가능하기 때문에 다양한 종류의 화물을 처리하는 데 사용된다.
- 팝업(Pop-up) 방식은 컨베이어의 아래 방향에서 벨트, 롤러, 휠, 핀 등의 분기장치가 튀어나와 분류하는 방식으로 화물의 하부면에 충격을 주는 단점이 있다.

정답 61 ⑤ 62 ①

63 **자동분류시스템의 소팅방식에 관한 설명으로 옳은 것은?**

① 크로스벨트(Cross Belt) 방식 : 컨베이어 반송면의 아래 방향에서 벨트 등의 분기장치가 나오는 방식으로 하부면의 손상 및 충격에 취약한 화물에는 적합하지 않다.

② 팝업(Pop－up) 방식 : 레일을 주행하는 연속된 캐리어 상의 소형 벨트 컨베이어를 레일과 교차하는 방향으로 구동시켜 단위화물을 내보내는 방식이다.

③ 틸팅(Tilting) 방식 : 반송면에 튀어나온 기구를 넣어 단위화물을 함께 이동시키면서 압출하는 방식이다.

④ 슬라이딩슈(Sliding－shoe) 방식 : 여러 형상의 화물을 수직으로 나누어 강제적으로 분류하므로 충격에 취약한 정밀기기나 깨지기 쉬운 물건은 피해야 한다.

⑤ 다이버터(Diverter) 방식 : 외부에 설치된 안내판을 회전시켜 반송 경로상에 가이드벽을 만들어 단위화물을 가이드벽에 따라 이동시키므로 다양한 형상의 화물 분류가 가능하다.

해설 ① **팝업**(Pop－up) **방식** : 컨베이어 반송면의 아래 방향에서 벨트 등의 분기장치가 나오는 방식으로 하부면의 손상 및 충격에 취약한 화물에는 적합하지 않다.
② **크로스벨트**(Cross Belt) **방식** : 레일을 주행하는 연속된 캐리어 상의 소형 벨트 컨베이어를 레일과 교차하는 방향으로 구동시켜 단위화물을 내보내는 방식이다.
③ **슬라이딩슈**(Sliding－shoe) **방식** : 반송면에 튀어나온 기구를 넣어 단위화물을 함께 이동시키면서 압출하는 방식이다.
④ **틸팅**(Tilting) **방식** : 여러 형상의 화물을 수직으로 나누어 강제적으로 분류하므로 충격에 취약한 정밀기기나 깨지기 쉬운 물건은 피해야 한다.

64 **자동분류장치의 종류에 관한 설명으로 옳지 않은 것은?**

① 팝업 방식(Pop－up Type)은 컨베이어의 아래에서 분기장치가 튀어나와 물품을 분류한다.

② 푸시오프 방식(Push－off Type)은 화물의 분류지점에 직각방향으로 암(Arm)을 설치하여 밀어내는 방식이다.

③ 슬라이딩슈 방식(Sliding－shoe Type)은 반송면의 아랫부분에 슈(Shoe)가 장착되어 단위화물과 함께 이동하면서 압출하는 분류방식이다.

④ 크로스벨트 방식(Cross Belt Type)은 레일을 주행하는 연속된 캐리어에 장착된 소형 컨베이어를 구동시켜 물품을 분류한다.

⑤ 틸팅 방식(Tilting Type)은 벨트, 트레이, 슬라이드 등의 바닥면을 개방하여 물품을 분류한다.

해설 ⑤ 저개식 방식에 대한 설명이다. 틸팅 방식(Tilting Type)은 컨베이어를 주행하는 트레이, 슬라이드 등에 물품을 적재하였다가 분류되는 순간에 트레이, 슬라이드가 기울어지게 하여 화물을 떨어뜨려 분리하는 방식으로 고속처리가 가능하지만 중력에 의한 파손품이 발생될 수 있다.

정답 63 ⑤ 64 ⑤

65 분류시스템(Sorting System)의 명칭에 관한 설명으로 옳지 않은 것은?

① 팝업(Pop-up) 소팅 컨베이어 : 컨베이어 반송면의 아래 방향에서 벨트, 롤러, 휠, 핀 등의 분기장치가 튀어나와 단위화물을 내보내는 컨베이어
② 틸팅(Tilting) 소팅 컨베이어 : 레일을 주행하는 트레이, 슬라이드의 일부 등을 경사지게 하여 단위화물을 활강시키는 컨베이어
③ 다이버터(Diverter) 소팅 컨베이어 : 외부에 설치된 암(Arm)을 회전시켜 반송 경로상에 가이드벽을 만들어 단위화물을 이동시키는 컨베이어
④ 크로스벨트(Cross Belt) 소팅 컨베이어 : 레일을 주행하는 연속된 캐리어상의 소형 벨트 컨베이어를 레일과 교차하는 방향에 구동시켜 단위화물을 내보내는 컨베이어
⑤ 슬라이딩슈(Sliding Shoe) 소팅 컨베이어 : 레일을 주행하는 트레이 등의 바닥면을 개방하여 단위화물을 방출하는 컨베이어

해설 레일을 주행하는 트레이 등의 '바닥면을 개방하여' 단위화물을 방출하는 컨베이어는 저개식 컨베이어이다.

66 다음의 분류시스템 방식은?

ㄱ. 레일을 주행하는 연속된 소형 벨트 컨베이어를 레일과 교차하는 방향에서 구동시켜 분류하는 방식으로 통신판매, 의약품, 화장품에 많이 사용된다.
ㄴ. 컨베이어를 주행하는 트레이, 슬라이드에 물품을 적재하였다가 분류되는 순간에 트레이, 슬라이드가 기울어지는 방식으로 고속처리가 가능하지만 중력에 의한 파손품이 발생할 수 있다.
ㄷ. 컨베이어의 아래 방향에서 분기장치가 튀어나와 분류하는 방식으로 화물의 하부면에 충격을 주는 단점이 있다.
ㄹ. 외부에 설치된 안내판을 회전시켜 컨베이어에 가이드벽을 만들어 이동시키는 방식으로 화물 형상에 관계없이 분류가 가능하기 때문에 다양한 종류의 화물을 처리하는 데 사용된다.

① ㄱ : 크로스벨트 방식(Cross-belt Type) ㄴ : 틸팅 방식(Tilting Type)
ㄷ : 팝업 방식(Pop-up Type) ㄹ : 다이버터 방식(Diverter Type)
② ㄱ : 슬라이딩슈 방식(Sliding Shoe Type) ㄴ : 틸팅 방식(Tilting Type)
ㄷ : 팝업 방식(Pop-up Type) ㄹ : 크로스벨트 방식(Cross-belt Type)
③ ㄱ : 크로스벨트 방식(Cross-belt Type) ㄴ : 팝업 방식(Pop-up Type)
ㄷ : 틸팅 방식(Tilting Type) ㄹ : 다이버터 방식(Diverter Type)
④ ㄱ : 크로스벨트 방식(Cross-belt Type) ㄴ : 틸팅 방식(Tilting Type)
ㄷ : 슬라이딩슈 방식(Sliding Shoe Type) ㄹ : 다이버터 방식(Diverter Type)
⑤ ㄱ : 틸팅 방식(Tilting Type) ㄴ : 크로스벨트 방식(Cross-belt Type)
ㄷ : 팝업 방식(Pop-up Type) ㄹ : 다이버터 방식(Diverter Type)

정답 65 ⑤ 66 ①

해설 ㄱ. '소형 벨트 컨베이어를 레일과 교차(Cross)하는 방향에서 구동시켜 분류하는 방식'으로 크로스벨트 방식임을 알 수 있다.
ㄴ. '슬라이드가 기울어지는(틸팅) 방식'으로 틸팅 방식임을 알 수 있다.
ㄷ. '분기장치가 튀어나와 분류하는 방식'으로 팝업 방식임을 알 수 있다.
ㄹ. '안내판을 회전시켜'라는 표현으로 다이버터 방식임을 알 수 있다.

67 다음 중 자동분류장치의 종류에 관한 설명으로 옳은 것을 모두 고른 것은?

ㄱ. 팝업 방식(Pop-up Type) : 화물을 컨베이어의 흐르는 방향에 대해서 직각 암(Arm)으로 밀어내는 방식이다.
ㄴ. 슬라이딩슈 방식(Sliding-shoe Type) : 컨베이어 반송면의 아래 방향에서 벨트, 롤러, 휠, 핀 등의 분류장치가 튀어나와 화물을 내보내는 방식이다.
ㄷ. 다이버터 방식(Diverter Type) : 레일을 주행하는 연속된 소형 벨트 컨베이어를 레일과 교차하는 방향에서 구동시켜 화물을 내보내는 방식이다.
ㄹ. 틸팅 방식(Tilting Type) : 레일을 주행하는 트레이(Tray), 슬라이드(Slide)의 일부 등을 경사지게 하여 화물을 떨어뜨려 분류하는 방식이다.
ㅁ. 밀어내는 방식(Pusher Type) : 컨베이어 아래 방향에서 벨트, 롤러, 휠, 핀 등의 분기장치가 튀어나와서 분류하는 방식이다.

① ㄱ, ㄷ
② ㄴ, ㄹ
③ ㄱ, ㄹ, ㅁ
④ ㄴ, ㄷ, ㄹ
⑤ ㄴ, ㄷ, ㄹ, ㅁ

해설 ㄱ. 푸셔 방식 : 화물을 컨베이어의 흐르는 방향에 대해서 직각 암(Arm)으로 밀어내는 방식이다.
ㄷ. 크로스벨트 방식 : 레일을 주행하는 연속된 소형 벨트 컨베이어를 레일과 교차하는 방향에서 구동시켜 화물을 내보내는 방식이다.
다이버터 방식 : 진행하는 방향에 대해서 컨베이어 위에 비스듬히 놓인 암(Arm)으로 물품을 분류하는 방식이다.
ㅁ. 팝업 방식 : 컨베이어 아래 방향에서 벨트, 롤러, 휠, 핀 등의 분기장치가 튀어나와서 분류하는 방식이다.

정답 67 ②

13 파렛트

68 파렛트에 관한 설명으로 옳지 않은 것은?

① 파렛트는 국제표준규격이 정해져 있다.
② 파렛트는 물류합리화의 시발점이 되고 있다.
③ 파렛트를 물류활동의 모든 과정에 사용하여 작업효율을 향상시키는 것을 일관파렛트화(Palletization)라고 한다.
④ 파렛트는 단위적재시스템의 대표적인 용기로 운송, 보관, 하역 등의 효율을 증대시키는 데 적합하다.
⑤ 우리나라 국가표준(KS) 운송용 파렛트에는 T-11형이 있으며, 이는 미국과 유럽의 표준 파렛트와도 동일한 규격이다.

해설 미국(1,219 × 1,016), 유럽(1,200 × 800)의 표준 파렛트형은 T-11형(1,100 × 1,100)이 아니다.

69 파렛트(Pallet)의 종류와 설명으로 옳지 않은 것은?

① 롤 상자형 파렛트(Roll Box Pallet) : 받침대 밑면에 바퀴가 달리고 상부구조가 박스인 파렛트로 최근에는 배송용으로 많이 사용된다.
② 시트 파렛트(Sheet Pallet) : 일회용 파렛트로 Push-Pull 장치를 부착한 지게차로 취급된다.
③ 탱크 파렛트(Tank Pallet) : 주로 액체 취급 시 사용되고 밀폐를 위한 뚜껑을 가지며 상부 또는 하부에 개폐장치가 있다.
④ 플래턴 파렛트(Platen Pallet) : 핸드리프트로 하역할 수 있도록 만들어진 단면형 파렛트이다.
⑤ 사일로 파렛트(Silo Pallet) : 주로 분말체를 담는 데 사용되며 밀폐를 위한 뚜껑을 가지고 하부에 개폐장치가 있다.

해설 플래턴 파렛트는 두께가 얇고 평판 모양의 파렛트이므로 핸드리프트로 하역할 수 없다.

정답 68 ⑤ 69 ④

70 **파렛트(Pallet)의 종류에 관한 설명으로 옳은 것은?**

① 롤 파렛트(Roll Pallet)는 파렛트 바닥면에 바퀴가 달려 있어 자체적으로 밀어서 움직일 수 있다.
② 시트 파렛트(Sheet Pallet)는 핸드리프트 등으로 움직일 수 있도록 만들어진 상자형 파렛트이다.
③ 스키드 파렛트(Skid Pallet)는 상부구조물이 적어도 3면의 수직측판을 가진 상자형 파렛트이다.
④ 사일로 파렛트(Silo Pallet)는 파렛트 상단에 기둥이 설치된 형태로 기둥을 접거나 연결하는 방식으로 사용한다.
⑤ 탱크 파렛트는(Tank Pallet)는 주로 분말체의 보관과 운송에 이용하는 일회용 파렛트이다.

해설 ② 시트 파렛트(Sheet Pallet)는 일회용 파렛트로 목재나 플라스틱으로 제작되어 가격이 저렴하고 가벼우나 하역을 위하여 Push-Pull 장치를 부착한 포크리프트가 필요하다.
③ 스키드 파렛트(Skid Pallet)는 파렛트의 경우에는 상단 및 하단 데크(deck)가 있으나, 스키드의 경우에는 바닥 데크가 없다. 그로 인해서 스키드는 마찰이 적어 화물을 적재 후 끌기에 적절하다. 따라서 파렛트에 비해 이동이 용이한 만큼 중장비에 주로 활용된다. 또한 바닥 데크가 없는 만큼 중첩 시 공간을 보다 더 활용할 수 있으며, 파렛트의 경우에는 이와 반대로 상단 및 하단에 데크가 있기 때문에 끌기에는 용이하지 않으나 보다 안정적인 포장형태이다.
④ 사일로 파렛트(Silo Pallet)는 주로 분말체를 담는 데 사용되며, 밀폐상의 측면과 뚜껑을 가지고 하부에 개폐장치가 있는 상자형 파렛트이다.
파렛트 상단에 기둥이 설치된 형태로 기둥을 접거나 연결하는 방식으로 사용하는 것은 기둥형 파렛트이다.
⑤ 탱크 파렛트는(Tank Pallet)는 주로 액체 취급 시 사용되고 밀폐를 위한 뚜껑을 가지며 상부 또는 하부에 개폐장치가 있다.

71 **파렛트(Pallet)의 종류와 설명으로 옳지 않은 것은?**

① 스키드 파렛트(Skid Pallet) : 핸드리프트로 하역할 수 있도록 만들어진 단면형 파렛트이다.
② 시트 파렛트(Sheet Pallet) : 일회용 파렛트로 목재나 플라스틱으로 제작되어 가격이 저렴하고 가벼우나 하역을 위하여 Push-Pull 장치를 부착한 지게차가 필요하다.
③ 사일로 파렛트(Silo Pallet) : 주로 분말체를 담는 데 사용되며, 밀폐상의 측면과 뚜껑을 가지고 하부에 개폐장치가 있는 상자형 파렛트이다.
④ 롤 상자형 파렛트(Roll Box Pallet) : 받침대 밑면에 바퀴가 달리고 상부구조가 박스인 파렛트로 최근에는 배송용으로 많이 사용된다.
⑤ 기둥 파렛트(Post Pallet) : 주로 액체를 취급하는 데 사용되며 밀폐상의 측면과 뚜껑을 가지며 상부 또는 하부에 출입구가 있는 상자형 파렛트이다.

정답 **70** ① **71** ⑤

해설 주로 액체를 취급하는 데 사용되며 밀폐상의 측면과 뚜껑을 가지며 상부 또는 하부에 출입구가 있는 상자형 파렛트는 탱크 파렛트(Tank Pallet)이다.
Post Pallet는 파렛트의 기능과 랙의 기능을 동시에 가지며 미사용 시 기둥을 접고 겹쳐 쌓아 부피를 줄일 수 있도록 고안된 파렛트이다.

72 파렛타이저(Palletizer)에 관한 설명으로 옳지 않은 것은?

① 파렛타이저의 표준화 대상으로는 용어 및 기호, 안전장치, 호환성, 조작방법 등이 있다.
② 기계 파렛타이저는 캐리지, 클램프 또는 푸셔 등의 적재장치를 사용하여 파렛트에 물품을 자동적으로 적재하는 파렛타이저이다.
③ 고상식 파렛타이저는 높은 위치에 적재장치를 구비하고 일정한 적재 위치에서 파렛트를 내리면서 물품을 적재하는 파렛타이저이다.
④ 저상식 파렛타이저는 파렛트를 낮은 장소에 놓고 적재장치를 오르내리면서 물품을 적재하는 파렛타이저이다.
⑤ 로봇식 파렛타이저는 산업용 로봇에 머니퓰레이터(Manipulator)를 장착하여 물품을 적재하는 방식의 파렛타이저로, 저속 및 고속처리가 가능하지만 파렛트 패턴 변경이 어려운 단점이 있다.

해설 로봇식 파렛타이저는 파렛트의 패턴변경이 쉽다는 장점이 있다.

73 ISO의 국제표준규격 20ft와 40ft 컨테이너 내부에 각 1단으로 적재할 수 있는 T-11형 표준 파렛트 최대 개수의 합은?

① 24매
② 30매
③ 36매
④ 42매
⑤ 48매

해설 [해설 1]
배수계열치수(PVS)에 따르면 20ft 컨테이너 한 대에 T-11형 10장을 적재할 수 있고 40ft 컨테이너 한 대에 T-11 20장을 적재할 수 있다.

[해설 2]
1. 20ft 컨테이너 길이는 5,896mm, 너비는 2,348mm이므로 길이상으로 5매, 너비상으로 2매, 즉 5매 × 2매 =10매 적재 가능
2. 40ft 컨테이너 길이는 12,034mm, 너비는 2,348mm이므로 길이상으로 10매, 너비상으로 2매, 즉 10매 × 2매=20매 적재 가능
3. 10매+20매=30매

정답 72 ⑤ 73 ②

74 1,100mm × 1,100mm의 표준 파렛트에 가로 20cm, 세로 30cm, 높이 15cm의 동일한 종이박스를 적재하려고 한다. 만일 파렛트의 적재 높이를 17cm 이하로 유지해야 한다고 할 때, 최대 몇 개의 종이박스를 적재할 수 있는가?

① 18개
② 19개
③ 20개
④ 21개
⑤ 22개

해설 $\frac{1{,}100 \times 1{,}100}{200 \times 300} = \frac{1{,}210{,}000}{60{,}000} = 20.16$

1. 적재 높이가 실질적으로 17cm 이하로 유지해야 하는 제한이 있으므로 1단 적재해야 한다.
2. 즉, 최대 20개의 종이박스를 적재할 수 있다.

75 T－11형 표준규격 파렛트에 가로 700mm, 세로 400mm, 높이 300mm인 제품을 핀휠 방식으로 적재할 경우에 바닥면적 적재율은 약 얼마인가? (단, 소수점 첫째 자리에서 반올림한다.)

① 87%
② 90%
③ 93%
④ 96%
⑤ 99%

해설 적재율＝(적재면적/총 가용면적) × 100
＝(700mm × 400mm × 4)/(1,100mm × 1,100mm) × 100＝93%
※ 높이는 적재율을 구하는 데 불필요한 정보임

76 제품상자의 크기가 가로 40cm, 세로 35cm, 높이 30cm이다. 이를 KSA표준규격 1,100mm × 1,100mm의 파렛트에 7상자를 적재하면 파렛트 평면적에 대한 적재율은 얼마인가?

① 61%
② 69%
③ 81%
④ 123%
⑤ 144%

해설 적재율＝(점유면적/총 가용면적) × 100
＝(40 × 35 × 7개)/(110 × 110) × 100＝81%

정답 74 ③ 75 ③ 76 ③

77 물류모듈(Module)에 관한 설명으로 옳지 않은 것은?

① 물류모듈의 치수구조는 분할계열치수와 배수계열치수로 구분할 수 있다.
② 운송의 모듈화 대상으로는 트럭이나 화차, 컨테이너 선박 등과 같은 운송수단들이 해당된다.
③ 분할계열치수는 PVS(Plan View Size : 1,140 × 1,140mm)를 기준으로 한 치수를 의미한다.
④ 물류모듈이란 물류합리화와 표준화를 위해 기준척도 및 단위구성 요소를 수치적으로 연계시키는 것을 말한다.
⑤ 물류모듈화란 물류시스템을 구성하는 각종 요소인 물류시설 및 장비들의 규격이나 치수가 일정한 배수나 분할관계로 집합되어 있는 집합체를 말한다.

해설 분할계열치수는 PVS가 아닌 실제 물동량의 평면 치수인 NULS(Net Unit Load Size : 1,100 × 1,100mm)를 기준으로 한 방법이며, 배수계열치수가 PVS(Plan View Size : 1,140 × 1,140mm)를 기준으로 한 치수를 의미한다.

78 국가별 파렛트 표준규격의 연결이 옳은 것은?

국가	파렛트 규격
ㄱ. 한국	A. 800 × 1,200mm
ㄴ. 일본	B. 1,100 × 1,100mm
ㄷ. 영국	C. 1,100 × 1,200mm
ㄹ. 미국	D. 1,219 × 1,016mm

① ㄱ－B, ㄴ－A, ㄷ－C, ㄹ－D
② ㄱ－B, ㄴ－B, ㄷ－A, ㄹ－D
③ ㄱ－B, ㄴ－C, ㄷ－C, ㄹ－A
④ ㄱ－C, ㄴ－A, ㄷ－B, ㄹ－B
⑤ ㄱ－C, ㄴ－B, ㄷ－D, ㄹ－A

해설

국가	파렛트 규격
영국	800 × 1,200mm
한국, 일본	1,100 × 1,100mm(T－11)
한국	1,000 × 1,200mm(T－12)
미국	1,219 × 1,016mm

정답 77 ③ 78 ②

14 크레인

79 다음 중 Lift on-Lift off 방식의 하역기기가 아닌 것은?

① 지브 크레인(Jib Crane)
② 천장 크레인(Overhead Travelling Crane)
③ 슬랫 크레인(Slat Crane)
④ 케이블 크레인(Cable Crane)
⑤ 컨테이너 크레인(Container Crane)

해설 Lift on-Lift off(LO-LO 방식)은 적·양하 작업 시 기중기 또는 데릭으로 하역작업을 하는 방식이다. 슬랫 크레인은 없는 크레인이다.

80 크레인에 관한 설명으로 옳지 않은 것은?

① 크레인은 천정 크레인(Ceiling Crane), 갠트리 크레인(Gantry Crane), 지브 크레인(Jib Crane), 기타 크레인 등으로 구분된다.
② 갠트리 크레인은 레일 위를 주행하는 방식이 일반적이나, 레일 대신 타이어로 주행하는 크레인도 있다.
③ 스태커 크레인(Stacker Crane)은 고층 랙 창고 선반에 화물을 넣고 꺼내는 크레인의 총칭이다.
④ 언로더(Unloader)는 천장에 설치된 에이치빔(H-beam)의 밑 플랜지에 전동 체인블록 등을 매단 구조이며, 소규모 하역작업에 널리 이용되고 있다.
⑤ 지브 크레인은 고정식과 주행식이 있으며, 아파트 등의 건설공사에도 많이 쓰이고 수평 방향으로 더 넓은 범위 안에서 작업할 수 있다.

해설 천정(천장) 크레인은 천장에 설치된 에이치빔(H-beam)의 밑 플랜지에 전동 체인블록 등을 매단 구조이며, 소규모 하역작업에 널리 이용되고 있다.
언로더는 항구에서 사용하는 기중기이다.

81 컨테이너 전용터미널에서 사용되는 하역 또는 이송장비가 아닌 것은?

① 언로더(Unloader)
② 갠트리 크레인(Gantry Crane)
③ 트랜스퍼 크레인(Transfer Crane)
④ 리치 스태커(Reach Stacker)
⑤ 탑 핸들러(Top Handler)

해설 언로더는 재래식 항만의 기중기식 하역기기로 벌크화물 및 조악화물을 옮기는 역할을 한다. 언로더는 컨테이너 전용터미널에서는 사용되지 않는다.

정답 79 ③ 80 ④ 81 ①

하역작업

01 하역작업의 개요

1 하역의 구분

(1) 장소별

① **입하하역** : 운송기기로부터 하차하여 거점시설에 입고하는 작업을 말한다.
② **운반하역** : 단위 거점시설 내에서 화물의 이동을 말한다.
③ **구색하역** : 상품구색을 갖추기 위해 행하는 작업(Order Picking)을 말한다.
④ **출하하역** : 출하하여 운송기기에 상차하는 작업을 말한다.

(2) 하역수단별

하역작업은 하역수단별로 인력하역, 기계하역, 자동하역으로 구분할 수 있다.

(3) 화자별

하역작업은 화자별로 파렛트 하역, 컨테이너 하역 등으로 구분할 수 있다.

2 하역작업의 흐름

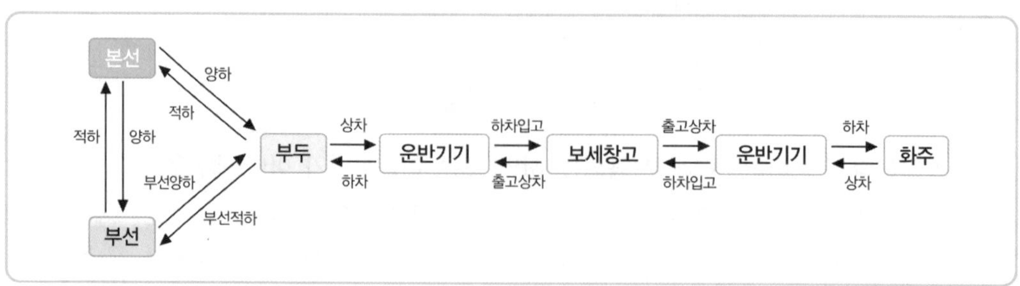

3 운반/하역기기 핵심 구조물 명칭

(1) Mast

수직을 의미하며, 주요 하역기기로는 포크리프트, 탑 핸들러가 이에 해당한다.

(2) Jib

수평을 의미하며, 주요 하역기기로는 트랜스퍼 크레인, 트랜스테이너, 갠트리 크레인이 이에 해당한다.

(3) Boom

기울어짐, 경사를 의미하며, 주요 하역기기로는 리치 스태커, 데릭이 이에 해당한다.

02 항만하역

1 개념

항만하역이란 항만에서 항만운송면허사업자가 화주나 선박운항업자로부터 위탁을 받아 선박에 의해 운송된 화물을 선박으로부터 인수받아 화주에게 인도하는 과정을 총칭한다.

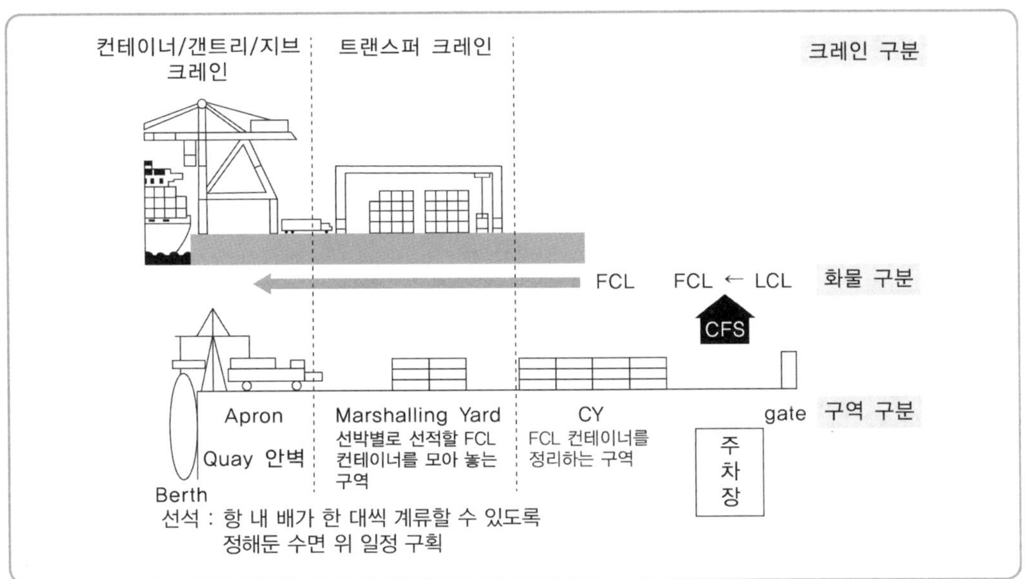

◀ 항만하역 도해 ▶

2 항만하역작업 ★

(1) 선내작업

선내작업으로는 본선 내의 화물을 내리는 양하와 본선에 화물을 올리는 적하가 있다.

(2) 부선양적작업

① **부선양륙작업** : 안벽에 계류된 부선에 적재되어 있는 화물을 양륙하여 운반기기 위에 운송 가능한 상태로 적치하는 작업이다.

② **부선적재작업** : 운반구에 적재되어 있는 화물을 내려서 안벽에 계류되어 있는 부선에 운송 가능한 상태로 적재하는 작업이다.

TIP 부선이란 바닥이 평평하여 부력을 크게 받는 소형선박을 의미한다. 본선과 부두 간의 적·양하 리드타임을 단축시켜 줄 목적으로 활용되며 크레인이 선 내 설치되어 있기도 하다.

(3) 육상작업

육상에서는 운반차량을 이용한 상차, 하차, 출고상차, 하차입고 등의 작업이 있다.

(4) 하역작업 구분

① **산화물**(Bulk Cargo) : 주로 특수 설비를 갖춘 전용부두에서 하역이 이루어진다.

㉠ **석탄 및 광석** : 전용부두에 접안하여 언로더(Unloader)나 그래브(Grab), 컨베이어벨트를 통해 야적장에 야적되며, 스태커(Stacker) 또는 리클레이머(Reclaimer), 트랙호퍼(Track Hopper) 등을 이용하여 상차 및 반출된다.

㉡ **양곡** : 사일로(Silo)가 설치되어 있는 전용부두에서 공기흡입장치(언로더)에 의해 화물을 흡입하여 컨베이어벨트에 연결한 후 사일로에 저장한다.

㉢ **고철** : 고철은 크기 및 중량이 다양하므로 엑스카베이터(Excavator)를 통해 자석에 고철이 많이 붙을 수 있도록 장치하고 전용부두에서 육상 크레인을 설치하고 크레인 끈에 자석을 부착하여 하역한다.

② **컨테이너**

㉠ 컨테이너 전용부두의 경우 부두 내 CY/CFS에서 나온 컨테이너는 마샬링 야드(Marshalling Yard)에서 선적 대기하다가 선내작업을 할 수 있다.

㉡ 일반부두에서 컨테이너 하역은 CY/CFS가 없으므로 Off-Dock CY에 반입 후, 직상차되어 부두크레인을 통하여 선내작업을 한다.

(5) 해상하역방식

① **RO-RO선**(Roll on-Roll off Vessel) **방식**

㉠ **개념** : 선수, 선미 또는 선측에 경사판(Ramp, 램프, 경사관)이 설치되어 있어 화물을 이 램

프를 통해 트랙터 또는 지게차, 트레일러 등을 사용하여 하역하는 방식의 선박을 의미한다.

ⓛ 특징

ⓐ 데릭, 크레인 등의 적양기(Lifting Gear)의 도움 없이 자력으로 램프를 이용하여 Drive on/Drive off할 수 있다.

ⓑ 하역시간이 짧아 본선의 회전율을 제고할 수 있으며 화물의 손상을 최소화한다.

ⓒ 선미나 선측, 경사판을 거쳐 견인차를 이용하여 수평으로 적재 또는 양륙하는 방식으로 페리(Ferry) 선박에서 전통적으로 사용해 온 방식이다.

② LO-LO선(Lift on-Lift off Vessel) 방식

㉠ 개념 : 하역방식에 의한 컨테이너선의 분류 중의 하나로서, 컨테이너를 크레인 등을 사용하여 하역하고 화물창구(Hatch Opening)를 통하여 상하로 오르내리게 하는 방식의 선박이다. 즉, 본선이나 육상에 설치되어 있는 갠트리 크레인으로 컨테이너를 수직으로 선박에 적재 또는 양륙하는 방식이다.

ⓛ 특징

ⓐ 2단 이상 선적이 가능한 화물의 경우에는 RO/RO 방식보다 하역능률이 높다.

ⓑ LO-LO 하역기기로는 **지브 크레인, 천장 크레인, 케이블 크레인, 컨테이너 크레인**이 있다.

③ LASH 방식(Float on-Float off) : 부선(Barge)에 컨테이너나 일반화물을 적재한 채로 본선에 적재 및 운송하는 선박이다. 즉, 부선에 화물 적재 후 부선에 설치된 갠트리 크레인 또는 엘리베이터에 의해서 하역하는 방식이다.

심화

항만법 시행령 [별표 5]상 시설장비의 정의

1. 갑문본체 : 상·하부 대차를 포함한다.
2. 갑문구동장치 : 동력전달장치를 포함한다.
3. 충수설비 : 충수문과 충수용 펌프설비를 말한다.
4. 취수·배수설비 : 취수·배수문과 구동장치를 말한다.
5. 컨테이너 크레인(Container Crane) : 부두(안벽시설)에 설치되어 선박의 컨테이너를 부두의 육상 운송장비에 실어주거나 야드(선박에서 컨테이너가 내려져 잠시 보관되는 곳)로부터 운송되어 온 컨테이너를 선박에 실어주는 컨테이너 전용 크레인을 말하며, 타이어식 또는 레일식을 포함한다.
6. 트랜스퍼 크레인(Transfer Crane) : 야드에 설치되어 컨테이너를 들어 올리고 내려서 다른 곳으로 옮기거나 야드 트랙터, 화물차 등에 싣거나 내려주는 크레인을 말한다.
7. 스트래들 캐리어(Straddle Carrier) : 안벽이나 야드에 적치된 컨테이너를 다른 장비의 도움 없이 야드 또는 안벽으로 직접 운반하는 데 사용되는 장비를 말한다.
8. 야드 트랙터(Yard Tractor) : 안벽과 야드 사이에서 야드 섀시를 견인하여 컨테이너를 운반하는 장비를 말하며, 무인 트랜스포터(Automatic Guided Vehicle, Transporter : 수백 톤의 화물을 운반하는 무인 특수 장비)를 포함한다.

9. **리치 스태커**(Reach Stacker) : 주로 야드에서 컨테이너를 운반·적재·반출하는 데 사용되는 장비로서 신축형 붐을 이용하여 높이를 조절할 수 있는 장비를 말한다.
10. **야드 섀시**(Yard Chassis) : 안벽과 야드 사이에서 야드 트랙터와 조합되어 컨테이너를 운반하는 장비를 말한다.
11. **십 로더**(Ship Loader) : 육상이나 야드에 준비된 철광석, 석탄, 곡물 등 화물을 배에 싣는 장비를 말한다.
12. **십 언로더**(Ship Unloader) : 배에 실린 철광석, 석탄, 곡물 등 화물을 육상이나 야드로 하역할 때 사용하는 장비를 말한다.
13. **스태커 리클레이머**(Stacker Reclaimer) : 배에서 이송된 철광석, 석탄, 곡물 등 화물을 야드에 적치하거나 야드에 적치된 화물을 다시 외부로 반출할 때 사용하는 장비로서 스태커와 리클레이머 기능을 동시에 수행할 수 있는 장비를 말한다.
14. **벨트 컨베이어**(Belt Conveyor) : 벨트에 석탄, 곡물 등 벌크화물을 올려 운송하는 장비로서 항만시설과 결합되어 있으며, 길이가 50미터 이상인 것을 말한다.
15. **다목적 크레인**(Multipurpose Crane) : 레벨러핑 크레인(Level Luffing Crane : 화물을 일정한 높이에서 수평으로 옮기는 크레인) 및 브리지타입 크레인(Bridge Type Crane : 화물을 들어 올리거나 내리는 다리 모양 크레인)을 말한다.
16. **모빌 하버 크레인**(Mobile Harbor Crane) : 주로 잡화의 하역 선적에 사용되는 장비로서 레일에 고정되어 있지 않아 자유롭게 이동이 가능한 것을 말한다.
17. **로딩 암**(Loading Arm) : 유류, 가스의 하역·선적에 사용하는 장비를 말한다.

   TIP 로딩 암은 대량의 액체 및 기체제품을 운반선에 선적 또는 하역할 때 사용하는 굴절형 팔 형태의 항만하역장비이다.

18. **탑승교**(Passenger Boarding Bridge)
19. **그 밖의 시설장비** : 제1호부터 제18호까지의 시설장비와 유사한 구조 및 기능을 가진 장비로서 항만에서의 하역작업을 위해 시설장비관리자가 필요에 따라 신고한 시설장비 중 지방해양수산청장 또는 시·도지사가 인정하는 시설장비를 말한다.

3 항만하역조건(항해용선계약) ★

핵심포인트

항해용선계약

1. 개념
   ① 항해용선계약(Voyage Charter Party)은 특정 항구에서 특정 항구까지 선복(Ship's Space)을 빌리는 것이다.
   ② 화물운송을 의뢰하고자 하는 용선자와 선주 간에 체결되는 계약이다.
   ③ 한 항구에서 다른 항구까지 한 번의 항해를 위해서 체결되는 운송계약으로 운송액은 적하톤당으로 정하는 용선계약이다.
   ④ 용선계약기간은 통상 한 개의 항해를 단위로 한다.
2. 정박기간
   정박기간이란 화주가 계약화물을 용선한 선박에 적재・양륙하기 위하여 그 선박을 선적항 또는 양륙항에 있게 할 수 있는 기간이며 약정 기일 내에 하역을 끝내지 못하면 초과 정박기간에 대하여 체선료를 지급해야 한다.

(1) 관습적 단기(조속)하역(CQD, Customary Quick Despatch)

하루의 하역량을 한정하지 않고, 그 항구의 관습에 따라 가능한 한 신속히 하역하는 관습적 조속 하역조건을 말한다. 정기선의 개품 운송의 경우 대개 이 조건에 의한다. 분쟁 가능성이 큰 단점이 있다.

(2) 연속정박기간(Running Laydays)

① 하역시간 개시부터 종료까지의 그 사이 공휴일이 끼어 있든 비가 와서 혹은 파업이나 불가항력적인 일이 있어 일을 못하더라도 경과 일을 모두 하역기간으로 산정하는 방식이다.

② Running Laydays는 일요일과 공휴일에 대해서도 이것을 제외한다는 취지를 특별히 **명시하지 않는 한** 정박기간에 산입한다.

(3) 청천하역일(WWD, Weather Working Days)

① 개념 : 기상조건이 하역 가능한 상태의 날만 정박기간에 산입하는 정박기간 표시방법은 Weather Working Days이다. 악천후나 작업이 불가능한 시간은 하역기간에서 제외한다.

② WWD 파생조건

㉠ 공휴일은 하역을 하더라도 통상 정박일수에 산입하지 않으며 "Sunday and Holidays EXcepted"의 첫 글자를 따라 SHEX라고 한다.

㉡ 공휴일 하역 시 이를 정박일수에 산입한다는 조건도 있다. 이때 "Sunday and holiday excepted unless used"라고 표시하여 처리한다.

㉢ "Unless used"에 있어서도 만일 1시간이라도 하역을 하면 하루로 가산할 것인가 하는 문제가 발생하므로 실제 작업시간만 삽입코자 할 때에는 "Unless used but only time actually used to count"라고 명시해야 한다.

㉣ WWD SHINC(Working Days, Sundays and Holidays Included) : 일요일과 공휴일이 하역작업 가능한 정박기간에 포함된다.

(4) WIBON(Whether In Berth Or Not)

본선이 접안이 안 되었더라도 정박기간이 개시하는 것을 말한다.

(5) 체선료(DEM, Demurrage)

① 초과정박일에 대하여 계약상 정박일수를 경과할 때 용선자가 선주에게 지급하는 약정금은 체선료(Demurrage)이다. 즉, 체선료는 초과정박일에 대한 용선자 또는 화주가 선주에게 지급하는 보수이다.

② 체선료는 선적 및 양륙을 분리하여 따로 계산(Laydays Not Reversible)하는 것이 원칙이나 용선자의 선택하에 합산하여 계산(Laydays Reversible)할 수 있다.

심화

GENCON Charter Party에 명시된 체선료조항 내용해석

Demurrage at the loading port and discharging port is payable by the Charterers at the rate stated in Box 20 in the manner stated in Box 20 per day or pro rata for any part of a day. Demurrage shall fall due day by day and shall be payable upon receipt of the Owner's invoice. In the event the demurrage is not paid in accordance with the above, the Owners shall give Charterers 96 running hours written notice to rectify the failure. If the demurrage is not paid at the expiration of this time limit and if the vessel is in or at the loading port, the Owners are entitled at any time to terminate the Charter Party and claim damages for any losses caused thereby.

① 선적항 및 양륙항에서의 체선료는 1일당 또는 1일 미만의 경우에는 그 비율에 따라 20란(Box 20)에 표시된 체선요율과 지급 방법에 의거해 용선자가 지급한다.
② 체선료는 매일 계상하고 선주로부터 청구서 수령 시 지급한다.
③ 체선료가 지급되지 않을 경우 선주는 그 불이행을 시정하기 위해 용선자에게 연속 96시간의 서면통지를 한다.
④ 체선료가 96시간 내에 지급되지 않는 경우 선주는 용선계약을 언제든지 중지시키고 그것으로 인해 발생한 어떤 손실에 대해 소송을 제기할 권한을 가진다.
⑤ 이 경우 용선계약을 종료시킬 수 있는 권리는 선적항에서 발생 가능하다.

(6) 조출료(DES, Despatch Money)

약정된 정박기간 만료 전에 선적 및 하역이 완료되었을 때 그 단축된 기간에 대해 선주가 하주에게 지급하는 비용을 말한다. 즉, 계약상 허용된 정박기간이 종료되기 전에 하역이 조기 종료되면 단축된 기간에 대하여 선주가 용선자에게 인센티브 차원에서 지급하기로 약정한 금액이다.

4 하역비 부담조건(항해용선계약) ★

구분	내용
Berth(Liner) Term Charter	① 선사(선주)가 선적항(출발항) 선측에서 양하항(도착항) 선측까지 발생하는 제반 비용(하역 포함)과 위험을 모두 부담한다. ② 정기선의 하역비 부담조건이어서 Liner Term이라고도 한다. ③ 정기선운임은 하역비는 선주가 부담하는 Berth Term을 원칙으로 한다. ④ 적하 시와 양하 시의 하역비를 선주가 부담한다.
FIO(Free In, Out) Charter	① 용선자가 출발항의 적재부터 도착항의 선내 하역비를 모두 부담하는 조건이다. ② 선적(적하)과 양륙(양하) 과정에서 하역비(선내 하역인부임 포함)를 모두 화주가 부담하는 조건이다.
FIOST(Free In, Out, Stowed, Trimmed)	선내 하역비 부담조건으로 선적, 양륙, 본선 내의 적입, 화물정리비까지 모두 **화주**가 책임과 비용을 부담하는 조건이다.
FI Charter	① 출발항의 선적(적하)비용은 화주가 부담하고 도착항의 하역(양하)비용은 선주가 부담하는 조건이다. ② 항해용선계약에서 선내인부의 작업비용을 선적 시에는 용선자가 부담하고 양륙 시에는 선주가 부담하는 조건이다. ③ 임금(Stevedorage) 부담과 관련하여 선적 시는 용선자가, 양륙 시는 선주가 부담하는 조건이다.
FO Charter	① 출발항의 선적(적하)비용은 선주가 부담하고 도착항의 하역(양하)비용은 화주가 부담하는 조건이다. ② 용선계약의 하역비 부담과 관련하여 선적 시에는 용선주(Charterer)가 부담하고 양륙 시에는 용선자(Owner)가 부담하는 조건
Gross Term Charter	주로 부정기선의 용선계약방식으로 선주가 항비, 하역비, 검수비 및 항구비용 모두 부담하는 방식이며, 다만, 부선료, 체선료, 야간/휴일 할증 등의 특수비용은 용선자가 부담한다.
Net Term Charter	Gross Term과 반대로 용선자가 전 구간의 일체의 비용을 부담하는 방식으로 선주가 잘 알지 못하는 항로를 운행시키거나 화주가 전용하역시설을 보유하고 있는 경우 활용되는 조건이다. 즉, 항비, 하역비, 검수비 모두 화주가 부담하게 된다.

03 컨테이너 터미널의 하역방식

TIP 컨테이너 터미널이란 본선하역, 하역준비, 화물보관, 컨테이너 및 컨테이너 화물의 접수, 보관과 하역에 관련된 기기를 갖춘 지역을 의미하며, 터미널의 주요 시설로는 안벽, 에이프런, 마샬링 야드, CFS, 주차장(운반장비, 섀시)이 있다.

1 컨테이너 터미널(Container Terminal) ★

(1) 개념

부두에 위치하여 하역, 화물보관, 육상운송기관에의 컨테이너 화물의 인수·인도를 행하는 장소이다.

(2) 제반시설

① 컨테이너 야적장(CY, Container Yard)

㉠ 수출입 컨테이너의 반입, 장치, 보관, 인수도가 이루어지는 장소이다.

㉡ 넓게는 Marshalling Yard, Apron, CFS 등을 포함하는 컨테이너 터미널의 의미로도 사용되지만 좁게는 컨테이너 터미널의 일부 공간을 의미하기도 한다.

㉢ On-Dock CY와 Off-Dock CY로 구분할 수 있다.

ⓐ On-Dock CY는 컨테이너의 인수·인도 보관을 위해 터미널 내(항만 내)에 있는 장소이다.

ⓑ Off-Dock CY는 선박이 접안하지 않는 장소의 CY를 말한다. 즉 터미널 밖에 따로 있는 CY를 의미한다.

TIP ODCY(Off-Dock Container Yard)

부두 내 CY의 부족현상을 보완하기 위해 부두(항만)에서 **떨어진 곳**에 설치된 컨테이너 장치장으로서, 수출입 컨테이너 화물의 장치, 보관 및 통관 등의 업무가 이루어지는 장소이다. 즉, Off-Dock CY는 터미널 내부에 있는 On-Dock CY에 적재할 수 있는 양 이상으로 컨테이너가 몰리면서 외부에 보관해야 하는 상황이 빈번하게 발생함에 따라 만들어졌다.

TIP 위험물 컨테이너 장치장

국제항의 항계 안에서 폭발, 화재 및 오염 등을 사전에 봉쇄하여 항만교통의 안전을 유지하기 위하여 컨테이너 부두 내의 일정 지역을 별도로 설정하여 특수 소화장비 등을 비치한 장치장이다.

② 컨테이너 화물집화장(CFS, Container Freight Station)

㉠ 수출하는 LCL화물을 집하하여 FCL화물로 만들거나, 수입하는 혼재화물을 컨테이너에서 적출하는 등의 화물취급 작업을 하는 장소를 말한다.

㉡ 컨테이너 한 개를 채울 수 없는 소량화물(LCL화물)을 인수·인도하고 보관하거나 컨테이너에 적입(Stuffing, Vanning) 또는 적출(Unstuffing, Devanning) 작업을 하는 장소이다.

즉 컨테이너 화물의 혼재 및 분류 작업이 이루어진다.

핵심포인트

컨테이너 하역작업 용어

1. Loading, Stuffing : 선적 컨테이너에 화물을 싣는 작업을 말한다.
2. Devanning : 선적 컨테이너로부터 화물을 하역하는 작업을 말한다.
3. Stowage : 선박의 선창 또는 객실에 화물을 쌓는 방법(적부)을 말한다.
4. Trimming : 철광석, 석탄, 밀 등을 컨베이어벨트로 선박의 선창 안으로 적재할 경우 화물이 선창 가운데에만 쌓이게 되는데 이 화물을 인력으로 편편하게 골라주는 선창 내 화물고르기 작업을 의미한다.

③ 선석(Berth)

㉠ 선박을 계류시키는 설비가 설치되어 있는 선박의 접안장소이다.

㉡ 선박접안 후 하역작업이 이루어질 수 있도록 구축된 구조물이다.

㉢ 표준선박 1척을 직접 정박시키는 설비를 가지고 있다.

④ 에이프런(Apron)

㉠ 하역작업을 위한 공간으로 바다와 가장 가까이 접한 곳이며 Gantry Crane이 설치되어 컨테이너의 선적 및 양륙(적하 및 양하)이 이루어지는 장소를 말한다.

㉡ 야드트럭이 하역작업을 하거나 컨테이너 크레인이 주행할 수 있도록 안벽을 따라 일정한 폭으로 포장된 공간이다.

㉢ 안벽에 접하여 안벽 크레인이 주행할 수 있도록 레일이 설치된 장소이다.

⑤ **마샬링 야드**(M/Y, Marshalling Yard)

㉠ 바로 선적해야 할 컨테이너를 하역순서대로 정렬하여 두거나 양륙된 컨테이너를 배치해 놓은 장소이다.

㉡ 접안선박이 입항하기 전에 접안선박의 적부계획에 따라 작업 순서대로 컨테이너를 쌓아두는 장치장 역할을 한다. 그리고 양하된 컨테이너를 일시적으로 보관한 후 화주의 인도요구에 즉시 응할 수 있도록 임시 장치해 두는 일정한 공간이다.

⑥ **컨트롤타워**(Control Tower, 컨트롤센터) : 본선하역 작업은 물론 CY 내 작업계획, 컨테이너배치계획 등 컨테이너 터미널 전체 작업을 관리·감독·지시하는 장소이다.

⑦ 게이트(Gate)

㉠ Terminal Gate는 터미널을 출입하는 화물이나 빈 컨테이너 등이 통과하는 출입구를 말하며, CY Gate는 컨테이너 및 컨테이너 화물을 인수·인도하는 장소이다.
컨테이너 터미널의 주요 시설 중 컨테이너 터미널(선사)과 외부(화주, 내륙수송업자)와의 책임관계를 구분하는 지점이다.

㉡ 게이트에서는 컨테이너의 이상 유무, 통관봉인(Seal)의 유무, 컨테이너 중량, 화물의 인수에 필요한 서류 등을 확인한다.

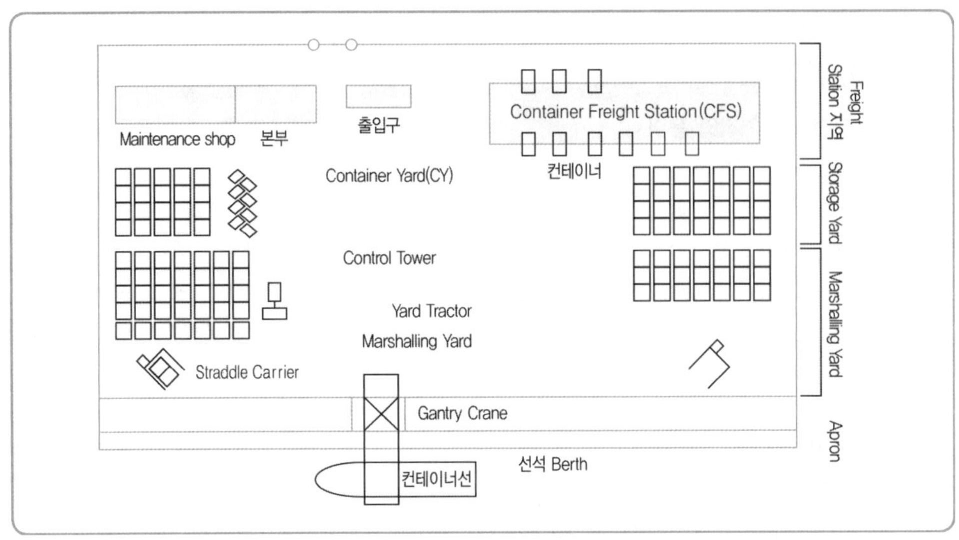

《 컨테이너 터미널의 구조 》

2 컨테이너 터미널 하역장비

(1) 갠트리 크레인

① 개념

㉠ 컨테이너 터미널에서 컨테이너선에 컨테이너를 선적하기나 양륙하기 위한 크레인으로 Gantry Crane 또는 Container Crane으로 불린다.

㉡ 컨테이너의 하역을 능률적으로 수행하기 위한 대형 하역설비이다.

㉢ 컨테이너의 본선 작업에 사용된다.

② 특징

㉠ 컨테이너 터미널 내의 하역기기 중 가장 크다.

㉡ Apron에 부설된 레일을 따라 움직이거나 레일 위에서 움직이기 때문에 **자유로운 이동은 불가능**하다.

㉢ 컨테이너 선박의 대형화에 따라 갠트리 크레인의 아웃리치(Out－reach)가 길어지는 추세이다.

(2) **스트래들 캐리어**(Straddle Carrier)

① **개념** : 터미널 내에서 컨테이너를 양각(양다리) 사이에 끼우고 이동시키는 운반차량으로 기동성이 좋은 대형 하역기기이다.

② 특징

㉠ 안벽 또는 야드에서 컨테이너를 직접 상·하차 및 이동을 지원한다.

㉡ 기동성이 뛰어나지만 3단 1열 정도의 제한된 컨테이너 적재능력으로 야드의 활용도가 떨어져 현재는 야드 트랙터를 이용하여 이동하고 트랜스퍼 크레인을 이용하여 적재하는 형식이 보편적으로 이용된다.

《 스트래들 캐리어 》

(3) 컨테이너 섀시(Chassis)

① 컨테이너를 전문적으로 운송하기 위하여 제작된 트레일러이다.

② Yard Chassis는 Van Trailer의 컨테이너를 싣는 부분을 말한다.

(4) 야드 트랙터

① 컨테이너 야적장에서 Chassis를 끄는 야드 내의 작업용 컨테이너 운반트럭이다.

② 에이프런과 컨테이너 야드 간 컨테이너의 이동 시 활용되며 통상 야드 섀시와 결합하여 사용한다.

(5) 윈치 크레인(Winch Crane)

① 컨테이너를 섀시 또는 트럭에 적재 또는 양하할 때 사용하는 기중기로서 좌우로 회전이 가능하며 작업장까지 자력으로 이동할 수 있는 기중기이다.

② 크레인 자체를 회전시키면서 컨테이너 트럭이나 무개화차로부터 컨테이너를 적·양하하는 하역장비이다.

(6) 스프레더(Spreader)

컨테이너를 전용으로 하역하기 위한 지게차의 부속장치로 통상 유압으로 작동되며 운전실로부터의 원격조작이 가능하다.

(7) 리치 스태커(Reach Stacker)

① 개념

㉠ 컨테이너 터미널 또는 CY(ICD) 등에서 컨테이너를 트레일러에 상·하차하거나 야드에 적재할 때 사용하는 타이어주행식의 장비이다.

㉡ 부두 또는 야드에서 컨테이너를 직접 운반하여 적재하거나 반출하는 데 사용되는 장비이다.

② 특징

㉠ 컨테이너 운반용으로 주로 사용되며 컨테이너의 적재 및 위치이동, 교체 등에 사용되는 하역장비이다.

㉡ 컨테이너 이송작업도 가능한 장비이다.

(8) 트랜스테이너(Transtainer, 트랜스퍼 크레인, Transfer Crane)

① 개념

㉠ 컨테이너를 야드에 장치하거나 장치된 컨테이너를 섀시에 실어주는 작업을 하는 컨테이너 이동장비이다.

㉡ 마샬링 야드에서 선적될 컨테이너를 5단 6열 정도로 정리해 놓는 교형 크레인이다.

② 특징

㉠ 컨테이너를 다단적하기 위해 전후방으로 레일상 혹은 타이어륜으로 이동한다.

㉡ 컨테이너 야드 내에서 컨테이너의 적재나 이동에 사용하는 장비로 RTGC와 RMGC가 대표적이다.

TIP Rubber Tired Gantry Crane은 컨테이너를 야드에 장치하거나 장치된 컨테이너를 섀시에 실어주는 작업을 하는 컨테이너 이동 장비로 고무바퀴가 장착된 이동성이 있는 Crane이다.

《 트랜스퍼 크레인 》

(9) 포크리프트

CFS에서 컨테이너에 화물을 적입·적출할 때 사용하는 장비이다.

핵심포인트

TGS(Twenty-foot Ground Slot) : 컨테이너 터미널 장치장 규모 산정공식

1. 컨테이너 터미널의 장치장 규모 산정
   장치장의 규모는 우선 1 TEU를 평면으로 적재할 수 있는 TGS(Twenty-foot Ground Slot)를 산정한 후 전체 소요 TGS 규모를 수용할 수 있는 장치장 면적을 산출한다.
2. 산정공식

   $$\text{소요 TGS} = \frac{\text{연간 처리예상물동량} \times \text{평균 장치일수} \times \text{피크계수} \times \text{분리계수}}{\text{평균 단적수} \times \text{연간 영업일수}}$$

   장치장 규모(m^2) = 소요 TGS × 단위 TGS 면적 ÷토지이용률
3. 용어의 정의
   ① **단위 TGS 면적** : 1 TEU를 적재할 수 있는 순수면적을 의미한다.
   ② **피크계수** : 일시적으로 교통량, 화물량이 폭주하는 경우에 대비하여 여유 공간을 확보하여 효율적인 운영을 위해 고려되는 요소를 말한다.
   ③ **분리계수** : 필요 컨테이너를 주출하기 위하여 필요한 하역작업 또는 여유 공간을 확보하기 위하여 고려되는 요소를 말한다.
   ④ **평균 단적수** : 겹쳐 쌓는 평균 컨테이너 단적수를 말한다.
   ⑤ **연간 영업일수** : 365일
   ⑥ TGS : 20ft 컨테이너가 장치장에 장치될 때 요구되는 면적을 말한다.
4. TGS의 영향요인
   ① 장치장의 지형과 형태
   ② 하역장비의 종류
   ③ 평균 장치기간
   ④ 컨테이너 화물의 종류
5. 컨테이너 터미널 소요 장치장 규모의 산정 순서
   ① 연간 전체 물동량 예측
   ② 컨테이너 종류별 물동량 예측
   ③ 컨테이너 종류별 최대 적재단수 결정
   ④ 컨테이너 종류별 평균 장치기간 산정
   ⑤ 분리계수 결정
   ⑥ 피크계수 결정
   ⑦ 연간 작업일수 결정
   ⑧ 컨테이너 종류별 소요 TGS 산정

3 컨테이너 터미널의 하역방식 ★★

(1) 샤시 방식(Chassis System, 온 섀시 방식, On Chassis System)

① 개념

㉠ 컨테이너를 섀시 위에 적재한 상태로, 필요할 때 이송하는 방식이다.

㉡ 컨테이너 크레인(C/C)과 도로용 컨테이너 운송차량인 로드 트랙터와 로드 섀시를 조합하여 컨테이너를 직접 적하, 양하하는 방식이다.

TIP 섀시와 샤시는 같은 단어이다. 시험 문제에 두 단어를 혼용해서 쓰이므로 유의한다.

② 기기조합

㉠ 로드 트랙터, 로드 섀시

㉡ 갠트리 크레인

③ 특징

㉠ 주로 화물취급량이 적은 소규모 항만이나 컨테이너 야드 면적이 넓은 미국의 일부 항만에서 사용된다.

㉡ 선적 시에는 외부에서 반입한 컨테이너를 적재상태로 야드에 보관하였다가 선박이 입항하면 선적 스케줄에 따라 선적한다.

㉢ 하역 시에는 로드 트랙터와 로드 섀시(R/T+R/C)를 이용하여 안벽의 컨테이너 크레인으로부터 컨테이너를 적재하여 컨테이너 야드에 장치・보관 또는 직접 외부로 반출한다.

④ 장점

㉠ 별도의 야드 장비가 필요 없어 비교적 단순하다.

㉡ 저숙련 운전요원도 사용 가능한 방법이다.

⑤ 단점

㉠ 컨테이너를 적재상태로 보관할 많은 수량의 로드 섀시가 필요하고 비어 있는 상태의 섀시 보관장소도 필요하다.

㉡ 자동화가 곤란하고 피크수요에 대처가 어렵다.

핵심포인트

야드 트랙터와 로드 트랙터

1. 야드 트랙터(Y/T, Yard Tractor)
   ① 컨테이너 터미널 내에서만 운행할 수 있도록 제작되어 야드 섀시(Yard Chassis)와의 조합으로 안벽과 야드 사이를 운반하는 견인차량이다.
   ② CY 내에서 트레일러를 이동하는 데 쓰이며 섀시와 연결 시 브레이크 및 정기장치가 없어 **도로주행은 불가능**하다.
   ③ 고출력・저속운행 운반기기이다.

《 야드 트랙터 》

2. 로드 트랙터(R/T, Road Tractor)
   ① 로드 트랙터는 로드 트랙터 + 로드 섀시의 조합으로 운영되며, 섀시에 바퀴가 더 많이 달려 있고 트랙터의 고속주행이 가능하다.
   ② 도로주행이 가능하다.

《 로드 트랙터 》

(2) 스트래들 캐리어 방식(Straddle Carrier System)

① 개념
   ㉠ 스트래들 캐리어(Straddle Carrier)는 컨테이너 터미널에서 컨테이너를 마샬링 야드로부터 에이프런 또는 CY지역으로 운반 및 적재할 경우에 사용되는 장비이다.
   ㉡ 스트래들 캐리어 방식은 컨테이너를 컨테이너선에서 크레인으로 에이프런에 직접 내리고 스트래들 캐리어로 운반하는 방식이다.
   ㉢ 컨테이너를 스트래들 캐리어의 양다리 사이에 끼우고 자유로이 운반한다.

② **특징** : 컨테이너 야드에서는 컨테이너를 길이 방향 한 줄로 2~3단 적재보관하고, 부두외부 반출・반입 시 도로운송용 차량(R/T+R/C)을 이용하는 컨테이너 하역시스템이다.

③ 기기조합

㉠ 스트래들 캐리어

㉡ 갠트리 크레인

④ **장점** : 장비구성이 간단하고 운영의 유연성이 높아 피크수요에 대응력이 좋다.

⑤ 단점

㉠ 좁은 공간이동 빈도수가 높기 때문에 컨테이너 처리 및 유지・보수비용이 높다.

㉡ 1열 적재의 한계로 소요면적이 크다.

㉢ 운전의 난해성으로 인해 고숙련 운전요원이 요구된다.

(3) 트랜스테이너 방식(Transtainer System)

① 개념

㉠ 마샬링 야드로 들어온 컨테이너를 트랜스퍼 크레인으로 5~6열, 4~5단으로 대량 정리 적재하고 야드 트랙터와 섀시로 안벽까지 운송하여 갠트리 크레인으로 본선에 적하하는 방식 또는 양하하는 방식이다.

㉡ 일정한 방향으로 이동하므로 전산화에 의한 자동화가 가능한 방식이며 좁은 면적의 야드를 가진 터미널에 가장 적합한 방식이다.

㉢ 컨테이너 외부 반출은 로드 트랙터와 섀시를 이용한다.

② 기기조합

㉠ 야드 트랙터, 야드 섀시

㉡ 트랜스퍼 크레인

㉢ 갠트리 크레인

③ 장점

㉠ 고단적재가 가능하여 토지이용률이 양호하다.

㉡ 유지・보수비가 저렴하며 장비가동률이 높다.

㉢ 화물 손상률이 낮다.

㉣ 시스템과 결합한 자동, 반자동화 가능

④ 단점

㉠ 기술수준이 높아 초기 시설투자비가 많이 소요된다.

㉡ 고숙련 노동자가 필요하다.

(4) 혼합방식(Mixed System)

스트래들 캐리어 방식과 트랜스퍼 크레인 방식을 혼합한 하역방식으로 입항 시에는 스트래들 캐리어 활용하여 작업하고 출항 시에는 트랜스퍼 크레인을 활용하여 작업하는 방식이다.

(5) 지게차 방식

탑 핸들러 및 리치 스태커와 같은 대형 지게차를 이용하여 작업의 융통성을 높이는 방식이다.

(6) 자동화 방식

① 개념 : 마샬링 야드에서의 컨테이너의 적재와 정리, 운반은 무인 트랜스퍼 크레인 혹은 무인 천장 크레인이 하고 마샬링 야드에서 안벽 간은 무인운송차량(AGV)으로 자동, 반자동으로 이동하여 갠트리 크레인으로 본선 적하 및 양하하는 방식이다.

② 기기조합

㉠ 무인 트랜스퍼 크레인

㉡ 무인운송차량

㉢ 갠트리 크레인

③ 장점

㉠ 자동화로 인건비가 절감된다.

㉡ 가동률이 높고 처리능력이 향상된다.

㉢ IT 정보기술 적용이 가능하다.

㉣ 작업환경이 쾌적하다.

④ 단점

㉠ 초기 시설투자비가 매우 높다.

㉡ 기술적으로 숙련된 요원이 필요하다.

핵심포인트

컨테이너 화물의 수출입절차

1. 수출화물의 육상운송절차(FCL)

① 수출자는 운송인에게 선적의뢰 시 선적요청서(S/R)를 비롯한 포장명세서(P/L) 등의 서류를 제출한다.

② 화물 컨테이너 작업을 위해 공컨테이너를 수출자의 창고로 투입요청한다.

③ 선사는 육상운송회사에게 수출화물을 수령(Pick－up)하여 선적지 컨테이너야적장(CY)까지 내륙운송을 지시한다.

④ 선박회사는 육상운송회사에 연락하여 수출화주가 희망하는 장소에 공컨테이너 투입을 요청한다.

⑤ 수출통관이 완료된 후 수출신고필증이 발급된 경우 화주는 컨테이너에 화물을 적입하고, 공컨테이너 투입 시 함께 전달된 선사의 봉인(Carrier's seal)을 컨테이너에 직접 장착한다.

⑥ 컨테이너 터미널에 직접 인도하거나 ODCY에 반입한다.

⑦ ODCY에서 컨테이너 터미널의 마샬링 야드까지의 단거리 운송(셔틀운송)한다.

⑧ 컨테이너 터미널에 반입한 수출화물 컨테이너는 선박이 지정 선석에 정박하기 전에 미리 마샬링 야드에 대기하였다가 선박이 정박하면 해당 선박에 적재한다.
⑨ 선박회사는 적재 후 선하증권(B/L)을 발행한다.

2. 수입화물의 내륙운송절차
① 수입국 선사는 수출국 선사로부터 B/L목록 및 사본, 선박 출항보고서, 적하목록, 위험화물목록, 최종본선적부계획(Final Stowage Plan), 컨테이너 적부도(Container Load Plan) 등을 입수 및 검토한다.
② 선사는 화주가 도착화물을 신속히 인수할 수 있도록 해당 선박이 도착하기 전에 화주에게 화물의 도착을 알리는 도착통지서(A/N, Arrival Notice)를 발송한다.
③ 도착통지를 받은 수입상은 화물을 어느 보세창고에 입고할 것인지를 지정하며 수입상이 창고를 지정하지 않을 경우 선사에서 임의로 배정할 수 있다.
④ 선박이 개항에 입항 및 하선한 후 보세구역에 장치된다.
⑤ 수입자가 관할세관에 수입신고를 하며 세관은 물품검사를 진행한 후 수입신고수리 하여 수입통관을 진행한 후 수입신고필증을 교부한다.
⑥ 수입상이 선하증권 원본을 제출하면 선사는 화물인도지시서(D/O, Delivery Order)를 발급한다. CY나 보세장치장 등은 선사 또는 포워더가 발행한 원본 선하증권이나 화물인도지시서를 소지하고 있는 화주에게 화물을 인도하며, 운임과 창고료 등을 영수한다.
⑦ **공컨테이너 반납** : 화주가 인수해 간 컨테이너의 반송은 원칙적으로는 Full Container를 Pick-up했던 ODCY로 반납하는 것이 원칙이다. 예외적으로 선사가 지정한 내륙컨테이너 데포(Depot)나 CY에 반납할 수 있다. 이때 선사가 정한 Free Time을 경과하여 반환하는 경우에는 컨테이너 지체료가 부과된다.

핵심포인트

선적 및 하역 업무에 따른 부속서류

1. 컨테이너적입도(CLP, Container Load Plan)
① 컨테이너마다 적재된 화물의 명세를 기재하는 서류이다.
② FCL 화물의 경우 송화인이 작성하며, CY에서 본선 적재할 때와 양륙지에서 컨테이너 보세운송할 때 사용되는 서류이다.
③ LCL화물의 경우 CFS 운영업자가 작성하는 서류이다.
④ LCL화물의 경우 CLP는 대개 CFS Operator나 이와 계약관계에 있는 검수회사가 선적 예약 시 화주가 제출한 제반서류를 기초로 작성한다.

2. Stowage Plan : 체계적인 하역작업 및 본선안전을 위한 것으로 여기에는 선적용 적부도 양륙용 적부도가 있다.

3. Tally Sheet : 하역화물의 개수, 화인, 포장상태, 화물사고, 외형상의 고장 유무 등을 기재한 검수표이다.
4. Delivery Order
   ① 양륙지에서 선사 또는 대리점이 수하인으로부터 선하증권 또는 보증장을 받고 본선 또는 터미널(CY 또는 CFS)에 화물인도를 지시하는 서류이다.
   ② 물품의 보관자에 대해 그 물품을 증권의 정당한 소지인에게 인도해야 하는 것을 지시하는 대표적인 증서이다.
5. Boat Note(B/N) : 화물양륙 시 화물을 인도받는 수하인, 그 대리인 또는 하역업자가 양륙화물과 적하목록을 대조하여 본선에 교부하는 화물인수증이다.
6. Measurement/Weight Certificate : 각 포장당 용적 및 총중량의 명세서이며 해상운임 산정의 기초가 된다.
7. Manifest(M/F, 적하목록) : 선박 또는 항공기에 적재된 화물의 총괄목록으로 선적화물에 대한 명세서이며, 양륙지에서 하역 및 통관절차에 필요한 서류이다.

04 항공하역

1 항공기의 공간 구분

(1) Deck

항공기의 바닥이 2개 이상인 경우에는 Deck에 의해 항공기 내부공간이 Upper Deck, Main Deck, Lower Deck로 구분한다.

① Upper Deck : 항공기 상부 공간을 말한다.
② Main Deck : 항공기 중간에 가장 높이 많이 쌓을 수 있는 공간을 말한다. 승객이 탑승하는 Main Deck을 Cabin이라고 한다.
③ Lower Deck : 항공기 하부 공간을 말한다.

(2) Hold

천장과 바닥 및 격벽으로 구성되어 여객과 화물을 수송할 수 있는 내부공간으로서 여러 개의 Compartment로 구성된다.

(3) Compartments

Hold 내에 Station별로 지정된 공간을 말한다.

① Section : Compartment 중 ULD를 탑재할 수 없는 공간의 세부적 구분을 의미한다.
② Bay : Compartment 중 ULD를 탑재할 수 있는 공간의 세부적 구분을 의미한다.

2 단위탑재(수송)용기(ULD, Unit Load Device) ★★

(1) 개요

① 개념
㉠ 항공운송 시 신속한 작업을 위해 사용하는 용기류를 의미한다.
㉡ 항공화물운송에 사용되는 컨테이너, 파렛트, 이글루 등 항공화물 탑재용구의 총칭이다.
② 특징 : ULD의 외면표기(Markings)는 IATA의 규정에 의해 ULD Type Code, Maximum Gross Weight, The Actual Tare Weight를 반드시 표기하도록 하고 있다.
③ 장점
㉠ 신속한 항공기 탑재 및 하역작업으로 항공기의 가동률을 제고한다.
㉡ 지상조업시간, 하역시간을 단축할 수 있다.
㉢ 운송화물의 안전성이 제고된다.
㉣ 냉장·냉동화물 등 특수화물의 운송이 용이하다.
④ 단점
㉠ 초기 투자비용이 **많이** 든다.
㉡ 기종별 규격의 비표준화로 ULD의 기종 간 호환성이 낮다.
⑤ 종류
㉠ ULD 종류에는 파렛트, 컨테이너, 이글루, GOH(Garment on Hanger) 등이 있다.
㉡ 항공기 간의 호환 여부에 따라 Aircraft ULD와 Non-Aircraft ULD로 구분할 수 있다.

핵심포인트

Aircraft ULD, Non-Aircraft ULD

1. Aircraft ULD : IATA의 허가하에 각종 비행기의 화물칸에 맞도록 만들어낸 것을 말한다.
   ① Pallet
   ② Igloo
   ③ Certified Aircraft Containers
2. Non-Aircraft ULD : 화물의 종류에 맞추어 화물칸의 탑재상태와는 상관없이 만든 비항공용 박스를 말한다.

(2) 파렛트

① 항공파렛트는 1인치 이하의 알루미늄 합금으로 만들어진 평판으로 이 부분에 Net과 Igloo를 사용하여 Attachment Fittings에 연결, 고정된다.

② 항공파렛트는 화물을 특정 항공기의 내부모양과 일치하도록 탑재 후 망(Net)이나 띠(Strap)로 묶을 수 있도록 고안된 장비이다.

③ 파렛트 위의 화물이 항공기 내부모양과 일치하도록 Igloo로 덮는다.

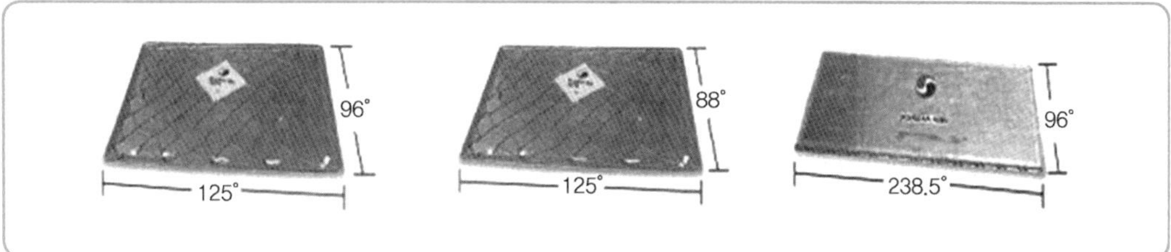

《 항공파렛트 》

(3) 컨테이너

① **개념** : 항공컨테이너는 별도의 보조장비 없이 항공기 화물실에 탑재 및 고정이 가능하도록 제작된 용기이다.

② **특징**

㉠ 항공컨테이너는 탑재된 화물의 하중을 견딜 수 있는 강도로 제작되고 기체에 손상을 주지 않아야 한다.

㉡ 항공컨테이너와 해상컨테이너는 호환 탑재가 **불가능**하다.

㉢ Certified Aircraft Container(CAC)는 항공기 화물실 윤곽(Contour)에 맞게 제작되어 화물실 공간을 최대한 활용할 수 있도록 제작되어 있다.

《 항공컨테이너 》

(4) 이글루(Igloo)

① **개념**

㉠ 이글루는 밑바닥이 없는 형태로 항공기 내부구조에 맞게 알루미늄과 유리섬유(Fiberglass)로 만들어진 항공화물을 넣는 특수한 덮개이다.

㉡ 파렛트 화물의 덮개로 사용하며 항공기 내부구조에 맞게 모서리가 둥글게 되어 있다.

② **특징** : 보통 에스키모 얼음집 모양 또는 Dome 구조를 가지고 있다.

③ 종류

㉠ **비구조적 이글루**(Non-Structural Igloo) : Open-front 형태로 밑바닥이 없이 유리섬유 또는 알루미늄 등의 재질로 비행기의 동체모양에 따라 만들어진 항공화물을 넣는 특수한 덮개로서 파렛트와 함께 사용되어 공간을 최대한 활용하도록 윗면의 모서리 부분이 둥근 형태로 고안되었다.

㉡ **구조적 이글루**(Structural Igloo) : 구조적 이글루는 비구조적 이글루를 파렛트에 고정시켜 놓은 것으로 적재된 화물을 네트 없이 고정시킬 수 있도록 제작된 형태이다(88″ × 108″, 88″ × 125″).

TIP BUC(Build up Cargo), RFC(Ready for Carriage)

- BUC(Build up Cargo) : 단위적재용기 화물
- RFC(Ready for Carriage) : 복합운송주선업자가 항공화물을 항공기에 적재할 수 있도록 처리하는 모든 종류의 작업 또는 그런 처리가 된 화물

3 항공화물 탑재방식

(1) 살화물 탑재방식

① 살화물 적재방식은 인력에 의해 개별화물을 직접 화물실에 적재하는 방식이다.

② 살화물 탑재방식은 단시간에 집중적으로 작업해야 하는 화물탑재에 적합한 방식이다.

③ 살화물 탑재방식에서는 트랙터(Tractor)와 카고 카트(Cargo Cart)가 주로 사용된다.

(2) 파렛트 탑재방식

기본적인 항공화물 취급 방법이며, 파렛트화된 화물을 이글루(Igloo)로 씌워서 탑재하는 방식이다.

(3) 컨테이너 탑재방식

항공기 내부구조에 적합한 컨테이너를 이용하여 탑재하는 방식이다.

4 항공화물의 파렛트 하역장비 ★★★

(1) 파렛트 스케일(Pallet Scale)

파렛트에 적재가 끝난 후 파렛트를 계량하기 위하여 계량기를 랙 또는 트레일러에 조립시켜 놓은 계량장치이다.

(2) 달리(Dolly, 돌리)

① 적재작업이 완료된 항공화물의 단위탑재용기를 터미널에서 항공기까지 견인차에 연결하여 수평 이동하는 장비이다.
② 파렛트를 올려놓고 운반하기 위한 차대로서 자체구동력이 없으며 사방에 파렛트가 미끄럼 방지를 위해 스토퍼(Stopper)를 부착하고 있다.
③ Tug Car에 연결되어 사용되며, 연달아 항공 벌크화물 및 항공 컨테이너를 이동시키는 동력장치 없는 섀시이다.
④ Transporter와 동일한 작업을 하지만 자체의 기동성이 없는 것이 차이점이다.

(3) 트랜스포터(Transporter)

① 하역작업이 완료된 단위적재용기를 터미널에서 항공기까지 수평 이동에 사용하는 장비로서 파렛트를 올려놓은 차량에 엔진을 장착하여 자주식으로 운행한다.
② 엔진이 장착된 차량으로서 적재완료된 단위탑재용기(ULD)를 올려놓은 상태에서 항공화물터미널에서 항공기까지 수평 이동을 가능하게 하는 장비이다.

Dolly

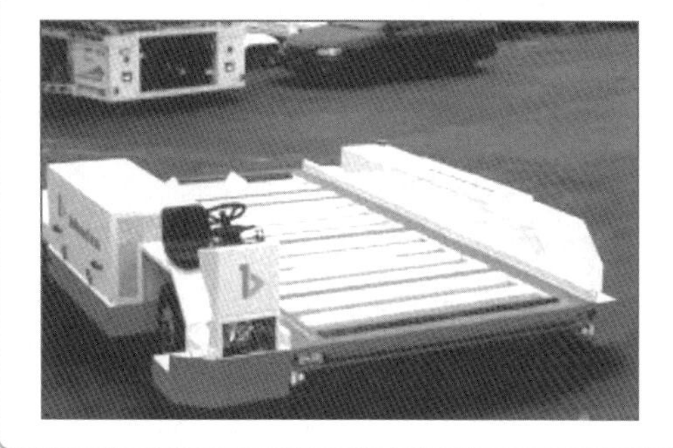
Transporter

(4) 리프트 로더(Lift Loader)

① 파렛트를 항공기 화물실 밑바닥 높이까지 들어 올려 기내에 탑재하기 위한 기기이다.
② 일반적으로 항공기 화물 하역에 사용되는 로더로 트럭의 섀시에 테이블 리프터를 장착하여 하대를 승강시킬 수 있게 한 구조이다.

(5) 파렛트 랙(Pallet Rack)

파렛트를 올려놓는 판, 즉 파렛트 설치 장소를 의미한다.

(6) 형상측정기(Contour Gauge, 컨투어 게이지)

① 항공파렛트에 적재된 화물의 형상, 윤곽을 정리 및 측정하기 위한 스케일(Scale)과 같은 것이다.

② 기계 부속류의 합격품과 불합격품을 판정할 때 사용되는 측정기이다.

TIP Pallet Scale은 파렛트저울을 의미한다.

(7) 터그 카(Tug Car)

Dolly를 연결하여 이동하는 차량으로 항공화물을 이동시키는 저속에 큰 힘을 내는 트랙터이다.

(8) 하이 로더(High Loader)

대형 화물기에 단위 탑재용기 또는 항공화물을 적하·출하하기 위한 높이 조절기기이자 전용탑재기이다.

(9) 셀프 프로펠드 컨베이어(Self Propelled Conveyor)

수하물 및 소형화물을 화물창에 낱개 단위로 탑재할 때 사용하는 장비이다.

《 Tug Car 》

《 High Loader 》

《 Self Propelled Conveyor 》

(10) 소터(Sorter)

비교적 소형화물을 행선지별, 인도지별로 구분하는 장치로서 통상 컨베이어와 제어장치 등으로 구성된다.

(11) Work Station

항공화물터미널에서 화물을 파렛트에 적재(Build-up)하거나 해체(Break down)할 때 사용되는 설비이다.

05 철도하역

1 철도화물운송의 형태

(1) 화차취급

① 개념

㉠ 일반화물의 장거리 운송에 많이 이용하는 일반적인 화물운송방법이다.

㉡ 화물을 대절한 화차 단위로 운송한다.

② 특징

㉠ 운임은 화차를 기준으로 정하여 부과한다.

㉡ 특대화물, 위험물 등의 경우에는 할증제도가 있다.

㉢ 발·착역에서의 양·하역작업은 화주책임이다.

㉣ 대절 시 통상 1차 단위를 원칙으로 하지만, 2차 이상의 화차에 걸쳐서 운송할 때는 사용대차를 1단위로 간주한다.

(2) 컨테이너 취급

① 화차취급과 동일한 개념으로 20ft, 40ft, 45ft 컨테이너를 화차에 적재하여 운송하는 것을 의미한다.

② 대량운송을 위한 최적의 운송방법으로 형태·크기·중량이 다른 여러 가지 화물을 섞어서 일정한 단위로 운송하는 것을 말한다.

③ 컨테이너운송은 철도운영사 또는 화물자동차 운송회사 등이 소유한 화차를 이용한다.

(3) 혼재차 취급

① 소운송업자가 화주와 철도의 중간에서 화주가 탁송하여야 할 여러 개의 작은 화물을 혼재한 후에 운임을 수수하고, 혼재된 화물을 다시 철도에 일반차 취급운임을 지급하여 운송되는 방법을 말한다.

② 통운업자가 불특정 다수의 화주로부터 소량화물의 운송을 위탁받고 이를 행선지별로 화차취급이나 컨테이너 단위로 재취합하여 철도의 화차취급이나 컨테이너 취급으로 탁송하는 운송제도이다.

(4) 화물취급(KTX 특송서비스)

KTX 열차를 이용하여 소규모 소화물과 서류 등을 신속히 배송하는 초고속 배송서비스이다.

2 철도하역방식 ★★★

(1) 개념

① 컨테이너의 철도하역방식은 크게 TOFC 방식과 COFC 방식으로 구분된다.
② TOFC와 COFC는 트레일러 운송 여부에 따라 구분된다.

(2) COFC(Container on Flat Car) 방식

① 개념 : 화차에 컨테이너 자체만을 적재하고 **컨테이너를 트레일러로부터 분리**하여 직접 플랫 카에 적재한다. 즉, 컨테이너만 철도화차에 상차하거나 하차하는 방식이다.
② 종류 : 컨테이너만을 화차에 적재하는 방식으로 지게차에 의한 방식, 크레인을 이용해 매달아 싣는 방식, **플렉시 밴** 방식이 있다.
㉠ **지게차에 의한 방식** : 탑 핸들러 혹은 리치 스태커 등을 이용하여 적재하는 방식이다.
㉡ **크레인에 의한 방식** : 크레인을 이용하여 매달아 적재하는 방식이다.
㉢ **플렉시 밴** : 트럭이 화물열차에 대해 직각으로 후진하여 무개화차에 바로 싣고 화차의 회전판을 이용하여 회전 후 고정하는 방식이다.

《 지게차 COFC 》 《 리치 스태커 COFC 》 《 크레인 COFC 》

《 플렉시 밴 COFC 》

③ 특징
㉠ COFC가 TOFC보다 보편화되어 있다.
㉡ 철도운송과 해상운송의 연계가 용이하다.
㉢ 하역작업이 용이하고 화차중량이 가벼워 보편화된 철도하역방식이다.
㉣ 철도화차에 컨테이너를 상・하차하기 위해서는 크레인 및 지게차 등의 하역장비가 필요하다.

ⓜ 일반적으로 TOFC에 비해 COFC가 적재효율이 높다.

(3) TOFC(Trailer on Flat Car) 방식

① 개념

㉠ 화물을 적재한 트레일러(섀시)를 철도화차(Flat Car)에 다시 적재하여 운행하는 시스템이다. 즉, 화차 위에 로드 트랙터, 로드 섀시 등을 하역하는 방식이다.

㉡ 컨테이너를 철도로 운송하기 위하여 사용되는 적양방식의 하나로 철도역에 하역설비가 없는 경우, 컨테이너를 적재한 피견인차가 경사로를 통하여 적재 및 양륙되는 방식이다.

㉢ 철도운송과 도로운송을 결합한 운송시스템이다.

② 특징

㉠ 2단적 열차(Double Stack Train)에 **적합하지 않다**. 2단적 열차는 철도화차 위에 컨테이너를 2단으로 적재하여 운송하기 때문에 COFC 방식에 의해 운송해야 한다.

㉡ TOFC 방식은 COFC 방식에 비해 트랙터, 트레일러의 무게가 추가되므로 총중량이 크다.

③ 종류 : TOFC 방식의 종류에는 **Piggy back 방식**, Kangaroo 방식, Freight Liner 방식이 있다.

구분	내용
피기백(Piggy Back) 방식	• 철도와 트럭의 혼합이용방법으로 트레일러나 컨테이너를 기차의 무개화차에 싣고 운송하는 방법이다. 즉, 화물열차의 대차 위에 트레일러나 트럭을 컨테이너 등의 화물과 함께 실어 운송하는 방식이다. • 로드 트랙터와 로드 트레일러(섀시) 조합에 의한 화물운송 도중 화물열차의 대차 위에 섀시나 트랙터+섀시 컨테이너와 함께 운송하는 방식이다. • 대차 위에 화물을 적재한 트럭 등을 적재한 상태로 운송하는 방식으로 화물의 적재단위가 클 경우에 이용하며 하역기계가 필요한 것이 단점이다.
캥거루(Kangaroo) 방식	• 철도화차에 트레일러 차량의 바퀴가 들어갈 수 있는 홈이 있어 적재 높이를 낮게 하여 운송할 수 있는 방식이다. • 열차의 바닥면이 높은 경우 바닥면의 중앙부를 낮춰 트레일러를 집어넣는 방식이며 터널의 높이제한, 차량의 높이제한 등이 있을 경우 피기백 방식보다 유리하다. • 피기백 방식보다 높이가 낮게 바퀴가 화차에 삽입되는 형식이다.
프레이트 라이너(Freight Liner) 방식	• 영국국철이 개발한 정기적 급행 컨테이너 열차로서 대형 컨테이너를 적재하고 터미널 사이를 고속의 고정편성을 통해 정기적으로 운행하는 방식이다. • 프레이트 라이너 사는 복합운송구간을 포함하여 일관 요율을 적용한다.

《 로드 트랙터 + 로드 섀시 피기백 》

《 로드 섀시 피기백 》

《 캥거루 방식 》

핵심포인트

Bimodal System

상·하역 작업에 크레인이 필요 없고, 컨테이너나 피기백 수송과 달리 화차 차대가 필요하지 않으며 중량, 가격, 수송비용 면에서 유리한 특성을 가지고 있다. 트레일러의 높은 견고성이 요구된다.

《 Bimodal System 》

06 유닛로드시스템

1 화자정비

(1) 개념

① 화자 : 유통과 운반을 위해 표준화된 화물의 형태를 만들어주는 구조물이다.

② 화자정비

㉠ 창고의 공간, 면적이나 운반기기의 계획과 화물취급 등의 결정요인이다.

㉡ 원활한 창고의 운영을 도모하기 위해 화자를 정비하고 표준화해야 한다.

(2) 화자의 형태

① 용기(Container) : 고정된 형태의 물건을 담을 수 있는 구조물의 총칭으로 포대, 나무상자, 골판지 상자, 플라스틱 용기 등을 말한다.

② 화대류 : 물건을 쌓아 올릴 수 있고 화물취급의 용이성을 지원하는 구조물의 총칭으로 스키드, 파렛트, 트레이 및 견인대차 등을 말한다.

2 유닛로드시스템(Unit Load System) ★★★

(1) 개념

① 화물을 일정한 중량이나 크기로 **단위화**시켜 기계화된 하역작업과 일관된 수송방식으로 물류의 여러 과정들을 표준화시키는 것으로 물류표준화를 통하여 물류활동의 효율화를 꾀하는 시스템이다.

② 하역합리화 도모를 위해 화물을 일정한 표준의 중량 또는 체적(부피)으로 **단위화**하여 기계를 이용해서 하역하는 시스템을 의미한다.

③ 운송, 보관, 하역 등의 물류활동을 합리적으로 처리하기 위하여 포장화물의 기계 취급에 적합하도록 **단위화**한 방식을 말한다.

(2) 특징

① 제품의 종류가 다양해짐에 따라 그 **중요성이 증가**하고 있다.

② 하역작업의 혁신을 통해 수송합리화를 도모하기 위한 방안 중 하나이다.

(3) 유닛로드시스템의 3원칙

① 기계화의 원칙

② 표준화의 원칙

③ 최소하역 원칙

(4) 유닛로드시스템화 방법

① **파렛트**화
② 컨테이너화
③ **일관파렛트화**
④ 하역의 기계화

TIP 낱포장은 유닛로드시스템화와 거리가 멀다. 빈출

(5) 장점

① 효율화 및 비용 절감
㉠ 작업효율의 향상, 운반활성화, 물류비용 감소 등을 기대할 수 있다.
㉡ 하역을 기계화하고 운송, 보관 등을 일관화·효율화할 수 있다.
㉢ 하역작업의 혁신을 통해 수송합리화를 도모할 수 있다.
㉣ 운송차량의 적재함과 창고 랙을 표준화된 단위규격을 사용하여 적재공간의 효율성을 향상시킨다.
㉤ 시간과 비용이 절감되고, 도난 등의 피해가 감소하고 있다.
㉥ 파렛트를 비롯한 관련 시설 및 설비의 표준화로 제조비용이 절감된다.
㉦ 작업의 표준화, 재고조사의 간소화, 화물의 신속한 상·하역 및 이동, 운송수단의 변경 용이, 인건비의 절약

TIP 화물의 창고 적재율은 향상하나 ULD 자체 크기나 부피로 인해 운송 중 화물 적재율은 줄어들 수 있다.

② 화물 손상의 감소
㉠ 하역과 운송에 따른 화물 손상이 감소한다.
㉡ 화물처리 과정에서 발생할 수 있는 실수를 줄일 수 있다.

③ 연계성 향상
㉠ 호환성이 증대되어 다른 회사와 공동으로 파렛트를 사용하는 등 시스템 연계성을 높일 수 있다.
㉡ 물류관리의 시스템화가 용이하여 하역과 수송의 일관화를 가능하게 한다.
㉢ 규격, 구조, 품질 등이 유기적으로 연결되는 시스템화가 용이하다.

④ 하역능력 향상
㉠ 화물 취급단위에 대한 단위화와 표준화를 통하여 기계하역을 용이하게 하며 하역능력 향상과 비용 절감의 이점이 있다.
㉡ 하역의 기계화를 통한 신속한 적재로 운송수단의 회전율을 향상시킨다.

⑤ 업무간소화

㉠ 수송 및 보관 업무의 효율적인 운영과 수송포장의 간이화를 가능하게 한다.

㉡ 단위 포장용기의 사용으로 포장업무가 단순해진다.

(6) 단점

① 대규모 자본투자가 필요하다.

② 유닛로드용의 자재를 관리하기가 어려워진다.

(7) 전제조건

① 유닛로드시스템의 구축을 위해서 물류활동 간 접점에서의 표준화가 중요하다.

② 포장단위치수, 파렛트, 운송장비, 하역장비, 창고시설, 보관설비, 거래단위, 수송장비, 포장단위, 적재함규격 표준화 등의 표준화가 전제되어야 한다.

③ 추가적인 전용 설비 및 하역기계가 필요하다.

(8) 유닛로드 종류 및 크기 결정 시 고려사항

① 적재화물의 형태, 무게

② 적재화물의 적재형태

③ 하역장비의 종류와 특성

④ 운송장비(적재함)의 크기

⑤ 유닛로드의 운송수단

TIP 유닛로드 치수를 표준화하는 데는 수송에 관계있는 트럭이나 컨테이너 화차와의 정합성이 필요하다.

핵심포인트

Unit Load 치수

- 대표적인 Unit Load 치수에는 NULS(Net Unit Load Size)와 PVS(Plan View Size)가 있다.
- 배수치수 모듈은 1,140mm × 1,140mm Unit Load Size를 기준으로 하고, 최대 허용공차 −40mm를 인정하고 있는 Plan View Unit Load Size를 기본단위로 하고 있다.

3 일관파렛트화

(1) 파렛트화(Palletization)

① 개념 : 파렛트를 통해 하역을 기계화하고 수송, 보관, 포장의 각 기능을 합리화하기 위한 수단으로 파렛트를 사용하는 것을 의미한다.

TIP 우리나라에서는 일관수송용 평파렛트에 관한 KS 규격이 제정되어 있다.

② 장점

㉠ 하역 및 작업능률 향상

㉡ 물품 보호 효과

㉢ 재고조사 편의성 제공

㉣ 상하차 작업시간 단축으로 트럭의 운행효율 향상

③ 단점

㉠ 파렛트화된 화물은 **좁은 통로**에서 사용이 어렵다.

㉡ 파렛트화 또는 컨테이너화에 의해 적재효율이 감소하고 추가비용이 발생할 수 있다.

㉢ 표준 파렛트의 종류와 규격은 **국가별로 상이**하여 호환성 문제가 있을 수 있다.

(2) 일관파렛트화(Through Transit Palletization)

① 개념

㉠ 화물이 송화인으로부터 수화인에게 도착할 때까지 전 운송과정을 동일한 파렛트(ULD)를 이용하여 운송하는 것을 의미한다. 즉, 일관파렛트화는 생산자에서부터 소비자에게 이르기까지 화물이 일관해서 이동할 수 있는 유닛로드시스템의 기본이 된다.

㉡ 일관파렛트화에 적용되는 개념은 유닛로드를 컨테이너로 하였을 경우에도 그대로 적용될 수 있다.

㉢ 일관파렛트화는 파렛트 규격 통일 및 **표준화가 선행**되어야 한다.

② 기대효과

㉠ 기업의 이미지 향상

㉡ 하역비의 절감

㉢ 작업안전의 확보

㉣ 상품의 보호

㉤ 안전한 수송력의 확보

③ 장점

㉠ 비용 절감

ⓐ 물류비용이 저렴해진다.

ⓑ 포장의 간소화로 포장비 절감, 운임 및 부대비용 절감

ⓒ 보관능력 향상이 향상하여 재고가 감축되고 보관비가 절감된다.

㉡ 시간 절감 : 기계화가 용이하여 운송과 하역 작업시간이 단축된다.

㉢ 인력 절감

ⓐ 작업능률의 향상으로 하역 인력이 절감된다.

ⓑ 작업의 기계화가 진행되어 노동환경이 개선된다.

ⓒ 창고에서 물품의 운반관리를 용이하게 수행할 수 있다.

㉣ 작업표준화 : 작업의 표준화, 기계화를 촉진한다.

㉤ 효율성 증대

ⓐ 제한된 공간을 최대한 이용할 수 있다.

ⓑ 파렛트 자체의 체적 및 중량만큼 적재량이 줄어든다.

ⓒ 물류현장에서 하역작업의 혼잡을 줄일 수 있다.

ⓓ 하역시간의 단축되면서 트럭의 대기시간이 단축되고 이는 운행효율의 향상을 가져온다.

㉥ 시스템 연계 : 기업 간 물류시스템의 제휴가 가능해진다.

㉦ 파손 감소

ⓐ 화물 파손이 감소된다.

ⓑ 파렛트에 적합한 운송수단의 사용으로 파손 및 손실을 줄일 수 있다.

TIP 일관파렛트화와 안정된 가동률 유지는 관련 없다.

④ 단점

㉠ 가구, 기계류, 액체물, 분립체 등은 파렛트화가 곤란하다.

㉡ 운송수단의 적재함 규격이 각각 다르다.

㉢ 공파렛트의 회수, 보관, 정리 등의 관리가 복잡하다.

㉣ 제품에 적합한 파렛트의 다종화가 요구된다.

⑤ 일관파렛트화의 저해요인

㉠ 파렛트 회수 및 반송기간이 오래 걸리며 회수 및 반송관리에 대한 경비가 높다.

㉡ 적재한 화물이 ULD(파렛트 등)에서 붕괴될 위험이 있다.

㉢ 운송수단의 적재함이 표준화되지 않았을 경우 적재효율이 떨어진다.

㉣ 파렛트 자체의 체적 및 중량만큼 적재량이 줄어들 수 있다.

⑥ 일관파렛트화의 촉진을 위한 대책

㉠ 파렛트 풀 시스템(Pallet Pool System)을 구축하여 파렛트 회수 문제를 해결한다.

㉡ 파렛트에 대한 표준규격의 통일화와 운송수단 적재함의 규격통일화(Plan View Size)하여 적재효율을 향상시킨다.

㉢ 파렛트 적재방법에 대하여 직원 교육을 실시하고, 화물붕괴 방지대책을 수립한다.

㉣ 표준 파렛트 사용을 위한 관계기관의 홍보를 적극 지원한다.

㉤ 관련업체 간의 긴밀한 협조가 필요하다.

4 파렛트 풀 시스템(PPS, Pallet Pool System) ★★★

(1) 개념

① 파렛트의 규격을 표준화하여 **공동**으로 사용하는 것을 말한다.

② 파렛트의 규격을 표준화하여 상호교환성을 확보한 후 이를 서로 풀(Pool)로 연결하여 **공동**화함으로써 기업의 물류를 합리화하는 시스템이다.

③ 표준화된 파렛트를 화주, 물류업자들이 **공동**으로 이용하는 제도로서 풀(Pool) 조직이 파렛트

에 대한 납품, 회수관리, 수리를 담당한다.

(2) 도입 필요성

아래의 사유들에 의해 PPS 시스템이 도입된다.

① 지역 간, 계절별 수요에 탄력적 대응이 필요한 경우
② 파렛트 관리체계의 개선이 필요한 경우
③ 파렛트 회수 차원에서 화주의 부담을 줄이기 위한 경우
④ 일관파렛트화를 실현하기 위한 경우

(3) 파렛트 풀 시스템 활용 전제조건

① 파렛트 규격이 표준화 및 통일화되어야 한다.
② 표준 파렛트에 대한 포장 모듈화가 달성되어야 한다.
③ 파렛트 화물의 붕괴 방지책이 마련되어야 한다.
④ 거래단위가 유닛(Unit)화 되어야 한다. 즉, 주문량의 단위화가 이루어져야 한다.
⑤ 폭넓은 집배망이 구축되어야 한다.
⑥ 공파렛트의 회수 전문체제가 구축되어야 한다.
⑦ 파렛트의 지역적 편재 및 계절적 수요파동을 조정할 수 있어야 한다.

(4) 특징

① 표준 파렛트를 다량으로 보유하여 불특정 다수의 화주에게 파렛트를 공급한다.
② 계절적인 변동이 심한 제품의 경우 PPS 도입 효과가 크다.
③ 상품 규격과 파렛트 규격의 불일치가 존재할 수 있다.

(5) 장점

① 불필요한 사회적 자본 감소
   ㉠ 전체적인 **파렛트 수량이 줄어들어** 사회자본이 줄고 물류기기, 시설의 규격화 및 표준화가 촉진된다. 즉, 국가 전체 차원에서 파렛트 소요량이 줄어들므로 산업경쟁력이 향상되는 효과가 있다.
   ㉡ 파렛트 공동 사용을 통해 물류의 효율성을 높일 수 있다.
② 수요 효과적 대응
   ㉠ 파렛트가 필요할 때 언제, 어디서나 이용 가능하며 보수가 불필요하다.
   ㉡ 지역적, 계절적 수요에 효과적 대응이 가능하다.
   ㉢ 계절적 수요대응, 설비자금 절감이 가능하다.
   ㉣ 업종 간에 파렛트를 공동으로 이용하여 성수기와 비수기의 파렛트 수요변동에 대응할 수 있다.

③ 비용 절감
㉠ 물류합리화가 가능하다.
㉡ 일관파렛트화를 실현하고, 파렛트에 대한 투자비용을 절감할 수 있다.
㉢ 화주 및 물류업체의 물류비 부담을 **감소**시킨다.
㉣ 포장비 절감이나 작업능률 향상의 경제적 효과가 있다.

④ 파렛트 회수문제 해결
㉠ 파렛트 수송 후 회수가 **불필요**하여 공파렛트 회수문제를 해결할 수 있다.
㉡ 공파렛트 회수문제 해소 등 파렛트 관리가 용이하다.

⑤ **친환경 물류시스템 구축** : 많은 기업에서는 파렛트를 일회용 소모품으로 생각하는 경우가 많은데 풀 시스템을 활용함으로써 친환경 물류시스템 구축에도 도움이 된다.

⑥ **일관파렛트화 실현** : 일관파렛트화의 실현으로 발송지에서 최종 도착지까지 일관운송이 가능하게 된다.

(6) 단점

① 파렛트 규격에 맞는 포장규격의 변경이 필요하다.
② 자사의 필요규격을 임의로 선택하여 도입하기는 어렵다.
- 지역 간에 이동하는 파렛트 수량에 균형이 맞지 않기 때문에 공파렛트를 재배치해야 하는 문제점이 발생한다.

(7) 파렛트 풀 시스템의 분류

① 운영형태에 따른 분류 : 운송형태로 개방적 PPS, 기업단위 PPS, 업계단위 PPS가 있다.

개방적 파렛트 풀 시스템	제3자가 소유하는 파렛트를 공동사업소에서 렌탈하여 공동으로 이용하여 파렛트의 유통범위를 극대화하는 시스템으로 가장 이상적인 형태이다.
기업단위 파렛트 풀 시스템	기업이 대여전문회사로부터 자사 파렛트를 일괄 대여하여 자사 거래처와의 유통시점까지 독점적으로 이용하는 제도이다.
업계단위 파렛트 풀 시스템	각각 기업이 자사의 파렛트를 소유하되 업계가 일정한 규율하에 공동이용하는 형태로서 파렛트 적재화물은 기업 간 공동 유통창고를 통해 소비단계까지 확대하여 이용하는 시스템으로 반송면에서 이점이 있다.

② 운영방식에 따른 분류

(즉시)교환방식 (유럽방식)	1. 개념 ① 유럽 각국의 국영철도 출발역에서 송화주가 국철에 화물을 파렛트로드(Pallet Load) 형태로 화물을 화차에 선적하면 국철에서는 이와 동수의 공파렛트를 내어주어 상계하며, 수하인은 도착역에서 인수한 적하 파렛트와 동수의 파렛트를 국철에 인도하는 방식이다.

<table>
<tr>
<td></td>
<td>
② 즉, 송화주는 파렛트화된 화물을 운송사에 위탁하는 시점에서 동일한 수의 파렛트를 운송사에서 인수하고, 수화주는 파렛트화된 화물을 인수할 때 동일한 수의 파렛트를 운송사에 인도해 주는 방식이다.
2. 특징
① 운송수단의 이용이 복잡할 경우 파렛트의 교환이 원활하게 이루어지지 않을 수 있으며, 파렛트의 적재율이 저조하고 예비 파렛트를 보유해야 할 필요성이 있다.
② 즉, 파렛트를 동시에 교환하여 사용하는 것으로 언제나 교환에 응할 수 있도록 파렛트를 준비해 놓아야 하는 방식이다.
<table>
<tr><th>장점</th><th>단점</th></tr>
<tr>
<td>• 즉시 교환에 따른 분실을 방지할 수 있다.
• 파렛트의 행정 및 사무관리를 국철에서 시행하므로 사무관리가 용이하다.</td>
<td>• 동일 사이즈 및 동일 품질의 파렛트 교환이 어렵다.
• 사용횟수가 증가하여 생기는 파손과 분실에 대한 책임소재가 불분명하다.
• 최소한의 교환 예비용 파렛트 준비가 필요하고, 동일한 규격의 예비 파렛트 확보를 위하여 추가비용이 발생한다.
• 화주의 편재가 발생하면 파렛트 편재 또한 발생한다.</td>
</tr>
</table>
</td>
</tr>
<tr>
<td>리스・렌탈방식
(호주방식)</td>
<td>
1. 개념
호주에서 처음으로 시작되어 미국, 캐나다, 일본에서 도입한 방식으로 개별 기업에서 파렛트를 보유하지 않고 파렛트 풀 회사에서 일정 규격의 파렛트를 필요에 따라 임대하여 사용하는 방식이다.
2. 특징
파렛트 풀을 운영하는 기관이 사용자의 요청에 따라 규격화된 파렛트를 사용자가 소재하는 가까운 거점(Depot)에 공급해 주는 방식이다.
<table>
<tr><th>장점</th><th>단점</th></tr>
<tr>
<td>• 파렛트의 수리를 렌탈회사가 하기 때문에 파렛트의 품질유지가 용이하다.
• 이용자가 교환을 위한 동질・동수의 파렛트를 준비할 필요가 없다.
• 파렛트의 품질유지가 쉽고 파렛트 매수를 최소화하여 운영이 가능하다(적정 파렛트 운영).
• 파렛트 이용에 대한 수급 파동의 조정기능을 할 수 있다.</td>
<td>• 반환 시 렌탈료 계산이 필요하다.
• 렌탈회사 데포(Depot)에서 화주까지의 공파렛트 수송이 필요하다.
• 출발과 도착지의 화물불균형(화물편재)으로 인해 파렛트가 특정지역에 집중될 수 있으므로 렌탈회사는 빈 파렛트를 배송해야 하는 부담이 있다.
• 일부 화주의 편재(쏠림현상) 등에 의하여 파렛트가 쌓이는 곳이 발생</td>
</tr>
</table>
</td>
</tr>
</table>

<table>
<tr><td></td><td>
<table>
<tr><td></td><td>한다. 이때 편재되어 쌓여지는 파렛트는 렌탈회사 측면에서는 부담이 된다.
• 운영 면에서 교환방식보다 파렛트를 인도하고 반환할 때 전표처리나 사무처리가 복잡하다.</td></tr>
</table>
</td></tr>
<tr><td>교환·리스 병용방식</td><td>
1. 개념
1975년 영국의 GKN－CHFP사가 개발하는 방식으로 (즉시)교환방식과 리스·렌탈방식의 결점을 보완한 방식이다.
2. 특징
현재는 관리 운영상 어려움이 많아 활성화되지 못하고 있는 실정이다.
<table>
<tr><th>장점</th><th>단점</th></tr>
<tr><td>• 사용자 측면에서의 편의성 높다.</td><td>• 운송회사에 파렛트를 렌탈·반환해야 하는 책임으로 인한 운영이 복잡하고 사무처리가 번잡하다.</td></tr>
</table>
</td></tr>
<tr><td>대차결제 방식 (스웨덴)</td><td>
1. 개념
① 1968년 스웨덴의 파렛트 풀 회사에서 교환방식의 단점을 개량한 방식이다.
② 현장에서 즉시 파렛트를 교환하지 않고 일정 시간 이내에 파렛트를 운송사에 반환하는 방식이다. 즉, 출발역에서 즉시 교환하지 않고 일정 시간 내에 도착역에 해당 파렛트가 반납되면 동수로 출발역에서 내어주는 방식이다. 통상적으로 도착 후 3일 이내에 파렛트를 반환한다.
2. 특징
반환일수를 초과하거나 분실한 경우에는 정해진 변상금을 지불하게 된다.
<table>
<tr><th>장점</th><th>단점</th></tr>
<tr><td>• 국철역에서 파렛트를 즉시 교환할 필요가 없다.
• 대차결제되므로 파렛트를 돌려받지 못하는 상황을 방지할 수 있다(반환지연과 분실에 대해 변상금제도).</td><td>• 파렛트의 점진적 훼손에 대하여 책임소재가 불명확하다.</td></tr>
</table>
</td></tr>
</table>

CHAPTER 06 기출 & 실력 다잡기

01 항만하역

01 보관장소에 따른 하역의 분류가 아닌 것은?

① 액체화물 하역
② 터미널 하역
③ 항만 하역
④ 창고 하역
⑤ 배송센터 하역

해설 ①은 보관장소에 따른 분류가 아닌 화물형태에 의한 분류이다.

02 항만하역에 관한 설명으로 옳지 않은 것은?

① 항만하역이란 항만에서 항만운송면허사업자가 화주나 선박운항업자로부터 위탁을 받아 선박에 의해 운송된 화물을 선박으로부터 인수받아 화주에게 인도하는 과정을 총칭한다.
② 환적작업은 안벽에 계류된 부선에 적재되어 있는 화물을 양륙하여 운반기구에 적재하는 작업이다.
③ 선내작업으로는 본선 내의 화물을 내리는 양하와 본선에 화물을 올리는 적하가 있다.
④ 육상에서는 운반차량을 이용한 상차, 하차, 출고상차, 하차입고 등의 작업이 있다.
⑤ 컨테이너 전용부두의 경우 부두 내 CY/CFS에서 나온 컨테이너는 마샬링 야드에서 선적대기하다가 선내작업을 할 수 있다.

해설 ② 부선양하는 안벽에 계류된 부선에 적재되어 있는 화물을 양륙하여 운반기구에 적재하는 작업이다. 환적은 운송수단에서 타 운송수단으로 옮겨 싣는 작업을 말한다.

03 항만운송 사업 중 타인의 수요에 응하여 하는 행위로서 항만하역사업에 해당하는 것은?

① 선적화물을 싣거나 내릴 때 그 화물의 개수를 계산하는 행위
② 선적화물 및 선박(부선을 포함한다)에 관련된 증명·조사·감정을 하는 행위
③ 선적화물을 싣거나 내릴 때 그 화물의 인도·인수를 증명하는 행위
④ 선박을 이용하여 운송된 화물을 화물주 또는 선박운항사업자의 위탁을 받아 항만에서 선박으로부터 인수하거나 화물주에게 인도하는 행위
⑤ 선적화물을 싣거나 내릴 때 그 화물의 용적 또는 중량을 계산하거나 증명하는 행위

정답 01 ① 02 ② 03 ④

해설 ① 검수사업에 대한 설명이다.
② 감정사업에 대한 설명이다.
③ 검수사업에 대한 설명이다.
⑤ 검량사업에 대한 설명이다.

04 다음 중 항만 및 부두에서 사용하는 항만 기기 또는 시설이 아닌 것은?

① 트랜스포터(Transporter)
② 펜더(Fender)
③ 계선주(Bitt)
④ 안벽(Quay)
⑤ 캡스턴(Capstan)

해설 ① 트랜스포터(Transporter)는 항공화물의 하역장비이다. 항공운송에서 하역작업이 완료된 파렛트를 터미널에서 항공기까지 이동시키는 데 사용하는 장비이다.

05 항만하역기기 중 컨테이너 터미널에서 사용하는 하역기기가 아닌 것은?

① 리치 스태커(Reach Stacker)
② 야드 트랙터(Yard Tractor)
③ 트랜스퍼 크레인(Transfer Crane)
④ 탑 핸들러(Top Handler)
⑤ 호퍼(Hopper)

해설 호퍼(Hopper)의 경우 산화물(Bulk Cargo) 하역작업 시 주로 활용되는 하역기기이다.

06 항만하역기기 중 컨테이너 터미널 하역기기에 해당하지 않는 것은?

① 트랜스퍼 크레인(Transfer Crane)
② 리치 스태커(Reach Stacker)
③ 탑 핸들러(Top Handler)
④ 야드 트랙터(Yard Tractor)
⑤ 로딩 암(Loading Arm)

해설 로딩 암은 컨테이너 터미널 하역기기가 아니라 대량의 액체 및 기체제품을 운반선(Bulk 선박)에 선적 또는 하역할 때 사용하는 굴절형 팔 형태의 항만하역장비이다(항만법 시행령 별표 5).

정답 04 ① 05 ⑤ 06 ⑤

07 **컨테이너 터미널에서 사용되는 하역장비에 관한 설명으로 옳지 않은 것은?**

① 리치 스태커(Reach Stacker)는 장비의 회전 없이 붐에 달린 스프레더만을 회전하여 컨테이너를 이적 또는 하역하는 장비이다.
② 무인운반차량(Automated Guided Vehicle)은 무인으로 컨테이너를 이송하는 장비이다.
③ 야드 트랙터(Yard Tractor, Y/T)는 야드에서 컨테이너를 이동 · 운송하는 데 사용되는 이동장비로서 일반 도로 운행이 가능한 장비이다.
④ 스트래들 캐리어(Straddle Carrier)는 컨테이너 터미널에서 컨테이너를 마샬링 야드로부터 에이프런 또는 CY지역으로 운반 및 적재할 경우에 사용되는 장비이다.
⑤ 윈치 크레인(Winch Crane)은 차체를 이동 및 회전시키면서 컨테이너 트럭이나 플랫 카(Flat Car)로부터 컨테이너를 하역하는 장비이다.

해설 야드 트랙터는 CY 내에서 트레일러를 이동하는 데 쓰이는 견인차량으로 일반 도로에서 운행할 수 없고, 일반 도로에서 운행 가능한 차량은 로드 트랙터이다.

08 **컨테이너 터미널에서 사용되는 하역방식은 안벽과 야드 간의 컨테이너 이송에 사용되는 장비에 따라 여러 가지 유형으로 구분되고 있다. 현재 국내에서 주로 사용하는 방식은 무엇인가?**

① 섀시 방식(Chassis System)
② 스트래들 캐리어 방식(Straddle Carrier System)
③ 트랜스테이너 방식(Transtainer System)
④ 혼합방식(Mixed System)
⑤ 무인이송차량 방식(Automated Guided Vehicle System)

해설 국내에서 주로 사용하는 방식은 트랜스테이너 방식으로, 야드 섀시에 탑재된 컨테이너를 마샬링 야드로 이동시켜 트랜스퍼 크레인에 의해 장치하는 방식이다.

정답 07 ③ 08 ③

09 **다음에서 설명하는 내용으로 옳은 것을 모두 고른 것은?**

ㄱ. 섀시 방식(Chassis System) : 로드 트랙터와 로드 섀시를 조합하여 컨테이너를 직접 적하, 양하하는 방식이다.
ㄴ. 스트래들 캐리어 방식(Straddle Carrier System) : 컨테이너를 컨테이너선에서 크레인으로 에이프런에 직접 내리고 스트래들 캐리어로 운반하는 방식이다.
ㄷ. 트랜스테이너 방식(Transtainer System) : 야드 섀시에 탑재한 컨테이너를 마샬링 야드로 이동시켜 장치하는 방식으로 일정한 방향으로 이동하므로 전산화에 의한 자동화가 가능한 방식이다.

① ㄱ
② ㄴ
③ ㄱ, ㄴ
④ ㄱ, ㄷ
⑤ ㄱ, ㄴ, ㄷ

해설 모두 옳은 표현이다.

10 **컨테이너 터미널 운영방식에 관한 설명으로 옳은 것을 모두 고른 것은?**

ㄱ. 섀시 방식(Chassis System) : 컨테이너를 섀시 위에 적재한 상태로, 필요할 때 이송하는 방식이다.
ㄴ. 트랜스테이너 방식(Transtainer System) : 트랜스퍼 크레인(Transfer Crane)을 활용하여 컨테이너를 이동하는 방식으로 자동화가 어렵다.
ㄷ. 스트래들 캐리어 방식(Straddle Carrier System) : 컨테이너를 스트래들 캐리어의 양다리 사이에 끼우고 자유로이 운반하는 방식이다.

① ㄱ
② ㄴ
③ ㄱ, ㄴ
④ ㄱ, ㄷ
⑤ ㄱ, ㄴ, ㄷ

해설 ㄴ. 트랜스테이너 방식이란 야드 섀시에 탑재한 컨테이너를 마샬링 야드로 이동시켜 장치하는 방식으로 일정한 방향으로 이동하므로 전산화에 의한 <u>자동화가 가능한 방식</u>이며 좁은 면적의 야드를 가진 터미널에 가장 적합한 방식이다.

정답 09 ⑤ 10 ④

11 **전용부두에 접안하여 언로더(Unloader)나 그래브(Grab), 컨베이어벨트를 통해 야적장에 야적되며, 스태커(Stacker) 또는 리클레이머(Reclaimer), 트랙호퍼(Track Hopper) 등을 이용하여 상차 및 반출되는 화물은?**

① 고철
② 석탄 및 광석
③ 양회(시멘트)
④ 원목
⑤ 철재 및 기계류

해설 '그래브', '트랙호퍼'를 이용하여 상차 및 반출되는 화물은 석탄 및 광석이다.

12 **다음에서 설명하는 항만하역 작업방식은?**

> 선측이나 선미의 경사판을 거쳐 견인차를 이용하여 수평으로 적재, 양륙하는 방식으로 페리(Ferry) 선박에서 전통적으로 사용해 온 방식이다.

① LO－LO(Lift on－Lift off) 방식
② RO－RO(Roll on－Roll off) 방식
③ FO－FO(Float on－Float off) 방식
④ FI－FO(Free in－Free out) 방식
⑤ LASH(Lighter Aboard Ship) 방식

해설 RO－RO(Roll on－Roll off) 방식에 대한 설명이다.

① **LO－LO**(Lift on－Lift off) **방식** : 본선 또는 육상의 갠트리 크레인(Gantry Crane)을 사용하여 컨테이너를 본선에 수직으로 하역하는 방식이다. LO－LO 하역기기로는 지브 크레인, 천장 크레인, 케이블 크레인, 컨테이너 크레인이 있다.

③ **FO－FO**(Float on－Float off) **방식** : 부선에 컨테이너(Container)를 적재하고 부선에 설치되어 있는 크레인 또는 엘리베이터를 이용하여 하역하는 방식

13 **컨테이너 터미널이 연간 100,000 TEU의 물동량을 처리하고, 평균 장치일수는 10일이며, 피크 및 분리계수는 각각 1.5이면서, 평균 장치단수는 5단위일 경우 소요되는 TGS(Twenty－foot Ground Slot) 수는 얼마가 되겠는가?**

① 308
② 548
③ 1,233
④ 3,082
⑤ 6,164

해설

$$\text{소요 TGS} = \frac{\text{연간 처리예상물동량} \times \text{평균 장치일수} \times \text{피크계수} \times \text{분리계수}}{\text{평균 단적수} \times \text{연간 영업일수}}$$

$$= \frac{100{,}000\ \text{TEU} \times 10\text{일} \times 1.5 \times 1.5}{5 \times 365\text{일}} = 1{,}232.8$$

정답 11 ② 12 ② 13 ③

14 컨테이너 터미널이 연간 100,000 TEU의 물동량을 처리하고 있다. 평균 장치일수는 10일, 피크 및 분리계수는 각각 1.5, 평균 장치단수는 4단일 경우 소요되는 TGS(Twenty-foot Ground Slot) 수는? (단, 연간 영업일수는 365일이다.)

① 771
② 1,460
③ 1,541
④ 2,920
⑤ 3,082

해설 TSG(Twenty-foot Ground Slot, 장치장소요면적)

$$TGS = \frac{\text{연간 수요(물동량)} \times \text{평균 장치일수} \times \text{피크계수} \times \text{분리계수}}{\text{평균 장치단수} \times \text{연간 영업일수}}$$

$$= \frac{100{,}000 \times 10 \times 1.5 \times 1.5}{\text{4단} \times \text{365일}} = 1{,}541$$

15 A사의 작업시간에 관한 자료가 다음과 같을 때 입하작업 공수비율과 가동률은?

- 총 작업시간 : 100시간
- 실작업시간 : 80시간
- 출하작업시간 : 60시간
- 입하작업시간 : 20시간
- 대기시간 : 20시간

① 입하작업 공수비율 : 20%, 가동률 : 33%
② 입하작업 공수비율 : 20%, 가동률 : 80%
③ 입하작업 공수비율 : 33%, 가동률 : 60%
④ 입하작업 공수비율 : 50%, 가동률 : 80%
⑤ 입하작업 공수비율 : 60%, 가동률 : 33%

해설 공수비율은 일의 양을 의미하므로 입하작업 공수비율은 입하작업시간을 총 작업시간으로 나누는 것이 적절하다.

1. 20(입하작업시간)/100(총 작업시간) × 100 = 20%
2. 가동률 = 실작업시간/총 작업시간
   80시간/100시간 × 100 = 80%

정답 14 ③ 15 ②

02 항공하역

16 항공화물 탑재방식에 관한 설명으로 옳지 않은 것은?

① 살화물 탑재방식은 개별화물을 항공전용 컨테이너에 넣은 후 언로더(Unloader)를 이용하여 탑재하는 방식이다.
② 살화물 탑재방식은 단시간에 집중적으로 작업해야 하는 화물탑재에 적합한 방식이다.
③ 살화물 탑재방식에서는 트랙터(Tractor)와 카고 카트(Cargo Cart)가 주로 사용된다.
④ 파렛트 탑재방식은 기본적인 항공화물 취급 방법이며, 파렛트화된 화물을 이글루(Igloo)로 씌워서 탑재하는 방식이다.
⑤ 컨테이너 탑재방식은 항공기 내부구조에 적합한 컨테이너를 이용하여 탑재하는 방식이다.

해설 살화물 탑재방식은 개별화물을 항공전용 컨테이너에 넣은 후 High Lift Loader를 이용하여 탑재하는 방식이다. 언로더는 항구에서 사용하는 기중기를 의미한다.

17 항공화물 탑재용기에 관한 설명으로 옳지 않은 것은?

① 항공파렛트는 1인치 이하의 알루미늄 합금으로 만들어진 평판이다.
② 항공파렛트는 화물을 특정 항공기의 내부모양과 일치하도록 탑재 후 망(net)이나 띠(strap)로 묶을 수 있도록 고안된 장비이다.
③ 항공컨테이너는 별도의 보조장비 없이 항공기 화물실에 탑재 및 고정이 가능하도록 제작된 용기이다.
④ 항공컨테이너는 탑재된 화물의 하중을 견딜 수 있는 강도로 제작되고 기체에 손상을 주지 않아야 한다.
⑤ 항공컨테이너와 해상컨테이너는 호환 탑재가 가능하다.

해설 항공컨테이너와 해상컨테이너는 서로 모양이 상이해 호환 탑재가 불가능하다.

18 공항에서 항공화물을 운반 또는 하역하는 데 사용되지 않는 장비는?

① 이글루(Igloo)
② 트랜스포터(Transporter)
③ 트랜스퍼 크레인(Transfer Crane)
④ 돌리(Dolly)
⑤ 터그 카(Tug Car)

해설 트랜스퍼 크레인은 마샬링 야드에서 사용되는 장비로 항만하역기기 중 컨테이너 하역설비에 해당한다.

정답 16 ① 17 ⑤ 18 ③

19 **항공하역에서 사용하는 장비가 아닌 것은?**

① 돌리(Dolly)
② 터그 카(Tug Car)
③ 리프트 로더(Lift Loader)
④ 파렛트 스케일(Pallet Scale)
⑤ 스트래들 캐리어(Straddle Carrier)

해설 스트래들 캐리어(Straddle Carrier)는 항만하역장비이다.

20 **항공화물하역의 파렛트 탑재, 운반 및 하역 장비에 해당하지 않는 것은?**

① 트랜스포터(Transporter)
② 터그 카(Tug Car)
③ 에이프런 컨베이어(Apron Conveyor)
④ 돌리(Dolly)
⑤ 리프트 로더(Lift Loader)

해설 **에이프런 컨베이어**(Apron Conveyor) : 주로 산(Bulk)화물을 움직이는 컨베이어로 여러 줄의 체인에 에이프런을 겹쳐서 연속적으로 부착한 체인 컨베이어이다. 항공화물은 소량(경량)의 화물이 주된 운송대상이므로 에이프런 컨베이어의 사용은 적절하지 않다.

21 **항공운송에서 사용되는 하역장비에 관한 설명으로 옳지 않은 것은?**

① 리프트 로더(Lift Loader) : 파렛트를 항공기 적재공간 밑바닥 높이까지 들어 올려 기내에 탑재하기 위한 기기이다.
② 소터(Sorter) : 비교적 소형화물을 행선지별, 인도지별로 구분하는 장치로서 통상 컨베이어와 제어장치 등으로 구성된다.
③ 돌리(Dolly) : 파렛트를 운반하기 위한 차대로서 자체 기동력은 없고 Tug Car에 연결되어 사용된다.
④ 트랜스포터(Transporter) : 항공기에서 내린 ULD(Unit Load Device)를 터미널까지 수평이동하는 데 사용하는 장비이다.
⑤ 컨투어 게이지(Contour Gauge) : 파렛트에 적재가 끝난 후 적재된 파렛트의 무게를 계량하기 위하여 트레일러에 조립시켜 놓은 장치이다.

해설 컨투어 게이지(Contour Gauge)란 파렛트에 적재된 화물의 윤곽을 정리하기 위한 스케일(Scale)과 같은 것이다.

정답 19 ⑤ 20 ③ 21 ⑤

03 철도하역

22 철도하역 방식에 관한 설명으로 옳지 않은 것은?

① TOFC(Trailer on Flat Car) 방식 : 컨테이너가 적재된 트레일러를 철도화차 위에 적재하여 운송하는 방식
② COFC(Container on Flat Car) 방식 : 철도화차 위에 컨테이너만을 적재하여 운송하는 방식
③ Piggy Back 방식 : 화물열차의 대차 위에 트레일러나 트럭을 컨테이너 등의 화물과 함께 실어 운송하는 방식
④ Kangaroo 방식 : 철도화차에 트레일러 차량의 바퀴가 들어갈 수 있는 홈이 있어 적재 높이를 낮게 하여 운송할 수 있는 방식
⑤ Freight Liner 방식 : 트럭이 화물열차에 대해 직각으로 후진하여 무개화차에 컨테이너를 바로 실어 운송하는 방식

해설 Freight Liner 방식 : 영국국철이 개발한 정기적 급행 컨테이너 열차로서 대형 컨테이너를 적재하고 터미널 사이를 고속의 고정편성을 통해 정기적으로 운행하는 방식이다.
트럭이 화물열차에 대해 직각으로 후진하여 무개화차에 컨테이너를 바로 실어 운송하는 방식은 플렉시 밴에 대한 설명이다.

23 철도복합운송방식에 관한 설명으로 옳지 않은 것은?

① 피기백(Piggy－back) 방식은 화물열차의 대차 위에 컨테이너를 적재한 트레일러나 트럭을 운송하는 방식과 컨테이너를 직접 철도 대차 위에 적재하여 운송하는 방식이 있다.
② COFC(Container On Flat Car) 방식은 크레인이나 컨테이너 핸들러 등의 하역장비를 이용하여 적재하고 있다.
③ TOFC(Trailer On Flat Car) 방식은 COFC 방식에 비하여 총중량이 적으며, 철도터미널에서의 소요공간이 적어 널리 사용되고 있다.
④ 2단적 열차(Double Stack Train)는 한 화차에 컨테이너를 2단으로 적재하는 방식이다.
⑤ 바이모달시스템(Bimodal System)은 철도차륜과 도로주행용 타이어를 겸비한 차량을 이용하여 철도에서는 화차로, 도로에서는 트레일러로 사용하는 방식이다.

해설 ③ COFC 방식은 TOFC 방식에 비하여 총중량이 적으며, 철도터미널에서의 소요공간이 적어 널리 사용되고 있다. (TOFC는 컨테이너와 트레일러까지 실으므로 총중량이 무겁고 소요공간이 많다.)

정답 22 ⑤ 23 ③

04 유닛로드시스템

24 **단위적재시스템(ULS : Unit Load System)에 관한 설명으로 옳지 않은 것은?**

① 단위적재시스템은 제품이 경박단소화되면서 그 중요성이 점차 감소하고 있다.
② 단위적재시스템을 통해 시간과 비용이 절감되고, 도난 등의 피해가 감소하고 있다.
③ 단위적재시스템을 구축하기 위해서는 수송장비, 하역장비, 창고시설 등의 표준화가 선행되어야 한다.
④ 단위적재시스템을 구축하기 위해서는 포장단위, 거래단위의 표준화가 선행되어야 한다.
⑤ 단위적재시스템은 하역의 기계화를 통한 신속한 적재로 운송수단의 회전율을 향상시킨다.

해설 일관운송이 증가함에 따라 단위적재시스템 또한 그 중요성이 증가하고 있다.

25 **유닛로드시스템(Unit Load System)에 관한 설명으로 옳지 않은 것은?**

① 운송장비, 하역장비의 표준화가 선행되어야 한다.
② 파렛트, 컨테이너를 이용하는 방법이 있다.
③ 화물을 일정한 중량 또는 용적으로 단위화하는 시스템을 말한다.
④ 하역의 기계화를 통한 하역능력의 향상으로 운송수단의 회전율을 높일 수 있다.
⑤ 파렛트는 시랜드사가 최초로 개발한 단위적재기기이다.

해설 파렛트는 1920년대에 고안되고 1950년대에 발전하였는데 누가 개발하였는지는 명확하지 않다.

26 **유닛로드시스템(Unit Load System)에 관한 설명으로 옳지 않은 것은?**

① 운송, 보관, 하역 등의 물류활동을 합리적으로 처리하기 위하여 포장화물의 기계 취급에 적합하도록 단위화한 방식을 말한다.
② 화물을 파렛트나 컨테이너를 이용하여 벌크선박으로 운송한다.
③ 화물 취급단위에 대한 단순화와 표준화를 통하여 하역능력을 향상시키고, 물류비용을 절감할 수 있다.
④ 하역을 기계화하고 운송·보관 등을 일관하여 합리화할 수 있다.
⑤ 화물처리 과정에서 발생할 수 있는 파손이나 실수를 줄일 수 있다.

해설 화물을 파렛트나 컨테이너를 이용하여 컨테이너선박으로 운송한다.

정답 24 ① 25 ⑤ 26 ②

27 유닛로드시스템(Unit Load System)의 선결과제에 해당하는 것을 모두 고른 것은?

ㄱ. 운송 표준화
ㄴ. 장비 표준화
ㄷ. 생산 자동화
ㄹ. 하역 기계화
ㅁ. 무인 자동화

① ㄱ, ㄴ, ㄹ
② ㄱ, ㄴ, ㅁ
③ ㄱ, ㄷ, ㅁ
④ ㄴ, ㄷ, ㄹ
⑤ ㄴ, ㄹ, ㅁ

해설 유닛로드시스템의 구축을 위해서 물류활동 간 접점에서의 표준화가 중요하다(운송 표준화, 장비 표준화, 하역 기계화).

28 유닛로드의 종류 또는 크기를 결정하기 위해 고려해야 할 요인이 아닌 것은?

① 적재화물의 형태, 무게
② 적재화물의 적재형태
③ 유닛로드의 운송수단
④ 창고 조명의 밝기
⑤ 하역장비의 종류와 특성

해설 유닛로드의 종류와 크기를 결정하기 위해서는 적재화물의 형태・무게・적재형태, 유닛로드의 운송수단, 하역장비의 종류와 특성 등을 고려해야 한다.
창고 조명의 밝기는 안전과 관련되는 요인이다.

29 유닛로드시스템(Unit Load System)의 장점에 관한 설명으로 옳지 않은 것은?

① 물류관리의 시스템화가 용이하여 하역과 수송의 일관화를 가능하게 한다.
② 대규모 자본투자가 필요 없고 유닛로드용의 자재를 관리하기가 쉬워진다.
③ 수송 및 보관 업무의 효율적인 운영과 수송포장의 간이화를 가능하게 한다.
④ 하역작업의 혁신을 통해 수송합리화를 도모할 수 있다.
⑤ 호환성이 증대되어 다른 회사와 공동으로 파렛트를 사용하는 등 시스템 연계성을 높일 수 있다.

해설 설비나 인프라를 위해 대규모 자본투자가 필요하고, 유닛로드시스템을 운영하기 위한 유닛로드용의 자재(파렛트, 컨테이너 등)를 관리하기가 쉽지 않다.

정답 27 ① 28 ④ 29 ②

30 **유닛로드시스템(Unit Load System)의 장점에 관한 설명으로 옳지 않은 것은?**

① 상·하역 또는 보관 시에 기계화된 물류작업으로 인건비를 절감할 수 있다.
② 운송차량의 적재함과 창고 랙을 표준화된 단위규격을 사용하여 적재공간의 효율성을 향상시킨다.
③ 운송과정 중 수작업을 최소화하여 파손 및 분실을 방지할 수 있다.
④ 하역기기 등에 관한 고정투자비용이 발생하지 않기 때문에 대규모 자본투자가 필요 없다.
⑤ 단위 포장용기의 사용으로 포장업무가 단순해지고 포장비가 절감된다.

해설 대규모 자본투자가 필요하고 유닛로드용의 자재를 관리하기가 어려워진다.

31 **유닛로드시스템(ULS : Unit Load System)의 효과로 옳지 않은 것은?**

① 하역의 기계화
② 화물의 파손 방지
③ 신속한 적재
④ 운송수단의 회전율 향상
⑤ 경제적 재고량 유지

해설 유닛로드시스템에서는 ULD의 기본도구인 파렛트와 컨테이너를 사용하게 되는데 이에 따라 파렛트 단위와 컨테이너 단위를 빈 공간 없이 가득 채우기 위해 로트주문을 하게 된다. 이에 따라 불필요한 양이 추가주문되므로 경제적 재고량 유지는 어렵다.

05 일관파렛트화

32 **일관파렛트화에 관한 설명으로 옳은 것을 모두 고른 것은?**

ㄱ. 일관파렛트화는 화물이 송화인으로부터 수화인에게 도착할 때까지 전 운송과정을 동일한 파렛트를 이용하여 운송하는 것을 의미한다.
ㄴ. 일관파렛트화를 한다면 표준 파렛트를 사용하지 않아도 된다.
ㄷ. 일관파렛트화에 적용되는 개념은 유닛로드를 컨테이너로 하였을 경우에도 그대로 적용될 수 있다.

① ㄱ
② ㄱ, ㄴ
③ ㄱ, ㄷ
④ ㄴ, ㄷ
⑤ ㄱ, ㄴ, ㄷ

정답 30 ④ 31 ⑤ 32 ③

해설 ㄴ. 일관파렛트화는 파렛트의 규격이 통일되고 표준화가 선행되어야 원활하게 적용될 수 있다.

33 **일관파렛트화(Palletization)의 경제적 효과가 아닌 것은?**

① 포장의 간소화로 포장비 절감
② 작업능률의 향상
③ 화물 파손의 감소
④ 운임 및 부대비용 절감
⑤ 제품의 과잉생산 방지

해설 일관파렛트화는 제품의 과잉생산 방지와는 아무런 관련이 없다.

34 **일관파렛트화의 효과에 관한 설명으로 옳지 않은 것은?**

① 물류비용이 저렴해진다.
② 운송과 하역 작업시간이 단축된다.
③ 기업 간 물류시스템의 제휴가 가능해진다.
④ 작업의 기계화가 진행되어 노동환경이 개선된다.
⑤ 과잉생산 방지, 안정된 가동률 유지가 가능해진다.

해설 일관파렛트화를 운영하는 경우 물류효율화를 위해 적정화물량을 유지해야 하므로 오히려 과잉생산을 유발시킬 수 있다.

35 **일관파렛트화(Palletization)의 이점이 아닌 것은?**

① 물류현장에서 하역작업의 혼잡을 줄일 수 있다.
② 창고에서 물품의 운반관리를 용이하게 수행할 수 있다.
③ 화물의 입고작업은 복잡하지만, 출고작업은 신속하게 할 수 있다.
④ 기계화가 용이하여 하역시간을 단축할 수 있다.
⑤ 파렛트에 적합한 운송수단의 사용으로 파손 및 손실을 줄일 수 있다.

해설 ③ 일관파렛트화는 포크리프트트럭이나 자동화 설비를 이용하므로 화물의 입출고 작업 모두 신속하게 할 수 있다.

정답 33 ⑤ 34 ⑤ 35 ③

06 파렛트 풀

36 **임대 파렛트에 관한 설명으로 옳지 않은 것은?**

① 표준 파렛트 도입이 가능하다.
② 초기 고정투자비가 적게 든다.
③ 비수기의 양적 조절이 가능하다.
④ 파렛트 풀 시스템 도입을 고려할 수 있다.
⑤ 업체 간 이동 시 회수가 용이하다.

해설 회수가 용이한 것은 파렛트 풀 시스템에 대한 설명이다.
임대 파렛트는 단순히 파렛트를 빌려주는 것을 의미하므로 업체 간 이동 시 회수가 곤란하다.

37 **파렛트 풀(Pallet Pool)에 관한 설명으로 옳지 않은 것은?**

① 물류합리화와 물류비 절감이 가능하다.
② 비수기에 불필요한 파렛트 비용을 절감할 수 있다.
③ 파렛트 회수관리의 일원화에 어려움이 있다.
④ 파렛트 규격의 표준화가 필요하다.
⑤ 지역적, 계절적 수요변동에 대응이 가능하다.

해설 ③ 파렛트 회수관리의 일원화에 어려움이 있는 것은 파렛트를 단일기업이 유용했을 때 생길 수 있는 문제이다.

38 **파렛트 풀(Pallet Pool)에 관한 설명으로 옳지 않은 것은?**

① 파렛트의 장거리 회송이 필요하다.
② 파렛트의 규격 표준화가 필요하다.
③ 물류합리화와 물류비 절감이 가능하다.
④ 지역적, 계절적 수요에 대응이 가능하다.
⑤ 파렛트 규격에 맞는 포장규격의 변경이 필요하다.

해설 파렛트 풀 시스템은 회송의 불편함을 극복하기 위해 도입된 것으로 파렛트의 장거리 회송이 불필요하여 회수운반비의 절감이 가능하다.

정답 36 ⑤ 37 ③ 38 ①

39 **파렛트 풀 시스템(PPS : Pallet Pool System)에 관한 설명으로 옳지 않은 것은?**

① 운영방식으로 TOFC(Trailer On Flat Car) 방식과 COFC(Container On Flat Car) 방식이 있다.
② 운송형태로 기업단위 PPS, 업계단위 PPS, 개방적 PPS가 있다.
③ 전체적인 파렛트 수량이 줄어들어 사회자본이 줄고 물류기기, 시설의 규격화 및 표준화가 촉진된다.
④ 표준화된 파렛트를 화주, 물류업자들이 공동으로 이용하는 제도로서 풀(Pool) 조직이 파렛트에 대한 납품, 회수관리, 수리를 담당한다.
⑤ 지역 간 수급해결, 계절적 수요대응, 설비자금 절감을 위하여 필요한 시스템이다.

해설 파렛트 풀 시스템의 운영방식은 즉시교환방식, 리스・렌탈방식, 교환・리스병용방식, 대차결제방식이 있다. TOFC, COFC 방식은 철도하역 방법에 관한 내용이다.

40 **파렛트 풀 시스템의 운영방식에서 렌탈방식의 단점이 아닌 것은?**

① 이용자가 교환을 위한 동질, 동수의 파렛트를 준비해 놓을 필요가 없다.
② 파렛트를 인도하고 반환할 때 다소 복잡한 사무처리가 필요하다.
③ 일부 화주의 편재(쏠림현상) 등에 의하여 파렛트가 쌓이는 곳이 발생한다.
④ 편재(쏠림현상)되어 쌓이는 파렛트는 렌탈회사 측면에서는 부담이 된다.
⑤ 렌탈회사의 데포(Depot)에서 화주까지의 공파렛트 수송이 필요하다.

해설 ① 장점에 대한 설명이다.

41 **파렛트 풀 시스템에 관한 설명으로 옳지 않은 것은?**

① 리스・렌탈방식을 이용하면 송화주는 공파렛트의 회수에 대해 신경을 쓸 필요가 없다.
② 파렛트 풀 시스템에서도 지역 간에 이동하는 파렛트 수량에 균형이 맞지 않기 때문에 공파렛트를 재배치해야 하는 문제점은 발생한다.
③ 많은 기업에서는 파렛트를 일회용 소모품으로 생각하는 경우가 많은데 풀 시스템을 활용함으로써 친환경물류시스템 구축에도 도움이 된다.
④ 파렛트 즉시교환방식은 화차에 화물이 적재된 파렛트를 선적하면 즉시 동일한 형태, 크기, 품질을 가지는 파렛트를 선적된 수량만큼 송화주에게 돌려주는 방식이다.
⑤ 대차결제방식은 즉시교환방식의 단점을 개선하기 위해 고안된 방식으로 현장에서 즉시 파렛트를 교환하지 않고 일정 시간 내에 동일한 수량의 파렛트를 해당 철도역에 반환하도록 하는 방식이다.

정답 39 ① 40 ① 41 ④

해설 파렛트 즉시교환방식은 화차에 화물이 적재된 파렛트를 선적하면 즉시 선적된 수량만큼 동일한 형태, 크기의 파렛트를 돌려주는 것은 맞으나, 동일한 품질을 가지는 파렛트를 돌려받는 것은 어렵다(동일 품질은 보장받을 수 없다).

42 다음은 파렛트 풀 시스템 운영방식에 관한 내용이다. 다음 (　　)에 들어갈 용어로 옳은 것은?

- (ㄱ) : 유럽 각국의 국영철도역에서 파렛트 적재형태로 운송하며, 파렛트를 동시에 교환하여 사용하는 것으로 언제나 교환에 응할 수 있도록 파렛트를 준비해 놓는 방식이다.
- (ㄴ) : 개별 기업에서 파렛트를 보유하지 않고, 파렛트 풀 회사에서 일정 기간 동안 임차하는 방식이다.

① ㄱ : 즉시교환방식, ㄴ : 리스・렌탈방식
② ㄱ : 대차결제교환방식, ㄴ : 즉시교환방식
③ ㄱ : 리스・렌탈방식, ㄴ : 교환・리스병용방식
④ ㄱ : 교환・리스병용방식, ㄴ : 대차결제교환방식
⑤ ㄱ : 리스・렌탈방식, ㄴ : 즉시교환방식

해설
- **즉시교환방식** : 유럽 각국의 국영철도역에서 파렛트 적재형태로 운송하며, 파렛트를 동시에 교환하여 사용하는 것으로 언제나 교환에 응할 수 있도록 파렛트를 준비해 놓는 방식이다.
- **리스・렌탈방식** : 개별 기업에서 파렛트를 보유하지 않고, 파렛트 풀 회사에서 일정 기간 동안 임차하는 방식이다.
- **대차결제교환방식** : 교환방식의 단점을 보완하기 위한 것으로 현장에서 즉시 파렛트를 교환하지 않고 일정 시간 이내에 파렛트를 운송사에 반환하는 방식이다.
- **교환・리스병용방식** : 교환방식과 렌탈방식의 결점을 보완한 방식으로 관리 운영상 어려움이 많아 활성화되지 못하고 있는 실정이다.

정답 42 ①

43 **다음이 설명하는 파렛트 풀 시스템의 운영방식은?**

- (ㄱ) : 현장에서 파렛트를 즉시 교환하지 않고 일정 시간 내에 동일한 수량의 파렛트를 반환하는 방식이다.
- (ㄴ) : 파렛트의 이용자가 교환을 위한 동일한 수량의 파렛트를 준비해 놓을 필요가 없는 방식이다.
- (ㄷ) : 파렛트를 동시에 교환하여 사용하는 것으로 언제나 교환에 응할 수 있도록 파렛트를 준비해 놓아야 하는 방식이다.

① ㄱ : 대차결제방식, ㄴ : 리스・렌탈방식, ㄷ : 즉시교환방식
② ㄱ : 대차결제방식, ㄴ : 즉시교환방식, ㄷ : 교환・리스병용방식
③ ㄱ : 리스・렌탈방식, ㄴ : 교환・리스병용방식, ㄷ : 대차결제방식
④ ㄱ : 리스・렌탈방식, ㄴ : 대차결제방식, ㄷ : 교환・리스병용방식
⑤ ㄱ : 교환・리스병용방식, ㄴ : 리스・렌탈방식, ㄷ : 즉시교환방식

해설 ㄱ : **대차결제방식** : 교환방식의 단점을 보완하기 위한 것으로 현장에서 즉시 파렛트를 교환하지 않고 일정 시간 이내에 파렛트를 운송사에 반환하는 방식이다. 반환일수를 초과하거나 분실한 경우에는 정해진 변상금을 지불하게 된다.

ㄴ : **리스・렌탈방식** : 개별 기업에서 각각 파렛트를 보유하지 않고 파렛트 풀을 운영하는 기관이 사용자의 요청에 따라 규격화된 파렛트를 사용자가 소재하는 가까운 거점(Depot)에 공급해 주는 방식이다. 파렛트의 수리를 렌탈회사가 하기 때문에 파렛트의 품질유지가 용이하고 파렛트의 매수를 최소화하여 운영할 수 있다.

ㄷ : **즉시교환방식** : 송화주는 파렛트화된 화물을 운송사에 위탁하는 시점에서 동일한 수의 파렛트를 운송사에서 인수하고, 수화주는 파렛트화된 화물을 인수할 때 동일한 수의 파렛트를 운송사에 인도해 주는 방식이다.

정답 **43** ①

44 **파렛트 풀 시스템(Pallet Pool System)의 운영형태에 관한 설명으로 옳은 것을 모두 고른 것은?**

ㄱ. 교환방식은 동일한 규격의 예비 파렛트 확보를 위하여 추가비용이 발생한다.
ㄴ. 리스・렌탈방식은 개별 기업이 파렛트를 임대하여 사용하는 방식으로 파렛트의 품질유지나 보수가 용이하다.
ㄷ. 대차결제방식은 운송업체가 파렛트로 화물을 인도하는 시점에 동일한 수의 파렛트를 즉시 인수하는 방식이다.
ㄹ. 교환・리스병용방식은 대차결제방식의 단점을 보완하기 위하여 개발된 방식이다.

① ㄱ, ㄴ
② ㄱ, ㄷ
③ ㄴ, ㄷ
④ ㄴ, ㄹ
⑤ ㄷ, ㄹ

해설
ㄷ. 대차결제방식은 즉시교환방식의 단점을 개선하기 위해 고안된 방식으로 현장에서 즉시 파렛트를 교환하지 않고 일정 시간 내에 동일한 수량의 파렛트를 해당 철도역에 반환하도록 하는 방식이다. 운송업체가 파렛트로 화물을 인도하는 시점에 동일한 수의 파렛트를 즉시 인수하는 방식은 즉시교환방식이다.
ㄹ. 교환・리스병용방식은 교환방식과 렌탈방식의 결점을 보완한 방식으로 관리 운영상 어려움이 많아 활성화되지 못하고 있는 실정이다.

정답 44 ①

CHAPTER 07
포장물류

01 개요

1 개요 ★

(1) 정의

① 포장이란 물품의 품질, 가치를 보호·보전하고, 물품의 취급을 편리하게 하고, 물품에 대한 정보의 전달 및 물품의 판매를 촉진하며, 재료와 형태 면에서는 포장의 사회적 공익성과 함께 환경에 적합하게 하며, 유통합리화를 지원하기 위하여, 물품에 경제적으로 시공한 기법 또는 시행한 상태를 의미한다.

② 포장이란 적절한 용기나 짐꾸리개로 물건을 싸는 기술 또는 싸여진 상태를 의미한다.

(2) 개념

① 포장은 생산의 마지막 단계이며, 물류의 시작 단계에 해당된다.

② 포장은 물품의 가치를 높이거나 보호하는 것이 목적이며, 소비자들의 관심을 유발시키는 판매물류의 시작이다.

③ 적정포장의 목적은 상품의 품질보전, 취급의 편의성 등 포장물류 본연의 기능 최대화이므로 **포장비용 또한 중요한 고려사항**이다.

(3) 특징

① 포장의 간소화로 포장비를 절감할 수 있다.

② 포장 디자인의 3요소는 선, 형, 색채이다.

③ 포장합리화의 시스템화 및 단위화 원칙은 물류의 모든 활동이 유기적으로 연결되도록 시스템화하며, 포장화물의 단위화를 통해 포장의 합리화를 추구하는 것이다.

(4) 포장설계 시 고려사항

① 하역성

② 표시성

③ 작업성

④ 경제성

⑤ 보호성

2 포장의 분류 ★

(1) 형태별 분류

한국산업표준(KS)에 따르면 포장은 낱포장, 속포장, 겉포장으로 분류한다.

① **낱포장**(Item Packaging) : 물품 개개의 포장이다.

② **속포장**(Inner Packaging) : 포장화물 내부의 포장이다.

③ **겉포장**(Outer Packaging) : 화물 외부의 포장이다.

핵심포인트

포장의 분류(단위포장, 내부포장, 외부포장)

1. **단위포장(≒ 낱포장, 개포장 ⊂ 상업포장)**
   상품의 개별포장을 말하는 것으로 상품의 가치를 높이고 상품을 보호하기 위해서 적합한 재료와 용기 등을 사용하는 기술 및 시행된 상태
2. **내부포장(≒ 속포장 ⊂ 수송 · 공업포장)**
   포장화물의 내부포장을 의미하며 수분, 온기, 광열, 충격 등을 고려하여 적절한 재료, 용기 등을 사용하는 기술 및 시행된 상태
3. **외부포장(≒ 겉포장 ⊂ 수송 · 공업포장)**
   포장화물을 상자, 나무박스, 부대(자루)에 넣거나 또는 용기에 넣지 않은 상태로 결속하여 화인(Marking)을 실시하는 기술 및 시행된 상태

(2) 기능별 분류

공업포장의 제1의 목적은 보호기능이며, 상업포장의 제1의 목적은 판매촉진기능이다.

① **공업포장**(수송포장)

㉠ 공업포장은 최소의 경비로 그 기능을 만족시키는 것을 목적으로 한다.

㉡ 공업포장은 물품의 보호기능과 취급의 편리성을 추구한다.

㉢ **공업포장**은 상품의 파손을 방지하고, 물류비를 절감하는 데 초점을 두고 있다.

㉣ 대상물은 각종 원재료, 반제품, 부품, 완제품 등으로 구분되며 그 포장기법은 물품의 성질과 유통환경에 따라 여러 가지 방법이 적용된다.

㉤ 상품의 수송, 보관, 하역 등에서 물품이 변질되는 것을 방지한다(습기, 열기, 충격 등).

② **상업포장**(소비자포장)

㉠ 상업포장의 기본기능은 판매촉진기능이다.

㉡ 상업포장에서 판매를 촉진시킬 수 있다면 포장비용의 상승도 무방하다.

핵심포인트

수송포장과 소비자포장의 특징

구분	동의어	하부요소	목적	목적지별	포장중량	유통분류
수송포장	공업포장	내부포장 외부포장	상품 보호 비용 절감	수출포장	중포장	물적유통
소비자포장	상업포장	단위포장	매출 신장	국내포장	경포장	상적유통

(3) 적정포장

한국산업표준(KS T 1001)의 포장일반용어에 의하면 **적정포장**이란 합리적이면서 공정한 포장을 의미하며, 수송포장에서는 유통과정에서의 진동, 충격, 압축, 수분, 온습도 등에 의해 물품의 가치, 상태의 저하를 가져오지 않는 유통 실태를 적용한 포장을 뜻하고, 소비자포장에서는 과대・과잉 포장, 속임 포장 등을 시정하고 동시에 결함포장을 없애기 위해 보호성, 안전성, 단위, 표시, 용적, 포장비, 폐기물 처리성 등에 대하여도 적절한 포장을 말한다.

(4) 기타 포장의 분류

포장재료 재질에 따른 분류	강성포장	금속, 유리 등 강성재료를 이용한 포장이다.
	반강성포장 (Semi-rigid packaging)	포장재료는 골판지 상자, 접음상자, 플라스틱 보틀 등이다.
	유연포장	종이 등 유연성 있는 재료를 이용한 포장이다.
중량에 의한 분류	경(經)포장	내용물의 중량이 50kg 미만의 것
	중(中)포장	내용물의 중량이 50kg 이상 200kg 이하인 것
	중(重)포장	내용물의 중량이 200kg을 초과하는 것
내용 상태별 분류	포장된 물품의 상태에 의한 분류(액체포장, 분립체포장, 입체포장 등)	
내용품별 분류	내용물에 따른 분류(의약품 포장, 위험물 포장 등)	

3 포장의 요건

(1) 작업 면

포장의 자동화, 포장의 표준화를 고려해야 한다.

(2) 보관 면

품질 보호를 위한 강도, 밀폐성, 형태를 갖추어야 한다.

(3) 운송 면

① 보호성 : 충격을 견딜 수 있는 충분한 강도, 기온 등 외부의 환경조건을 고려한 포장을 해야 한다.

② 경제성 : 불필요한 포장을 배제하기 위한 포장의 강도, 중량, 크기, 형상 등의 표준화가 된 포장을 해야 한다.

4 포장의 기능

(1) 내용물의 보호 및 보존 기능

물류활동 중 발생할 수 있는 변질, 파손, 도난 및 기타 위험으로부터 내용물을 안전하게 보호 및 보존하는 기능이다(수송포장, 공업포장).

(2) 판매의 촉진성 기능

포장을 차별화시키고 상품의 이미지 가치를 상승시켜 소비자로부터 구매의욕을 일으키게 하는 기능이다.

(3) 상품성 및 정보성 기능

제품 내용을 소비자에게 전달하기 위해 필요한 정보를 표시하는 기능이다.

(4) 사회성과 환경친화성 기능

공익성 및 환경친화적인 요소를 고려하는 기능이다.

(5) 작업성 및 효율성 기능

포장작업 자동화, 시스템화, 기계화 현상이 두드러지며 복합재료의 사용이 늘어나고 포장공정에서도 일관작업 및 자동화 작업이 발달하고 있다.

(6) 편리성 기능

물품의 이용・진열을 용이하게 하고, 수송・하역・보관작업이 용이하도록 해야 한다. 또한 생산이 용이하고 사용 후 재활용이 편리해야 한다.

(7) 수송성 기능

하역작업이 원활하고 능률적으로 이루어질 수 있도록 포장되어야 한다.

(8) 정량성 및 하역성 기능

물품을 일정한 단위로 정리하는 기능이다.

(9) 경제성 기능

포장은 물류를 위해 필요한 최소한도의 적정포장을 통하여 비용을 최소할 수 있도록 해야 한다.

5 포장표준화와 포장합리화

(1) 포장표준화

① 개요

㉠ 물류관리의 합리화는 물류의 5대 기능인 운송, 보관, 하역, 포장, 정보 등의 각 기능들이 상호 유기적으로 연계되고 통합됨을 의미한다.

㉡ 이 중 '포장'은 생산의 마지막 단계이며 물류의 시작 단계이다.

㉢ 포장치수는 파렛트 및 컨테이너 치수에 정합하고, 수송, 보관, 하역의 기계화 및 자동화에 최적의 조건을 제공해야 한다. 포장의 치수 변화에 따라 운송과 보관・하역의 적재효율 등에 큰 영향을 준다.

㉣ 포장표준화는 제품, 포장개발, 설계에서부터 단순히 제품의 포장만을 생각하는 차원이 아닌 물류시스템적 차원에서 고려하고 달성해야 한다.

㉤ 포장표준화를 통해 포장비, 포장재료비, 포장작업비 등을 절감할 수 있다.

② 포장표준화의 5요소

㉠ 개념 : 포장표준화는 치수, 강도, 재료(재질), 기법의 표준화 등 4요소로 나누지만, 관리의 표준화를 추가하여 5요소로 부르기도 한다.

치수(규격)	강도	재질	기법	포장관리

TIP 포장치수가 다르면 포장강도도 달라지므로 포장치수 표준화 이후 포장강도의 표준화를 이루어지게 하는 것이 좋다.

㉡ 요소

ⓐ 치수의 표준화

ⓑ 강도의 표준화

ⓒ 재료의 표준화

ⓓ 기법의 표준화

ⓔ 관리의 표준화

③ 포장표준화의 합리적 추진방안

㉠ 포장의 규격화를 고려하여 제품을 설계한다.

㉡ 규격화, 표준화를 통해 단계적 모듈(Module)화를 추진한다.

㉢ 포장의 강도를 연구하고 검사를 강화한다.

㉣ 포장공정의 기계화·자동화를 추진한다.
㉤ 포장설계의 전산화를 추진한다.

핵심포인트

포장모듈화 절차 및 저해사유

1. 개념
포장모듈화란 표준화된 포장치수를 통해 효율적인 물류시스템을 구축하는 것을 의미한다.
2. 포장모듈화 절차
① 수송수단을 결정한다.
② 표준 파렛트의 치수를 결정한다.
③ 적정포장재를 선택한다.
④ 상품성을 고려하여 단위포장의 설계를 진행한다.
⑤ 겉포장을 설계하고 치수를 결정한다.
⑥ 겉포장과 연계하여 집합포장 치수를 결정한다.
3. 포장모듈화의 저해사유
① 일관파렛트화가 달성되지 않는 경우
② 화물 자체의 형태가 모듈화에 부적합한 경우
③ 거래단위가 소규모인 경우
④ 제품의 다양화되는 경우
⑤ 기존의 생산설비 및 물류시설의 변경이 어려운 경우
⑥ 경영자들의 포장모듈화 인식이 부족한 경우

(2) 포장합리화 원칙

① 포장합리화 6원칙
㉠ 제1원칙(대량화 및 대형화의 원칙) : 포장화물 단위의 크기를 대량화 및 대형화하는 원칙이다.
㉡ 제2원칙(집중화 및 집약화의 원칙) : 다수 업체들의 물량을 집중화 및 집약화하여 물량의 대량화 및 대형화를 꾀하는 원칙이다.
㉢ 제3원칙(규격화 및 표준화의 원칙) : 규격화 및 표준화함으로써 포장설계를 간소화하고 과잉포장을 배제하는 원칙이다.
㉣ 제4원칙(사양변경의 원칙) : 완충제의 변경 등 사양을 변경함으로써 비용 절감을 추구하는 원칙이다.
㉤ 제5원칙(재질변경의 원칙) : 내용품의 보호에 지장이 없는 범위 내에서 재질변경을 통한 비용 절감을 추구하는 원칙이다.
㉥ 제6원칙(시스템화 및 단위화의 원칙) : 물류의 모든 활동이 유기적으로 연결되도록 시스템

화하며, 포장화물의 단위화를 통해 포장의 합리화를 추구하는 원칙이다.

② **포장의 합리화 방안**

㉠ 표준화·규격화 도모

㉡ 파렛트 풀 시스템의 활용

㉢ 적정포장 중시 풍조 정립

㉣ 포장라인의 자동화

㉤ 새로운 포장재료 및 포장제품 다양화

㉥ 포장설계 전산화 추진

02 포장기법

1 포장기법의 종류 ★

(1) 방수방습포장

각종 제품을 유통과정의 수분과 습도로부터 지키는 포장기법이다.

① **방수포장** : 방수접착, 봉합제 등을 사용하여 내부에 물의 침투를 방지하는 포장으로 방습포장과 같이 할 경우 방수는 외부, 방습은 내부에 실시한다.

② **방습포장** : 상품의 보관, 운송 중에 습기로 인한 피해를 방지하는 포장방법이다. 건조제 실리카겔을 사용하거나 금속 및 유리 포장재를 사용한다.

(2) 방청포장

① 운송 중이나 보관 중에 제품을 발청이나 부식으로부터 방지하기 위한 포장기법이다.

② 금속 표면의 녹을 방지하기 위한 포장기법이며 일반적으로 방청제 도포나 가연성 플라스틱 도포가 사용된다.

③ **방청포장 절차** : 청정 → 건조 → 방청제 사용 → 위싸기·겉싸기 → 내포장 → 외포장

(3) 완충포장

① 완충포장은 운송이나 하역 중에 외부로부터 전달 또는 발생되는 힘과 충격으로부터 상품의 내·외부를 보호하기 위함이다.

② 생산공장에서 최종 소비자까지 전달되는 유통과정에서 받는 외력에서 포장되어 있는 제품의 파손을 방지하고 안전하게 보호하는 포장기법이다.

(4) 진공포장

내용물의 활성화를 정지시키기 위하여 내부를 진공으로 밀봉하는 포장기법이다.

(5) 가스치환포장

밀봉포장용기에서 공기를 흡인하여 탈기하고, 대신에 질소, 이산화탄소 같은 불활성 가스로 치환하여 물품의 변질 등을 방지하는 것을 목적으로 하는 포장이다.

(6) 기타 포장

① **중량물 포장** : 주로 나무를 사용한 상자를 이용하며, 상자 포장설계기법을 KS 규격으로 정비하여 보급한 결과 일정한 품질의 출하용기가 제작되고 있다.
② **위험물 포장** : 고도의 안정성을 확보하기 위해 국제기준을 적용한 위험물의 표시와 표찰이 사용되고 있다.

핵심포인트

위험물 포장 조건
- 적합한 위험물 표시 · 표찰을 부착해야 한다.
- 포장재가 내용물과 반응하지 않도록 해야 한다.
- 충격에 민감한 위험물의 경우 완충포장이 필요하다.
- 동일 외장용기에 서로 다른 위험물 포장을 금지해야 한다.

③ **집합포장**
㉠ 대형화물의 집합체로 단위화물을 형성하는 것이다. 파렛트 포장과 가장 관계있는 포장기법이다.
㉡ 물류에 있어 하역, 수송, 보관 등의 각 단계에서는 복수의 물품 또는 수송 포장을 한데 모은 집합체를 취급하며, 이들 집합체가 충분히 보호될 수 있도록 하는 것이다.
④ **압축포장** : 상품의 부피를 줄여주는 포장을 의미한다.

2 집합포장방법 ★

(1) 밴드결속방법

종이, 플라스틱, 나일론 및 금속 밴드를 이용하며, 코너 변형을 막기 위해 코너패드가 보호재로 사용된다.

(2) 테이핑(Taping)

용기의 견고성을 유지하기 위해 용기의 표면에 접착테이프 등을 사용하며, 접착테이프 사용 시 용기 표면이 손상될 수 있다.

(3) 슬리브(Sleeve)

보통 필름으로 슬리브를 만들어 4개 측면을 감싸는 방법이다.

(4) 쉬링크(Shrink) 포장

열수축성 플라스틱 필름을 파렛트 화물에 씌우고 쉬링크 터널을 통과시킬 때 가열하여 필름을 수축시켜서 파렛트와 밀착시키는 방법이다.

(5) 스트레치(Stretch)

스트레치 필름을 사용하여 필름의 접착성을 이용하는 것으로 대략 3겹 정도로 감싸는 방법이다.

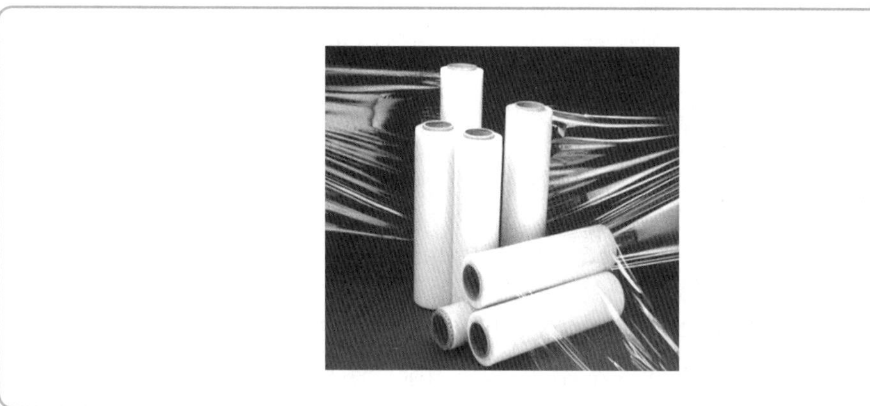

《 스트레치 필름 》

(6) 기타 집합포장방법

① **접착** : 접착제로 풀이나 접착테이프를 이용한다.

② **꺾쇠・물림쇠** : 주로 칸막이 상자 등에서 상자가 고정되도록 사용하는 방법이다.

③ **틀** : 주로 수평 이동을 위아래의 틀로 고정하는 방법이다.

TIP 집합포장기기는 유닛로드를 구성하는 포장화물의 일체화와 화물무너짐 방지를 하기 위한 기기를 말한다.

핵심포인트

집합포장 시 파렛트 화물 적재 패턴

1. 블록(Block)쌓기

① 블록쌓기는 아래에서 위까지 동일한 방식으로 쌓는 가장 단순한 방식으로 작업효율성이 높지만 무너질 염려가 있어 안정성이 **낮다.**

② 각 단의 쌓아 올리는 모양과 방향이 모두 같은 일렬 적재방식이다.

2. 교호(Alternative)열쌓기
   ① 교호열쌓기는 블록쌓기의 짝수층과 홀수층을 **90도** 회전시켜 교대로 쌓는 방법으로 **정방형**의 파렛트에서만 적용할 수 있다.
   ② 동일한 단에서는 동일한 방향으로 물품을 나란히 쌓지만, 단별로는 방향을 직각(90도)으로 바꾸거나 교대로 겹쳐 쌓는 적재방식이다. 즉, 홀수단에서는 물품을 모두 같은 방향으로 나란히 정돈하여 쌓고, 짝수단에서는 방향을 90도 바꾸어 교대로 겹쳐 쌓는 방식이다.
3. 벽돌(Brick)형쌓기
   동일한 단에서는 물품을 가로·세로로 조합해 쌓으며, 다음 단에서는 방향을 180도 바꾸어 교대로 겹쳐 쌓는 방법이다. 즉, 벽돌을 쌓듯이 가로와 세로를 조합하여 배열하고, 이후부터는 홀수층과 짝수층을 180도 회전시켜 교대로 쌓는 것이다.
4. 핀휠(Pinwheel)쌓기
   파렛트 중앙부에 공간을 만드는 형태로 이 공간을 감싸듯 풍차형으로 화물을 적재하는 패턴이다. 통상적으로 홀수단과 짝수단의 방향을 바꾸어 적재한다.
5. 스플릿(Split)쌓기
   벽돌형쌓기의 변형으로 가로와 세로를 배열할 때 크기의 차이에서 오는 홀수층과 짝수층의 빈 공간이 서로 마주 보게 쌓는 방법이다.

TIP 장방형 파렛트에는 블록쌓기, 벽돌형쌓기 및 **스플릿쌓기** 방식이 적용된다.

핵심포인트

주요 포장재료

1. 개요
   포장재료는 플라스틱, 유리, 금속관, 목상자, 카본박스, 골판지 등이 있다.
2. 목상자
   ① 장점
      ㉠ 견고성
      ㉡ 사용목적 맞춤 제작 가능
      ㉢ 재활용성
   ② 단점
      ㉠ 목함 대량생산이 불리하며 제작비용 고가
      ㉡ 목재의 수분취약성 및 옹이 발생 우려
      ㉢ 목함제조경력자와 공구 필요 및 노동력과 시간이 장기간 소요
      ㉣ 개봉 후 처리에도 시간과 비용 발생

3. 골판지

① 골(Flute)의 구분

㉠ A골 : 포장재로 사용되는 골판지의 골 규격 중 단위길이당 골의 수가 가장 적고 골의 높이가 가장 높아 비교적 가벼운 내용물의 포장에 사용된다.

㉡ B골 : A골에 비해 완충성이 다소 떨어지나 평면장력이 강해서 통조림이나 병 등 내용물이 단단한 상품의 외포장에 적합하다.

㉢ C골 : 규격과 특성이 모두 A골과 B골의 중간 정도로서 국내에서는 생산되고 있지 않다.

㉣ E골 : 골의 두께와 높이가 가장 가느다란 것으로 낱포장이나 속포장에 주로 사용되고 있다.

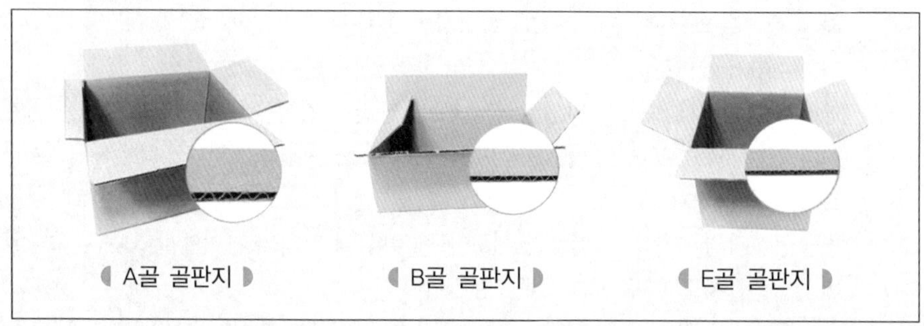

◀ A골 골판지 ▶ ◀ B골 골판지 ▶ ◀ E골 골판지 ▶

② 골판지의 종류

㉠ 편면(Single) 골판지 : 골심지 한 면에만 라이너지를 부착한 골판지이다.

㉡ 양면(Double) 골판지 : 골심지 양면에 라이너지를 부착한 골판지이다.

㉢ 이중양면(Double Wall) 골판지 : 양면 골판지의 한쪽 면에 편면 골판지를 접합한 형태로서 비교적 무겁고 손상되기 쉬운 제품 혹은 청과물과 같은 수분을 포함하고 있는 제품 포장에 적합한 골판지이다.

㉣ 삼중(Triple Wall) 골판지 : 골이 세 개 있는 양면 골판지로 초중량물 수송용에 사용된다.

03 화인

1 개요 ★

(1) 개념

① 화인(Case Mark)이란 화물작업의 편리성, 하역작업 시의 물품 손상 예방 등을 위해 포장에 확실히 표시하는 것을 말한다. 포장화물의 외장 위에 붙이거나 표시하는 것으로 주로 목적지, 발송 개수, 취급상의 문구 등을 총칭한다.

② 운송관계자나 수입업자가 쉽게 식별할 수 있도록 다른 물건과의 구분, 매수인의 사용편의 및 선적서류와 물품과의 대조에 편의를 준다.

③ 국제무역에 있어서 화인이 부정확하면 다른 화물과 혼동을 가져와 화물의 인도 착오, 하역 착오, 통관상의 문제가 발생하는 등 시간과 비용의 큰 손실을 야기하므로 화인이 중요하다 할 수 있다.

(2) 화인 표시의 종류

기본화인, 정보화인, 취급주의 화인 등으로 구성되며, 포장화물의 외장에 표시한다.

① **주(화인)표시**(Main Mark) : 화인 중 가장 중요한 표시로서 다른 상품과 식별을 용이하게 하는 기호이다.

② **부(화인)표시**(Counter Mark)

㉠ 내용물품의 직접 생산자(제조자) 또는 수출 대행사 등이 주표시의 위쪽이나 밑쪽에 기재하며 생략하는 경우도 있다.

㉡ 대조번호 화인으로서 생산자나 공급자의 약호를 붙여야 하는 경우에 표기한다.

③ **품질표시**(Quality Mark) : 상품이나 내용품의 품질이나 등급 등을 표시하는 것으로 주표시의 위쪽이나 밑에 기재한다.

④ **수량표시**(Quantity Mark) : 단일포장이 아닌 2개 이상의 경우 번호를 붙여 몇 번째에 해당되는지를 표시한다.

⑤ (취급)**주의표시**(Care Mark)

㉠ 취급상의 주의를 위하여 붉은색을 사용하여 표시하고 종류는 **여러 가지**다.

㉡ 화물의 취급, 운송, 적재요령을 나타내는 주의표시로서 일반화물 취급표시와 위험화물 경고표시로 구분된다.

⑥ **목적지표시** : 최종 도착하게 되는 목적지를 표시하며 통상 해상운송의 경우 항구명이 기재된다.

TIP 항구표시(Port Mark)란 선적과 양하작업이 용이하도록 도착항을 표시하는 것이다.

⑦ **원산지표시** : 정상적인 절차에 의해 선적되는 모든 수출품을 대상으로 관세법에 따라 원산지명을 표시한다.

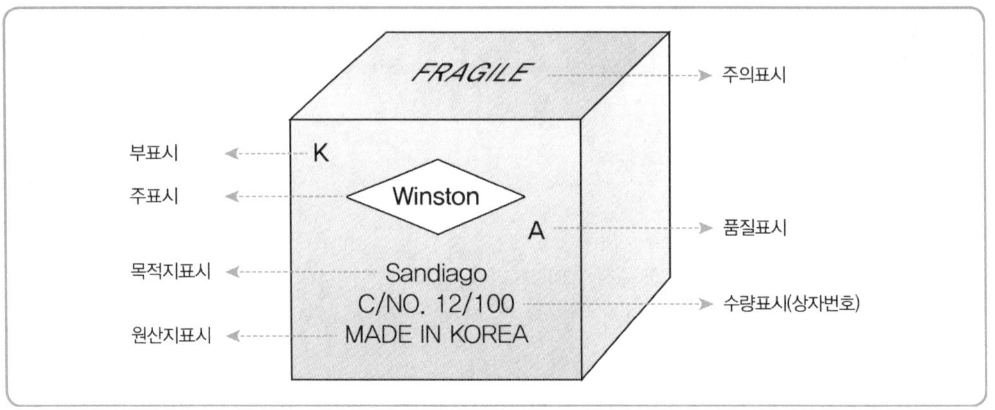

《 화인의 예시 》

예제

화인의 해석

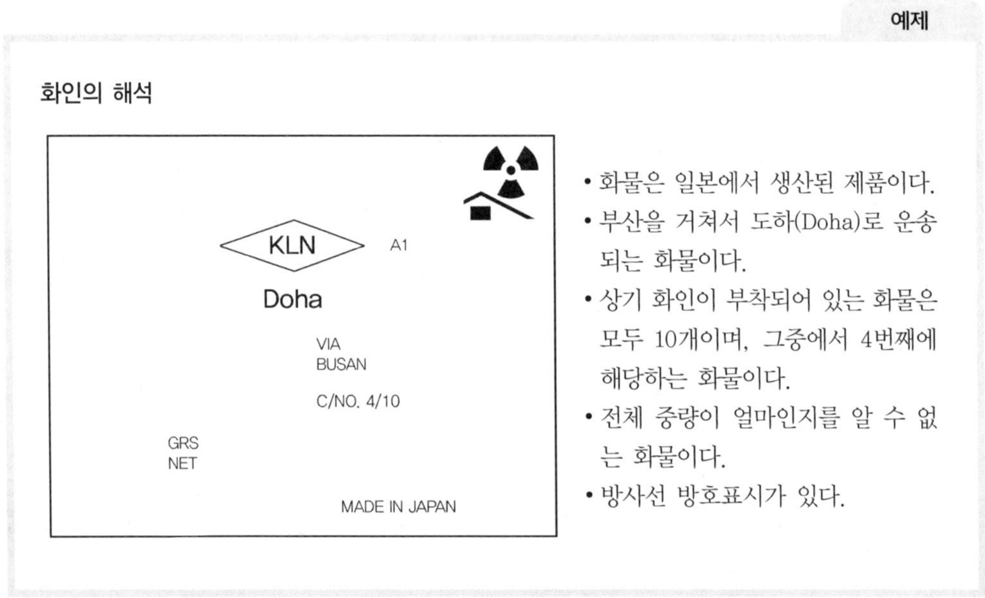

- 화물은 일본에서 생산된 제품이다.
- 부산을 거쳐서 도하(Doha)로 운송되는 화물이다.
- 상기 화인이 부착되어 있는 화물은 모두 10개이며, 그중에서 4번째에 해당하는 화물이다.
- 전체 중량이 얼마인지를 알 수 없는 화물이다.
- 방사선 방호표시가 있다.

2 화인 표시방법 ★★

(1) 스탬핑(Stamping)

고무인이나 프레스기를 사용하여 찍는 방법으로 종이상자, 골판지 상자에 적용된다.

(2) 태그(Tag)

종이, 알루미늄, 플라스틱판에 표시내용을 기재한 다음 철사, 끈으로 적절히 매다는 방법이다.

(3) 스텐실(Stencil)

① **시트에 문자를 파 두었다가** 붓, 스프레이로 칠하는 방법으로 나무상자, 드럼에 적용된다.
② 기름기가 많은 무거운 종이나 셀룰로이드판, 플라스틱판 등의 시트에 문자를 파 두었다가 칠하는 방법이다.

(4) 레이블링(Labeling)

종이나 직포에 필요한 내용을 미리 인쇄해 두었다가 일정한 위치에 붙이는 것으로 통조림, 유리병에 적용된다.

(5) 카빙(Carving, 엠보싱)

금속제품에 사용하는 방법으로 주물을 주입할 때 미리 화인을 해두어 제품의 완성 시 화인이 나타나도록 하는 방법이다.

(6) 스티커(Sticker)

일정한 표시내용을 기재한 것을 못으로 박거나 혹은 특정 방법에 의해 고정시키는 방법이다.

3 일반화물의 취급표지

번호	호칭	표시	표시내용 및 위치
1	무게 중심 위치		취급되는 최소 단위 유통용 포장의 무게 중심을 표시
2	거는 위치		유통용 포장 용기를 들어올리기 위한 슬링의 위치
3	깨지기 쉬움, 취급 주의		유통용 포장 용기의 내용물이 깨지기 쉬운 것이기에 취급에 주의해야 함.
4	갈고리 금지		유통용 포장 용기를 취급 시 갈고리 금지
5	손수레 사용 금지		유통용 포장 용기 처리 시 손수레를 끼워서는 안 됨.
6	지게차 취급 금지		지게 형의 리프팅 장치를 유통용 포장 용기에 사용 금지

번호	호칭	표시	표시내용 및 위치
7	조임쇠 취급 제한		조임쇠 형태의 리프팅 장치를 유통용 포장 용기에 사용 금지
8	조임쇠 취급 표시		조임쇠 형태의 리프팅 장치를 이용하여 유통용 포장 용기의 양쪽면에 조임쇠가 위치되도록 취급
9	굴림 방지		유통용 포장 용기를 굴리거나 유통용 포장 용기가 뒤집어지면 안 됨.
10	비 젖음 방지		유통용 포장 용기가 비에 젖지 않게 하며 건조한 환경을 유지
11	직사광선 금지		태양의 직사광선에 유통용 포장 용기가 노출되면 안 됨.
12	방사선 보호		전리방사선 투과에 의해 내용물이 변질되거나 사용이 불가능하게 됨.
13	위 쌓기		운반 및/또는 적재 시 유통용 포장 용기의 올바르게 세울 방향
14	온도 제한		유통용 포장 용기는 표시된 온도 범위에서 저장, 운송 또는 취급되어야 함.
15	적재 제한	 < XX kg	유통용 포장 용기를 적재 시 최대 적재 질량
16	적재 단수 제한	 n	하부 포장 용기를 적재할 시 운반 포장 용기/물품 중 동일한 것의 최대 수량("n"은 한계 수치)
17	적재 금지		유통용 포장 용기의 적재가 허용되지 않으며 유통용 포장 용기 위로 적재해서는 안 됨.

CHAPTER 07 기출 & 실력 다잡기

01 포장 일반

01 **포장에 관한 설명으로 옳지 않은 것은?**

① 소비자들의 관심을 유발시키는 판매물류의 시작이다.
② 물품의 가치를 높이거나 보호한다.
③ 공업포장은 물품 개개의 단위포장으로 판매촉진이 주목적이다.
④ 겉포장은 화물 외부의 포장을 말한다.
⑤ 기능에 따라 공업포장과 상업포장으로 분류한다.

해설 공업포장은 상품의 파손을 방지하고, 물류비를 절감하는 데 초점을 두고 있다.
판매촉진이 기본기능인 것은 상업포장이다.

02 **포장에 관한 설명으로 옳지 않은 것은?**

① 포장 디자인의 3요소는 선, 형, 색채이다.
② 상업포장의 기본기능은 판매촉진기능이다.
③ 완충포장은 외부로부터 전달되는 힘과 충격으로부터 상품의 내・외부를 보호하기 위함이다.
④ 포장합리화의 시스템화 및 단위화 원칙은 물류의 모든 활동이 유기적으로 연결되도록 시스템화하며, 포장화물의 단위화를 통해 포장의 합리화를 추구하는 것이다.
⑤ 적정포장의 목적은 상품의 품질보전, 취급의 편의성 등 포장 물류 본연의 기능 최대화이므로 포장비용은 중요한 고려사항이 아니다.

해설 물류관리는 기본적으로 비용과 고객서비스를 고려한다. 포장에 대해서는 비용도 당연히 중요한 고려사항이다.

정답 01 ③ 02 ⑤

03 포장에 관한 설명으로 옳지 않은 것은?

① 포장의 간소화로 포장비를 절감할 수 있다.
② 포장은 생산의 마지막 단계이며, 물류의 시작 단계에 해당된다.
③ 한국산업표준(KS)에 따르면 포장은 낱포장(Item packaging), 속포장(Inner packaging), 겉포장(Outer packaging)으로 분류된다.
④ 상업포장은 상품의 파손을 방지하고, 물류비를 절감하는 데 초점을 두고 있다.
⑤ 반강성포장(Semi-rigid packaging)의 포장재료는 골판지 상자, 접음상자, 플라스틱 보틀 등이다.

해설 상업포장의 목적은 판매촉진이고, 공업포장은 상품파손 방지와 비용 절감이다.

04 다음 중 포장과 관련된 설명으로 옳지 않은 것은?

① 포장이란 상품을 전시, 판매, 운송, 보관함에 있어서 상품의 훼손으로부터 보호하고자 적절한 용기나 짐꾸리개로 물건을 싸는 기술 또는 싸여진 상태를 말한다.
② 포장 디자인의 3요소는 선, 형, 색채이다.
③ 포장설계 시 고려할 사항은 하역성, 표시성, 작업성, 경제성, 보호성이다.
④ 상업포장의 1차적인 기능은 보호기능이고, 공업포장의 1차적인 기능은 판매촉진기능이다.
⑤ 내부포장은 물품이나 개별포장화물을 적절한 단위로 모아서 포장하거나 중간용기에 넣는 기술 또는 상태를 말한다.

해설 공업포장의 1차적인 기능은 보호기능이고, 상업포장의 1차적인 기능은 판매촉진기능이다.

05 포장의 원칙이 아닌 것은?

① 표준화의 원칙
② 통로대면의 원칙
③ 재질변경의 원칙
④ 단위화의 원칙
⑤ 집중화의 원칙

해설 통로대면의 원칙은 포장이 아닌 보관합리화 원칙으로 제품의 입출고를 용이하게 하고 효율적으로 보관하기 위해 통로면에 보관하여 작업의 접근성을 강조하는 원칙을 말한다.

정답 03 ④ 04 ④ 05 ②

02 화인

06 **화인(Shipping Mark)에 관한 설명으로 옳지 않은 것은?**

① 기본화인, 정보화인, 취급주의 화인으로 구성되며, 포장화물의 외장에 표시한다.
② 주화인표시(Main Mark)는 타 상품과 식별을 용이하게 하는 기호이다.
③ 부화인표시(Counter Mark)는 유통업자나 수입 대행사의 약호를 표시하는 기호이다.
④ 품질표시(Quality Mark)는 내용물품의 품질이나 등급을 표시하는 기호이다.
⑤ 취급주의표시(Care Mark)는 내용물품의 취급, 운송, 적재요령을 나타내는 기호이다.

해설 부(화인)표시(Counter Mark)는 대조번호 화인으로서 생산자나 수출 대행사의 약호를 붙여야 하는 경우에 표기한다. 내용물품의 직접 생산자 또는 수출 대행사 등이 주표시의 위쪽이나 밑쪽에 기재하며 생략하는 경우도 있다.

07 **화인에 관한 설명으로 옳지 않은 것은?**

① 화물작업의 편리성, 하역작업 시의 물품 손상 예방 등을 위해 포장에 확실히 표시하는 것을 말한다.
② 주화인표시(Main Mark)는 수입업자 화인으로 수입업자의 머리문자를 도형 속에 표기하지 않고, 주소, 성명을 전체 문자로서 표시하는 것을 말한다.
③ 부화인표시(Counter Mark)는 대조번호 화인으로서 생산자나 공급자의 약호를 붙여야 하는 경우에 표기한다.
④ 원산지표시(Origin Mark)는 정상적인 절차에 의해 선적되는 모든 수출품을 대상으로 관세법에 따라 원산지명을 표시한다.
⑤ 취급주의표시(Care Mark)는 화물의 취급, 운송, 적재요령을 나타내는 주의표시로서 일반화물 취급표시와 위험화물 경고표시로 구분된다.

해설 ② 주화인표시(Main Mark)는 수입업자 화인으로 수입업자의 머리문자를 도형 속에 표기하여 사용하고, 주소, 성명을 전체 문자로서 표시하지는 않는다.

정답 06 ③ 07 ②

08 화인(Mark)에 관한 설명으로 옳은 것을 모두 고른 것은?

ㄱ. 주화인(Main Mark) : 다른 화물과의 식별을 용이하게 하기 위하여 외장에 특정의 기호(Symbol)를 표시
ㄴ. 포장번호(Case Number) : 주화인만으로 다른 화물과 식별이 어려울 때 생산자 또는 공급자의 약자를 보조적으로 표시
ㄷ. 항구표시(Port Mark) : 선적과 양하작업이 용이하도록 도착항을 표시
ㄹ. 원산지표시(Origin Mark) : 당해 물품의 원자재까지 모두 원산지를 표시

① ㄱ, ㄴ
② ㄱ, ㄷ
③ ㄴ, ㄷ
④ ㄴ, ㄹ
⑤ ㄷ, ㄹ

해설 ㄴ. **포장번호**(Case Number) : 전체 포장수량 안내 및 해당 포장물품이 전체 포장수량에서 몇 번째인지 나타내는 번호
ㄹ. **원산지표시**(Origin Mark) : 당해 물품의 원산지를 표시

09 다음의 화인 표시방법에 관한 설명으로 옳지 않은 것을 모두 고른 것은?

구분	화인 표시에 대한 설명
ㄱ	스탬핑(Stamping) : 금속제품에 사용하는 방법으로 주물을 주입할 때 미리 화인을 해두어 제품 완성 시 화인이 나타나도록 하는 방법이다.
ㄴ	스텐실(Stencil) : 기름기가 많은 무거운 종이나 셀룰로이드판, 플라스틱판 등의 시트에 문자를 파 두었다가 붓이나 스프레이를 사용하여 칠하는 방법이다.
ㄷ	카빙(Carving) : 화인할 부분을 고무인이나 프레스기 등을 사용하여 찍는 것으로 종이상자, 골판지 상자 등에 적용하는 방법이다.
ㄹ	태그(Tag) : 종이나 직포 등에 필요한 내용을 미리 인쇄해 두었다가 일정한 장소에 붙이는 방법이다.
ㅁ	스티커(Sticker) : 일정한 표시내용을 기재한 것을 못으로 박거나 혹은 특정 방법에 의해 고정시키는 방법이다.
ㅂ	레이블링(Labeling) : 종이, 알루미늄, 플라스틱판 등에 일정한 표시내용을 기재한 다음 철사나 기타 끈 등으로 적절히 매는 방법이다.

① ㄱ, ㄷ
② ㄷ, ㄹ
③ ㄱ, ㄹ, ㅁ
④ ㄴ, ㄷ, ㄹ
⑤ ㄱ, ㄷ, ㄹ, ㅂ

정답 08 ② 09 ⑤

해설 ㄱ. 카빙에 대한 설명이다.
ㄷ. 스탬핑에 대한 설명이다.
ㄹ. 레이블링에 대한 설명이다.
ㅂ. 태그에 대한 설명이다.

10 **다음 설명과 일치하는 화물의 취급표시(화인) 방법으로 옳은 것은?**

ㄱ. 기름기가 많은 종이 등에 문자를 파 두었다가 붓이나 스프레이를 사용하여 칠하면 화인이 새겨지는 방법
ㄴ. 표시내용을 기재한 판(종이, 알루미늄 등)을 철사나 끈 등으로 매는 방법
ㄷ. 고무인이나 프레스기 등으로 찍는 방법
ㄹ. 종이나 직포 등에 필요한 내용을 미리 인쇄해 두었다가 일정한 위치에 붙이는 방법

① ㄱ : 스텐실(Stencil), ㄴ : 태그(Tag),
ㄷ : 스탬핑(Stamping), ㄹ : 레이블링(Labeling)
② ㄱ : 스탬핑(Stamping), ㄴ : 카빙(Carving),
ㄷ : 태그(Tag), ㄹ : 스티커(Sticker)
③ ㄱ : 스텐실(Stencil), ㄴ : 스티커(Sticker),
ㄷ : 스탬핑(Stamping), ㄹ : 카빙(Carving)
④ ㄱ : 스탬핑(Stamping), ㄴ : 태그(Tag),
ㄷ : 카빙(Carving), ㄹ : 스텐실(Stencil)
⑤ ㄱ : 스탬핑(Stamping), ㄴ : 태그(Tag),
ㄷ : 스텐실(Stencil), ㄹ : 카빙(Carving)

해설
- **카빙**(엠보싱) : 직접 내용상품에 쇠로 된 인각을 찍거나 주물의 경우 주물을 주입할 때 미리 화인을 해두어 제품 완성 시 화인이 나타나도록 하는 방법이다.
- **스티커** : 못으로 박는 등의 방법에 의해 고정시키는 것을 말한다.

정답 10 ①

11 화인(Shipping Mark)의 표시방법에 관한 설명으로 옳은 것을 모두 고른 것은?

ㄱ. 스티커(Sticker)는 주물을 주입할 때 미리 화인을 해두는 방법으로 금속제품, 기계류 등에 사용된다.
ㄴ. 스텐실(Stencil)은 화인할 부분을 고무인이나 프레스기 등을 사용하여 찍는 방법이다.
ㄷ. 태그(Tag)는 종이나 플라스틱판 등에 일정한 표시내용을 기재한 다음 철사나 끈으로 매는 방법으로 의류, 잡화류 등에 사용된다.
ㄹ. 라벨링(Labeling)은 종이나 직포에 미리 인쇄해 두었다가 일정한 위치에 붙이는 방법이다.

① ㄱ, ㄴ
② ㄱ, ㄷ
③ ㄴ, ㄷ
④ ㄴ, ㄹ
⑤ ㄷ, ㄹ

해설 ㄱ. 카빙(Carving)에 대한 설명이다.
스티커(Sticker)는 일정한 표시내용을 기재한 것을 못으로 박거나 혹은 특정 방법에 의해 고정시키는 방법이다.
ㄴ. 스탬핑(Stamping)에 대한 설명이다.
스텐실(Stencil)은 기름기가 많은 무거운 종이나 셀룰로이드판, 플라스틱판 등의 시트에 문자를 파 두었다가 붓이나 스프레이를 사용하여 칠하는 방법이다.

12 다음의 화물 취급표시가 의미하는 것은?

① Stacking Limitation
② Protect from Heat
③ Unstable
④ Center of Gravity
⑤ Do Not Roll

해설 화물 무게 중심의 위치를 표시한다.

정답 11 ⑤ 12 ④

03 포장기법

13 주요 포장기법 중 금속의 부식을 방지하기 위한 포장 기술은?

① 방청포장
② 방수포장
③ 방습포장
④ 진공포장
⑤ 완충포장

해설 방청포장은 금속 표면의 녹이나 부식을 방지하기 위한 포장기법이며 일반적으로 방청제 도포나 가연성 플라스틱 도포가 사용된다.

14 포장기법에 관한 설명으로 옳은 것을 모두 고른 것은?

ㄱ. 방수방습포장 : 식품원료의 생리적 대사과정을 지연시키고 취급과정 중 미생물에 의한 오염을 줄이는 포장기법이다.
ㄴ. 가스치환포장 : 내용물의 활성화를 정지시키기 위하여 내부를 진공으로 밀봉하는 포장기법이다.
ㄷ. 완충포장 : 생산공장에서 최종 소비자까지 전달되는 유통과정에서 받는 외력에서 포장되어 있는 제품의 파손을 방지하고 안전하게 보호하는 포장기법이다.
ㄹ. 방청포장 : 운송 중이나 보관 중에 제품을 발청이나 부식으로부터 방지하기 위한 포장기법이다.

① ㄱ, ㄴ
② ㄴ, ㄷ
③ ㄷ, ㄹ
④ ㄱ, ㄴ, ㄹ
⑤ ㄱ, ㄷ, ㄹ

해설 ㄱ. 식품원료의 생리적 대사과정을 지연시키고 취급과정 중 미생물에 의한 오염을 줄이는 포장기법은 가스치환포장이다.
방수방습포장은 습도에 민감한 화물에 적용하는 포장으로 습기가 상품에 스며들지 않도록 방지하는 포장기법으로 실리카 겔 등으로 습기를 방지한다.
ㄴ. 내용물의 활성화를 정지시키기 위하여 내부를 진공으로 밀봉하는 포장기법은 진공포장이다.

정답 **13** ① **14** ③

15 **포장 결속 방법으로 옳지 않은 것은?**

① 밴드결속 – 플라스틱, 나일론, 금속 등의 재질로 된 밴드를 사용한다.
② 꺾쇠·물림쇠 – 주로 칸막이 상자 등에서 상자가 고정되도록 사용하는 방법이다.
③ 테이핑 – 용기의 견고성을 유지하기 위해 접착테이프를 사용한다.
④ 대형 골판지 상자 – 작은 부품 등을 꾸러미로 묶지 않고 담을 때 사용한다.
⑤ 슬리브 – 열수축성 플라스틱 필름을 화물에 씌우고 터널을 통과시킬 때 가열하여 필름을 수축시키는 방법이다.

해설 열수축성 플라스틱 필름을 화물에 씌우고 터널을 통과시킬 때 가열하여 필름을 수축시키는 방법은 쉬링크에 대한 설명이다.
슬리브는 보통 필름으로 슬리브를 만들어 4개 측면을 감싸는 방법이다.

16 **다음 집합포장방법에 관한 설명으로 옳지 않은 것은?**

① 밴드결속 : 종이, 플라스틱, 나일론 및 금속 밴드를 이용하며, 코너 변형을 막기 위해 코너 패드가 보호재로 사용된다.
② 테이핑(Taping) : 용기의 표면에 접착테이프 등을 사용하며, 접착테이프 사용 시 용기 표면이 손상될 수 있다.
③ 슬리브(Sleeve) : 보통 필름으로 슬리브를 만들어 4개 측면을 감싸는 방법이다.
④ 쉬링크(Shrink) : 깨지기 쉬운 화물을 위·아래 틀로 고정하는 방법으로 밴드를 사용한다.
⑤ 스트레치(Stretch) : 스트레치 필름을 사용하여 필름의 접착성을 이용하는 것으로 대략 3겹 정도로 감싸는 방법이다.

해설 **쉬링크**(Shrink) **포장** : 열수축성 플라스틱 필름을 화물에 씌우고 가열하여 필름을 수축시켜서 포장하는 방식이다.

17 **양면 골판지의 한쪽 면에 편면 골판지를 접합한 형태로서 비교적 무겁고 손상되기 쉬운 제품 혹은 청과물과 같은 수분을 포함하고 있는 제품 포장에 적합한 골판지는?**

① 편면 골판지
② 이중양면 골판지
③ 양면 골판지
④ 삼중 골판지
⑤ 삼중양면 골판지

정답 **15** ⑤ **16** ④ **17** ②

해설 이중양면 골판지에 대한 설명으로 양면 골판지에 단면 골판지를 덧붙인 것으로, 주로 상하기 쉬운 물품 또는 중량품에 사용되는 골판지이다.
① **편면 골판지** : 파형으로 골을 낸 골심지에 한쪽에만 라이너를 붙인 것으로, 주로 내장용으로 사용된다.
③ **양면 골판지** : 파형으로 골을 낸 골심지의 양쪽에 라이너를 붙인 것으로, 골판지 상자용으로 가장 많이 사용된다.
④ **삼중 골판지** : 이중양면 골판지에 단면 골판지를 덧붙인 것으로 초중량물 수송용에 사용된다.

18 **하역의 표준화에 관한 설명으로 옳지 않은 것은?**

① 생산의 마지막 단계로 치수, 강도, 재질, 기법 등의 표준화로 구성된다.
② 운송, 보관, 포장, 정보 등 물류활동 간의 상호 호환성과 연계성을 고려하여 추진되어야 한다.
③ 환경과 안전을 고려하여야 한다.
④ 유닛로드시스템에 적합한 하역·운반 장비의 표준화가 필요하다.
⑤ 표준규격을 만들고 일관성 있게 추진되어야 한다.

해설 ① 포장의 표준화에 대한 설명이다. 포장은 생산의 마지막 단계이며, 물류의 시작 단계에 해당한다.
※ **포장표준화 4대 요소**
- 치수의 표준화
- 강도의 표준화
- 기법의 표준화
- 재료의 표준화

04 파렛트의 적재방법

19 **파렛트의 적재방법 중에서 동일한 단에서는 물품을 가로·세로로 조합해 쌓으며, 다음 단에서는 방향을 180° 바꾸어 교대로 겹쳐 쌓는 방법은?**

① 블록(Block)형 적재
② 벽돌(Brick)형 적재
③ 핀휠(Pinwheel) 적재
④ 스플릿(Split) 적재
⑤ 교호(Alternative)열 적재

정답 18 ① 19 ②

해설 물품을 가로·세로로 조합해 쌓으며, 다음 단에서는 방향을 180° 바꾸어 교대로 겹쳐 쌓는 방법은 벽돌형 적재이다.

① **블록(Block)형 적재** : 물건을 홀수층과 짝수층 모두 같은 방향으로 적재하는 패턴이다.
③ **핀휠(Pinwheel) 적재** : 파렛트 중간에 구멍이 뚫려 있는 형태로 이 공간을 감싸듯 풍차형으로 화물을 적재하는 패턴이다. 홀수층과 짝수층의 방향을 바꾸어 적재한다.
④ **스플릿(Split) 적재** : 벽돌형 적재를 하는 경우에 화물과 파렛트의 치수가 일치하지 않는 경우 물건 사이에 일부 공간을 만드는 패턴이다.
⑤ **교호(Alternative)열 적재** : 한 단에는 블록형 적재와 같은 모양과 방향으로 물건을 나열하고, 다음 단에는 90° 방향을 바꾸어 홀수층과 짝수층을 교차적으로 적재하는 것이다.

20 **파렛트의 화물 적재방법에 관한 설명으로 옳은 것은?**

① 블록쌓기는 맨 아래에서 상단까지 일렬로 쌓는 방법으로 작업효율성이 높고 무너질 염려가 없어 안정성이 높다.
② 교호열쌓기는 짝수층과 홀수층을 180도 회전시켜 쌓는 방식으로 화물의 규격이 일정하지 않아도 적용이 가능한 방식이다.
③ 벽돌쌓기는 벽돌을 쌓듯이 가로와 세로를 조합하여 1단을 쌓고 홀수층과 짝수층을 180도 회전시켜 쌓는 방식이다.
④ 핀휠(Pinwheel)쌓기는 비규격화물이나 정방형 파렛트가 아닌 경우에 이용하는 방식으로 다양한 화물의 적재에 이용된다.
⑤ 스플릿(Split)쌓기는 중앙에 공간을 두고 풍차형으로 쌓는 방식으로 적재효율이 높고 안정적인 적재방식이다.

해설 ① 블록쌓기는 아래에서 위까지 동일한 방식으로 쌓는 가장 단순한 방식으로 작업효율성이 높고 무너질 염려가 없어 안정성이 낮다.
맨 아래에서 상단까지 일렬로 쌓는 방법으로 작업효율성이 높고 무너질 염려가 없어 안정성이 높은 적재방식은 벽돌쌓기이다.
② 교호열쌓기는 블록쌓기의 짝수층과 홀수층을 90도 회전시켜 교대로 쌓는 방법으로 정방형의 파렛트에서만 적용할 수 있다.
④ **핀휠(Pinwheel)쌓기** : 파렛트 중앙부에 공간을 만드는 형태로 이 공간을 감싸듯 풍차형으로 화물을 적재하는 패턴이다. 통상은 홀수단과 짝수단의 방향을 바꾸어 적재한다.
⑤ **스플릿(Split)쌓기** : 벽돌쌓기의 변형으로 가로와 세로를 배열할 때 크기의 차이에서 오는 홀수층과 짝수층의 빈 공간이 서로 마주 보게 쌓는 방법이다.

정답 20 ③

21 파렛트 집합적재방식에 관한 설명으로 옳지 않은 것을 모두 고른 것은?

ㄱ. 블록쌓기는 아래에서 위까지 동일한 방식으로 쌓는 가장 단순한 방식으로 작업효율성이 높고 무너질 염려가 없어 안정성이 높다.
ㄴ. 교호열쌓기는 블록쌓기의 짝수층과 홀수층을 90도 회전시켜 교대로 쌓는 방법으로 정방형의 파렛트에서만 적용할 수 있다.
ㄷ. 벽돌쌓기는 벽돌을 쌓듯이 가로와 세로를 조합하여 배열하고, 이후부터는 홀수층과 짝수층을 180도 회전시켜 교대로 쌓는 방법을 말한다.
ㄹ. 스플릿(Split)쌓기는 벽돌쌓기의 변형으로 가로와 세로를 배열할 때 크기의 차이에서 오는 홀수층과 짝수층의 빈 공간이 서로 마주 보게 쌓는 방법이다.
ㅁ. 장방형 파렛트에는 블록쌓기, 벽돌쌓기 및 핀휠(Pinwheel)쌓기 방식이 적용된다.

① ㄱ, ㄴ　　② ㄱ, ㄹ
③ ㄱ, ㅁ　　④ ㄴ, ㄷ
⑤ ㄴ, ㅁ

해설 ㄱ. 블록쌓기는 아래에서 위까지 동일한 방식으로 쌓는 가장 단순한 방식으로 안정성이 낮다.
ㅁ. 장방형(직사각형) 파렛트에는 블록쌓기, 벽돌쌓기 및 스플릿쌓기 방식이 적용된다.

22 다음이 설명하는 파렛트 적재방식은?

- (ㄱ) : 각 단의 쌓아 올리는 모양과 방향이 모두 같은 일렬 적재방식
- (ㄴ) : 동일한 단 내에서는 동일한 방향으로 물품을 나란히 쌓지만, 단별로는 방향을 직각(90도)으로 바꾸거나 교대로 겹쳐 쌓는 적재방식

① ㄱ : 블록 적재방식, ㄴ : 교대배열 적재방식
② ㄱ : 블록 적재방식, ㄴ : 벽돌 적재방식
③ ㄱ : 교대배열 적재방식, ㄴ : 스플릿 적재방식
④ ㄱ : 스플릿 적재방식, ㄴ : 벽돌 적재방식
⑤ ㄱ : 스플릿 적재방식, ㄴ : 교대배열 적재방식

해설
- **벽돌 적재방식** : 동일한 단에서는 물품을 가로・세로로 조합해 쌓으며, 다음 단에서는 방향을 180도 바꾸어 교대로 겹쳐 쌓는 방법이다.
- **스플릿 적재방식** : 벽돌쌓기의 변형으로 가로와 세로를 배열할 때 크기의 차이에서 오는 홀수층과 짝수층의 빈 공간이 서로 마주 보게 쌓는 방법이다.

정답 21 ③ 22 ①

23 T11 표준 파렛트에 500mm × 300mm × 200mm 크기의 물품을 적재하려고 한다. 파렛트 적재방법을 핀휠(Pinwheel) 적재에서 블록(Block) 적재로 변경하면 파렛트의 바닥면적 적재율(또는 표면이용률)은 변경 전과 비교할 때 얼마나 변동하는가? (단, 적재 높이는 200mm를 유지해야 한다.)

① 25% 감소
② 50% 감소
③ 10% 증가
④ 25% 증가
⑤ 50% 증가

해설 1. T11(1,100mm × 1,100mm)에서 핀휠(Pinwheel) 적재 시 4개, 블록(Block) 적재 시 6개가 가능하다.
2. 적재방법 변경 시 바닥면적 적재율은 4 → 6, 즉 50% 증가한다.

※ 핀휠 적재

※ 블록 적재

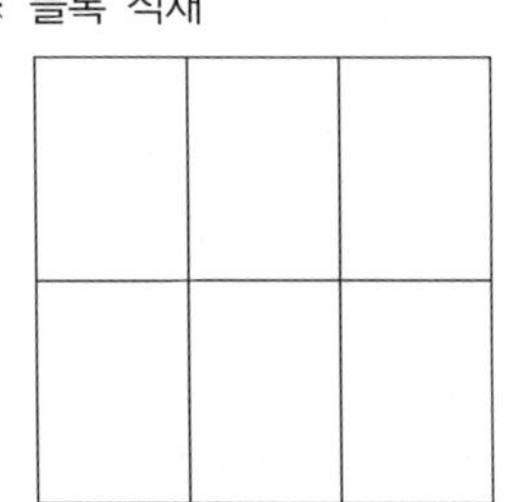

정답 23 ⑤

부록

보관하역론

28회 기출문제

물류관리사

제 28회 보관하역론

01 보관의 원칙에 관한 설명으로 옳지 않은 것은?

① 네트워크 보관의 원칙 : 입출고 빈도에 따라 보관할 물품의 위치를 달리하는 원칙으로 빈도가 높은 물품은 출입구 가까운 위치에 보관한다.
② 중량특성 보관의 원칙 : 물품의 중량에 따라 보관 위치를 결정하는 원칙으로 중량이 무거울수록 하층부에 보관한다.
③ 위치표시 보관의 원칙 : 보관된 물품의 장소와 선반 번호의 위치를 표시하여 작업 효율성을 높이는 원칙으로 입출고 시 불필요한 작업이나 실수를 줄일 수 있다.
④ 유사성 보관의 원칙 : 유사품은 가까운 장소에 모아서 보관하는 원칙으로 관리효율 향상을 기대할 수 있다.
⑤ 통로대면 보관의 원칙 : 입출고 용이성 및 보관의 효율성을 위해 물품을 가능한 통로에 접하여 보관하는 것으로 화물의 원활한 흐름과 활성화를 위한 원칙이다.

해설 입출고 빈도에 따라 보관할 물품의 위치를 달리하는 원칙으로 빈도가 높은 물품은 출입구 가까운 위치에 보관하는 원칙은 회전대응 보관의 원칙이다. 네트워크 보관의 원칙은 연대출고가 예상되는 관련 품목을 출하가 용이하도록 모아서 보관하는 원칙이다.

02 보관품목수, 보관수량, 회전율에 따른 보관유형을 올바르게 표시한 것은?

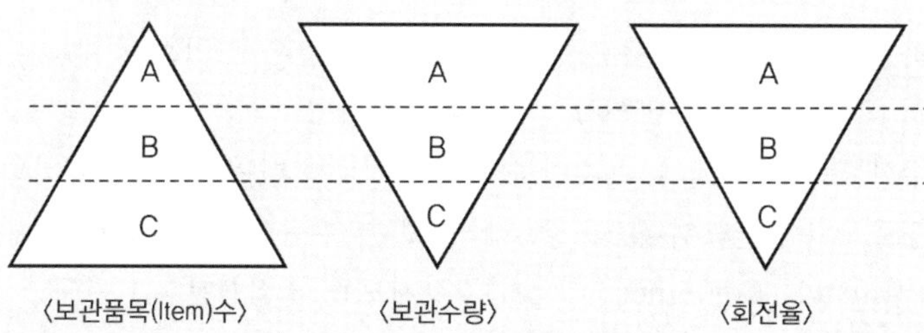

- ㄱ : 보관품목수는 매우 적지만 보관수량이 매우 많고 회전율이 매우 높은 특징을 갖는다.
- ㄴ : 보관품목수와 보관수량이 매우 많고, 회전율이 매우 높으며, 관리가 복잡하여 자동화 방식이 적합하다.

정답 01 ① 02 ②

① ㄱ : A－A－A, ㄴ : C－C－A
② ㄱ : A－A－A, ㄴ : C－A－A
③ ㄱ : A－C－C, ㄴ : C－C－A
④ ㄱ : C－A－A, ㄴ : A－C－C
⑤ ㄱ : C－A－A, ㄴ : A－C－A

해설 ㄱ : 보관품목수는 매우 적지만(A) 보관수량이 매우 많고(A) 회전율이 매우 높은 특징(A)을 갖는다. (A－A－A)
ㄴ : 보관품목수(C)와 보관수량(A)이 매우 많고, 회전율이 매우 높으며(A), 관리가 복잡하여 자동화 방식이 적합하다. (C－A－A)

03 복합물류터미널에 관한 설명으로 옳지 않은 것은?

① 두 종류 이상의 운송수단을 연계할 수 있는 규모 및 시설을 갖춘 화물터미널이다.
② 보관기능 위주로 운영되는 물류시설로 환적물량은 취급하지 않는다.
③ 조립·가공 등의 기능을 수행하기 위한 유통가공 시설을 보유할 수 있다.
④ 배송센터 기능과 더불어 화물정보센터의 기능도 수행한다.
⑤ 화물의 집화·하역 및 이와 관련된 분류·포장 등에 필요한 기능을 갖춘 물류시설이다.

해설 복합물류터미널은 주로 터미널, 화물혼재, 정보센터, 환적, 유통보관의 기능을 수행한다.

04 물류시설의 설명으로 옳은 것은?

① 스마트물류센터 : 첨단물류설비, 운영시스템 등을 도입하여 저비용, 고효율, 친환경성 등에서 우수한 성능을 발휘할 수 있는 물류창고
② 농수산물종합유통센터 : 농수산물의 출하 경로를 다원화하고 물류비용을 절감하기 위한 물류시설로 농수산물의 수집, 포장, 가공, 보관, 수송, 판매 기능과 함께 통관 기능도 수행
③ ICD(Inland Container Depot) : 장치보관, 집화분류, 통관 기능과 함께 마샬링(marshalling), 본선 선적 및 양하 기능도 수행
④ CY(Container Yard) : 컨테이너에 LCL(Less than Container Load)화물을 넣고 꺼내는 작업을 하는 시설과 장소
⑤ 도시첨단물류단지 : 수출입 통관업무, 집하, 분류 기능을 수행하며, 트럭회사, 포워더(forwarder) 등을 유치하여 운영하므로 내륙 항만이라고도 부름

정답 03 ② 04 ①

해설 ② "농수산물종합유통센터"란 국가 또는 지방자치단체가 설치하거나 국가 또는 지방자치단체의 지원을 받아 설치된 것으로서 농수산물의 출하 경로를 다원화하고 물류비용을 절감하기 위하여 농수산물의 수집·포장·가공·보관·수송·판매 및 그 정보처리 등 농수산물의 물류활동에 필요한 시설과 이와 관련된 업무시설을 갖춘 사업장을 말한다(농수산물 유통 및 가격안정에 관한 법률 제2조 정의). (통관 기능은 없음)
③ ICD에 선박 적하, 양하, 마샬링 기능은 없다.
④ CFS에 대한 설명이다.
⑤ ICD에 대한 설명이다.
"도시첨단물류단지"란 도시 내 물류를 지원하고 물류·유통산업 및 물류·유통과 관련된 산업의 육성과 개발을 촉진하려는 목적으로 도시첨단물류단지시설과 지원시설을 집단적으로 설치하기 위하여 「국토의 계획 및 이용에 관한 법률」에 따른 도시지역에 지정·개발하는 일단의 토지 및 시설을 말한다(물류시설의 개발 및 운영에 관한 법률 제2조 정의).

05 물류센터 운영에 관한 설명으로 옳지 않은 것은?

① 상품의 리드타임 단축을 통해 고객 만족도를 높일 수 있다.
② 각각의 공장에서 소비지까지 제품을 개별 수송하므로 손상, 분실, 오배송이 감소한다.
③ 적절한 재고량을 유지하면서 고객니즈에 부합하는 서비스를 제공한다.
④ 물류센터 수가 증가하면 총 안전재고량과 납기준수율이 모두 증가한다.
⑤ 물류센터 운영 전에 비해 상대적으로 공차율이 감소한다.

해설 물류센터란 공급자와 수요자의 중간에 위치하여 수요와 공급을 통합하고 계획하여 효율화를 높이는 시설이다. 즉, 물류센터는 각각의 공장별 재고를 적정한 수준으로 통합하여 유지하다가 배송하는 것이므로 '개별 수송'과는 거리가 있다.

06 컨테이너 터미널의 시설에 관한 설명으로 옳지 않은 것은?

① 마샬링 야드(marshalling yard)는 컨테이너선에 선적하거나 양하하기 위해 컨테이너를 임시 보관하는 공간으로 대부분 에이프런에 인접해 있다.
② 게이트(gate)는 컨테이너 터미널의 화물 출입통로이다.
③ 메인트넌스 숍(maintenance shop)은 컨테이너 자체의 검사, 보수, 사용 전후의 청소 등을 수행한다.
④ ILS(Instrument Landing System)는 선박이 안전하게 접안할 수 있도록 유도하는 시설로 평소에는 항만 하역장비를 보관하기도 한다.
⑤ 위생검사소는 부패성 화물, 음식물과 같이 위생에 위험이 초래될 가능성이 있는 화물에 대한 검사를 위해 설치한다.

정답 05 ② 06 ④

해설 ILS(Instrument Landing System)는 항공기가 악천후나 시야가 확보되지 않는 상태에서도 안전하게 착륙할 수 있도록 도와주는 지상기반시스템으로 계기착륙장치이다.
선박이 안전하게 접안할 수 있도록 유도하는 시설로 평소에는 항만 하역장비를 보관하기도 하는 곳은 부두(안벽 또는 선석)로 볼 수 있다.

07 물류거점 입지선정 방법에 관한 설명으로 옳지 않은 것은?

① 요인평정법(가중점수법)은 접근성, 지역환경, 노동력 등의 입지요인별로 가중치를 부여하고 가중치를 고려한 요인별 평가점수를 통해 입지후보지를 선택하는 방법이다.
② 브라운 & 깁슨법은 입지에 영향을 주는 요인을 필수적 요인, 객관적 요인, 주관적 요인으로 구분하여 평가하는 방법이다.
③ 총비용 비교법은 입지거점 대안별로 예상비용을 산출하고, 총비용이 최소가 되는 대안을 선택하는 방법이다.
④ 손익분기 도표법은 예상 물동량에 대한 고정비와 변동비를 산출하고 그 합을 비교하여 물동량에 따른 총비용이 최소가 되는 대안을 선택하는 방법이다.
⑤ 톤-킬로법은 물동량의 무게와 거리를 고려한 방법으로 입지 제약, 환경 제약 등의 주관적 요인을 반영할 수 있는 방법이다.

해설 톤-킬로법은 각 수요지에서 배송센터까지의 거리와 각 수요지까지의 운송량에 대해 평가하고 총계가 최소가 되는 입지를 선정하는 기법으로, 제약조건 등 정성적이고 주관적 요인을 반영하기는 어렵다.

08 물류센터 규모 및 내부 설계 시 고려해야 할 사항으로 옳지 않은 것은?

① 입출고, 피킹, 보관, 배송 등에 관한 운영 특성을 고려한다.
② 자동화 수준, 설비 종류 등 설비 특성을 고려한다.
③ 화물보험 가입 용이성, 신용장 개설 편의성 등 보험·금융 회사 접근 특성을 고려한다.
④ 주문건수, 주문빈도, 주문크기 등의 주문 특성을 고려한다.
⑤ 화물의 크기, 무게, 가격 등 화물 특성을 고려한다.

해설 물류센터의 설계 특성별 고려사항
- **주문 특성**: 주문건수, 주문빈도, 주문의 크기 등 (선지 ④)
- **제품 특성**: 크기, 무게, 가격 등 (선지 ⑤)
- **설비 특성**: 자동화 수준, 설비 종류 등 (선지 ②)
- **환경 특성**: 지리적 위치, 입지 제약, 인구 등
- **운영 특성**: 입고 방법, 보관 방법, 피킹 방법 등 (선지 ①)

정답 **07** ⑤ **08** ③

09 다음은 각 수요지의 수요량과 위치좌표를 나타낸 것이다. 무게중심법에 의한 신규 배송센터의 최적의 입지좌표는? (단, 배송센터로의 공급은 고려하지 않음)

구분	X좌표	Y좌표	수요량(톤/월)
수요지 1	20	40	200
수요지 2	60	20	100
수요지 3	80	50	200
수요지 4	120	100	500

① X : 52, Y : 40
② X : 72, Y : 52
③ X : 80, Y : 72
④ X : 86, Y : 70
⑤ X : 92, Y : 86

해설 X = (200×20 + 100×60 + 200×80 + 500×120)/200 + 100 + 200 + 500
= (4,000 + 6,000 + 16,000 + 60,000)/1,000 = 86
Y = (200×40 + 100×20 + 200×50 + 500×100)/200 + 100 + 200 + 500
= (8,000 + 2,000 + 10,000 + 50,000)/1,000 = 70
※ 배송센터로의 공급은 고려하지 않으므로 공장의 공급량 및 좌표는 고려하지 않는다.

10 자동창고시스템(AS/RS)에서 단위화물을 처리하는 S/R(Storage/Retrieval) 장비의 단일명령(single command) 수행시간(cycle time)은 3분, 이중명령(dual command) 수행시간은 5분이다. 이 AS/RS에서 1시간 동안 처리해야 할 저장(storage)과 반출(retrieval) 지시가 각각 10건씩 발생하며, 그중에서 이중명령으로 60%가 우선 수행되고 나머지는 단일명령으로 수행된다고 할 때, S/R 장비의 평균가동률은?

① 84%
② 86%
③ 88%
④ 90%
⑤ 92%

해설 1. 주어진 정보를 정리해 보면, 단일명령 3분, 이중명령 5분이 소요되며, 처리해야 할 지시는 저장 10건, 반출 10건(총 20건)이다.
2. 이중명령 60%, 단일명령 40% 수행된다.
3. 총 20건×60% = 12건이며, 이중명령 수행 시 6회 수행된다. → 6회×5분 = 30분
4. 총 20건×40% = 8건이며, 단일명령 수행 시 8회 수행된다. → 8회×3분 = 24분
5. S/R 장비의 평균가동률 = (30분 + 24분)/60분 = 90%
※ 이중명령은 1회 수행 시 저장(1건)과 반출(1건)을 한 번에 처리한다라는 것을 알고 있어야 풀 수 있다.

정답 09 ④ 10 ④

11 창고의 저장위치 할당 방법에 관한 설명으로 옳지 않은 것은?

① 임의저장(randomized storage)방식은 저장위치를 임의로 결정한다.
② 지정위치저장(dedicated storage)방식은 품목별 입출고 빈도수를 고려하여 저장위치를 지정한다.
③ 지정위치저장(dedicated storage)방식의 저장공간이 임의저장방식의 저장공간보다 크거나 같다.
④ 등급별저장(class-based storage)방식은 보관품목의 단위당 경제적 가치를 기준으로 등급을 설정한다.
⑤ 등급별저장(class-based storage)방식에서 동일 등급 내에서의 저장위치는 임의저장방식으로 결정된다.

해설 등급별보관(Class-based Storage)의 경우 보관품목의 입출고 빈도 등을 기준으로 등급을 설정하고, 동일 등급 내에서는 임의보관하는 방식으로 보관위치를 결정한다.

12 적층 랙(mezzanine rack)에 관한 설명으로 옳은 것은?

① 천장이 높은 단층창고 등에서 창고의 화물적재 높이와 천장 사이 공간을 활용하는 데 효과적이다.
② 직선으로 수평 이동하는 랙이며, 도서관 등에서 통로면적을 절약하는 데 효과적이다.
③ 선입선출의 목적으로 격납 부분에 롤러, 휠 등을 장착하여 반입과 반출이 반대 방향에서 이루어진다.
④ 랙 자체가 수평 또는 수직방향으로 회전하여 저장위치가 지정된 입출고장소로 이동 가능한 랙이며, 가벼운 다품종 소량품에 많이 적용된다.
⑤ 파이프, 목재 등의 장척물 보관에 적합하도록 랙 구조물에 암(arm)이 설치되어 있다.

해설 ② 이동 랙(Mobile Rack, 모빌 랙)에 대한 설명이다.
③ 유동 랙(Flow Rack, 플로 랙)에 대한 설명이다.
④ 회전 랙(Carousel Rack)에 대한 설명이다.
⑤ 암 랙(Arm Rack)에 대한 설명이다.

정답 11 ④ 12 ①

13 **기존 물류센터에서 크로스도킹(cross docking)을 도입할 때, 이에 관한 설명으로 옳지 않은 것은?**

① 기계설비 보강과 정보기술도입 등 추가 투자가 필요할 수 있다.
② 물류센터의 재고회전율이 감소한다.
③ 물류센터의 재고수준이 감소한다.
④ 장기적으로 물류센터의 물리적 저장 공간을 줄일 수 있다.
⑤ 입고되는 품목의 출하지가 알려져 있는 경우에 더 효과적이다.

해설 크로스도킹이란 공급처에서 수령한 물품을 물류센터에서 재고로 보관하지 않고 바로 출하(배송)할 수 있도록 하는 물류시스템이다. 크로스도킹은 보관이 아닌 흐름 중심이므로 물류센터의 재고회전율은 증가하게 된다.

14 **창고에 관한 설명으로 옳지 않은 것은?**

① 야적창고 : 물품을 노지에 보관하는 창고
② 수면창고 : 하천이나 해수면을 이용하여 물품을 보관하는 창고
③ 리스창고 : 자기의 화물을 보관하기 위해 설치한 창고
④ 위험물창고 : 고압가스 및 유독성 물질 등을 보관하는 창고
⑤ 영업창고 : 타인의 화물을 보관하는 창고

해설 리스창고는 기업이 보관공간을 리스하는 것으로 영업창고의 단기적 임대와 자가창고의 장기적 계약 사이의 중간적인 성격을 가지고 있는 곳을 말한다.
자기의 화물을 보관하기 위해 설치한 창고는 자가창고라고 한다.

15 **창고의 기능으로 옳은 것은 모두 몇 개인가?**

- 품질 특성이나 영업 전략에 따른 보관 기능
- 품절을 예방하는 기능
- 포장, 라벨 부착, 검품 등의 기능
- 운송 기능과의 연계 기능

① 0개 ② 1개
③ 2개 ④ 3개
⑤ 4개

정답 13 ② 14 ③ 15 ⑤

해설 모두 창고의 기능이다. 창고는 단순한 저장 기능뿐만 아니라 분류, 유통가공, 재포장 등의 역할도 수행하며, 물건을 보관하여 재고를 확보함으로써 품절을 방지하고 신용을 증대시키는 기능을 수행한다. 또한 물류활동을 연결시키는 터미널로서의 기능을 수행한다.

16 창고관리시스템(WMS : Warehouse Management System)에 관한 설명으로 옳지 않은 것은?

① 화물파손에 대한 위험성이 높아진다.
② 운송수단과의 연계가 쉬워진다.
③ 피킹, 출하의 효율성이 높아진다.
④ 입하, 검품 등이 용이해진다.
⑤ 창고 내의 화물 로케이션관리가 용이해진다.

해설 수작업으로 수행되는 입출고 업무를 시스템화하여 작업시간과 인력이 절감되며 화물파손에 대한 위험성이 감소한다.

17 오더 피킹에 관한 설명으로 옳지 않은 것은?

① 1인 1건 피킹 : 피커(picker)가 1건의 주문 전표에서 요구되는 물품을 모두 피킹하는 방법
② 총량 오더 피킹 : 1건의 주문마다 물품을 피킹해서 모으는 방법
③ 일괄 오더 피킹 : 여러 건의 주문 전표를 한데 모아 한꺼번에 피킹하는 방법
④ 존(zone) 피킹 : 자기가 분담하는 선반의 작업범위를 정해 두고, 주문 전표에서 자기가 맡은 종류의 물품만을 피킹하는 방법
⑤ 릴레이(relay) 피킹 : 주문 전표에서 해당 피커가 담당하는 품목만을 피킹하고, 다음 피커에게 넘겨주는 방법

해설 1건의 주문마다 물품의 피킹을 집계하는 방법은 단일주문피킹 방식이다. 이 방식은 주문처의 한 오더마다 주문상품(Item)을 집품하여 주문품의 품목을 갖추는 방법이다.
총량 오더 피킹은 한나절이나 하루의 주문 전표를 모아서 피킹하는 방식이다.

18 시계열 분석법에 관한 설명으로 옳지 않은 것은?

① 시계열 분석법에는 이동평균법, 가중이동평균법, 지수평활법 등이 있다.
② 수준(level)은 추세, 계절적, 순환적, 무작위적 요인을 제외한 평균적 수요량을 의미한다.
③ 추세(trend)는 수요가 계속적으로 증가하거나 감소하는 경향을 말한다.
④ 계절적(seasonal) 요인은 수요의 변화가 규칙적으로 반복하는 현상을 말한다.
⑤ 순환적(cyclical) 요인은 단기간에 발생하는 불규칙한 수요변화이다.

정답 16 ① 17 ② 18 ⑤

해설 단기간에 발생하는 불규칙한 수요변화는 불규칙 요인이다. 순환적 요인은 장기적인 변동, 순환변동(장기간의 규칙적 수요변화)을 의미한다.

19 **MRP(Material Requirements Planning)에 관한 설명으로 옳지 않은 것은?**

① MRP는 주생산계획을 기초로 완제품 생산에 필요한 자재 및 구성부품의 종류, 수량, 시기 등을 계획한다.
② MRP 시스템은 주생산계획, 자재명세서와 재고기록파일을 이용한다.
③ MRP는 재고수준의 최대화를 목표로 한다.
④ MRP는 소요자재를 언제 발주할 것인지를 알려준다.
⑤ MRP를 확장하여 사업계획과 각 부문별 계획을 연결시키는 계획을 제조자원계획(manufacturing resource planning)이라고 부른다.

해설 MRP는 자재관리 및 재고통제기법으로 종속수요품목의 소요량과 소요시기를 결정하기 위한 기법이다. 공정품을 포함한 종속수요품의 평균재고 감소가 MRP의 장점이며, 재고수준을 최대화하는 것은 MRP의 목표가 아니다.

20 **6월의 판매 예측량은 110,000개이고, 실제 판매량은 100,000개이다. 지수평활법을 이용한 7월의 판매 예측량(개)은? (단, 평활상수(α)는 0.2를 사용한다.)**

① 105,000
② 106,000
③ 107,000
④ 108,000
⑤ 109,000

해설 **지수평활법** : 차기 예측치 = 당기 판매예측치 + α(당기 판매실적치 − 당기 판매예측치)
110,000 + 0.2(100,000 − 110,000) = 108,000

21 **집중구매방식과 분산구매방식의 비교 설명으로 옳지 않은 것은?**

① 집중구매방식은 대량구매가 가능하며, 가격과 거래조건이 유리하다.
② 집중구매방식은 구입 절차를 표준화하기 쉽다.
③ 집중구매방식은 공통자재의 표준화, 단순화가 가능하다.
④ 분산구매방식은 구매요청 사업장의 특수한 요구가 반영되기 쉽다.
⑤ 분산구매방식은 긴급수요에 대처하기 불리하다.

해설 분산구매방식은 긴급조달이 필요한 자재구매에 유리하다.

정답 19 ③ 20 ④ 21 ⑤

22 **A제품의 재고관리 환경이 EPQ(Economic Production Quantity) 가정과 일치하며, A의 연간 수요량이 2700톤, 하루 생산량이 12톤, 일일 소비량이 9톤이다. A제품의 생산가동 준비비용(setup cost)은 1회당 400,000원이고, 톤당 연간 재고유지비용이 13,500원이라고 할 때, 경제적생산량(EPQ)은?**

① 400톤
② 500톤
③ 600톤
④ 700톤
⑤ 800톤

해설 EPQ $= Q_p = \sqrt{\frac{2SD}{H} \cdot \frac{p}{p-d}}$

상기 EPQ 공식에 아래 수치를 대입하면, 답은 800톤이다.

1. D(연간 수요량)=2700톤
2. S(생산준비비용) = 400,000원
3. H(단위당 연간 재고유지비용) = 13,500원
4. p(생산량) = 12톤
5. d(소비량) = 9톤

23 **재고관리의 목표가 아닌 것은?**

① 서비스율 증대
② 백오더(back order)율 증대
③ 재고회전율 증대
④ 재고품의 손상률 감소
⑤ 보관비용 감소

해설 백오더(Back Order)율은 납기 내에 납품되지 못한 주문에 대한 결품비율이다. 백오더율을 감소시키는 것이 재고관리의 목적이다.

24 **재고관리시스템에 관한 설명으로 옳지 않은 것은?**

① 정량발주시스템 : 연속적으로 재고수준을 검토하므로 연속점검시스템(continuous review system)이라고도 한다.
② 정량발주시스템 : 주문량이 일정하므로 Q시스템이라고도 한다.
③ 정기발주시스템 : 재고수준 파악과 발주를 정기적으로 하고, 재고가 목표수준에 도달하도록 발주량을 정한다.
④ 정기발주시스템 : 통상 정량발주시스템에 비하여 적은 안전재고량을 갖는다.
⑤ 기준재고시스템 : 일명 s−S재고시스템이라고 하며 보유재고량이 s보다 적어지면 최대재고량인 S에 도달하도록 발주량을 정한다.

해설 정기발주시스템의 경우에 안전재고수준은 정량발주시스템의 경우보다 더 높다.

정답 22 ⑤ 23 ② 24 ④

25 경제적주문량(EOQ) 모형의 전제조건(가정)이 아닌 것은?

① 주문비용과 단가는 주문량에 관계없이 일정하다.
② 재고유지비용은 주문량에 반비례한다.
③ 단일 품목이며, 주문량은 한 번에 입고된다.
④ 리드타임(lead time)은 일정하다.
⑤ 재고부족은 허용되지 않는다.

해설 재고유지에 소요되는 비용은 평균재고량에 비례한다.

26 하역에 관한 설명으로 옳은 것은?

① 물류센터 내에서 물품의 짧은 거리 이동은 하역의 범위에 포함되지 않는다.
② 하역은 운송수단에 실려 있는 물품을 꺼내는 일만을 의미하며, 정돈이나 분류는 하역의 범위에 포함되지 않는다.
③ 배송 속도가 중요한 전자상거래 시대에 하역의 중요성이 더욱 부각되고 있다.
④ 하역작업의 생산성을 향상시키기 위해 인력 하역 비중이 늘어나는 추세이다.
⑤ 하역작업의 혁신을 위해 물류센터 장비의 기계화와 무인화를 늦게 도입해야 한다.

해설 ① 물류센터 내에서 물품의 짧은 거리 이동은 운반으로 생산, 유통, 소비 등에 필요하므로 하역의 일부로 볼 수 있다.
② 하역은 적하, 운반, 적재, 반출 및 분류 및 정돈으로 구성된다.
④, ⑤ 하역작업은 물류활동 중 인력 의존도가 높은 분야로 생산성과 효율성을 향상시키기 위해 기계화·자동화·무인화가 급속도로 진행되고 있다.

27 〈보기〉의 화물 상태별 운반활성지수를 모두 합한 것은?

〈보기〉

- 물류센터에 입고된 화물을 컨베이어벨트 위에 놓아두었다.
- 물류센터에 입고된 화물을 바닥에 놓아두었다.
- 물류센터에 입고된 화물을 대차에 실어두었다.
- 물류센터에 입고된 여러 화물을 한 개의 상자로 재포장하였다.

① 4
② 5
③ 6
④ 7
⑤ 8

정답 25 ② 26 ③ 27 ⑤

해설 ※ 운반활성지수

상태	활성지수
바닥에 낱개의 상태로 놓여 있을 때	0
상자 속에 들어 있을 때	1
파렛트나 스키드 위에 놓여 있을 때	2
대차 위에 놓여 있을 때	3
컨베이어 위에 놓여 있을 때	4

• 물류센터에 입고된 화물을 컨베이어벨트 위에 놓아두었다. (4)
• 물류센터에 입고된 화물을 바닥에 놓아두었다. (0)
• 물류센터에 입고된 화물을 대차에 실어두었다. (3)
• 물류센터에 입고된 여러 화물을 한 개의 상자로 재포장하였다. (1)
→ 4+0+3+1 = 8

28 하역의 원칙이 아닌 것은?

① 경제성 원칙
② 이동거리 최소화 원칙
③ 동일성 원칙
④ 단위화 원칙
⑤ 운반 활성화 원칙

해설 동일성의 원칙은 하역의 원칙에 포함되지 않는다.
① **경제성 원칙** : 불필요한 하역작업을 줄이고 가장 경제적인 하역횟수로 하역이 이루어지도록 하는 원칙
② **이동거리 최소화 원칙** : 하역작업의 이동거리를 최소화하여 작업의 효율성을 증가시키는 원칙
④ **단위화 원칙** : 취급단위를 크게 하여 작업능률을 향상시킨다.
⑤ **운반 활성화 원칙** : 운반활성지수를 최대화하는 원칙으로 지표와 접점이 작을수록 활성지수는 높아진다.

29 하역의 구성 요소를 모두 고른 것은?

ㄱ. 쌓기
ㄴ. 내리기
ㄷ. 반출
ㄹ. 꺼내기
ㅁ. 운반
ㅂ. 통관

① ㄱ, ㄴ, ㄷ
② ㄴ, ㄷ, ㅂ
③ ㄱ, ㄹ, ㅁ, ㅂ
④ ㄷ, ㄹ, ㅁ, ㅂ
⑤ ㄱ, ㄴ, ㄷ, ㄹ, ㅁ

해설 통관은 하역의 범주가 아닌 수출입 및 반송을 수행하기 위해 행하는 일련의 공적 절차이다.

정답 28 ③ 29 ⑤

30 하역에 활용되는 장비에 관한 설명으로 옳지 않은 것은?

① AGV(Automated Guided Vehicle)는 화물의 이동을 위해 지정된 장소까지 자동 주행할 수 있는 장비이다.
② 사이드 포크형 지게차는 차체의 측면에 포크와 마스트가 장착된 지게차이다.
③ 카운터 밸런스형 지게차는 포크와 마스트를 전방에 장착하고 후방에 웨이트를 설치한 지게차이다.
④ 트롤리 컨베이어는 롤러 또는 휠을 배열하여 화물을 운반하는 컨베이어이다.
⑤ 벨트 컨베이어는 연속적으로 움직이는 벨트를 사용하여 화물을 운반하는 컨베이어이다.

해설 롤러 또는 휠을 배열하여 화물을 운반하는 컨베이어는 롤러(Roller) 컨베이어이다.
트롤리 컨베이어(Trolley Conveyor)는 천정에 설치한 레일을 일정한 간격으로 배치하여 트롤리 사이를 체인으로 연결하고, 이것에 화물을 매다는 기구가 있는 트롤리를 매달고, 체인과 체인풀리에 의해 구동하여 트롤리를 순환시켜서 물품을 운반하는 컨베이어이다.

31 다음 설명에 모두 해당하는 장비는?

- 화물을 보관하는 선반(rack)과 선반 사이의 통로(aisle)에서 수직과 수평으로 동시에 움직일 수 있는 장비
- 컴퓨터를 활용하여 화물을 저장(storage), 반출(retrieval)하는 장비

① 스태커 크레인(stacker crane)
② 데릭(derrick)
③ 도크 레벨러(dock leveller)
④ 리프트 게이트(lift gate)
⑤ 야드 갠트리 크레인(yard gantry crane)

해설 스태커 크레인에 대한 설명이다.
② **데릭**(Derrick) : 상단이 지지된 마스트를 가지며 마스트 또는 붐(Boom) 위 끝에서 화물을 달아 올리는 지브(Jib)붙이 크레인이다.
③ **도크 레벨러**(Dock Leveller) : 주로 트럭의 하대 높이와 홈의 높이 차이를 조절하여 적재함이나 포크리프트 파렛트 트럭 등에서 용이하게 하역을 할 수 있도록 한 시설이다.
④ **리프트 게이트**(Lift Gate) : 배터리를 이용한 전동유압장치로서 차량에 부착되어 화물을 안전하고 간편하게 상하차시키기 위한 하역장비로서 하역장에 도크가 설치되어 있지 않은 경우에 트럭이 자체적으로 화물을 승강시킬 수 있도록 차체에 부착하여 사용하는 장치이다.

정답 30 ④ 31 ①

32 파렛트에 관한 설명으로 옳지 않은 것은?

① 롤(roll) 파렛트는 바닥면에 바퀴가 장착되어 밀어서 움직일 수 있다.
② 항공 파렛트는 화물을 탑재 후 항공기의 화물적재공간을 고려하여 망(net)이나 띠(strap)로 묶을 수 있다.
③ 파렛트는 운송, 보관, 하역 등의 효율을 증대시키는 데 적합하다.
④ 시트(sheet) 파렛트는 푸시풀(push-pull) 장치를 부착한 장비에 의해 하역되는 시트 모양의 파렛트이다.
⑤ 사일로(silo) 파렛트는 액체를 담는 용도로 사용되며 밀폐를 위한 뚜껑이 있다.

해설 사일로(silo) 파렛트는 주로 분말체를 담는 데 사용되며, 밀폐상의 측면과 뚜껑을 가지고 하부에 개폐장치가 있는 상자형 파렛트이다.
액체 취급 시 사용되고 밀폐를 위한 뚜껑을 가지며 상부 또는 하부에 개폐장치가 있는 파렛트는 탱크 파렛트이다.

33 유닛로드시스템(ULS)에 관한 설명으로 옳지 않은 것은?

① 유닛로드시스템으로 운송의 편의성이 떨어졌고, 트럭 회전율 또한 감소하였다.
② 유닛로드시스템으로 하역의 기계화가 촉진되고 보관효율이 향상되었다.
③ 유닛로드시스템으로 재고파악이 용이해졌다.
④ 유닛로드시스템이란 컨테이너나 파렛트 1개분으로 화물을 단위화하여 이 단위를 유지하는 것을 말한다.
⑤ 빈 파렛트나 빈 컨테이너 회수가 원활하지 못하면 운송 및 하역 작업이 지연될 수 있다.

해설 유닛로드시스템은 하역의 기계화를 통한 하역능력의 향상으로 트럭을 포함한 운송수단의 회전율을 높일 수 있고, 운송편의성도 향상되는 장점이 있다.

34 물류모듈화를 위해 파렛트화된 화물과 정합성을 고려할 필요가 없는 것은?

① 랙(rack)
② 해상용 갠트리 크레인(gantry crane)
③ 파렛트 트럭
④ 컨테이너(container)
⑤ 운반승강기

해설 해상용 갠트리 크레인은 파렛트화된 화물과 정합성을 고려하기보다는 컨테이너의 규격을 고려해야 한다.

정답 32 ⑤ 33 ① 34 ②

35 **다음 설명에 모두 해당하는 파렛트 풀(pool) 시스템은?**

- 송하인이 화물을 파렛트에 적재한 후 이를 운송회사에 운송 위탁하고, 운송회사는 같은 수량의 빈 파렛트를 송하인에게 지급한다.
- 운송회사는 위탁받은 화물을 파렛트 상태로 수하인에게 운송한다. 수하인은 파렛트 상태로 화물을 수령하고, 같은 수량의 빈 파렛트를 운송회사에 지급한다.
- 이 방식을 이용한 송하인, 수하인, 운송회사는 동일한 규격의 파렛트를 미리 보유하고 있어야 한다.
- 이 방식은 같은 수의 파렛트를 동시에 교환해야 하기 때문에 파렛트의 규격 통일이 선행되어야 한다.

① 교환방식
② 리스・렌탈방식
③ 교환・리스병용방식
④ 대차결제방식
⑤ 교환・대차결제병용방식

해설 교환방식은 파렛트를 동시에 교환하여 사용하는 것으로 언제나 교환에 응할 수 있도록 파렛트를 준비해 놓아야 하는 방식이다. 설명상 '같은 수량의 빈 파렛트', '동일한 규격의 파렛트를 미리 보유', '파렛트를 동시에 교환'이라는 키워드로 미루어보아 교환방식에 대한 설명임을 알 수 있다.

36 **분류(sorting)방식 중 동작에 의한 분류방식이 아닌 것은?**

① 밀어내는 방식
② 다이버트 방식
③ 바코드 방식
④ 이송 방식
⑤ 틸트 방식

해설 바코드 방식의 경우에는 동작에 의한 분류방식이 아닌 인식 기술을 통한 분류방식으로 볼 수 있다.

37 **일관 파렛트화의 장점으로 옳지 않은 것은?**

① 운반활성지수 감소
② 화물 도난과 파손의 감소
③ 물품검수 용이
④ 하역작업 능률 향상
⑤ 하역시간의 단축

해설 일관 파렛트화가 도입되면 물류효율성이 증가하여 운반활성지수가 높아진다.

정답 35 ① 36 ③ 37 ①

38 아래 설명에 해당하는 것은?

- 컨테이너 터미널에 설치되어 있으며, 안벽을 따라 폭이 약 30 ~ 50m 정도로 포장된 공간
- 야드트럭과 컨테이너 크레인의 하역작업에 필요한 공간

① 잔교(pier)
② CFS(Container Freight Station)
③ 에이프런(apron)
④ 컨테이너 야드(container yard)
⑤ 컨트롤센터(control center)

해설 '컨테이너 터미널에 설치'되어 있고, '컨테이너 크레인(갠트리 크레인)' 작업에 필요한 공간은 에이프런이다.

39 항공하역 장비에 해당하는 것을 모두 고른 것은?

ㄱ. 이글루(igloo)
ㄴ. 리치스태커(reach stacker)
ㄷ. 트랜스포터(transporter)
ㄹ. 탑 핸들러(top handler)
ㅁ. 돌리(dolly)
ㅂ. 스트래들 캐리어(straddle carrier)

① ㄱ, ㄴ, ㄷ
② ㄱ, ㄴ, ㄹ
③ ㄱ, ㄷ, ㄹ
④ ㄱ, ㄷ, ㅁ
⑤ ㄱ, ㄷ, ㅂ

해설 ㄴ, ㄹ, ㅂ의 경우에는 해상하역에 필요한 장비이다.

40 다음 중 포장의 기능이 아닌 것은?

① 판매촉진성
② 표시성
③ 상품 수요 예측의 정확성
④ 취급의 편리성
⑤ 보호성

해설 포장만으로 상품 수요 예측의 정확성을 제고하기 어렵다.

정답 38 ③ 39 ④ 40 ③

저자 | **변달수**

[경력]

- (현) 종합물류법인 ㈜티지엘 자문위원
- (현) 다미관세사무소 대표관세사
- (현) 관세청 공익관세사
- (현) 대한무역투자진흥공사(코트라), 한국무역협회, 대전상공회의소 출강
- (현) 충남대학교, 목원대학교 출강
- (현) 신지원에듀 물류관리사 전임 교수
- 제29회 관세사 자격시험 최연소합격(2012)
- (전) 대전상공회의소 FTA통상진흥센터 기업경영자문위원
- (전) 국제물류운송주선법인 ㈜에쎄코리아 대표 역임
- (전) 국가공인 원산지관리사 자격시험 출제선정위원 (2021)
- (전) 국가공인 원산지실무사 자격시험 출제선정위원 (2023)

[수상]

- 2021 한국소비자평가 우수전문인 관세사 부문 수상
- 2023 관세청장 관세행정발전 표창

2025

물류관리사 보관하역론

인 쇄 2025년 1월 5일
발 행 2025년 1월 10일
편 저 변달수
발행인 최현동
발행처 신지원
주 소 07532
서울특별시 강서구 양천로 551-17, 813호(가양동, 한화비즈메트로 1차)
전 화 (02) 2013-8080
팩 스 (02) 2013-8090
등 록 제16-1242호
교재구입문의 (02) 2013-8080~1

정가 27,000원
ISBN 979-11-6633-507-5 13320

물류
관리사